Die Anwendung der §§ 96 Abs. 4, 97 ff. AktG auf die Societas Europaea (SE)

Schriften zum Handels- und Wirtschaftsrecht

Herausgegeben von Michael Kling, Herbert Leßmann †
und Ralph Backhaus

Band 31

Zur Qualitätssicherung und Peer Review der vorliegenden Publikation

Die Qualität der in dieser Reihe erscheinenden Arbeiten wird vor der Publikation durch Herausgeber der Reihe geprüft.

Notes on the quality assurance and peer review of this publication

Prior to publication, the quality of the work published in this series is reviewed by editors of the series.

Johann Sebastian Brehm

Die Anwendung der §§ 96 Abs. 4, 97 ff. AktG auf die Societas Europaea (SE)

PETER LANG

Bibliografische Information der Deutschen Nationalbibliothek
Die Deutsche Nationalbibliothek verzeichnet diese Publikation in der Deutschen Nationalbibliografie; detaillierte bibliografische Daten sind im Internet über http://dnb.d-nb.de abrufbar.

Zugl.: Köln, Univ., Diss., 2019

Gedruckt auf alterungsbeständigem, säurefreiem Papier.
Druck und Bindung: CPI books GmbH, Leck

D 38
ISSN 1439-4189
ISBN 978-3-631-80573-2 (Print)
E-ISBN 978-3-631-81701-8 (E-PDF)
E-ISBN 978-3-631-81702-5 (EPUB)
E-ISBN 978-3-631-81703-2 (MOBI)
DOI 10.3726/b16750

Peter Lang – Berlin · Bern · Bruxelles · New York · Oxford · Warszawa · Wien

Diese Publikation wurde begutachtet.

www.peterlang.com

Vorwort

Diese Arbeit wurde im Sommersemester 2019 von der Rechtswissenschaftlichen Fakultät der Universität zu Köln als Dissertation angenommen. Das Manuskript wurde im Dezember 2018 abgeschlossen. Rechtsprechung und Literatur wurden – soweit erforderlich – bis November 2019 berücksichtigt.

Bei meiner Arbeit habe ich die mannigfaltige Unterstützung vieler lieben Menschen erhalten, denen ich an dieser Stelle danke. Für ihre Betreuung und die Erstellung des Erstgutachtens gilt mein besonderer Dank meiner Doktormutter Frau Professorin Barbara Dauner-Lieb. Für die rasche Erstellung des Zweitgutachtens bin ich Frau Professorin Barbara Grunewald sehr dankbar. Danken möchte ich auch Professor Michael Kling, Professor Herbert Leßmann und Professor Constantin Willems für die Aufnahme meiner Arbeit in die vorliegende Schriftenreihe.

Für ihre Ermutigung, Unterstützung und ihr Verständnis möchte ich – aus tiefem Herzen – danken: Meiner Lebensgefährtin Sandra Janina Kendelbacher und meinen Eltern Brigitte und Hans Brehm sowie meinen Schwestern Viola, Julia und Laura, auf die ich sehr stolz bin!

Danken für die Begleitung in Ausbildung und Werdegang möchte ich schließlich meinen Kollegen und Freunden Simon Biermann, Mark Fauler, Christian Kubiak, Alexander Retsch und Holger Schmitz denen ich auch die stetige Durchsicht hoch anrechne.

Köln, im November 2019
Johann Sebastian Brehm

Inhaltsverzeichnis

Abkürzungsverzeichnis 17

Begriffsbestimmung 19

A. Einführung 21

I. Einleitung 21
II. Anstoß zur Untersuchung 23
III. Offene Rechtsfragen 25
IV. Gang der Untersuchung 26

B. Das aktienrechtliche Statusverfahren 29

I. Das Statusverfahren der §§ 97 ff. AktG 29
1. Stufe 29
a) Förmliches Verfahren 29
b) Gerichtliches Verfahren 29
2. Stufe 30
II. Entstehungsgeschichte 31
III. Grundgedanke und Zielsetzung 33
IV. Das Kontinuitätsprinzip, § 96 Abs. 4 AktG 35
V. Gegenstand des Statusverfahrens (Mitbestimmung) 36
1. Gesetzliche Vorschriften 37
a) Montan-Mitbestimmungsgesetz (Montan-MitbestG) 37
b) Mitbestimmungsgesetz (MitbestG) 38
c) Drittelbeteiligungsgesetz (DrittelbG) 40
2. Andere als die zuletzt angewendeten Vorschriften 40

C. Die Societas Europaea 43

I. Grundlagen zur Societas Europaea 43

1. Societas Europaea 43
2. Rechtsgrundlagen der SE 43
3. Normenhierarchie und planmäßige Regelungslücken 45
4. Dualistische und monistische Verfassung 46

II. Mitbestimmung und die Zusammensetzung des Aufsichtsorgans der SE 48

1. SE-Mitbestimmung 48
   a) Europarecht 48
   b) Umsetzung in Deutschland 51
      aa) Verhandlungsverfahren 51
      bb) Gesetzliche Auffangregelung 52
2. Strukturelle Unterschiede zwischen der Mitbestimmung in der SE und der AG bezogen auf die Zusammensetzung des Aufsichtsorgans 54
3. Zusammensetzung des Aufsichtsorgans 55
   a) Zusammensetzung des Aufsichtsorgans nach der Beteiligungsvereinbarung 55
   b) Zusammensetzung des Aufsichtsorgans nach den gesetzlichen Auffangregelungen 56
4. Größe des Aufsichtsorgans 57
   a) Bestimmung der Größe des Aufsichtsorgans und ihre Schranken 57
   b) Die Größe des Aufsichtsorgans im Kontext von Satzungsautonomie und Verhandlungsautonomie 58
      aa) Meinungsstand 59
      bb) Stellungnahme 61

D. Anwendbarkeit und Anwendung von § 96 Abs. 4 und §§ 97 ff. AktG auf die bestehende SE 65

I. Einleitung 65

II. Ausgangslage 65

III. Gültigkeit des Kontinuitätsprinzips (§ 96 Abs. 4 AktG) und Anwendung des Statusverfahrens (§ 97 ff. AktG) 67
1. Modifikation der Anzahl/ des Anteils der Arbeitnehmer im Aufsichtsorgan 68
a) Auf Dauerhaftigkeit angelegte Mitbestimmungsentscheidung 68
b) Mögliche Modifikationen in der Zusammensetzung des Aufsichtsorgans 70
aa) Gesetzlich bedingte Modifikationen 70
(1) Wiederaufnahmetatbestände der § 18 Abs. 1 und § 26 SEBG 71
(a) Antrag der Arbeitnehmer nach § 18 Abs. 1 Satz 1 SEBG 71
(b) Wiederaufnahmevereinbarung (§ 18 Abs. 1 Satz 2 SEBG) 72
(c) Wiederaufnahme durch den SE-Betriebsrat (§ 26 Abs. 1 SEBG) 72
(2) Änderung der Aufsichtsratszusammensetzung aufgrund struktureller Veränderungen einer SE (§ 18 Abs. 3 SEBG) 73
(a) strukturelle Änderungen der SE 74
(aa) Vorhandenes Meinungsbild 74
(bb) Stellungnahme 78
(b) Eignung zur Minderung der Beteiligungsrechte der Arbeitnehmer 79
(c) Rechtsfolgen 81
(3) Missbrauch nach § 43 SEBG 82
(a) Missbrauchstatbestand 82
(b) Folgen für die Zusammensetzung des Organs 84
bb) Vereinbarungsbedingte Modifikationen 84
(1) Regelungen in der Beteiligungsvereinbarung 85
(2) Folgen der Beendigung der Beteiligungsvereinbarung 87
c) Anwendbarkeit des Kontinuitätsprinzips und des Statusverfahren nach § 96 Abs. 4 und §§ 97 ff. AktG 88
aa) Bei vertraglicher Mitbestimmung 89

(1) Meinungsstand 89
(2) Stellungnahme 92
bb) Bei der Mitbestimmung nach §§ 34 ff. SEBG 96
2. Veränderung der Größe des Aufsichtsorgans 97
a) Anwendbarkeit des Statusverfahren bei Modifizierung der Aufsichtsratsgröße aufgrund einer Satzungsänderung 98
aa) Meinungsstand zur Anwendbarkeit des Statusverfahren bei einer Veränderung der Aufsichtsratsgröße infolge einer Satzungsänderung 99
bb) Stellungnahme für die AG 102
cc) Konsequenz für die SE 104
b) Anschlussfrage: Umsetzung einer freiwilligen Satzungsänderung und Modifikation der Organgröße 104
aa) Meinungsstand 105
bb) Stellungnahme für die SE 106
3. Fehlerhafte Beteiligungsvereinbarung 108
a) Geltung des Kontinuitätsprinzips 108
b) Wirksamkeitskontrolle durch das Statusverfahrens 109
IV. Zusammenfassung und Schlussfolgerung 110

E. Das Statusverfahren im Kontext der SE-Gründung 113
I. Einleitung 113
II. Numerus clausus der Gründungstatbestände 113
III. Konstituierung des Aufsichtsorgans im Rahmen der SE-Gründung 115
1. Erfordernis der Neubestellung des Aufsichtsorgans 115
a) Gründung im Wege einer Verschmelzung durch Neugründung, Holdinggründung und Tochter-SE 115
b) Gründung durch Umwandlung und Verschmelzung durch Aufnahme 116
aa) Umwandlung einer AG in eine SE 116
(1) Rechtslage nach deutschem Umwandlungsrecht 117

(a) Amtskontinuität des Aufsichtsrats gemäß § 203 UmwG ... 117
(b) Neubestellung bei Diskontinuität ... 118
(2) Konsequenz für die SE-Gründung im Wege des Formwechsels ... 118
bb) Verschmelzung durch Aufnahme ... 120
(1) Rechtslage nach deutschem Umwandlungsrecht ... 120
(2) SE-Gründung im Wege der Verschmelzung durch Aufnahme ... 121
2. Bestellung des ersten Aufsichtsorgans ... 123
IV. Zusammensetzung und Amtszeit des ersten Aufsichtsorgans der SE ... 124
1. Zusammensetzung des ersten Aufsichtsrats ... 125
a) Sonderregeln der § 30 und § 31 AktG ... 125
aa) Bargründung und Sachgründung ... 125
bb) Umwandlung ... 127
b) Erste Zusammensetzung des Aufsichtsorgan der SE ... 128
aa) Anwendbarkeit der § 30 und § 31 AktG ... 128
bb) Zwischenergebnis ... 133
cc) Zusammensetzung des SE-Aufsichtsorgans nach den aktienrechtlichen Gründungsvorschriften ... 134
(1) Tochter-SE-Gründung als Bargründung ... 134
(2) Verschmelzung durch Neugründung und Tochter-SE-Gründung als Sachgründung ... 135
(3) Verschmelzung durch Aufnahme ... 136
(4) Holding-SE-Gründung ... 138
(5) Rechtsformwechsel in die SE ... 139
(6) Besonderheit: Vorrang der Verhandlungslösung ... 140
2. Amtszeit des ersten Aufsichtsorgans ... 140
a) Anwendbarkeit des § 30 Abs. 3 Satz 1 AktG ... 140
b) Verkürzte Amtszeit des ersten Aufsichtsorgans der SE ... 142
b) Besonderheiten beim Formwechsel, § 197 Satz 2 UmwG ... 143

V. Anwendung des Statusverfahren bei der Gründung der SE 143
1. Tochter-SE-Gründung (Bargründung) 144
a) Statusverfahren i.R.d. Gründung nach Maßgabe der §§ 96 Abs. 4, 97 AktG bzw. §§ 98 f. AktG (i.V.m. Art. 9 Abs. 1 lit. c) ii) SE-VO) 144
b) Statusverfahren im Anschluss an die SE-Gründung nach den Sonderregelungen § 30 und § 31 AktG (i.V.m. Art. 15 Abs. 1 SE-VO) 146
2. Verschmelzung und Tochter-SE-Gründung durch Unternehmenseinbringung (Sachgründung) 149
a) Statusverfahren i.R.d. Gründung nach Maßgabe der §§ 96 Abs. 4, 97 AktG bzw. §§ 98 f. AktG (i.V.m. Art. 9 Abs. 1 lit. c) ii) SE -VO) 149
b) Statusverfahren im Anschluss an die SE-Gründung nach den Sonderregelungen §§ 30 und 31 AktG (i.V.m. Art. 15 Abs. 1 SE-VO) 150
3. Holding-SE-Gründung 152
a) Statusverfahren i.R.d. Gründung nach Maßgabe der §§ 96 Abs. 4, 97 AktG bzw. §§ 98 f. AktG (i.V.m. Art. 9 Abs. 1 lit. c) ii) SE-VO) 152
b) Statusverfahren im Anschluss an die SE-Gründung nach den Sonderregelungen §§ 30 und 31 AktG (i.V.m. Art. 15 Abs. 1 SE-VO) 153
4. Rechtsformwechsel und Verschmelzung durch Aufnahme 153
a) Statusverfahren i.R.d. Gründung nach Maßgabe der §§ 96 Abs. 4, 97 AktG bzw. §§ 98 f. AktG (i.V.m. Art. 9 Abs. 1 lit. c) ii) SE-VO) 153
aa) Formwechsel einer GmbH in eine AG 154
bb) Konsequenz für den Formwechsel in die SE 155
b) Statusverfahren im Anschluss an die SE-Gründung nach den Sonderregelungen § 31 AktG, § 197 Satz 3 UmwG (i.V.m. Art. 15 Abs. 1 SE-VO) 158

VI. Statusverfahren zur Vermeidung fehlerhafter Mitbestimmung in der SE 159
1. Anknüpfungspunkt für die Mitbestimmung kraft Gesetzes 159

2. Anwendung des Statusverfahren (§ 97 ff AktG i.V.m. Art. 9 Abs. 1 lit. c) ii) SE-VO) ... 160
a) Feststellung der richtigen Zusammensetzung des Aufsichtsrats mit dem Statusverfahren ... 160
b) Zeitpunkt der Durchführung des Statusverfahrens ... 161
VII. Zusammenfassung und Schlussfolgerung ... 162

F. Statusverfahren bei der Aktivierung einer Vorrats-SE ... 167

I. Einleitung ... 167
II. Zulässigkeit einer Vorrats-SE ... 168
1. Gesellschaftsrechtliche Legitimität ... 168
2. Mitbestimmungsrechtliche Bedenken ... 169
a) Gründungsgesellschaften mit mehr als 10 Arbeitnehmern ... 170
b) Arbeitnehmerlose Gründer ... 170
III. Implementierung der Arbeitnehmerbeteiligung in die *werbende* SE ... 172
1. Mitbestimmungsverhandlungen haben stattgefunden ... 172
2. Mitbestimmungsverhandlungen haben vor der Eintragung der Vorrats-SE nicht stattgefunden ... 173
a) Beteiligungsverfahren i.R.d. wirtschaftlichen Neugründung ... 173
b) Rechtsgrundlage ... 174
c) Neuverhandlungen nach § 18 Abs. 3 SEBG ... 178
d) Zeitpunkt ... 179
IV. Rechtsschutz und Überleitungsverfahren ... 181
1. Registerkontrolle nach Art. 12 Abs. 2 SE-VO ... 181
2. Sicherung und Durchsetzung der Arbeitnehmerrechte durch arbeitsgerichtliches Beschlussverfahren, Statusverfahren und § 395 FamFG ... 182
a) Beschluss nach § 80 ff. ArbGG ... 182
b) Pression zur Aufnahme von Verhandlungen durch § 395 FamFG ... 183
c) Statusverfahren ... 186
V. Zusammenfassung und Schlussfolgerung ... 186

G. Reichweite und Bindungswirkung der gerichtlichen Entscheidung nach § 98 und § 99 AktG bei der SE 189

I. Einleitung 189

II. Abgrenzung zur Arbeitsgerichtsbarkeit 189
1. Zuständigkeit der Gerichte für Arbeitssachen 190
2. Statusverfahren vor dem Landgericht 191

III. Reichweite der gerichtlichen Entscheidung über die Zusammensetzung des SE-Aufsichtsorgans nach §§ 98, 99 AktG 192
1. Entscheidung über die richtige Zusammensetzung nach den gesetzlichen Vorschriften 192
2. Entscheidung über die richtige Zusammensetzung nach den vertraglichen Vorschriften 193
a) Übereinstimmung von Aufsichtsorganzusammensetzung und den vertraglichen Vorschriften 194
b) Überprüfung und Auslegung der Beteiligungsvereinbarung nach § 21 SEBG im Statusverfahren 195
aa) Meinungsstand und Rechtsprechung 196
(1) Generelle Anwendbarkeit 196
(2) Generelle Unanwendbarkeit 197
(3) Vermittelnde Ansicht 198
(4) Rechtsprechung 198
bb) Stellungnahme 199

IV. Bindungswirkung 202

V. Zusammenfassung und Schlussfolgerung 205

H. Verfahrensrechtliche Ausgestaltung des Statusverfahrens bei der SE 207

I. Bekanntmachung über die Zusammensetzung des Aufsichtsorgans 207
1. Modalitäten der Bekanntmachung nach § 97 Abs. 1 AktG 207
2. Wirkungen der Bekanntmachung 209

a) Kein Antrag auf gerichtliche Entscheidung 209
b) Anrufung des Gerichts 209
3. Rechtsfolge im Falle einer Bekanntmachung (§ 97 Abs. 2 AktG) 210
II. Gerichtliche Entscheidung über die Zusammensetzung des Aufsichtsorgans 213
1. Zuständigkeit 213
2. Antragsberechtigung 213
3. Verfahren 214
4. Die gerichtliche Entscheidung 215

I. Fazit 217
I. Anwendbarkeit und Anwendung der § 96 Abs. 4 und §§ 97 ff. AktG auf die bestehenden SE 217
II. Das Statusverfahren im Kontext der Gründung 219
III. Das Statusverfahren bei der Aktivierung einer Vorrats-SE 220
IV. Reichweite und Bindungswirkung der gerichtlichen Entscheidung nach § 98 und § 99 AktG bei der SE 221

J. Thesen 223

Literaturverzeichnis 227

Abkürzungsverzeichnis

Abs.	Absatz
AG	Aktiengesellschaft
AktG	Aktiengesetz
Art.	Artikel
Begr.	Begründung
BetrVG	Betriebsverfassungsgesetz
BGB	Bürgerliches Gesetz Buch
BGH	Bundesgerichtshof
bzgl.	bezüglich
bzw.	beziehungsweise
d. h.	das heißt
DrittelbG	Gesetz über die Drittelbeteiligung der Arbeitnehmer im Aufsichtsrat
EBRG	Gesetz über Europäische Betriebsräte
f.	folgende [Seiten]
ff.	fort folgende [Seiten]
GG	Grundgesetz
GmbH	Gesellschaft mit beschränkter Haftung
Hs.	Halbsatz
i.d.R.	in der Regel
i.V.m.	in Verbindung mit
LG	Landgericht
lit.	*lat.* litera (= Buchstabe)
KGaA	Kommanditgesellschaft auf Aktie
MitbestErgG	Mitbestimmungs-Ergänzungsgesetz
MitbestG	Gesetz über die Mitbestimmung der Arbeitnehmer
MontanMitbestG	Gesetz über die Mitbestimmung der Arbeitnehmer in den Aufsichtsräten und Vorständen der Unternehmen des Bergbaus und der Eisen und Stahl erzeugenden Industrie
n. F.	neue Fassung
Nr.	Nummer
OLG	Oberlandesgericht
RegE.	Regierungsentwurf
Rn.	Randnummer
SE	*lat.* Societas Europaea
SEAG	SE-Ausführungsgesetz

SEBG	SE-Beteiligungsgesetz
SEEG	SE-Einführungsgesetz
SE-RL	SE-Richtlinie
SE-VO	SE-Verordnung
sog.	sogenannt
u. a.	unter anderem
UmwG	Umwandlungsgesetz
Var.	Variante
vgl.	vergleiche
z.B.	zum Beispiel

Begriffsbestimmung

Wiederkehrende Rechtsbegriffe werden an dieser Stelle einführend erklärt und definiert, um Unklarheiten in den folgenden Ausführungen zu vermeiden.

Statusverfahren	bezeichnet, soweit nichts anderes gekennzeichnet, die einfache Bekanntmachung der Unternehmensleitung nach § 97 AktG sowie das gerichtliche Spruchverfahren nach §§ 98, 99 AktG.
Aufsichtsorgan	ist das bei einer dualistisch verfassten Societas Europaea zwingend zu errichtende Organ zur Überwachung der Geschäftsleitung (Art. 40 SE-VO).
Aufsichtsrat	ist das bei einer Aktiengesellschaft vorgeschriebene Organ zur Überwachung der Geschäftsführung (§§ 111, 278, 287 AktG).
Aufsichtsratsinteressierte	sind die Personen und Gremien, die an der Zusammensetzung des Aufsichtsrats bzw. Aufsichtsorgan ein besonderes Interesse haben. Das sind diejenigen, denen das Gesetz in § 98 Abs. 2 AktG bzw. § 26 Abs. 2 SEAG sowie in § 17 Abs. 4 Satz 1 SEAG ein Antragsrecht für das Statusverfahren einräumt.
Beteiligungsvereinbarung	ist eine schriftliche Vereinbarung zwischen den Leitungen und dem besonderen Verhandlungsgremium mit dem Inhalt gemäß § 21 SEBG; sie wird in der Literatur auch als Mitbestimmungsvereinbarung bezeichnet.
Leitungsorgan	ist bei einer dualistisch verfassten Societas Europaea der Vorstand, welcher die Geschäfte grundsätzlich in eigener Verantwortung führt (§ 39 SE-VO).
Montanbetriebe	sind Gesellschaften i.S.v. § 1 Abs. 1 Montan-MitbestG, die sich mit der Produktion von Kohle und Stahl beschäftigen.

Statut der Societas Europaea sind, entsprechend dem französischen Wortsinn, der Inbegriff der Regelungen für eine bestimmte Organisation, also die Gesetze oder internationalen Abkommen über eine Gesellschaftsform[1]. Dem entsprechend ist unter dem Statut der Europäischen Aktiengesellschaft die Verordnung, welche die rechtliche Ordnung der SE regelt und die Richtlinie, die diese Regelungen um die Beteiligung der Arbeitnehmer ergänzt, zu verstehen[2]. Nicht zu verwechseln ist der Begriff Statut mit dem, was im deutschen Sprachgebrauch unter den statutarischen Regelungen zu verstehen ist.

Statutarische Regelungen sind die satzungsmäßigen Bestimmungen eines rechtlichen Zusammenschlusses. Die Gesellschaftssatzung ist eine perpetuierte Grundordnung. Bei privatrechtlichen Zusammenschlüssen ist sie Ausdruck der Privatautonomie. Gesellschaftssatzungen haben nicht den Charakter staatlicher Rechtsnormen. Als Satzung in diesem Sinne bezeichnet man bei Aktiengesellschaften auch den Gesellschaftsvertrag. Dies gilt auch für die Europäische Aktiengesellschaft. An deren Inhalt stellt das entsprechend geltende Recht Mindestvoraussetzungen.

1 *Gessler*, BB 1967, 381, 382.

2 *von Caemmerer*, Entwurf einer europäischen Gesellschaftsform, S. 54.

A. Einführung

I. Einleitung

Die SE, auch als Europäische Aktiengesellschaft bezeichnet, die seit Ende des Jahres 2004 nach weitgehend einheitlichen Rechtsprinzipien in der Europäischen Union gegründet werden kann, ist mehr als zehn Jahre danach ein Erfolg und dient zur Verwirklichung eines gemeinsamen Binnenmarktes. Aktuell gibt es 3146 SE in der Europäischen Union[3]. Von den 2943 SE Stand 31. Dezember 2017 sind 289 operativ in Deutschland tätig[4]. Von den 186 SE mit separatem Aufsichtsorgan (dualistisches System) haben 60 auch mit Arbeitnehmervertretern besetzte Aufsichtsorgane[5].

Das bei Wahl des dualistischen Systems zwingend zu bildende Aufsichtsorgan der SE ist das Kontrollgremium und hat dieselben Aufgaben wie der Aufsichtsrat in der AG[6]. Im Aufsichtsorgan der SE findet auch die unternehmerische Mitbestimmung statt. Die SE ist aber nicht kraft Rechtsform zwingend mitbestimmt, vielmehr wird die Mitbestimmung aus dem jeweiligen Staat abgeleitet, in dem die SE ihren Sitz hat.

Im Rahmen der Errichtung einer SE ist es möglich, über die Ausgestaltung der Mitbestimmung zu verhandeln. Die Reichweite und Grenzen der Verhandlungsmöglichkeiten über die Mitbestimmung sind nicht abschließend geklärt[7], daher kann es insbesondere bei der Zusammensetzung des Aufsichtsorgans zu Rechtsunsicherheiten kommen.

---

3 Stand 31.12.18, nach ETUI European company Datenbank Stand 01.11.2019 sind es 3.261 SEs, abrufbar unter: http://ecdb.worker-participation.eu/ (zuletzt abgerufen am 01.11.2019).

4 526 in der gesamten Europäischen Union; SE-Datenblatt der Hans Böckler Stiftung – Fakten zur Europäischen Aktiengesellschaft – Stand: 31.12.2017 abrufbar unter https://www.boeckler.de/pdf/pb_mitbestimmung_se_2017_12.pdf (zuletzt abgerufen am 01.11.2019).

5 21 haben einen paritätisch besetztes Aufsichtsorgan und 39 mindestens Drittelbeteiligung, vgl. SE-Datenblatt der Hans Böckler Stiftung – Fakten zur Europäischen Aktiengesellschaft – Stand: 31.12.2017 abrufbar unter https://www.boeckler.de/pdf/pb_mitbestimmung_se_2017_12.pdf (zuletzt abgerufen am 01.11.2019).

6 *Paefgen* in KölnerKomm AktG, Art. 40 SE-VO, Rn. 1; *Reichert/Brandes* in MünchKomm AktG, Art. 40 SE-VO Rn. 12; *Eberspächer* in Spindler/Stilz, AktG, § 40 SE-VO Rn. 4.

7 *Habersack*, AG 2006, 345, 345 ff.; *Seibt*, AG 2005, 413, 422 ff.; *ders.*, ZIP 2010, 1057, 1059 ff.; *Teichmann*, AG 2008, 797, 800 ff.; *Oetker*, ZIP 2006, 1113, 1113 ff.

Die Mitbestimmung in der SE wird in der Literatur mannigfaltig diskutiert. Weniger Beachtung fand dabei bisher die Frage, wie sich Veränderungen und Streitfragen über die Zusammensetzungsgrundlage auf die konkrete Zusammensetzung des Aufsichtsorgan auswirken.

Das deutsche Recht sieht ein spezielles Feststellungs- und Überleitungsverfahren bei einer Veränderung der Grundlage für die Organzusammensetzung in den §§ 97 bis 99 AktG vor[8]. Dieses besondere Verfahren wird auch als *Überleitungs-* oder *Statusverfahren* bezeichnet. Es bezweckt die rechtssichere Zusammensetzung des Aufsichtsrats. Das Statusverfahren ist eng verknüpft mit dem in § 96 Abs. 4 AktG geregelten *Kontinuitätsprinzip*, wonach der Aufsichtsrat nach anderen als den zuletzt angewandten gesetzlichen Vorschriften nur zusammengesetzt werden kann, wenn nach § 97 AktG oder nach § 98 AktG die in der Bekanntmachung des Vorstands bzw. in der gerichtlichen Entscheidung angegebenen gesetzlichen Vorschriften anzuwenden sind[9]. Die hier geregelte Kontinuität der Aufsichtsratsbesetzung soll dem Aufsichtsrat eine sichere Rechtsgrundlage geben. Ohne Rücksicht auf die vom Gesetz vorgegebenen Besetzung bleibt der Aufsichtsrat in seiner bestehenden Zusammensetzung beschlussfähig und der Rechtsverkehr kann auf die getroffenen Entscheidungen vertrauen[10]. Erst nach Durchführung des Statusverfahrens ist der Aufsichtsrat neu zu besetzen. Unterbleibt die erforderliche Durchführung des Statusverfahrens vor der Neuzusammensetzung des Aufsichtsrats, trifft das Unternehmen die schwere Folge der Nichtigkeit der Wahl der Aufsichtsratsmitglieder nach § 250 Abs. 1 Nr. 1 AktG. Beschlüsse des nichtig bestellten Aufsichtsrats sind unheilbar nichtig[11]. Nur nach vorheriger Durchführung des Statusverfahren kann also der Aufsichtsrat wirksam neu zusammengesetzt werden. Im Statusverfahren der §§ 97 ff. AktG wird verbindlich die Frage geklärt, nach welchen Vorschriften sich der Aufsichtsrat eines Unternehmens zusammenzusetzt. Bei

---

8 OLG Düsseldorf, DB 1978, 1358; OLG Frankfurt, AG 1986, 262; OLG Hamburg, DB 1988, 1941; LG Stuttgart, DB 1989, 98; OLG Stuttgart, DB 1989, 1128; LAG Düsseldorf, DB 1988, 503; OLG Düsseldorf, AG 1996, 87; *Reiser/Veil*, Recht der Kapitalgesellschaften, § 15 Rn. 27; 575; *Oetker*, ZHR 1985, 575; *Rosendahl*, AG 1985, 325, 325.

9 Vgl. *Mertens* in KölnKomm AktG, §§ 97–99 Rn. 1; *Semler* in MünchKomm AktG, § 97 Rn. 2; *Teichmann* in Lutter/Hommelhoff, SE-Komm, Anh. Art. 43 SE-VO (§ 24 SEAG) Rn. 3.

10 BT-Drucks. 4/171, S. 133; *Habersack* in MünchKommAktG, § 97 Rn 1.

11 BGH, Urteil v. 16.12.1953 – II ZR 167/52, NJW 1954, 385; Lembke/Fesenmeyer, BB 2008, 2185, 2187.

Streit über die richtige Zusammensetzung des Aufsichtsrats entscheiden die ordentlichen Gerichte im Statusverfahren nach §§ 98, 99 AktG.

Vor diesem Hintergrund wird im Folgenden untersucht, ob das aktienrechtliche Statusverfahren auf die SE mit Sitz in Deutschland Anwendung findet.

II. Anstoß zur Untersuchung

Anstoß zur Untersuchung der Anwendung des Statusverfahren auf die SE gab die Entscheidung des Landgerichts Nürnberg-Fürth vom 8. Februar 2010[12]. Das Landgericht hatte erstmals im Statusverfahren gemäß § 98 Abs. 1 AktG über die ordnungsgemäße Aufsichtsorganzusammensetzung einer SE mit Sitz in Deutschland zu entscheiden. Der Entscheidung lag im Wesentlichen folgender Sachverhalt zugrunde:

Die GfK AG, ein Unternehmen mit knapp unter 2000 regelmäßig beschäftigten Arbeitnehmern in Deutschland, wurde im Jahre 2009 unter den Voraussetzungen aus Art. 2 Abs. 4, 37 SE-VO[13] i.V.m. dem SEAG[14] in eine SE mit dualistischem Leitungssystem umgewandelt.

Die Satzung der GfK SE sah in § 9 Abs. 1 eine Besetzung des Aufsichtsorgans mit neun Mitgliedern vor, von denen die Hauptversammlung drei auf Vorschlag der Arbeitnehmer unter Bindung an Wahlvorschläge zu bestellen hat, wenn nicht eine Vereinbarung über die Beteiligung der Arbeitnehmer ein anderes Bestellverfahren für die Arbeitnehmervertreter vorschreibt.

§ 17.1 Satz 2 und Satz 3 der zwischen dem besonderen Verhandlungsgremium und der Leitung der GfK SE vor Eintragung der GfK SE in das Handelsregister abgeschlossenen Vereinbarung über die Beteiligung der Arbeitnehmer („Beteiligungsvereinbarung") vom 17. Dezember 2008 sahen folgende Regelungen vor:

> *„Die Größe des Aufsichtsrats regelt die Satzung der GfK SE. Mindestens ein Drittel seiner Mitglieder und, vorbehaltlich der Zustimmung durch die nächstfolgende Hauptversammlung nach Eintragung der GfK SE ab dem Zeitpunkt des Wirksamwerdens des Beschlusses der Hauptversammlung, mindestens vier Mitglieder werden gemäß § 18.2 von den Arbeitnehmern bestellt."*

---

12 LG Nürnberg- Fürth, Beschl. v. 8.2.2010 – 1 HK O 8471/09, AG 2010, 384 = BB 2010, 1113 = Der Konzern 2010, 326 = NZG 2010, 547 = ZIP 2010, 372.

13 Verordnung (EG) Nr. 2157/2001 des Rats vom 8. Oktober 2001 über das Statut der Europäischen Gesellschaft, im Folgenden SE-Verordnung abgekürzt SE-VO.

14 Gesetz zur Ausführung der Verordnung (EG) Nr. 21557/2001 des Rates vom 8. Oktober 2001 über das Statut der Europäischen Gesellschaft (SE) 22. Dezember 2004, im Folgenden SEAG.

Durch § 1 der Vereinbarung vom 8. April 2009 zwischen der Leitung Betriebsrat der GfK SE wurden § 17.1 Satz 2 und Satz 3 der Beteiligungsvereinbarung wie folgt neu gefasst:

> *„Der Aufsichtsrat der GfK SE soll aus zehn Mitgliedern bestehen, von denen vier Mitglieder gemäß § 18.2 von den Arbeitnehmern bestellt werden („Arbeitnehmervertreter"). Die Satzung der GfK SE soll entsprechend angepasst werden; über die Anpassung der Satzung beschließt, soweit rechtlich erforderlich, die Hauptversammlung."*

§ 9 Abs. 1 der Satzung der *GfK* SE war bislang nicht angepasst worden.

Vor dem Hintergrund des in § 95 Satz 3 AktG a. F., § 17 Abs. 1 Satz 3 SEAG a.F. normierten Grundsatz der Dreiteilbarkeit war ungewiss, ob die Änderung von § 17.1 der Beteiligungsvereinbarung (wonach das Aufsichtsorgan der SE aus insgesamt zehn Mitgliedern bestehen solle) wirksam war.[15]

Das LG Nürnberg Fürth entschied am 8. Februar 2010, dass die Regelung von § 17.1 der geänderten Beteiligungsvereinbarung zulässig sei und die Satzung nach Art. 12 Abs. 4 SE-VO entsprechend anzupassen sei. Das Urteil ist rechtskräftig.

Neben der Entscheidung bzgl. der Dreiteilbarkeit ist bemerkenswert, dass das Landgericht im Statusverfahren nach §§ 98, 99 AktG entschied. Die Kammer beschäftigte sich in der knappen Entscheidung, aber nur kursorisch mit den Prinzipien zur Bestimmung der Aufsichtsorgangröße und Zusammensetzung des Aufsichtsorgans[16]. Beiläufig – so erscheint es dem Leser – wird die Frage nach der Zulässigkeit des Statusverfahren nach §§ 96 Abs. 4, 97 ff. AktG auf die SE mit Verweis auf die Generalverweisung auf das Aktienrecht durch Art. 9 Abs. 1 lit. c) ii) SE-VO beantwortet. Auch in der laufenden rechtlichen Diskussion zur SE und insbesondere zur Mitbestimmung in der SE wird das Statusverfahren nur am Rande beachtet und dessen Bedeutung für die rechtssichere Feststellung der Zusammensetzung des Aufsichtsorgans SE nur wenig erörtert.

In der vorliegenden Arbeit wird die Anwendung des Statusverfahren auf die SE, die Europa-eigenen Mitbestimmungsregeln unterliegt, beleuchtet.

---

15 Aus den Gründen zu 1., LG Nürnberg-Fürth, Beschluss vom 08.02.2010 – 1 HKO 8471/09, BeckRS 2010, 4843.

16 Vgl. *Kiefner/Friebel*, NZG 2010, 537, 537; *Kiem*, Der Konzern 2010, 275, 279, *Linerz*, EWiR 2010, 337; *Seibt*, ZIP 2010, 1057, 1058 ff.

III. Offene Rechtsfragen

Die zu klärenden Rechtsfragen im Zusammenhang mit der Anwendung des Statusverfahrens auf die SE lassen sich wie folgt skizzieren:

Zunächst die **Frage nach der Anwendbarkeit**, ob das Statusverfahren gemäß den Vorschiften der §§ 96 Abs. 4, 97 ff. AktG überhaupt bei der Zusammensetzung des SE-Aufsichtsrates anzuwenden ist. Dies hängt vornehmlich davon ab, ob sich das aktienrechtliche Statusverfahren mit der Europaeigenen Mitbestimmungslösung verträgt. Die Frage stellt sich bei der ersten Zusammensetzung des SE-Aufsichtsorgan im Rahmen der Neugründung und einer Änderung der Zusammensetzung des Aufsichtsorgans nach dem Gründungsstadium während der laufenden Wahlperiode. Im zuerst genannten Fall sind verschiedene Gründungsszenarien zu differenzieren. Im zweiten Fall, der Änderung der Aufsichtsorganzusammensetzung während der laufenden Wahlperiode ist zwischen der Änderung der Anzahl/ des Anteils der Arbeitnehmer und der Veränderung der Größe des Aufsichtsorgans zu unterscheiden. Die Aktivierung einer Vorrats-SE stellt darüber hinaus einen Sonderfall dar.

Wendet man das Statusverfahren bei der Zusammensetzung des SE-Aufsichtsorgan an, stellt sich des Weiteren die Frage nach der **Reichweite des Verfahrens**. Im Hinblick auf die Unterschiede zwischen der Mitbestimmung in der SE – in der die Möglichkeit besteht, die Mitbestimmung in einer Vereinbarung zu regeln – und der AG, ist unklar, ob das Statusverfahren auch anzuwenden ist, wenn sich die Mitbestimmung aus einer Beteiligungsvereinbarung ergibt und wie das Verfahren ausgestaltet ist. Daneben stellt sich das auch bei der AG relevante Problem, ob das Statusverfahren auch bei einer freiwilligen statutarischen Veränderung der Aufsichtsrats*größe* durchführbar ist. Diese Rechtsfrage ist zwar nicht neu, hat aber (auch bei der AG) bisher nur ein Nischendasein gefristet. Im Rahmen der rechtlichen Diskussion um die Zusammensetzung des SE-Aufsichtsrats könnte diese Streitfrage an Bedeutung gewinnen.

Bei Anwendung des gerichtlichen Statusverfahren (§§ 98 f. AktG) auf die SE können sich **Grenzbereiche** ergeben, **welche zur Arbeitsgerichtsbarkeit abzugrenzen sind**. Außerdem ist zu klären, ob und inwieweit dem Gericht im Statusverfahren ein Prüfungsrecht in Bezug auf die Beteiligungsvereinbarung nach § 21 SEBG zusteht. Darüber hinaus bedarf die **Bindungswirkung** der Hauptversammlung der SE bei der Bestellung des Aufsichtsorgans an den Gerichtsbeschluss nach §§ 98 f. AktG der Überprüfung.

IV. Gang der Untersuchung

Die vorliegende Arbeit gliedert sich wie folgt:

Im nachstehenden **ersten Teil unter Buchstabe B.** wird zunächst die Entstehungsgeschichte des Statusverfahrens nach den §§ 97 ff. AktG und der Normzweck dargestellt. Anhand der Entwicklungsgeschichte werden die gesetzgeberischen Beweggründe erläutert, diese sind insbesondere für die Auslegung von Bedeutung. Daraufhin werden Grundgedanke und Zielsetzung des Statusverfahrens erörtert. Dabei wird vertieft auf den über dem Verfahren schwebenden Grundgedanken der Rechtssicherheit eingegangen, welcher im Grundsatz des Status quo- bzw. Kontinuitätsprinzip Ausdruck gefunden hat und in § 96 Abs. 4 AktG verankert ist. Anschließend wird die gesetzliche Ausgestaltung des Statusverfahrens als ein zweistufiges Verfahren, das auf die rechtssichere Zusammensetzung des Aufsichtsrats gerichtet ist, dargestellt.

Im **zweiten Teil unter Buchstabe C.** werden die Grundlagen zur SE und die europäische Mitbestimmungsreglung dargestellt. Es wird dabei auf die Zusammensetzung und Größe des Aufsichtsorgan eingegangen. In diesem Zusammenhang werden die strukturellen Unterschiede zwischen der unternehmerischen Mitbestimmung nach Deutschem und Europäischen Leitbild mit Blick auf die Zusammensetzung des Aufsichtsorgan herausgearbeitet.

Der zentrale **dritte Teil unter Buchstabe D.** beleuchtet die Anwendbarkeit und die Anwendung der §§ 96 Abs. 4, 97 ff. AktG auf die dualistisch strukturierte SE mit Sitz in Deutschland. Hier stellt sich für die SE die Frage, ob das Statusverfahren auch auf vertraglichen Vorschriften betreffend die Zusammensetzung des Aufsichtsorgans anwendbar ist. In diesem Zusammenhang wird der Beschluss vom 8. Februar 2010 des Landgerichts Nürnberg-Fürth[17], welcher sich erstmals mit der Frage der Anwendung des Statusverfahrens auf die SE beschäftigen musste, untersucht und der Lösungsansatz bewertet. In diesem Zusammenhang wird auch problematisiert, ob das Statusverfahren auch bei einer freiwilligen statutarischen Veränderung der Aufsichtsrats*größe* durchführbar ist. Die diesbezügliche Literatur und Rechtsprechung werden analysiert und zur Klärung der Rechtsfragen bei der SE herangezogen. Bei Bejahung der Anwendbarkeit soll die Anwendung des Kontinuitätsprinzips und Statusverfahren bei Veränderungen der maßgeblichen mitbestimmungsrechtlichen Vorschriften betreffend die Zusammensetzung des Aufsichtsorgans analysiert werden.

---

17 LG Nürnberg-Fürth, Beschl. v. 8.2.2010 – 1 HK O 8471/09, ZIP 2010, 372, 373.

Der **vierte Teil unter Buchstabe E.** beschäftigt sich mit dem Erfordernis des Statusverfahrens bei der Zusammensetzung des ersten Aufsichtsrats im Gründungsstadium der SE. Besondere Beachtung wird hier die Rechtslage bei der Rechtsformumwandlung einer AG in eine SE finden.

Danach wird im **fünften Teil unter Buchstabe F.** auf den Sonderfall der Gründung einer Vorrats-SE eingegangen und die Rolle des Statusverfahrens zur Sicherung der Arbeitnehmerbeteiligung bei der wirtschaftlichen Neugründung der SE beleuchtet.

Im **sechsten Teil unter Buchstabe G.** werden Reichweite und Bindungswirkung der gerichtlichen Entscheidung im Statusverfahren nach § 98 f. AktG thematisiert. Das Statusverfahren könnte sich als streitbeendender Weg bei der Zusammensetzung des SE-Aufsichtsrats herausstellen. Die SE-Verordnung und das SEAG werden auf etwaige Spezialregelungen hin untersucht. Regelungslücken sollen mit Lösungsvorschlägen versehen werden und europäischen Regelungsaufträge mit dem Aktiengesetz abgeglichen werden. Rechtsfragen, welche die ordentlichen Gerichte bzw. die arbeitsrechtlichen Gerichte betreffen, sind voneinander abzugrenzen. Die Diskussion in der Literatur über die Reichweite der gerichtlichen Prüfung gemäß §§ 98 f. AktG im Zusammenhang mit der Beteiligungsvereinbarung wird begutachtet und für die Erarbeitung eines Lösungsvorschlages herangezogen. Im Anschluss wird die Bindungswirkung der SE-Hauptversammlung an den im gerichtlichen Statusverfahren ergangenen Beschluss untersucht.

Der **siebte Teil unter Buchstabe H.** stellt die verfahrensrechtliche Ausgestaltung der §§ 96 Abs. 4, 97 ff. AktG bei Anwendung auf die SE dar.

Zum Schluss werden **unter Buchstabe I.** die problematischen sowie umstrittenen Bereiche und die gefundenen Ergebnisse zusammengefasst und **unter Buchstabe J.** die Ergebnisse in Leitsätzen formuliert.

B. Das aktienrechtliche Statusverfahren

I. Das Statusverfahren der §§ 97 ff. AktG

Im Statusverfahren erfolgt die Klärung der Frage, nach welchen gesetzlichen Vorschriften der Aufsichtsrat der AG zusammenzusetzt ist.

In der Literatur wird im Zusammenhang mit dem Statusverfahren auch oft von einem zweistufigen Überleitungsverfahren gesprochen[18]. Auf der *ersten Stufe* wird festgestellt, nach welchen Vorschriften der Aufsichtsrat in Zukunft zusammenzusetzen ist, daraufhin werden auf der *zweiten Stufe* Satzung und Aufsichtsratsbesetzung an die geltenden Vorschriften angepasst. Das Statusverfahren vollzieht sich im Einzelnen wie folgt:

1. Stufe

a) Förmliches Verfahren

Der erste Verfahrensschritt wird in aller Regel durch eine Mitteilung des Vorstands (§ 97 Abs. 1 AktG) über die seiner Ansicht nach für die Aufsichtsratszusammensetzung maßgebenden gesetzlichen Vorschriften eingeleitet, die in den Geschäftsblättern zu veröffentlichen und in allen Betrieben der Gesellschaft und ihrer Konzernunternehmen auszuhängen ist. Die Bekanntmachung setzt eine Monatsfrist in Gang, innerhalb derer ein gerichtliches Verfahren nach § 98 Abs. 1 AktG beantragt werden kann.

b) Gerichtliches Verfahren

Im Streitfall oder wenn der Vorstand unsicher ist, nach welchen Vorschriften der Aufsichtsrat in Zukunft zu bilden ist, tritt an die Stelle der Mitteilung des Vorstandes die gerichtliche Feststellung nach §§ 98 f. AktG. Von den in § 98 Abs. 2 AktG genannten Personen (Aufsichtsratsinteressierte) kann der gerichtliche Teil ebenfalls initiiert werden, wenn keine Bekanntmachung des Vorstands erfolgt ist. Die förmliche Bekanntmachung kann also dem gerichtlichen Verfahren vorausgegangen sein, muss aber nicht zwingend vor diesem stattgefunden haben.

---

18 *Breuer/Fraune* in Heidel, Aktienrecht und Kapitalmarktrecht, § 97 Rn. 1; *Drygala* in Schmidt/Lutter, AktG, § 97 Rn. 2 f.; *Habersack* in MünchKomm AktG, § 97 Rn 2; *Hopt/Roth* in Großkomm AktG, § 97 Rn. 2; *Hüffer*, AktG, § 97 Rn. 1; *Habersack*, Der Konzern 2008, 67, 69; *Oetker*, ZHR 1985, 575, 577; *Rittner*, DB 1969, 2165, 2168.

Der gerichtliche Teil des Statusverfahrens ist ein Antragsverfahren. Die Antragsberechtigten werden in § 98 Abs. 2 AktG abschließend genannt. Das Antragsrecht der in § 98 Abs. 2 Nr. 6 bis 10 AktG genannten hängt davon ab, ob sie die Belange von Wahlberechtigten oder Vorschlagberechtigten wahrnehmen oder nach den streitigen gesetzlichen Vorschriften selbst ein Vorschlagsrecht hätten[19]. Auf das Verfahren ist das Gesetz über das Verfahren in Familiensachen und in den Angelegenheiten der freiwilligen Gerichtsbarkeit (FamFG) anzuwenden, vorbehaltlich § 99 Abs. 2 bis 5 AktG (vgl. § 99 Abs. 1 AktG). Für das Statusverfahren ist das Landgericht sachlich ausschließlich zuständig (§ 98 Abs. 1 Satz 1 AktG). Die Entscheidung des Landgerichts ergeht durch Beschluss.

Mit dem Ablauf der Monatsfrist nach der Bekanntgabe des Vorstandes im Bundesanzeiger werden die in der Bekanntmachung bezeichneten Vorschriften (§ 97 Abs. 2 Satz 1) maßgeblich bzw. nach rechtskräftiger Entscheidung des Gerichts werden die durch das Gericht angeordneten gesetzlichen Vorschriften (§ 98 Abs. 4 Satz 1 AktG) maßgeblich. Damit ist die erste Stufe des Statusverfahrens abgeschlossen.

2. Stufe

Auf der zweiten Stufe werden die Satzung und die Aufsichtsratszusammensetzung an die auf der ersten Stufe festgestellten und nunmehr maßgebenden Bestimmungen angepasst. Das Gesetz gewährt für die Anpassungen eine Übergangsfrist von sechs Monaten ab Bekanntmachung im Bundesanzeiger bzw. ab Eintritt der Rechtskraft des Gerichtsbeschlusses, vgl. § 97 Abs. 2 Satz 2 AktG und § 98 Abs. 4 Satz 2 AktG.

Zur Erleichterung der Satzungsanpassung, kann die Hauptversammlung die neuen Satzungsbestimmungen nach § 97 Abs. 2 Satz 4 AktG mit einfacher Stimmenmehrheit beschließen.

Die Neuzusammensetzung des Aufsichtsrats ist durch den Vorstand in die Wege zu leiten, insbesondere hat er, wenn in den neuen Aufsichtsrat Arbeitnehmer zu wählen oder vorzuschlagen sind, die rechtzeitige Durchführung der Wahlen nach der Wahlordnung vorzubereiten[20].

Spätestens nach Ablauf der Sechsmonatsfirst erlischt kraft Gesetzes das Amt der bisherigen Aufsichtsratsmitglieder (§§ 97 Abs. 2 Satz 3, 98 Abs. 4 Satz 2 AktG)

---

19 BGH, WM 2012, 448f.; *Hopt/Roth/Peddinghaus* in Großkomm AktG, § 97 Rn. 22; *Mertens/Cahn*, KölnKomm AktG, § 97–99 Rn. 32; *Spindler* in Spindler/Stilz, § 98 Rn. 8; *Hüffer/Koch*, AktG, § 98 Rn. 4.

20 *Hopt/Roth/Peddinghaus* in Großkomm AktG, § 97 Rn. 56, 57.

und die Bestimmungen über Zusammensetzung und Binnenorganisation des Aufsichtsrats treten außer Kraft. Tritt nach Feststellung der maßgebenden Vorschriften[21] aber vor Ablauf der Sechsmonatsfrist die Hauptversammlung zusammen, treten die Bestimmungen der Satzung über die Zusammensetzung des Aufsichtsrats und Binnenorganisation schon vor Ablauf der Frist von sechs Monaten außer Kraft, soweit sie den nunmehr anzuwendenden Vorschriften widersprechen (§ 97 Abs. 2 Satz 2 AktG). Gleichzeitig erlischt das Amt der bisherigen Aufsichtsratsmitglieder (§ 97 Abs. 2 Satz 3 AktG).

Falls die erste Hauptversammlung keine neuen Satzungsregeln bestimmt bzw. die sechsmonatige Anpassungsfrist verstreicht, treten an die Stelle der außer Kraft getretenen Bestimmungen die anzuwendenden gesetzlichen Bestimmungen[22]. Werden die neuen Aufsichtsratsmitglieder nicht bestellt, so kann eine Bestellung durch das Gericht gemäß § 104 AktG erfolgen[23]. Da § 96 Abs. 4 AktG fingiert, dass der Aufsichtsrat bis zum Abschluss des Statusverfahrens richtig zusammengesetzt ist, kommt eine Ersatzbestellung durch das Gericht erst nach Ablauf der in § 97 Abs. 2 Satz 2 AktG genannten Frist von sechs Monaten in Betracht[24].

II. Entstehungsgeschichte

Das Statusverfahren gab es vor dem Aktiengesetz (AktG) 1965 nicht[25]. Eine dem Überleitungsverfahren gewissermaßen vergleichbare Übergangsbestimmung für den Aufsichtsrat ließ sich in Art. VIII der Aktienrechtsnotverordnung vom 19. September 1931[26] erkennen[27]. Die Notverordnung von

---

21 D. h. im Falle der Bekanntgabe nach Ablauf der Monatsfrist zur Einleitung des gerichtlichen Verfahrens bzw. im Falle der gerichtlichen Feststellung durch Beschluss mit dem Eintritt der Rechtskraft.

22 *Hopt/Roth/Peddinghaus* in Großkomm AktG, § 97 Rn. 64; *Habersack* in MünchKomm AktG, § 97 Rn. 34.

23 *Hopt/Roth/Peddinghaus* in Großkomm AktG, § 97 Rn. 64; *Habersack* in MünchKomm AktG, § 97 Rn. 32.

24 So auch *Hopt/Roth/Peddinghaus* in Großkomm AktG, § 97 Rn. 62.

25 *Hopt/Roth/Peddinghaus* in Großkomm AktG, § 97 Rn. 1.

26 RGBl. I, S. 493; ähnliche intertemporalrechtlichen Regelungen trafen auch: § 8 EG AktG 1937; § 63 DM-BilanzG und § 12 EG AktG 1965, eingehend auch dazu DB 1969, 2165, 2170.

27 *Mertens,* in KölnKomm AktG, §§ 97–99 Rn 1; *Hopt/Roth* in GroßKomm AktG, § 97 Rn. 1; die Grundidee Funktionsfähigkeit des Unternehmens durch einen am Status quo ausgerichteten Aufsichtsrat über einen unsicheren Zeitraum zu sichern wurzelt

1931[28] hatte allerdings das Inkrafttreten neuen Rechts zum Regelungsgegenstand und behandelte die Problematik zeitlicher Grenzen von Herrschaftsregeln[29]. Die Übergangssituation, die das Statusverfahren regelt, ist aber mit der intertemporalen Regelung durchaus verwandt. Denn wenn ein *neues Gesetz* nach dem Ablauf der Geltung des alten Gesetzes andere Regeln trifft, so ist die Übergangssituation analog zu der Situation, in der *kraft Gesetzes* andere Regeln für das Gesellschaftsorgan anzuwenden sind[30]. Die intertemporale Regelung von 1931 kann daher als Vorläufer der Regelungstechnik des Statusverfahrens zur Überleitung von Satzungsregelung und Aufsichtsratszusammensetzung in einem bestimmten zeitlichen Rahmen angesehen werden.

Ein Überleitungsverfahren zwischen verschiedenen Mitbestimmungsmodellen kannte das AktG 1937, auch nach der Einführung der Montanmitbestimmung oder der Drittelbeteiligung des Betriebsverfassungsgesetzes (BetrVG) 1952, nicht. Obwohl nach der Wiedereinführung der Mitbestimmung in den fünfziger Jahren Unsicherheiten im Zusammenhang mit der Zusammensetzung des Aufsichtsrats bestanden, insbesondere war die Gültigkeit von Aufsichtsratsbeschlüssen bei unrichtiger tatsächlicher Zusammensetzung des mitbestimmten Organs nach der Überschreitung von mitbestimmungsrechtlich relevanter Mitarbeiterzahlen problematisch[31], konnte die Behauptung, dass der Aufsichtsrat nicht nach den richtigen Bestimmungen zusammengesetzt sei, nicht geltend gemacht werden[32]. Das AktG 1937 kannte für Entscheidungen von Streitigkeiten über die Zusammensetzung des Aufsichtsrats kein einheitliches Spruchverfahren[33]. Es fehlte also bis dato an einem homogenen Spruchverfahren zur Klärung der Rechtslage[34]. Es kam bei der Rechtsfindung zu einer Zersplitterung der Rechtswege, weil zum Teil die ordentlichen Gerichte und zum Teil die

wohl schon in der Vorschrift des § 243 Abs. 2 HGB 1887, vgl. dazu *Rittner,* DB 1969, 2165, 2169.

28 Art. VIII NotVO 1931.

29 *Savigny,* System des heutigen römischen Rechts, Bd. VIII, §§ 383 ff.

30 Vgl. *Rittner,* DB 1969, 2165, 2169.

31 *Hopt/Roth* in Großkomm AktG, § 96 Rn. 3.

32 Vgl. *Mertens/Cahn* in KölnKomm AktG, § 97 Rn. 2.

33 Begr. RegE. bei *Kropff,* AktG, S. 129; aber schon unter der Geltung des AktG 1937 war es vorherrschende Meinung, dass Satzungsbestimmungen, die von den zwingenden gesetzlichen Vorschriften über die Zusammensetzung des Aufsichtsrats abweichen, unwirksam sind, vgl. *Baumbach-Hueck,* AktG, § 86 Anm. I B.; *Schmidt/Meyer-Landrut* in Großkomm AktG, § 87 Anm. 30.

34 *Schmidt/Meyer-Landrut* in Großkomm AktG, § 87 Anm. 30.

Arbeitsgerichte zuständig waren. Dies konnte zu widersprüchlichen Entscheidungen und zeitraubenden Verfahren führen[35].

Eine dem Regelungskomplex des Statusverfahrens ähnliche Vorschrift fand sich später in § 16 Mitbestimmungsergänzungsgesetz 1956[36]. Sie betraf den Bestimmungszeitraum für die Anwendung des maßgeblichen Mitbestimmungsrechts. Eine Regelung bezüglich der förmlichen bzw. der gerichtlichen Feststellung des maßgeblichen Rechts traf § 16 Mitbestimmungsergänzungsgesetz 1956 aber nicht.

Mit der Novellierung des AktG im Jahre 1965 wurde in den §§ 97 bis 99 das Statusverfahren installiert. Neben der Regelung der zeitlichen Geltung eines bestimmten Mitbestimmungsstatuts, wurde als wesentliche Neuerung ein Verfahren zur Feststellung der maßgebenden Vorschriften geschaffen[37]. Für Zweifels- oder Streitfragen wurde in den §§ 98 und 99 AktG ein besonderes gerichtliches Verfahren implementiert, für das jetzt das Landgericht ausschließlich zuständig sein soll.

III. Grundgedanke und Zielsetzung

Das Mitbestimmungsstatut der AG kann sich schnell kraft Gesetzes durch Veränderung der tatsächlichen Verhältnisse ändern, weil die gesetzlich vorgesehene Zusammensetzung an variable tatsächliche Voraussetzungen anknüpft (z. B. Arbeitnehmerzahl und Grundkapital[38])[39]. Die Zusammensetzung des Aufsichtsrats, d. h. das Verhältnis aus Vertretern der Arbeitnehmer und der Anteilseigner, kann sich aufgrund veränderter Umstände, die für die Arbeitnehmerbeteiligung im Aufsichtsrat maßgebend sind, von Zeit zu Zeit ändern. Zu dem Zeitpunkt, in dem z. B. relevante Schwellenwerte betreffend die Arbeitnehmerzahl über- bzw. unterschritten werden, ist das Aufsichtsorgan nicht mehr ordnungsgemäß zusammengesetzt.[40] Ändert sich aufgrund veränderter Arbeitnehmerzahlen das geltende Mitbestimmungsstatut für die AG, kann es zu Ungewissheit oder auch Streit über die anzuwendenden Rechtsgrundlagen kommen. Veränderungen und die damit einhergehenden mitbestimmungsrechlichen Folgen sind nicht

35 Begr. RegE. bei *Kropff*, AktG, S. 129.
36 *Rittner*, DB 1969, 2165, 2167.
37 Vgl. *Rittner*, DB 1969, 2165, 2169 f.
38 Vgl. z.B. § 1 Nr. 1 DrittelbG; §§ 1 Abs. 1 Nr. 2, 7 Abs. 1 MitbestG.
39 Vgl. dazu nachfolgend unter V.
40 *Hopt/Roth/Peddinghaus* in Großkomm AktG, § 97 Rn. 27.

immer leicht festzustellen. Beschlüsse, die von einem nicht richtig zusammengesetzten Aufsichtsrat beschlossen wurden, sind fehlerhaft[41].

§ 96 Abs. 4 AktG sorgt dafür, dass der Aufsichtsrat weiterhin nach dem Status quo (also wie bisher) zusammengesetzt bleibt, wenn sich dessen Rechtsgrundlage ändert. Die Fiktion der richtigen Zusammensetzung des Aufsichtsrats durch § 96 Abs. 4 AktG soll den Aufsichtsrat in der Übergangsphase auf eine sichere Rechtsgrundlage stellen[42]. Wenn der Vorstand der Ansicht ist, dass der Aufsichtsrat nicht nach den für ihn maßgebenden gesetzlichen Vorschriften zusammengesetzt ist bzw. die in § 98 Abs. 2 AktG als Antragsberechtigt genannten die Zusammensetzung des Aufsichtsrats bestreiten, können sie das Statusverfahren einleiten[43].

Das Status quo- bzw. Kontinuitätsprinzip (§ 96 Abs. 4 AktG) und das Statusverfahren (§§ 97 bis 99 AktG) gehören zusammen. Mit anderen Worten: Dem Statusverfahren liegt das Kontinuitätsprinzip zugrunde[44]. Der tatsächliche Status der Unternehmensmitbestimmung mit einer bestimmten Besetzung der Aufsichtsratsämter gilt nach dem Kontinuitätsprinzip zum Schutz der Rechtssicherheit und der Funktionsfähigkeit des Unternehmens so lange als verbindlich, wie nicht durch das aktienrechtliche Statusverfahren nach §§ 97 ff. AktG die Anwendung eines anderen Mitbestimmungsregimes entschieden ist.

Das Statusverfahren dient der Sicherstellung der richtigen Zusammensetzung des Aufsichtsrates durch seine verbindliche Feststellung. Außerdem dient es der geregelten Überleitung in ein neues Mitbestimmungsmodell[45]. Schon aus praktischen Gründen ist ein Übergangsverfahren erforderlich, denn eine Anpassung des Aufsichtsrats an die geltenden Vorschriften, sofort mit Veränderung der tatsächlichen Verhältnisse (insbesondere bei veränderten Arbeitnehmerzahlen), ist schwer möglich und es kann zweifelhaft sein, welche Vorschriften anzuwenden sind[46]. Durch die Kontinuität der Aufsichtsratsämter verbleibt der Gesellschaft Zeit zur Anpassung der Zusammensetzung an die festgestellten Verhältnisse.

---

41 OLG Hamburg, Urteil v. 11.1.2002, WM 2002, 696, 699; *Habersack* in MünchKomm AktG, § 108 Rn. 76; *Mertens/Cahan*, KölnKomm AktG, § 108 Rn. 89.

42 BT-Drucks. 4/171, S. 133.

43 Vgl. *Drygala* in Schmitd/Lutter, AktG, § 97 Rn. 8; *Habersack* in MünchKomm AktG, § 97 Rn. 15 und § 98 Rn. 5; *Hüffer/Koch*, AktG, § 97 Rn. 2 und § 98 Rn. 3.

44 *Teichmann* in Lutter/Hommelhoff, SE-Komm, Anh. Art. 43 SE-VO (§ 25 SEAG) Rn. 1 f.; *Martens*, DB 1978, 1065, 1068; *Oetker*, ZHR 149, 575, 576 f.; *Rittner*, DB 1969, 2165, 2166.

45 *Hopt/Roth/Peddinghaus* in Großkomm AktG, § 97 Rn. 4.

46 Vgl. *Oetker*, ZHR 1085, 575, 576.

Das Unternehmen bleibt im Innenverhältnis handlungsfähig, da die bisherigen Aufsichtsratsmitglieder ihr Amt weiter fortsetzen können, obwohl die Aufsichtsratszusammensetzung nicht mehr den geltenden Vorschriften entspricht[47].

Im förmlichen Verfahren (§ 97 Abs. 1 Satz 1 AktG) bzw. im streitigen Verfahren (§ 98 f. AktG) wird geklärt, nach welchen Vorschriften sich der Aufsichtsrat in Zukunft zusammenzusetzen hat. Das Verfahren hat dabei für die Mitbestimmung im Unternehmen ausschließlich *deklaratorische* Funktion[48]. Die Bekanntmachung nach § 97 AktG sowie das gerichtliche Verfahren gemäß §§ 98 f. AktG *stellen* das maßgebliche Recht mit Wirkung für und gegen jedermann (nur) rechtssicher *fest*[49]. Das heißt, der Aufsichtsrat gilt nach dem Ergebnis des Statusverfahrens als richtig besetzt (Fiktion)[50]. Eine Übergangsfrist von sechs Monaten zur Anpassung der Satzung an die festgestellte Aufsichtsratszusammensetzung verhindern, dass eine erforderlich gewordene Reorganisation des Aufsichtsrats nach den nunmehr festgestellten Vorschriften zu lange hinausgezögert wird und ein an sich rechtswidriger Aufsichtsrat – der nur auf dem Kontinuitätsprinzip beruht – zu lange bestehen bleibt[51].

IV. Das Kontinuitätsprinzip, § 96 Abs. 4 AktG

Das Kontinuitätsprinzip nach § 96 Abs. 4 AktG gibt Anlass für das Statusverfahren. Ist das Aufsichtsorgan anders als bisher zusammenzusetzen, so steht die bisherige Zusammensetzung des Rats infrage. Nach der Intention des deutschen Gesetzgebers soll sich allein durch veränderte Parameter die Zusammensetzung des Aufsichtsgremiums nicht ändern[52]. Es wird die aktuell bestehende Zusammensetzung des Organs als die maßgebliche fingiert, unabhängig davon, ob sie der tatsächlichen Rechtslage entspricht, vgl. § 96 Abs. 4 AktG. Der Grundsatz der Kontinuität der Aufsichtsratsformation dient der Rechtssicherheit und sichert die Funktionsfähigkeit des Unternehmens. Denn beispielsweise durch

---

47 Vgl. *Hüffer/Koch*, AktG, § 96 Rn. 28; *Habersack* in MünchKomm AktG, § 96 Rn. 32; *Mertens/Cahn* in KölnKomm AktG, § 96 Rn. 23; *Rittner*, DB 1969, 2165, 2168.

48 *Rittner*, DB 1969, 2165, 2168.

49 *Ammon* in Heidel, Aktienrecht und Kapitelmarktrecht, § 99 Rn. 16 u. 17; *Drygala* in Schmidt/Lutter, AktG, § 99 Rn 11; *Hüffer/Koch*, AktG, § 99 Rn. 9; *Semler* in MünchKomm AktG, § 99 Rn. 50; *Spindler* in Spindler/Stilz, AktG, § 99 Rn. 18; a. A. *Kiem*, Der Konzern 2010, 275, 283.

50 *Hopt/Roth/Peddinghaus* in Großkomm AktG, § 97 Rn. 4.

51 BT-Drucks. 4/171, S. 134.

52 Begr. RegE. bei *Kropff*, AktG, S. 127; *Oetker*, ZHR 1985, 575, 576.

Veränderung der Arbeitnehmerzahlen kann es in der mitbestimmten AG dazu kommen, dass die aktuelle Zusammensetzung des Aufsichtsrats dem materiell maßgeblichen Mitbestimmungsmodell widerspricht. Der Kontinuitätsgrundsatz stellt die Arbeitsfähigkeit und die Wirksamkeit der Beschlüsse des amtierenden Rats für einen Übergangszeitraum sicher[53].

Außerdem wird dem Umstand Rechnung getragen, dass die Anpassung des Gremiums an veränderte Verhältnisse in der Regel eine bestimmte Zeit in Anspruch nimmt. Zu denken ist dabei insbesondere an die Wahl gegebenenfalls erforderlicher Vertreter der Arbeitnehmer. Außerdem dürfen Zweifelsfragen über die rechtlichen Grundlagen der Zusammensetzung des mitbestimmten Organs die künftige Zusammensetzung und die Gültigkeit der Beschlüsse nicht berühren.

V. Gegenstand des Statusverfahrens (Mitbestimmung)

Gegenstand des Verfahrens ist, wie die Verankerung im Aktiengesetz zeigt, originär die Vorschriften über die Zusammensetzung des Aufsichtsrats der AG[54]. Das Statusverfahren nach § 97 ff. AktG ist einzuleiten, wenn der Aufsichtsrat *„nach anderen als den zuletzt angewandten gesetzlichen Vorschriften"* zusammengesetzt ist, vgl. § 96 Abs. 4 AktG.

Mit dem Begriff „gesetzliche Vorschriften" (§ 96 Abs. 4, § 97 Abs. 1 Satz 1 und § 98 Abs. 1 Satz 1 AktG) sind die für die Zusammensetzung des Aufsichtsrats normativ zwingenden Vorschriften gemeint[55]. Erfasst werden Änderungen, die eine Änderung in der Zusammensetzung und Größe des Aufsichtsrats bedingen[56].

---

53 Begr. RegE. bei *Kropff*, AktG, S. 127; *Oetker*, ZHR 1985, 575, 576.

54 Das Statusverfahren ist außerdem über Verweisungen auch für die KGaA (§ 278 Abs. 3 AktG), bei Gesellschaften mit beschränkter Haftung (§ 27 EGAktG, § 1 Abs. 1 Nr. 3 Satz 2 DrittelbG), bei eingetragenen Erwerbs- und Wirtschaftsgenossenschaften (§ 1 Abs. 1 Nr. 5 Satz 2 DrittelbG) und bei Versicherungsvereinen auf Gegenseitigkeit (§ 35 Abs. 3 VAG) anwendbar, wenn die kraft Gesetzes oder auf Grund der Satzung einen Aufsichtsrat zu bilden haben.

55 Vgl. OLG Hamburg, Beschl. v. 26.8.1988–11 W 53/88, ZIP 1988, 1191, 1192; OLG Dresden, Beschl. v. 18.02.1997–14 W 1396/96, ZIP 1997, 589, 591; *Habersack* in MünchKomm AktG, § 95 Rn. 18; *Hopt/Roth/Peddinghaus* in Großkomm AktG, § 97 Rn. 11; *Göz*, ZIP 1998; 1523, 1526; *Rosendahl*, AG 1985, 325, 329; *Habersack*, Der Konzern 2008, 67, 70; a. A. *Geßler* in Geßler/Hefermehl /Eckardt/Kropff, AktG, § 95 Rn. 38, *Oetker*, ZHR 1985, 575, 585; *ders.;* ZGR 2000, 19, 21.

56 *Spindler* in Spindler/Stilz, AktG, § 97 Rn. 6.

Überblicksartig[57] werden nachstehend die „gesetzlichen Vorschriften", die die Zusammensetzung des Aufsichtsrats der AG betreffen dargestellt.

1. Gesetzliche Vorschriften

Die Zusammensetzung des Aufsichtsrats der AG regelt das Aktienrecht in § 96 Abs. 1 bis 3. Das Aktienrecht verweist dabei insbesondere auf das Mitbestimmungsrecht. Nach Absatz 1 der genannten Vorschrift kann sich der Aufsichtsrat aus Mitgliedern der Aktionäre und der Arbeitnehmer zusammensetzen.

Durch die Arbeitnehmervertreter im Aufsichtsrat, werden die Arbeitnehmer an den unternehmerischen Entscheidungen, die im Aufsichtsrat getroffen werden, beteiligt. In diesem Zusammenhang spricht man auch von der *unternehmerischen* Mitbestimmung[58].

Die Zusammensetzung des Aufsichtsrates mit Anteilseigner- und Arbeitnehmervertreter hängt in der AG davon ab, (i) ob ein Unternehmen überhaupt der Mitbestimmung unterfällt und wenn dies der Fall ist, (ii) welchem Mitbestimmungsmodell das Unternehmen unterfällt und ob es börsennotiert ist.

Vorbehaltlich mitbestimmungsrechtlicher Vorschriften trifft § 95 AktG Regelungen zur Größe des Aufsichtsrats.

a) Montan-Mitbestimmungsgesetz (Montan-MitbestG)

Das Montan-Mitbestimmungsgesetz[59] regelt die Mitbestimmung der Arbeitnehmer in den Aufsichtsräten und den Vorständen der Unternehmen des Bergbaus

57 Wegen derer untergeordneten Bedeutung muss hier insbesondere nicht auf das Gesetz zur Ergänzung des Gesetzes über die Mitbestimmung der Arbeitnehmer in den Aufsichtsräten und Vorständen der Unternehmen des Bergbaus und der Eisen und Stahl erzeugenden Industrie vom 7.8.1956, BGBl. I S. 707 (MitbestErgG) sowie das Gesetz über die Mitbestimmung der Arbeitnehmer in einer grenzüberschreitenden Verschmelzung vom 21.12.2006, BGBl. I S. 3332 (MgVG) eingegangen werden.

58 Von der unternehmerischen Mitbestimmung ist v. a. die betriebliche Mitbestimmung zu unterscheiden die im Betriebsrat stattfindet. Gegenstand der betrieblichen Mitbestimmung sind Fragen der Betriebsordnung, der Gestaltung der Arbeitsplätze, der Arbeitsabläufe und -umgebung, etc. Da in der vorliegenden Arbeit die Zusammensetzung des Aufsichtsrats bzw. Aufsichtsorgan in Rede steht, kommt es auf die unternehmerische Mitbestimmung an.

59 Gesetz über die Mitbestimmung der Arbeitnehmer in den Aufsichtsräten und Vorständen der Unternehmen des Bergbaus und der Eisen und Stahl erzeugenden Industrie, in Berlin am 4.4.1957 in Kraft getreten, Art. I u. III. Gesetz vom 22.3.1957 GVBl. Berlin S. 316.

und der Eisen und Stahl erzeugenden Industrie (Montanbetriebe)[60]. Die Bestimmungen finden auf Montanbetriebe Anwendung, die in der Rechtsform einer AG oder Gesellschaft mit beschränkter Haftung (GmbH) und in der Regel mehr als 1.000 Arbeitnehmer beschäftigen sind (§ 1 Abs. 2 Montan-MitbestG).

Die Besonderheit des Montan-MitbestG ist die Vollparität, also die paritätische Besetzung des Aufsichtsrats mit Mitgliedern der Anteilseignerseite und Arbeitnehmerseite. Auf jeder Seite wird der Aufsichtsrat um mindestens ein[61] „weiteres Mitglied" ergänzt, dass weder Gewerkschafts- oder Arbeitnehmervertreter noch Arbeitnehmer bzw. Inhaber wesentlicher Aktienpakete des Unternehmens sein darf (vgl. § 4 Abs. 1 und 2 Montan-MitbestG).

Um mögliche Pattsituationen, d. h. Situationen, in denen es keine Mehrheit gibt, aufzulösen, wird der Aufsichtsrat zusätzlich mit einem „weiteren Mitglied, einem neutralen Mitglied[62], besetzt.

Als *lex specialis* bestimmt das Montan-MitbestG von § 95 AktG abweichende Aufsichtsratsgrößen[63]. Gemäß § 4 Abs. 1 Satz 1 Montan-MitbestG besteht der Aufsichtsrat grundsätzlich aus 11 Mitgliedern. Bei Montan-Gesellschaften mit einem Nennkapital von mehr als 10 Millionen Euro oder mehr als 25 Millionen Euro kann die Satzung bestimmen, dass der Aufsichtsrat aus 15 Mitgliedern bzw. 20 Mitgliedern besteht (§ 9 Montan-MitbestG).

Unterschreitet ein Montanbetrieb den Schwellenwert von 1.000 Arbeitnehmern oder bezieht sich der Gesellschaftszweck nicht mehr auf die Montanindustrie, ist die Montan-Mitbestimmung erst nach sechs aufeinanderfolgenden Geschäftsjahren in denen die genannten Voraussetzungen nicht mehr vorliegen, nicht mehr anzuwenden (§ 1 Abs. 2 Montan-MitbestG).

b) Mitbestimmungsgesetz (MitbestG)

Das Mitbestimmungsgesetz[64] regelt in Deutschland die Beteiligung der Arbeitnehmer im Aufsichtsrat. Das Gesetz findet auf Unternehmen in der

---

60 Vgl. § 1 Satz 1 Montan-MitbestG, dazu *Wißmann* in Wlotzke/Wißmann/Koberski/Kleinsorge, MitbestR, § 1 Montan-MitbestG Rn. 4 ff.

61 Im 21-köpfigen Aufsichtsrat erhöht sich die Zahl der „weiteren Mitglieder" auf jeder Seite auf 2, § 9 Abs. 2 Montan-MitbestG, vgl. auch *Wißmann* in Wlotzke/Wißmann/Koberski/Kleinsorge, MitbestR, § 4 Montan-MitbestG Rn. 2.

62 *Wißmann* in Wlotzke/Wißmann/Koberski/Kleinsorge, MitbestR, § 4 Montan-MitbestG Rn. 2, 4.

63 *Wißmann* in Wlotzke/Wißmann/Koberski/Kleinsorge, MitbestR, § 4 Montan-MitbestG Rn. 2.

64 Gesetz über die Mitbestimmung der Arbeitnehmer vom 4.5.1976, BGB. I S. 1153.

Rechtsform der AG, Kommanditgesellschaft auf Aktien (KGaA), GmbH oder Genossenschaften, welche in der Regel – alleine oder zusammen mit ihren Konzerntöchtern – mehr als 2.000 Arbeitnehmer beschäftigen, Anwendung (§ 1 Abs. 1 u. § 5 MitbestG).

Der Aufsichtsrat muss in den genannten Unternehmen nach dem MitbestG paritätisch besetzt werden. In diesen Unternehmen ist der Aufsichtsrat folglich mit der gleichen Anzahl von Arbeitnehmer- und Anteilseignervertretern zu besetzen[65].

Das Mitbestimmungsgesetz regelt die Größe des Aufsichtsrats abweichend von § 95 AktG; dabei ist die Höhe des Grundkapitals ohne Bedeutung[66]. Die Größe des Aufsichtsrats wird hier von der Arbeitnehmerzahl abhängig gemacht[67]. § 7 Abs. 1 Satz. 1 MitbestG sieht drei Abstufungen vor:

Stufe	Arbeitnehmer	Mitglieder AN/AG	Insgesamt
1	i.d.R. < 10.000	6/6	12
2	i.d.R. > 10.000, aber <20.000	8/8	16
3	i.d.R. > 20.000	10/10	20

Die Satzung kann die Zahl der Mitglieder des Aufsichtsrats in Unternehmen, die der Stufe 1 oder 2 zuzuordnen sind, von 12 auf 16 oder 20 bzw. von 16 auf 20 erhöhen[68].

65 Kommt es bei einer Abstimmung im Aufsichtsrat zu einer Stimmengleichheit (Pattsituation), hat bei der erneuten Abstimmung im Falle der erneuten Stimmgleichheit, der Aufsichtsratsvorsitzende zwei Stimmen (Doppelstimmrecht). Den Aufsichtsratsvorsitzenden wählt der Aufsichtsrat aus seiner Mitte mit einer Mehrheit von zwei Dritteln seiner Mitglieder (§ 27 Abs. 1 MitbestG). Da auch für die Wahl des Vorsitzenden keine Seite die Mehrheit innehat, wählen bei einer Pattsituation im zweiten Wahlgang nur die Anteilseignervertreter den Vorsitzenden (§ 27 Abs. 2 MitbestG). Dies hat dazu geführt, dass der Aufsichtsratsvorsitzende, schon im ersten Wahlgang, immer ein Anteilseignervertreter ist. Vgl. BMAS, Mitbestimmung – eine gute Sache, S. 72.

66 *Wißmann* in Wlotzke/Wißmann/Koberski/Kleinsorge, MitbestR, § 7 MitbestG Rn. 4.

67 Zu der Berechnung der Arbeitnehmerzahl, vgl. *Wißmann* in Wlotzke/Wißmann/Koberski/Kleinsorge, MitbestR, § 3 MitbestG Rn. 4 ff. m.w. N.

68 In Unternehmen der ersten und zweiten Stufe müssen sich unter den Aufsichtsratsmitgliedern der Arbeitnehmer zwei Vertreter von Gewerkschaften befinden und bei Unternehmen der letzten Stufe drei Vertreter von Gewerkschaften.
Für börsennotierte Unternehmen gilt, im Falle des Widerspruches zur Gesamterfüllung der Geschlechterquote nach § 96 Abs. 2 Satz 3 AktG, dass unter den Aufsichtsratsmitgliedern der Arbeitnehmer Frauen und Männer jeweils mit einem Anteil von mindestens 30 Prozent vertreten sein müssen.

c) *Drittelbeteiligungsgesetz (DrittelbG)*

Das Drittelbeteiligungsgesetz[69] regelt die Drittelbeteiligung der Arbeitnehmer und gilt für die AG, die KGaA, die GmbH, den Versicherungsverein auf Gegenseitigkeit und Genossenschaften, die in der Regel mehr als 500 Arbeitnehmer haben[70]. Da ab 2.000 Arbeitnehmern das Mitbestimmungsgesetz auf die AG, die KGaA, die GmbH, und die Genossenschaften Anwendung findet, gilt das Drittelbeteiligungsgesetz nicht für Unternehmen, die mehr als 2.000 Arbeitnehmer beschäftigen[71].

Bei Unternehmen im Geltungsbereich des Drittelbeteiligungsgesetz werden die Aufsichtsräte zu einem Drittel aus Arbeitnehmervertretern und somit zu zwei Dritteln aus Anteilseignervertretern besetzt.

Die Größe des Aufsichtsrats hängt von der Satzung ab, das Drittelbeteiligungsgesetz trifft hierzu keine besonderen Regelungen[72].

2. Andere als die zuletzt angewendeten Vorschriften

Für die Anwendung des Statusverfahrens muss sich der Aufsichtsrat nach anderen als den zuletzt angewendeten Vorschriften zusammensetzen, § 96 Abs. 4 AktG.

Mit „*zuletzt angewendeten gesetzlichen Vorschriften*" sind die zuletzt durch das Statusverfahren festgestellten Normen gemeint.

Andere Vorschriften werden für die Zusammensetzung des Aufsichtsrats relevant, wenn sich die tatsächlichen Umstände, die für die Arbeitnehmerbeteiligung im Aufsichtsrat nach den mitbestimmungsrechtlichen Vorschriften relevant sind, ändern. Wie sich aus dem Vorstehenden ergibt, knüpft die gesetzlich vorgegebene Zusammensetzung des Aufsichtsrats an veränderliche tatsächliche Parameter an. Von Bedeutung sind vor allem Veränderungen bei der Höhe des Grundkapitals eines Unternehmens und der Zahl der Arbeitnehmer, die in einem Unternehmen tätig sind[73].

---

69 Gesetz über die Drittelbeteiligung der Arbeitnehmer im Aufsichtsrat vom 18.5.2004, BGBl. I S. 974.

70 Das DrittelbG gilt auch für AG mit i.d.R. weniger als 500 Mitarbeiter, wenn diese vor dem 10.8.1994 gegründet wurden und keine Familiengesellschaften sind, vgl. § 1 Nr. 1 a.E. DrittelbG.

71 Vgl. dazu vorstehend unter b).

72 Der Gestaltungsspielraum in der Satzung richtet sich bei der AG nach § 95 AktG.

73 *Hopt/Roth/Peddinghaus* in Großkomm AktG, § 97 Rn. 27; *Wißmann* in Wlotzke/Wißmann/Koberski/Kleinsorge, MitbestR, § 7 MitbestG Rn. 7 ff.

Beispielsweise kann es im Anwendungsbereich des Mitbestimmungsgesetzes[74] infolge einer Vergrößerung der Arbeitnehmerzahl im Rahmen eines Erwerbes eines Unternehmens, das ein Konzernunternehmen wird, von einer der in § 7 Abs. 1 Satz 1 MitbestG angegebenen Stufen (vgl. auch Abbildung unter 1. b)) in eine höhere Stufe zu einer anderen Vorgabe betreffend der Größe und Zusammensetzung der Aufsichtsrats kommen[75].

Mithin ist der Aufsichtsrat bei einer Veränderung der tatsächlichen Umstände, welche die Arbeitnehmerbeteiligung im Aufsichtsrat bzw. die Größe des Organs betreffen, nach anderen als den zuletzt angewandten Vorschriften zusammenzusetzen und entspricht nicht mehr der nach dem Gesetz richtigen Zusammensetzung[76].

---

74 Vgl. zum Anwendungsbereich ausführlich vorstehend unter 1. b).

75 Vgl. für weitere Beispiele *Wißmann* in Wlotzke/Wißmann/Koberski/Kleinsorge, MitbestR, § 7 MitbestG Rn. 7 ff.

76 *Hopt/Roth/Peddinghaus* in Großkomm AktG, § 96 Rn. 27.

C. Die Societas Europaea

I. Grundlagen zur Societas Europaea

1. Societas Europaea

Die Societas Europaea bzw. Europäische (Aktien-)Gesellschaft ist eine juristische Person des Privatrechts in der Rechtsform einer Aktiengesellschaft mit Sitz in der Europäischen Union oder des Europäischen Wirtschaftsraums (Art. 1 Abs. 1 und 2 SE-VO)[77]. Sie wurde auf Grundlage des europäischen Rechts geschaffen und soll die Gründung nach weitestgehend einheitlichen Rechtsprinzipien ermöglichen. Die SE ist eine supranationale Gesellschaft[78]. Gemäß Art. 10 SE-VO wird die SE in jedem Mitgliedsstaat wie eine Aktiengesellschaft, die nach dem Recht des Sitzstaates der SE gegründet wurde, behandelt. Die Verweisungstechnik der SE-Verordnung führt dazu, dass die SE je nach Sitzstaat unterschiedliche nationale Ausprägungen erfährt[79].

Die SE ist zwar eine im europäischen Recht gründende Gesellschaftsform, besitzt aber keine unionsweit einheitliche Verfassung. Es gibt also keine einheitliche gemeinschaftsrechtliche SE. Vielmehr unterscheiden sich die SE als Gesellschaftsform nach den unterschiedlichen Sitzstaaten. Die anzustellende Untersuchung bezieht sich auf die SE mit Sitz in Deutschland („deutsche SE“).

2. Rechtsgrundlagen der SE

Die primäre Rechtsgrundlage der SE bilden zwei Rechtsakte, eine Verordnung[80] über das Statut der Europäischen Gesellschaft („SEVO“), durch die auch die Gesellschaftsrechtsvorschriften eingeführt werden, und eine Richtlinie[81] zur

---

77 *Maul* in Van Hulle/Maul/Drinhausen, HdB zur Europäischen Gesellschaft, 2. Abschnitt Rn. 1; *Schwarz*, SE-VO, Art. 1 Rn. 28 ff.

78 Vgl. *Schröder* in Manz/Mayer/ Schröder, Europäischen Aktiengesellschaft, Art. 1 SE-VO Rn. 2; *Wenz*, Die Societas Europaea, S. 179 f.; *ders.* in Van Hulle/ Maul/Drinhausen, HdB zur Europäischen Gesellschaft, 1. Abschnitt Rn. 1; a. A. *Lächler/Oplustil*, NZG 2005, 381, 382.

79 *Fleischer*, AcP 2004, 502, 510 f.; *Junker*, ZfA 2005, 211, 219; *Kübler* in FS Raiser, S. 247, 249; *Kuhn* in Jannott/Frodermann, HdB der Europäischen Aktiengesellschaft, 2 Rn. 7.

80 Nr. 2157/2001 v. 8.10.2001: ABIEG Nr. L 294 v. 10.11.2001.

81 Nr. 2001/86/EG v. 8.10.2001: ABIEG Nr. L 294 v. 10.11.2001.

Ergänzung des Statuts der Europäischen Gesellschaft hinsichtlich der Beteiligung der Arbeitnehmer („SERL“)[82].

Die SE-Verordnung ist eine europäische Verordnung im Sinne des Art. 249 Abs. 2 EGV und hat somit unmittelbare Geltung in allen Mitgliedsstaaten der Europäischen Union[83]. Die Richtlinie über die Beteiligung der Arbeitnehmer der SE muss entsprechend ihrer Rechtsnatur zur Erlangung unmittelbarer Geltung in nationales Recht transformiert werden (Art. 249 Abs. 3 EGB)[84].

Auf nationaler Ebene wird die Verordnung durch das Gesetz zur Einführung der Europäischen Aktiengesellschaft (SE-Einführungsgesetz – „SEEG“) ergänzt[85]. Dabei handelt es sich um ein Artikelgesetz, welches in Art. 1 das Gesetz zur Ausführung der Verordnung über das Statut der Europäischen Gesellschaft (SE-Ausführungsgesetz – „SEAG“) und in Art. 2 das Gesetz über die Beteiligung der Arbeitnehmer in einer Europäischen Gesellschaft (SE-Beteiligungsgesetz – „SEBG“) enthält. Mit dem SEAG erfolgte die Umsetzung zahlreicher Verpflichtungs- und Ermächtigungsnormen der Verordnung durch den deutschen Gesetzgeber[86]. Außerdem setzt das SEEG die Vorgaben der EU-Richtlinie[87] über die Beteiligung der Arbeitnehmer der SE im SEBG in deutsches Recht um.

Schließlich verweist die Verordnung im Hinblick auf ungeregelte bzw. nicht abschließend geregelte Bereiche auf das nationale Recht des Mitgliedstaates, in dem die SE ihren Sitz hat (Art. 9 Abs. 1 lit. c) ii) SE-VO). In den von der SE-Verordnung ungeregelten Bereichen bleiben für die deutschen SE also die allgemeinen Vorschriften des Aktiengesetzbuchs (AktG) und des Handelsgesetzbuchs (HGB) anwendbar.

---

82 *Drinhausen/Teichmann* in Van Hulle/Maul/Drinhausen, HdB zur Europäischen Gesellschaft, 3 Rn. 1; *Kuhn* in Jannott/Frodermann, HdB der Europäischen Aktiengesellschaft, 2 Rn. 1 u. 2; *Lutter* in Lutter/Hommelhoff, SE-Komm, Einl. SE-VO Rn. 2.

83 *Drinhausen/Teichmann* in Van Hulle/Maul/Drinhausen, HdB zur Europäischen Gesellschaft, 3 Rn. 1; *Kuhn* in Jannott/Frodermann, HdB der Europäischen Aktiengesellschaft, 2 Rn. 2; *Lutter* in Lutter/Hommelhoff, SE-Komm, Einl. SE-VO Rn. 2; *Schwarz,* SE-VO, Einleitung Rn. 31; *Schröder* in Manz/Mayer/Schröder, Europäische Aktiengesellschaft, Teil A Vorbemerkung Rn 47.

84 Vgl. *Biervert* in Schwarze, EU-Kommentar, Art. 249 Rn. 27 f.

85 BGBl. 2004 I, 3675.

86 *Kuhn* in Jannott/Frodermann, HdB der Europäischen Aktiengesellschaft, 2 Rn. 2; *Schwarz,* SE-VO, Einleitung Rn. 238.

87 Nr. 2001/86/EG v. 8.10.2001: ABlEG Nr. L 294 v. 10.11.2001.

3. Normenhierarchie und planmäßige Regelungslücken

Das europäische Recht genießt Anwendungsvorrang[88]. Die Regelungen der SE-Verordnung kommen daher vorrangig zur Anwendung. Sie verdrängen die Vorschriften des Rechts der Mitgliedsstaaten[89]. Die SE-Verordnung stellt allerdings nur ein Rahmenrecht der SE dar. Die SE-Verordnung wird im Wege einer umfassenden Verweisungstechnik durch das nationale Recht flankiert. Das Statut der SE bildet mithin ein *mixtum compositum*[90] aus europäischem und nationalem Recht.

Einzelheiten regelt Art. 9 SE-VO. Es ergibt sich daraus folgende Normenhierarchie: Die Bestimmungen der SE-Verordnung sind ersten Ranges und zwingend, sofern sie nicht satzungsdispositiv ausgestaltet sind (Art. 9 Abs. 1 a) und b) SE-VO). Im letzteren Fall unterliegt die SE den Satzungsbestimmungen. Diese Bestimmungen sind wiederum vorrangig gegenüber dem nationalen Recht der Mitgliedsstaaten anzuwenden (Art. 9 Abs. 1 b) SE-VO). Für alle nicht oder nicht umfassend durch die SE-Verordnung bzw. die Satzung der SE geregelten Bereiche kommen gemäß Art 9 Abs. 1 lit. c) SE-VO zunächst die von den Mitgliedsstaaten in Umsetzung entsprechender Regelungsermächtigungen speziell für die SE erlassenen Rechtsvorschriften[91] (Art. 9 Abs. 1 lit. c) i) SE-VO), daraufolgend das nationale Aktienrecht des Sitzstaates der SE (Art. 9 Abs. 1 lit. c) ii) SE-VO) und subsidiär die Bestimmungen der Satzung, wenn diese wie im Falle einer nach dem Recht des Sitzstaates der SE gegründeten Aktiengesellschaft eingreifen würden (Art. 9 Abs. 1 lit. c) iii) SE-VO) zur Anwendung. Vorschiften des nationalen Rechts kommen nicht allein über die Generalverweisung gemäß Art. 9 Abs. 1 lit. c) ii) SE-VO, sondern auch aufgrund spezieller Verweisungen in der SE-Verordnung zur Anwendung[92], wie zum Beispiel in Art. 53 SE-VO für den Ablauf der Hauptversammlung. Es gilt das Spezialitätsprinzip[93], die

88 *Schweitzer/Hummer*, Europarecht, Rn 849 ff.

89 *Kuhn* in Jannott/Frodermann, HdB der Europäischen Aktiengesellschaft, 2 Rn. 9.

90 *Wagner*, NZG 2002, 985, 985.

91 Der deutsche Gesetzgeber hat im SEAG spezielle Regelungen i. S. d. Art. 9 Abs. 1 lit. c) i) SE-VO erlassen.

92 *Drinhausen/Teichmann* in Van Hulle/Maul/Drinhausen, HdB zur Europäischen Gesellschaft, 3 Rn. 10; *Hommelhoff/Teichmann* in Lutter/Hommelhoff, SE-Komm, Art. 9 SE-VO Rn. 7; *Schäfer* in MünchKomm AktG, Art. 9 SE-VO Rn. 6 ff.; *Schürnbrand* in Habersack/Drinhausen, SE-Recht, Art. 9 SE-VO Rn. 8; *Schwarz,* SE-VO, Art. 9 Rn. 9; *Veil* in KölnKomm AktG, Art. 9 SE-VO Rn. 52.

93 *Drinhausen/Teichmann* in Van Hulle/Maul/Drinhausen, HdB zur Europäischen Gesellschaft, 3 Rn. 10; *Hommelhoff/Teichmann* in Lutter/Hommelhoff, SE-Komm, Art. 9 Rn. 7; *Schäfer* in MünchKomm AktG, Art. 9 SE-VO Rn. 6 ff.; *Schürnbrand* in

Spezialverweisungen gehen der Generalverweisung auf das nationale Recht vor. Der Anwendungsbereich der Generalverweisung gemäß Art. 9 Abs. 1 lit. c) ii) SE-VO, ist erst gar nicht eröffnet, wenn die SE-Verordnung eine abschließende Regelung trifft. Mithin kommt das nationale Recht über die Verweisung nur dann zur Anwendung, wenn die SE-Verordnung eine *planmäßige* Regelungslücke aufweist[94]. Für den jeweiligen Einzelfall ist daher zuvor durch Auslegung die Reichweite der Vorschriften der SE-Verordnung zu ermitteln. Bei dem Verweis auf das nationale Recht handelt es sich um eine sog. Sachnormverweisung, das heißt der Verweis führt unmittelbar zur Anwendung des Sachrechts ohne Zwischenschaltung des Kollisionsrechts[95].

4. Dualistische und monistische Verfassung

Das dualistische und monistische System sind Formen der Organisationsverfassung in Aktiengesellschaften[96]. Beim dualistischen Organisationsmodell werden Geschäftsführung und Kontrolle getrennt. Die Kompetenzen werden auf zwei Organe verteilt, dem Leitungsorgan und dem Aufsichtsorgan. Der Vorstand ist das Leitungsorgan und für die Geschäftsführung zuständig. Er wird vom Aufsichtsrat als Aufsichtsorgan kontrolliert. Dem dualistischen System steht das monistische System gegenüber. Das monistische Ordnungsmodell trennt institutionell nicht zwischen der Geschäftsleitung und deren Überwachung[97]. Beide Funktionen werden vielmehr von einem Organ wahrgenommen, dem Verwaltungsrat.

Habersack/Drinhausen, SE-Recht, Art. 9 SE-VO Rn. 8; *Schwarz,* SE-VO, Art. 9 Rn. 9; *Veil* in KölnKomm AktG, Art. 9 SE-VO Rn. 52; *Brandt/Scheifele,* DStR 2002, 547, 553; *Hirte,* DStR 2005, 653, 654; *Wagner,* NZG 2002, 985, 986.

94 *Drinhausen/Teichmann* in Van Hulle/Maul/Drinhausen, HdB zur Europäischen Gesellschaft, 3 Rn. 10; *Kuhn* in Jannott/Frodermann, HdB der Europäischen Aktiengesellschaft, 2 Rn. 14; *Schäfer* in MünchKomm AktG, Art. 9 SE-VO Rn. 10, 11; *Schürnbrand* in Hommelhoff/Drinhausen, SE-Recht, Art. 9 SE-VO Rn. 32; *Schwarz,* SE-VO, Art. 9 Rn. 34; *Veil* in KölnKomm AktG, Art. 9 SE-VO Rn. 69; *Wagner,* NZG 2002, 985, 988.

95 So die herrschende Meinung, *Brandt,* Die Hauptversammlung der Europäischen Aktiengesellschaft, S. 44 ff.; *Lind,* Die Europäische Aktiengesellschaft, S. 61 ff.; *Lutter* in Lutter/Hommelhoff, Die Europäische Gesellschaft, S. 5, 19; *Scheifele,* Die Gründung der SE, S. 31; *Lächler/Oplustil,* NZG 2005, 281 ff.; *Wagner,* NZG 2002, 985, 987; kritisch *Drinhausen/Teichmann* in Van Hulle/Maul/Drinhausen, HdB zur Europäischen Gesellschaft, 3 Rn. 11 ff.; *Teichmann,* Binnenmarktkonformes Gesellschaftsrecht, S. 281 ff;

96 *Hansjörg,* Einführung in das Recht, S. 131 f.

97 *Kort* in KölnerKomm AktG, Vor § 76 Rn 2.

Die meisten Mitgliedsstaaten haben eines dieser Ordnungsmodelle in ihren nationalen Bestimmungen vorgeschrieben. Ebenso das deutsche Aktiengesetz. Die AG ist aufgrund des AktG durch das dualistische System geprägt. Der Vorstand hat in eigener Verantwortung die Gesellschaft zu leiten (§ 76 Abs. 1 AktG) und hat damit Unternehmerfunktion[98]. Der Aufsichtsrat, der sich aus Repräsentanten der Anteilseigner und in mitbestimmten Unternehmen auch aus Vertretern der Arbeitnehmer zusammensetzt[99], hat die Geschäftsführung zu überwachen (§ 111 Abs. 1 AktG).

Das Statut der SE sieht hingegen, wie auch einige Mitgliedsstaaten[100], ein Wahlrecht hinsichtlich der beiden Organisationsmodelle vor (Art. 38 lit. b) SE-VO)[101]. Die Satzungsgeber der SE haben die Organisationsautonomie, die vom nationalen Gesetzgeber nicht beschränkt werden kann[102]. Regelungen zum dualistischen System finden sich in den Art. 39 bis 42 SE-VO und §§ 15 bis 19 SEAG. Insbesondere die §§ 76 bis 116 AktG erklärt Art. 9 Abs. 1 lit. c) ii) SE-VO für die deutsche SE für anwendbar. Die innere Organisation der dualistischen SE mit Sitz in Deutschland entspricht prinzipiell der Ordnungsstruktur einer AG[103]. Das Leitungsorgan führt die Geschäfte der SE in eigener Verantwortung (Art. 39 SE-VO). Das Aufsichtsorgan überwacht die Führung der Geschäfte (Art. 40 SE-VO). Die SE-Verordnung enthält in den

98 *Dauner-Lieb*, FS Volker Röhricht, S. 86; *Hüffer/Koch*, AktG, § 76 Rn. 9; *Mertens/Cahn* in KölnKomm AktG, § 76 Rn. 5; *Seibt* in K.Schmidt/Lutter, AktG, § 76 Rn. 9; *Spindler* in MünchKomm AktG, § 76 Rn. 14; *Fleischer*, ZIP 2003, 1, 2 f.

99 *Dauner-Lieb*, FS Volker Röhricht, S. 86; *Habersack* in MünchKomm AktG, § 96 Rn. 4 ff.; *Hüffer/Koch*, AktG, § 96 Rn. 4 ff.; *Schiedermair/Kolb* in Beck AG-HdB, § 7 Rn. 18 ff.;

100 Zum Beispiel Frankreich, Dänemark, Schweden und den Niederlanden, vgl. *Ficker* in FS Bärmann, S. 305; *Teichmann* in Lutter/Hommelhoff, SE-Komm, Art. 38 SE-VO Rn. 14 ff.

101 *Drinhausen* in Van Hulle/Maul/Drinhausen, HdB zur Europäischen Gesellschaft, 5. Abschnitt Rn. 1 ff.; *Manz* in Manz/Mayer/Schröder, Europäische Aktiengesellschaft, Art. 38 SE-VO Rn. 9; *Teichmann* in Lutter/Hommelhoff, SE-Komm, Art. 38 SE-VO Rn. 24 f.

102 Der nationale Gesetzgeber kann allerdings die ihm in der SE-VO eingeräumten Kompetenzen zur Ausgestaltung der Organisationsmodelle wahrnehmen und damit mittelbar auf die Organisationswahl der SE Einfluss nehmen. Die SE-VO enthält jedoch einige zwingende Vorgaben über die Organisationssysteme. Vgl. *Dringhausen* in Van Hulle/Maul/Drinhausen, HdB zur Europäischen Gesellschaft, 5, §1 Rn. 1; *Neye/Teichmann*, AG 2003, 169, 175; *Teichmann*, ZGR 2002, 383, 443.

103 *Dringhausen* in Van Hulle/Maul/Drinhausen, HdB zur Europäischen Gesellschaft, 5, §2 Rn 1.

Art. 43 bis 45 Vorschriften über das monistische System. Im SEAG finden sich, auf Grundlage des Art. 43 Abs. 4 SE-VO erlassene, weitere Regelungen in den §§ 20 bis 39. Der Verwaltungsrat führt (Art. 43 Abs. 1 SE-VO) und überwacht die Geschäfte der SE als einziges Organ[104]. Die Art. 46 bis 51 SE-VO enthalten gemeinsame Vorschriften der beiden Organisationssysteme.

Im weiteren Verlauf dieser Arbeit steht die SE *mit dualistischem Leitungssystem* im Focus, also eine Gesellschaft, die nach ihrer Verfassung mit einem Aufsichtsrat und einem davon getrennten Leitungsorgan organisiert ist. Ausführungen und Ergebnisse beziehen sich daher auf die dualistische SE.

II. Mitbestimmung und die Zusammensetzung des Aufsichtsorgans der SE

1. SE-Mitbestimmung

Unternehmerische Mitbestimmung, auf die es bei der Untersuchung der Anwendung der §§ 97 ff. AktG nur ankommt, findet in der dualistischen SE im Aufsichtsorgan statt. Das Aufsichtsorgan der mitbestimmten SE kann mit Vertretern der Anteilseigner und der Arbeitnehmer besetzt werden. Folgend werden die rechtlichen Rahmenbedingungen der Mitbestimmung der SE dargestellt.

a) Europarecht

Die Frage nach der Beteiligung der Arbeitnehmer in der SE ist in der SE-RL geregelt[105]. Danach gilt für die Arbeitnehmerbeteiligung der *Vorrang der Verhandlungslösung*. Zwar wird die Beteiligung der Arbeitnehmer in der Richtlinie ausführlich geregelt, jedoch wird eine bestimmte Ausgestaltung der Arbeitnehmermitbestimmung nicht zwingend durch den europäischen Gesetzgeber vorgeschrieben. Vielmehr hat die Verhandlungslösung über die Beteiligung der Arbeitnehmer gegenüber den gesetzlich normierten Regelungen Vorrang. Dem Leitungs- bzw. Verwaltungsorgan auf Unternehmensseite und dem besonderen Verhandlungsgremium auf Arbeitnehmerseite wird durch die Richtlinie

---

104 *Hoffmann-Becking*, ZGR 2004, 355, 360; *Ihrig/Wagner*, BB 2004, 1749, 1756.

105 2001/86/EG des Rates vom 8. Oktober 2001 zur Ergänzung des Statuts der Europäischen Gesellschaft hinsichtlich der Beteiligung der Arbeitnehmer, im Folgenden SE-Richtlinie abgekürzt SE-RL.

im Allgemeinen eine umfassende Verhandlungsbefugnis eingeräumt. Erst wenn eine Vereinbarung nicht getroffen wird, greifen gesetzliche Auffangregelungen ein[106].

Die Verhandlungen finden zwischen der Unternehmensleitung und dem besonderen Verhandlungsgremium statt und müssen sich grundsätzlich im Rahmen zweier Grundsätze halten. Zum einen erfährt die Aushandlung über die Mitbestimmung in der SE durch das Prinzip des Vorher-Nachher-Vergleichs Einschränkungen, welches dem Schutz erworbener Rechte dient und erklärtes Ziel der Richtlinie ist[107]. Zum anderen kommen zur weitgehenden Sicherung der Beteiligungsrechte der Arbeitnehmer Auffangregelungen für den Fall zur Anwendung, dass während des Verhandlungszeitraums keine Einigung der Verhandlungsparteien zustande kommt (Art. 7 SE-RL i.V.m. dem Anhang der SE-Richtlinie).

Nach dem *Prinzip des Vorher-Nachher-Vergleichs* wird bei der Festsetzung der Mitbestimmung in der SE zunächst auf das höchste Mitbestimmungsniveau der an der Gründung beteiligten Gesellschaften abgestellt. Dieses Prinzip dient dem Schutz der erworbenen Rechte der Arbeitnehmer. Die erreichten Beteiligungsrechte der Arbeitnehmer sollen durch die Errichtung einer SE nicht gegen den Willen der Mehrheit der Arbeitnehmer geschmälert werden[108]. Das höchste Niveau der Mitbestimmung bemisst sich dabei nach der Form der Mitbestimmung und dem Umfang der Arbeitnehmersitze[109]. Mitbestimmung in diesem Sinne definiert die SE-Richtlinie in Art. 2 lit. k) SE-RL. Es gilt also nicht das einschlägige nationale Mitbestimmungsgesetz weiter (Art. 13 Abs. 2 SE-RL)[110].

---

106 Vgl. *Keinsorge* in Nagel/Freis/Kleinsorge, Die Beteiligung der Arbeitnehmer in der SE, 1. Teil Rn. 23.

107 18. Erwägungsgrund der SE-RL; vgl. *Blanke,* Arbeitnehmer-Mitbestimmung in der SE, S. 4; *Grundmann,* Europäisches Gesellschaftsrecht, § 29 Rn 1054; *Kienast* in Jannott/Frodermann, Hdb der Europäischen Gesellschaft, 13 Rn. 18 u. 23 ff.; *Kleinsorge* in Nagel/Freis/Kleinsorge, Die Beteiligung der Arbeitnehmer in der SE, Einführung Rn. 23.; *Hefers-Röttgen,* NZA 2001, 424, 427; *Weiss;* NZA 2003, 177, 182.

108 *Feuerborn* in KölnKomm AktG, § 1 SEBG Rn. 10; *Jacobs* in MünchKomm AktG, Vor § 1 SEBG Rn. 22;

109 *Feuerborn* in KölnKomm AktG, § 35 SEBG Rn. 12; *Habersack* in Habersack/Henssler, MitbestR, § 35 SEBG Rn. 5 u. 6; *Hohenstatt/Müller-Bonanni* in Habersack/Drinhausen, SE-Recht § 35 SEBG Rn. 2; *Jacobs* in MünchKomm AktG, § 35 SEBG Rn. 8 f.; *Kienast* in Jannott/Frodermann, HdB der Europäischen Aktiengesellschaft, 13 Rn. 320; *Müller-Bonanni/Melot de Beauregard,* GmbHR 2005, 195, 197; a.A. *Nagel,* AuR 2007, 329, 335.

110 *Hohenstatt/Müller-Bonanni* in Habersack/Drinhausen, SE-Recht § 35 SEBG Rn. 2.

Hinsichtlich der Arbeitnehmersitze bezieht sich der Schutz nicht auf die absolute Anzahl, sondern auf den zahlenmäßigen Anteil der von der Arbeitnehmerseite zu bestimmenden Mitglieder der Aufsichts- oder Verwaltungsorgane der Gesellschaft[111]. Der mitbestimmungsrechtliche Bestandsschutz greift grundsätzlich erst dann ein, wenn sich die Mitbestimmung auf einen bestimmten Anteil der Arbeitnehmer erstreckt. Für den Gründungsfall der Verschmelzung beläuft sich der Schwellenwert auf 25 %, im Fall der Gründung einer SE durch Errichtung einer Holdinggesellschaft oder einer Tochtergesellschaft muss sich die Mitbestimmung auf 50 % der Gesamtzahl der Arbeitnehmer aller gründungsbeteiligten Gesellschaften und betroffenen Tochtergesellschaften erstecken. Durch das im 18. Erwägungsgrund der SE-Richtlinie aufgenommene Prinzip wird die Minderung erworbener Rechte der Arbeitnehmer prinzipiell nicht verhindert. Vielmehr unterstellt die Richtlinie diese Rechtsfolge besonderen Voraussetzungen. So kann ein Beschluss zur Billigung einer Vereinbarung, die eine Minderung der Mitbestimmungsrechte vorsieht, nur mit einer qualifizierten Mehrheit getroffen werden (Art. 3 Abs. 4 SE-RL). Ebenso bedarf es der qualifizierten Mehrheit der Stimmen des besonderen Verhandlungsgremiums, wenn vom Abschluss einer Beteiligungsvereinbarung gänzlich abgesehen wird (Art. 3 Abs. 6 SE-RL). Ausschließlich für die Gründungsform der Umwandlung einer AG in eine SE wird stets eine Mitbestimmungsbeibehaltung in gleichem Umfang vorgeschrieben (Art. 4 Abs. 4 SE-RL)[112].

---

111 *Feuerborn* in KölnKomm AktG, § 21 SEBG Rn. 76; *Habersack* in Habersack/Henssler, MitbestR, § 35 SEBG Rn. 6 u. 11; *Hennings* in Manz/Mayer/Schröder, Europäische Aktiengesellschaft, Anh.: Auffangregelung Teil 3 SE-RL Rn. 4 ff.; *Jacobs* in MünchKomm AktG; § 37 SEBG Rn. 7 ff.; Köstler in Theisen/Wenz, Europäische Aktiengesellschaft, S. 331, 360 ff.; *Nagel* in Nagel/Freis/Kleinsorge, Die Beteiligung der Arbeitnehmer in der SE, § 35 Rn. 4; *Oetker* in Lutter/Hommelhoff, SE-Komm, § 35 SEBG Rn. 8 u. 18; *Paefgen* in KölnKomm AktG, Art. 40 Rn. 99; *Reichert/Brandes* in MünchKomm AktG, Art. 40 SE-VO Rn. 71; *Schwarz*, SE-VO, Einl. SE-VO Rn. 311; *Scheibe*, Mitbestimmung der Arbeitnehmer in der SE, S. 176; *Grobys*, NZA 2005; 84, 88 ff.; *Habersack*, AG 2006, 345, 347; *ders.*, Der Konzern 2006, 105, 106 f.; *Müller-Bonanni/Melot de Beauregard*, GmbHR 2005, 195, 197; *Kallmeyer*, AG 2003, 197, 199; *Krause*, BB 2005, 1221, 1228; *Teichmann*, BB 2004, 53, 56; *Weiss/Wöhlert*, NZG 2006, 121, 124.

112 Im Fall der Umwandlung wurde die Gefahr gesehen, dass sie als Instrument zur „Flucht aus der Mitbestimmung" genutzt würde, vgl. *Heinze*, ZGR 2002, 66, 69; *Herfs-Röttgen*, NZA 2002, 358, 363; *Teichmann* ZGR 2002, 383, 393; *Kleinsorge*, RdA 2002, 343, 348; *Junker*, ZfA 2005, 1, 43.

Diese Lösung hat nach jahrzehntelangem Ringen um ein Mitbestimmungsmodell allgemeine Zustimmung erfahren[113]. Von Mitgliedsstaaten mit einem hohen Mitbestimmungsniveau, weil sie dieses hohe Niveau sichern konnten und von den anderen, weil sie keinem festgezurrten Modell folgen mussten und sich so vermeintliche Wettbewerbsvorteile geringerer Arbeitnehmerbeteiligung sichern konnten[114].

b) Umsetzung in Deutschland

Der deutsche Gesetzgeber hat die SE-RL im SEEB, einem Artikelgesetz zur Einführung der Europäischen Gesellschaft umgesetzt.

aa) Verhandlungsverfahren

Für eine SE, die ihren Sitz in Deutschland hat, gelten die beteiligungsrechtlichen Vorschiften des SEBG. Das SEBG bestimmt für die deutsche SE, dass die Bedingungen der Arbeitnehmerbeteiligung in jeder SE im Wege freier Verhandlungen zwischen den Leitungs- und Verwaltungsorganen der beteiligten Gesellschaften und deren Arbeitnehmer geregelt werden (§§ 21 ff. SEBG). Die Regelungen des SEBG halten sich an den Aufbau der Richtlinie und orientieren sich zur Umsetzung des Grundsatzes des Vorrangs der Verhandlungslösung an den für europäische Betriebsräte getroffenen Bestimmungen des Europäischen Betriebsrätegesetzes[115].

In der Beteiligungsvereinbarung nach § 21 SEBG kann die Beteiligung der Arbeitnehmer im Aufsichtsrat- bzw. Verwaltungsorgan (§ 21 Abs. 3 Satz 1 SEBG, §§ 17 Abs. 2, 24 Abs. 1 Hs. 2 SEAG) und im Betriebsrat (§ 21 Abs. 1 SEBG) geregelt werden. Bei der Aushandlung der Beteiligungsvereinbarung mit der Unternehmensleitung werden die Arbeitnehmer durch das besondere Verhandlungsgremium vertreten. Ein solches besonderes Verhandlungsgremium ist vorher zu errichten und es sind möglichst Vertreter für alle Arbeitnehmer zu bestellen[116]. Das Gremium wird insbesondere über das Gründungsverfahren unterrichtet (§ 13 Abs. 2 SEBG), verhandelt mit den Leitungen (§ 12 Abs. 1 SEBG) und beschließt für die Arbeitnehmer (§ 15 SEBG). Die Verhandlungen zwischen

---

113 Vgl. *Blanquet,* ZGR 2002, 20, 21 ff.

114 *Blanke,* Arbeitnehmer-Mitbestimmung in der SE, S. 4.

115 Vgl. *Köklü* in Van Hulle/Maul/Drinhausen HdB zur Europäischen Gesellschaft, 6. Abschnitt Rn. 2 sowie 4.

116 Vgl. *Köstler* in Theisen/Wenz, Europäische Aktiengesellschaft, S. 307 ff.; *Herfs-Röttgen,* NZA 2002, 358, 359f.; *Heinze,* ZGR 2002, 66, 80 ff.; *Pluskat,* DStR 2001, 1483; 1486f.

den Leitungen und dem besonderen Verhandlungsgremium dauern im Regelfall sechs Monate. Zwischen der Leitung und dem besonderen Verhandlungsgremium kann beschlossen werden, dass das Mitbestimmungsniveau der an der Gründung beteiligten Gesellschaften für die SE erhalten und sogar ausgebaut bzw. ausgestaltet wird. Zum Beschluss ist grundsätzlich eine doppelte Mehrheit erforderlich. Das bedeutet, dass zum Erhalt oder der Erweiterung die absolute Mehrheit der Mitglieder des besonderen Verhandlungsgremiums erforderlich ist, die die absolute Mehrheit der Arbeitnehmer vertreten[117].

Es kann auch ein Beschluss über eine Vereinbarung getroffen werden, die die bestehenden Mitbestimmungsrechte mindert. Einem solchen Beschluss muss dann eine Zweidrittelmehrheit der Mitglieder und der vertretenen Arbeitnehmer zustimmen, die aus zwei Mitgliedsstaaten stammen müssen[118]. Für den Gründungsfall der Umwandlung ist ein Beschluss zur Minderung des Mitbestimmungsniveaus nicht möglich[119].

bb) Gesetzliche Auffangregelung

Das SEBG hält auch eine gesetzliche Regelung für die Zusammensetzung des Aufsichtsorgans bereit[120]. Die gesetzlichen Bestimmungen dienen als Auffangregelungen. Sie greifen aber nicht automatisch für den Fall einer nicht fristgerecht erzielten Vereinbarung ein, vielmehr müssen für ihre Anwendbarkeit weitere Voraussetzungen erfüllt sein. Ist in dem vorgegebenen Zeitraum keine Vereinbarung abgeschlossen worden, haben die Leitungen der beteiligten Gesellschaften – wollen sie die Gründung der SE weiterbetreiben – dem Eingreifen der Auffangregelung zuzustimmen. Dies kann konkludent durch das Leitungsorgan mit Anmeldung der SE zur Eintragung ins Handelsregister geschehen[121]. Zudem

---

117 Vgl. § 15 Abs. 2 SEBG entsprechend Art. 3 Abs. 3 SE-RL; *Freis* in Nagel/Freis/Kleinsorge, Die Beteiligung der Arbeitnehmer in der SE, § 15 Rn. 5; *Heinze,* ZGR 2002, 66, 82; *Jahn/Herfs-Röttgen*, DB 2001, 631, 634; *Pluskat,* DStR 2001, 1483, 1487; *Thoma/Leuering,* NJW 2002, 1449, 1453.

118 Vgl. § 15 Abs. 3 SEBG entsprechend Art. 3 Abs. 4 SE-RL; für eine Gesamtschau und zu den Gegenausnahmen *Freis* in Nagel/Freis/Kleinsorge, Die Beteiligung der Arbeitnehmer in der SE, § 15 Rn. 8; *Heinze,* ZGR 2002, 66, 82ff.; kritisch *Herfs-Röttgen,* NZA 2002, 358, 361f.

119 Vgl. § 15 Abs. 5 SEBG; *Freis* in Nagel/Freis/Kleinsorge, Die Beteiligung der Arbeitnehmer in der SE, § 15 Rn. 24.

120 In Umsetzung der Richtlinienvorgaben Art. 7 SE-RL iVm Teil 1–3 des Anhangs; vgl. §§ 34–38 SEBG.

121 *Schwarz,* SE-VO, Art. 12 Rn. 23.

darf das besondere Verhandlungsgremium keinen Nichtverhandlungs- oder Negativbeschluss im Sinne des § 16 Abs. 1 SEBG fassen, der das Verhandlungsverfahren beenden würde und die Auffangregelungen gerade nicht zur Anwendung kommen lässt, vgl. § 16 Abs. 2 SEBG. Nach § 34 Abs. 1 Nr. 2 und 3 SEBG gelten die Auffangregelungen je nach Gründungstatbestand nur, wenn in einer der beteiligten Gesellschaften zuvor Mitbestimmung bestand und diese einen Mindestprozentsatz der Gesamtzahl der Arbeitnehmer aller beteiligten Gesellschaften und betroffenen Tochtergesellschaften betraf[122]. Unterhalb der genannten Prozentsätze kann das besondere Verwaltungsgremium ausdrücklich positiv die Geltung der Auffangregelungen votieren[123].

Der Umwandlungsfall stellt einen Ausnahmefall dar, hier führt das Scheitern der Verhandlungen stets zur Übernahme der Mitbestimmung, § 34 Abs. 1 Nr. 1 SEBG[124].

Die Auffanglösung folgt dem Prinzip des Vollerwerbs erworbener Rechte, die höchste Regelung in den gründungsbeteiligten Gesellschaften soll erhalten bleiben[125]. Bestehen in den an der Gründung beteiligten Gesellschaften unterschiedliche Mitbestimmungsformen, entscheidet das besondere Verhandlungsgremium, welche Mitbestimmungsform in der SE gelten soll, vgl. § 34 Abs. 2 Satz 1 SEBG. Die Zahl der Arbeitnehmervertreter im Aufsichtsorgan in der SE richtet sich aber zwingend nach dem höchsten Anteil in den Gründungsgesellschaften, § 35 Abs. 2 Satz 2 SEBG. Die Anzahl der Sitze im mitbestimmten Organ wird durch den SE-Betriebsrat auf die Mitgliedsstaaten verteilt und richtet sich nach dem jeweiligen Anteil der in den Mitgliedsstaaten beschäftigten Arbeitnehmer der SE, ihrer Tochtergesellschaften und Betriebe, § 36 Abs. 1 Satz 1 SEBG. Die Ermittlung der auf das Inland entfallenden Arbeitnehmervertreter des Aufsichtsorgans der SE erfolgt durch ein Wahlgremium, das sich aus den Arbeitnehmervertretungen der SE, ihrer Tochtergesellschaften und Betriebe zusammensetzt, § 36 Abs. 3 Satz 1 SEBG. Nach den Vorschriften über die Mitbestimmung kraft Gesetzes ist jeder dritte auf das Inland entfallende Sitz im mitbestimmten Organ mit einem Vertreter der Gewerkschaften (§ 36 Abs. 3 i.V.m. § 6 Abs. 3 SEBG) und mindestens jeder siebte inländische Sitz mit einem

122 SE-Gründung durch Verschmelzung: 25 %, Holding oder Tochtergesellschaft: 50 %.

123 *Blanke*, Arbeitnehmer-Mitbestimmung in der SE, S. 6.

124 Vgl. *Köklü* in Van Hulle/Maul/Drinhausen, HdB zur Europäischen Gesellschaft, 6. Abschnitt Rn. 201 ff.; *Nagel* in Nagel/Freis/Kleinsorge, Die Beteiligung der Arbeitnehmer in der SE, § 34 Rn 2 ff.

125 Anhang Teil 3 lit. b) SE-RL; *Grundmann*, Europäisches Gesellschaftsrecht, § 29 Rn. 1058.

leitenden Angestellten zu besetzen (§ 36 Abs. 3 i.V.m. § 6 Abs. 4 SEBG). Die Arbeitnehmervertreter haben die gleichen Rechte und Pflichten wie die Mitglieder von Seiten der Anteilseigner, vgl. § 38 Abs. 1 SEBG.

2. Strukturelle Unterschiede zwischen der Mitbestimmung in der SE und der AG bezogen auf die Zusammensetzung des Aufsichtsorgans

Die vorstehende Untersuchung hat gezeigt, dass zwischen der europäischen Mitbestimmung in der SE und der deutschen Mitbestimmung in der AG bezogen auf die Zusammensetzung des Aufsichtsorgans (unternehmerische Mitbestimmung) strukturelle Unterschiede bestehen. Anders als nach deutschem Mitbestimmungsrecht bestehen für die SE keine, an objektiven Merkmalen gemessene, Regelungen zur Arbeitnehmerbeteiligung im Aufsichtsorgan. Mit anderen Worten: Es wird auf europäischer Ebene nicht die dem deutschen Mitbestimmungsrecht eigene Mitbestimmungsdynamik übernommen, wonach Veränderungen tatsächlicher Umstände, insbesondere das Ansteigen bzw. Absinken von Arbeitnehmerzahlen, zu einer Veränderung im Mitbestimmungsstatut führt.

Anders als die deutsche Mitbestimmung sind die mitbestimmungsrechtlichen Reglungen des SE-Rechts grundsätzlich statisch konzipiert. Die Mitbestimmung nach dem SE-Recht knüpft an das Mitbestimmungsstatut der Gründungsgesellschaften an. Im 3. Erwägungsgrund der SE-Richtlinie heißt es dazu, dass „die Gründung einer SE nicht zur Beseitigung oder zur Einschränkung der Gepflogenheiten der Arbeitnehmerbeteiligung führt, die in den an der Gründung einer SE beteiligten Gesellschaften herrschen". Bei der Gründung wird die Beteiligung der Arbeitnehmer in der SE im Grunde auf Dauer festgelegt. Mithin geht z. B. mit einem Anstieg der Beschäftigtenzahlen von über 500 auf über 2000 grundsätzlich kein Wechsel des Mitbestimmungsstatuts einher, der nach dem deutschen Mitbestimmungsrecht zu einem anderen Mitbestimmungsstatut und zu einer Neuzusammensetzung des Aufsichtsorgan führen würde.

Allerdings ist auch bei der SE die Zusammensetzung des Aufsichtsorgans keinesfalls „bis in alle Ewigkeit"[126] versteinert. Die Entwicklung der SE wird allerdings nur in Fällen mit besonderem Gewicht berücksichtig. Für bestimmte Ausnahmefälle ordnet das SE-Recht Neuverhandlungen über die Mitbestimmung an (vor allem in den in § 18 SEBG genannten Wiederaufnahmetatbeständen[127]), die

126 So formuliert im Zusammenhang mit den Regelungen im SEBG *Müller-Bonanni/ Melot de Beauregard*, GmbHR 2005, 195, 197.

127 Zu den Fällen möglicher Neuverhandlungen vertiefend unter V. 1. b.aa).

eine Neuzusammensetzung des Aufsichtsorgans zur Folge haben können. In der SE kommt es nur aufgrund gesetzlich bestimmter Tatbestände zu Neuverhandlungen über die Mitbestimmung; einen allgemeinen Neuverhandlungsanspruch gibt es nicht. Daneben können natürlich in einer Vereinbarung umfangreiche Regelungen über die Neuzusammensetzung des Aufsichtsorgans getroffen werden.

3. Zusammensetzung des Aufsichtsorgans

Unterliegt das Unternehmen nicht der Mitbestimmung, so setzt sich das Aufsichtsorgan nur aus Mitgliedern zusammen, die von der Hauptversammlung der SE ohne Bindung an Wahlvorschläge gewählt oder auf Grund eines Entsendungsrechts von einem bzw. mehreren Aktionären entsandt wurden[128].

Findet auf das Unternehmen die Mitbestimmung Anwendung, können für die Organzusammensetzung vertragliche oder gesetzliche Vorschriften bestimmend sein. Vertragliche Grundlage der Zusammensetzung des Aufsichtsorgans bildet die zwischen den Leitungsorganen der an der Gründung der SE beteiligten Gesellschaften (§ 4 Abs. 1 Satz 2 SEBG, Art. 4 Abs. 1 SE-RL) und dem besonderen Verhandlungsgremium auf Arbeitnehmerseite (§ 13 Abs. 1 SEBG, Art. 4 Abs. 1 SE-RL) über die Mitbestimmung geschlossene *Vereinbarung nach § 21 SEBG* (§ 20 SEBG, Art. 5 SE-RL). Ist zwischen der Leitung und dem besonderen Verhandlungsgremium keine Einigung in der Mitbestimmungsfrage gefunden worden und wurde vom besonderen Verhandlungsgremium auch kein Beschluss gemäß § 16 Abs. 1 SEBG über die Nichtaufnahme oder Abbruch der Verhandlungen gefasst, bildet die *Mitbestimmung kraft Gesetzes gemäß §§ 35 ff. SEBG* Grundlage der Aufsichtsorganzusammensetzung in der mitbestimmten SE.

a) *Zusammensetzung des Aufsichtsorgans nach der Beteiligungsvereinbarung*

Die Leitung und das besondere Verhandlungsgremium können über die Verteilung der Sitze im Aufsichtsorgan zwischen Vertretern der Anteilseigner und der Arbeitnehmer gemäß § 21 Abs. 3 Satz 2 Nr. 1 und 2 SEBG grundsätzlich frei bestimmen. Es gilt der Grundsatz der Verhandlungsautonomie[129].

---

128 Vgl. *Paefgen* in KölnKomm AktG, Art. 40 SE-VO Rn. 99; *Reichert/Brandes*, MünchKomm AktG, Art. 40 SE-VO Rn. 70; Schwarz, SE-VO, Art. 40 Rn. 29.

129 *Reichert/Brandes* in MünchKomm AktG, Art. 40 SE-VO Rn. 73; *Jacobs* in MünchKomm AktG, § 21 SEBG Rn. 18; ders., FS K. Schmidt 2009, 795, 804 ff.; *Drygala* in Lutter/Hommelhoff, SE-Komm, Art. 40 SE-VO Rn. 20; *Oetker* in Lutter/Hommelhoff,

Die Parteien können grundsätzlich eine Drittel-, paritätische oder eine davon abweichende Beteiligung der Arbeitnehmer im Aufsichtsorgan bis hin zu gar keiner Arbeitnehmerbeteiligung vereinbaren. Grenzen für die Verhandlungen über die Zusammensetzung des Aufsichtsrats ergeben sich aus Art. 14 GG, aus dem ein Verbot der Überparität hergeleitet werden kann[130]. Ebenso muss bei Parität ein Pattauflösungsmechanismus zugunsten der Anteilseignerseite reguliert werden[131]. Als weitere Grenzen werden das enge Willkürverbot[132] oder das Diskriminierungsverbot[133] genannt.

Die Verhandlungspartner können alternativ die Anzahl der Arbeitnehmervertreter im Aufsichtsorgan der SE vereinbaren[134].

Die Vereinbarung muss dabei keine geographische Repräsentanz vorsehen[135].

Ebenso kann nach § 21 Abs. 5 SEBG vereinbart werden, dass die in den §§ 35 ff. SEBG geregelte Mitbestimmung kraft Gesetzes ganz oder zum Teil anzuwenden ist.

Bei der Gründung einer SE durch Rechtsformumwandlung besteht ein besonders hohes Risiko der „Flucht aus der Mitbestimmung“[136]. Im Rahmen dieser Gründungsform gilt deshalb ein für die Mitbestimmung striktes Vorher-Nachher-Prinzip. In der Beteiligungsvereinbarung sind daher solche Regelungen verboten, die zu einer Minderung der Arbeitnehmerbeteiligung führen. Die Vereinbarung einer Verbesserung der Arbeitnehmerrechte bleibt natürlich möglich.

b) Zusammensetzung des Aufsichtsorgans nach den gesetzlichen Auffangregelungen

Kommt die Mitbestimmung kraft Gesetzes gemäß § 22 i.V.m. § 34 SEBG zur Anwendung, ist zwingend der höchste Anteil von Arbeitnehmervertretern, der in den an der Gründung der SE beteiligten Gesellschaften

---

SE-Komm, § 21 SEBG Rn. 67; ders., FS Konzen 2006, 635, 651; *Henssler* in Habersack/Henssler, MitbestR, Einl. SEBG Rn. 154; ders., FS Ulmer 2003, S. 193, 197; *Habersack*, ZHR 2007, 613, 634 f.; *Reichert/Brandes*, ZGR 2003, 767, 774 f.; *Seibt*, AG 2005, 413,422 f.

130 *Seibt*, AG 2005, 413, 416; *Paefgen*, KölnKomm AktG, Art. 40 SE-VO Rn. 109; a. A. *Jacobs* in FS K. Schmidt, S. 795, 801; *Henssler*, ZfA 2000, 241, 261 f..

131 *Paefgen*, KölnKomm AktG, Art. 40 SE-VO Rn. 109; *Seibt*, ZIP 2010, 1057, 1062.

132 *Jacobs* in FS K. Schmidt, S. 795, 806; *Seibt*, ZIP 2010, 1057, 1062.

133 *Forst*, Beteiligungsvereinbarung nach § 21 SEAG, S. 274 ff.

134 Vgl. die folgenden Ausführungen unter C. II. 2. e) bb) (2).

135 Anders die Regelung in § 36 Abs. 1 SEBG, vgl. BR-Drucks. 438/04, S. 129.

136 10. Erwägungsgrund Satz 2 der SE-Mitbestimmungsregelung 2001/86/EG.

bestanden hat, für die Zusammensetzung des SE-Aufsichtsorgans maßgeblich (vgl. § 35 Abs. 2 Satz 2 SEBG). Liegt eine Gründung der SE durch Umwandlung vor, bleibt der Anteil der Arbeitnehmersitze, welcher in der AG vor der Umwandlung bestand, im Aufsichtsorgan erhalten (vgl. § 35 Abs. 1 SEBG)[137].

Für die personelle Besetzung des Aufsichtsorgans gilt dabei das geographische Repräsentationsprinzip des § 36 Abs. 1 SEBG und nicht die für den Bestandsschutzvergleich heranzuziehende nationale Regelung. Demgemäß werden die für die Arbeitnehmer zur Verfügung stehenden Sitze durch den SE-Betriebsrat auf die beteiligten Mitgliedsstaaten verteilt. Dabei ist die Arbeitnehmerzahl in den einzelnen Mitgliedsstaaten zu berücksichtigen.

4. Größe des Aufsichtsorgans

a) Bestimmung der Größe des Aufsichtsorgans und ihre Schranken

Die Größe des Aufsichtsorgans betreffend regelt Art. 40 Abs. 3 Satz 1 SE-VO, dass die Zahl der Mitglieder des Aufsichtsorgans oder die Regeln für ihre Festlegung durch die Satzung bestimmt werden. Aus Art. 42 Satz 1 SE-VO, wonach das Aufsichtsorgan aus seiner Mitte einen Vorsitzenden wählt, und dem Zweitstimmenrecht des Vorsitzenden gemäß Art. 50 Abs. 2 SE-VO folgt, dass der Aufsichtsrat wenigstens aus drei Mitgliedern bestehen muss[138]. Dem nationalen Gesetzgeber ist im Übrigen durch Art. 40 Abs. 3 S. 2 SE-VO die Möglichkeit gegeben, für die SE mit Sitz in ihrem Land, die Zahl der Mitglieder des Aufsichtsrats oder deren Höchst- und/ oder Mindestzahl festzulegen. Von dieser Möglichkeit hat der deutsche Gesetzgeber in § 17 Abs. 1 SEAG – entsprechend § 95 AktG[139] – solchergestalt Gebrauch gemacht, dass er eine Mindestzahl von drei und eine, sich an der Höhe des Grundkapitals orientierende, Höchstzahl festgelegt hat. Die satzungsmäßige Höchstzahl beträgt bei Gesellschaften mit einem Grundkapital bis zu 1,5 Mio. Euro neun, bei einem Grundkapital von mehr als 1,5 Mio. Euro fünfzehn und bei einem Grundkapital von mehr als 10 Mio. Euro maximal einundzwanzig. Die Satzung kann eine bestimmte an den Höchstzahlen ausgerichtete

---

137 Der Bestandsschutz bezieht sich dabei nur auf die Mitbestimmungsproportion, vgl. *Jacobs* in MünchKomm AktG, § 35 SEBG Rn. 9; *Paefgen* in KölnKomm AktG, Art. 40 SE-VO Rn. 112; *Seibt*, ZIP 2010, 1057, 1063; a.A. *Köstler* in Theisen/Wenz, Die Europäische Aktiengesellschaft, S. 331, 360 f.; *Nagel*, AuR 2007, 329, 335.

138 *Paefgen*, KölnKomm AktG, Art. 40 SE-VO Rn. 97; *Schwarz*, SE-VO, Art. 40 Rn. 72.

139 Hiermit wird ein weitest gehender Gleichlauf zwischen der SE-VO und dem deutschen Aktienrecht gewährleistet, vgl. *Frodermann* in Jannott/Frodermann, HdB der Europäischen Aktiengesellschaft, 5 Rn. 85.

Zahl festsetzen. Nach § 17 Abs. 1 Satz 2 SEAG n. F.[140] muss die Zahl der Mitglieder nur noch dann durch drei teilbar sein, wenn dies für die Beteiligung der Arbeitnehmer auf Grund des SEBG, d. h. aufgrund einer Vereinbarung nach § 21 SEBG oder der Auffangregelung nach den §§ 34 ff. SEBG, erforderlich ist. Variable Angaben sind dabei unzulässig[141]. In Hinblick auf die Größe des Aufsichtsorgans besteht ferner umfängliche Satzungsautonomie[142].

b) Die Größe des Aufsichtsorgans im Kontext von Satzungsautonomie und Verhandlungsautonomie

Unklar ist, ob in der Beteiligungsvereinbarung, über den bloßen Anteil der Arbeitnehmervertreter im Aufsichtsorgan hinaus, auch die absolute Zahl der Mitglieder des Aufsichtsorgans vereinbart und damit die Größe dieses Organs für den Satzungsgeber verbindlich geregelt werden kann.

Die SE-Verordnung bestimmt in Art. 40 Abs. 3, dass die Anzahl der Mitglieder des Aufsichts- bzw. Verwaltungsrat durch den Satzungsgeber festzulegen ist. Der Normwortlaut lässt die Annahme zu, dass die Größe des Aufsichtsrats allein von der Satzung und nicht durch die Beteiligungsvereinbarung zu bestimmen ist. Diese Hypothese kann systematisch dadurch gestützt werden, dass Absatz 3 anders als Absatz 2 Satz 3 von Art. 40 SE-VO keinen Vorbehalt zugunsten der Beteiligungsvereinbarung enthält[143]. Allerdings lassen Art. 9 Abs. 1 und Art. 12 Abs. 4 SE-VO die Schlussfolgerung zu, dass die Beteiligungsvereinbarung gegenüber der Satzung allgemein Vorrang genießt[144]. Mithin könnte die Satzung nur eine mit der Vereinbarung in Einklang stehende Regelung festsetzen[145]. Das SE-Recht ist an dieser Stelle nicht eindeutig.

---

140 Ab dem 18.05.2016 geltenden Fassung, geändert durch Artikel 7 G. v. 10.05.2016 BGBl. I S. 1142.

141 *Reichert/Brandes* in MünchKommAktG, Art. 40 SE-VO Rn. 66; *Paefgen* in Kölner Kommentar AktG, Art. 40 SE-VO Rn. 96 f.

142 Vgl. *Habersack* in Habersack/Henssler, MitbestR, § 35 SEBG Rn. 6; *Jacobs* in MünchKomm AktG, § 35 SEBG Rn. 9; *Oetker* in Lutter/Hommelhoff, SE-Komm, § 35 SEBG Rn. 8; *Paefgen* in KölnKomm AktG, § 40 SE-VO Rn. 99; *Habersack,* AG 2006, 345, 347; *ders.,* Der Konzern, 2006, 105, 106 f.

143 *Reichert/Brandes* in MünchKomm AktG, Art. 40 SE-VO Rn. 70; *Habersack,* AG 2006, 345, 350 f.; a.A. *Oetker,* ZIP 2006, 1113, 1117.

144 Vgl. *Schäfer* in MünchKomm AktG, Art. 12 SE-VO Rn. 10; *Hommelhoff* in Lutter/Hommelhoff, Die Europäische Gesellschaft, S. 5, 16.

145 Vgl. *Schwarz,* SE-VO, Einl. SE-VO Rn. 288, Art. 12 Rn. 32, Art. 40 Rn. 81; *Freis* in Nagel/Freis/Kleinsorge, Die Beteiligung der Arbeitnehmer in der Europäischen Gesellschaft, § 21 SEBG Rn. 22; *Teichmann,* Der Konzern 2007, 89, 94 f. a. A. *Reichert/*

aa) Meinungsstand

In der Literatur haben sich drei Meinungen herausgebildet. Die zumeist vertretene Ansicht geht davon aus, dass die Größe des mitbestimmten Aufsichtsorgans in der Beteiligungsvereinbarung nicht zwingend festgelegt werden kann[146]. Neben dem Wortlaut und dem systematischen Argument bezüglich Art. 40 Abs. 3 SE-VO wird mit § 15 Abs. 4 Nr. 1 SEBG und Art. 3 Abs. 4 Satz 2 SE-RL argumentiert, wonach nur der Anteil der Arbeitnehmervertreter im Aufsichtsorgan geschützt sei[147]. Die Regelung der absoluten Zahl der Mitglieder des Gremiums habe hingegen keine Mitbestimmungsrelevanz – was aber Voraussetzung für Regelungsinhalte der Vereinbarung sei[148] –, schließlich reiche zur Verwirklichung des Vorher-Nachher-Prinzips[149] die rein anteilsbezogene Sicherung der Mitbestimmung aus[150]. Mitbestimmung wird in Art. 2 lit. k) SE-RL bzw. § 2 Abs. 12 SEBG definiert. Demnach ist Mitbestimmung die Einflussnahme der Arbeitnehmer auf einen *Teil* der Mitglieder des Aufsichtsorgans. Die Leitungen und das besondere Verhandlungsgremium können daher nur den *Anteil* der

---

Brandes in MünchKomm AktG, Art. 40 SE-VO Rn. 70; *Habersack,* AG 2006, 345, 350; *Oetker,* ZIP 2006, 1113, 1116; *Kiem,* ZHR 2009, 156, 176 ff.; *Seibt,* ZIP 2010, 1057, 1060.

146 *Reichert/ Brandes* in MünchKomm AktG, Art. 40 SE-VO Rn. 70; *Paefgen* in Kölner Kommentar AktG, Art. 40 SE-VO Rn. 102; *Feuerborn* in Kölner Kommentar AktG, § 21 SEBG Rn. 52; *Kiem* in Kölner Kommentar AktG, Art. 12 SE-VO Rn. 64; *Kiem,* ZHR 2007, 713, 717; *ders.,* ZHR 2009, 156, 175; *Hoops,* Mitbestimmungsvereinbarung, S. 140 f. und 143; *Scheibe,* Mitbestimmung der Arbeitnehmer, S. 123 f.; *Habersack* in Habersack/Henssler, MitbestR, § 35 SEBG Rn. 6; *ders.,* AG 2006, 345, 350 ff.; *ders.,* ZHR 2007, 613, 632; *ders.,* Der Konzern 2006, 105, 107; *Jacobs* in FS K. Schmidt, S. 795, 803 f.; *Austmann* in MünchHdb. AG, §85 Rn. 37; *Schäfer,* in Rieble/Junker, Vereinbarte Mitbestimmung in der SE, S. 13, 32 f.; *Windbichler* in FS Canaris, Bd. II, S. 1423, 1428 ff.; *Hommelhoff* in Lutter/Hommelhoff, Die Europäische Gesellschaft, S. 5, 16; *Rieble,* BB 2006, 2018, 2021; *Feldhaus/Vanscheidt,* BB 2008, 2246, 2247, *Steinberg,* Mitbestimmung in der Europäischen Gesellschaft, S. 212 f.

147 *Reichert/Brandes* in MünchKomm AktG, 2. Auflage 2006, Art. 40 SE-VO Rn. 70; *Scheibe,* Mitbestimmung der Arbeitnehmer in der SE, S. 125; *Rieble,* BB 2006, 2018, 2021.

148 Vgl. *Seibt,* ZIP 2010, 1057, 1059; *Oetker,* ZIP 2006, 1113, 1115 f.

149 18. Erwägungsgrund der SE-RL.

150 *Reichert/Brandes* in MünchKomm AktG, 2. Auflage 2006, Art. 40 SE-VO Rn. 70; *Scheibe,* Mitbestimmung der Arbeitnehmer in der SE, S. 125; *Rieble,* BB 2006, 2018, 2021.

Arbeitnehmervertreter im Mitbestimmungsorgan in der Beteiligungsvereinbarung verbindlich konstatieren, nicht aber die Größe des Organs[151].

Oetker ist der Auffassung, dass die Größe des Aufsichtsgremiums jedenfalls mittelbar durch die Beteiligungsvereinbarung regelbar sei[152]. Aufgrund § 2 Abs. 12 Nr. 1 SEBG („Teil") einerseits und § 21 Abs. 3 Nr. 1 SEBG („Zahl") andererseits könnten die Verhandlungsparteien den Anteil *und* die Zahl der Vertreter der Arbeitnehmer im mitbestimmten Organ durch die Beteiligungsvereinbarung regeln[153]. Mithin sei ebenso die Größe des Gremiums mittelbar regelbar (Zahl/Anteil = Größe)[154].

Einige Stimmen in der Literatur sprechen sich dafür aus, dass die Parteien der Beteiligungsvereinbarung auch über die absolute Zahl der Aufsichtsratsmitglieder disponieren und damit direkt die Größe des mitbestimmten Aufsichtsrats festlegen können[155]. Im Allgemeinen wird auf Art. 9 Abs. 1 und Art. 12 Abs. 4 SE-VO verwiesen. Demzufolge soll die Beteiligungsvereinbarung gegenüber der Satzung vorrangig sein und entsprechende Regelungen in der Satzung verdrängen. Die Vereinbarung gehöre in die Klasse des

---

151 *Jacobs* in FS K. Schmidt, S. 796, 804; *Reichert/Brandes* in MünchKomm AktG, Art. 40 SE-VO Rn. 70; *Feuerborn* in KölnKomm AktG, § 21 SEBG Rn. 52; *Habersack*, ZHR 2007, 613, 632; *ders.*, AG 2006, 345, 352; *Kiem*, ZHR 2007, 713, 729; *Hoops*, Mitbestimmungsvereinbarung, S. 140 f. sowie 143; a. A. *Seibt*, ZIP 2010, 1057, 1060 ff.: Nicht nur der Anteil der Arbeitnehmerrepräsentanz im Aufsichtsorgan habe Mitbestimmungsrelevanz, sondern auch die absolute Zahl der Mitglieder im mitbestimmten Organ, da dies Bedeutung für die Vertretung von Gewerkschaften und unter Umständen leitenden Angestellten habe.

152 *Oetker* in Lutter/Hommelhoff, SE-Komm, § 21 SEBG Rn. 63; *ders.* in FS Konzen, S. 634, 650; *ders.*, ZIP 2006, 1113, 1115 ff.; so auch *Güntzel*, Richtlinie über die Arbeitnehmerbeteiligung in der Europäischen Aktiengesellschaft, S. 224.

153 *Oetker* in Lutter/Hommelhoff, SE-Komm, § 21 SEBG Rn. 63; *ders.* in FS Konzen, S. 634, 650; *ders.*, ZIP 2006, 1113, 1115 ff.

154 *Oetker* in Lutter/Hommelhoff, SE-Komm, § 21 SEBG Rn. 63; *ders.* in FS Konzen, S. 634, 650; *ders.*, ZIP 2006, 1113, 1115 ff.

155 *Freis* in Nagel/Freis/Kleinsorge, Die Beteiligung der Arbeitnehmer in der SE, § 21 SEBG Rn. 22; Schwarz, SE-VO, Einl. SE-VO Rn. 288, Art. 12 SE-VO Rn. 32, Art. 40 SE-VO Rn. 81; *Neye/ Teichmann*, AG 2003, 169, 176; *Seibt*, AG 2005, 413, 422, *Teichmann*, Der Konzern 2007, 91, 94 f.; so wohl auch *Hennings* in Manz/Mayer/Schröder, Europäische Aktiengesellschaft, Art. 4 SE-RL Rn. 28; *Hohenstatt/Dzida* in Henssler/ Willemsen/Kalb, Arbeitsrecht Kommentar, SEBG Rn. 36; *Kienast* in Jannott/Frodermann, Handbuch der Europäischen Aktiengesellschaft, 1. Auflage, 13 Rn. 386; *Kleinsorge* in Wlotzke/Wißmann/Koberski/Kleinsorge, Mitbestimmungsrecht, EG-Recht Rn. 39; *Kort*, AG 2008, 137, 139; i.E. so auch *Seibt*, ZIP 2010, 1057, 1059.

Art. 9 Abs. 1 lit. c) i) SE-VO und sei daher nach der Normenhierarchie über der Satzung und dem mitgliedschaftlichen Recht einzuordnen[156]. Die Vorschrift des Art. 12 Abs. 4 SE-VO postuliere einen allgemeinen Vorrang der Beteiligungsvereinbarung gegenüber der Satzung, in dem sie die Anpassung der Satzung an die Vorgaben aus der Vereinbarung vorschreibt[157]. Bei diesem Lösungsweg drohe auch keine Entmachtung der Hauptversammlung, da sie nach Art. 23 Abs. 2 SE-VO die Beteiligungsvereinbarung ablehnen und somit die Gründung der SE verhindern könne[158]. Zudem würde der Vorbehalt in § 17 Abs. 2 SEAG dafür eintreten, dass die Parteien auch die Größe des Aufsichtsorgans festlegen können und dabei nur an die Vorgaben von § 17 Abs. 1 SEAG gebunden seien[159]. Schließlich wird mit dem Wortlaut des Art. 4 Abs. 2 lit. g) SE-RL bzw. des § 21 Abs. 3 Satz 2 Nr. 1 SEBG argumentiert, wonach die *Zahl* der Mitglieder des Organs der SE vereinbart werden könne[160].

Das LG Nürnberg-Fürth[161] Landgericht geht davon aus, dass die Vereinbarung nach § 21 SEBG die Größe des Aufsichtsrats der SE festsetzen kann und die Satzung der Gesellschaft gemäß § 12 Abs. 4 SE-VO daran anzupassen sei. Das Gericht begründet dies mit dem Regelungsgedanken des § 95 Satz 5 AktG. Aus dieser Norm folge der Vorrang der Mitbestimmungsgesetze vor den zwingenden gesetzlichen Vorgaben der § 95 Satz 3 AktG bzw. § 17 Abs. 1 Satz 3 SEAG. An die Stelle der Mitbestimmungsgesetze trete bei der SE die Beteiligungsvereinbarung.

bb) Stellungnahme

Die Regelbarkeit der Größe des Aufsichtsorgans in der Beteiligungsvereinbarung und die Einhaltung der Grenzen von § 17 Abs. 1 SEAG sind in der Literatur, wie vorstehend aufgezeigt, stark umstritten. Die Gesetzeslage ist insoweit vage.

---

156 Schwarz, SE-VO, Einl. SE-VO Rn. 288, Art. 12 SE-VO Rn. 32, Art. 40 SE-VO Rn. 81; Teichmann, Der Konzern 2007, 91, 94 f.

157 Schwarz, SE-VO, Einl. SE-VO Rn. 288, Art. 12 SE-VO Rn. 32, Art. 40 SE-VO Rn. 81; Teichmann, Der Konzern 2007, 91, 94 f.

158 *Drygala* in Lutter/Hommelhoff, SE-Komm, Art. 40 SE-VO Rn. 21; *Seibt* in Lutter/Hommelhoff, SE-Komm, 1. Auflage, § 12 SE-VO Rn. 32.

159 *Manz* in *Manz/Mayer/Schröder*, Europäische Aktiengesellschaft, Art. 40 SE-VO Rn. 32; *Oetker* in Lutter/Hommelhoff, SE-Komm, § 21 SEBG Rn. 67; *ders.* in FS Konzen, S. 634, 650; *Schwarz,* SE-VO, Art. 40 Rn. 81; der Dreiteilbarkeitsgrundsatz soll dabei aber keine zwingende Vorgabe sein, vgl. *Oetker,* ZIP 2006, 1113, 1115 ff.; *Schwarz,* SE-VO, Art. 40 Rn. 81.

160 *Freis* in Nagel/Freis/Kleinsorge, Die Beteiligung der Arbeitnehmer in der SE, § 21 SEBG Rn. 22; Schwarz, SE-VO, Art. 12 Rn. 32.

161 LG Nürnberg-Fürth, Beschl. v. 8.2.2010 – 1 HK O 8471/09, ZIP 2010, 372.

Der hierzu ergangene Gerichtsbeschluss ist bedauerlicherweise wenig begründet und überzeugt letzten Endes nicht[162].

Die Rechtsfrage, ob Leitungen der Gründungsgesellschaften und das besondere Verhandlungsgremium in der Beteiligungsvereinbarung nach § 21 SEBG nicht nur den Anteil der Arbeitnehmervertreter, sondern darüber hinaus auch die Größe des Aufsichtsratsorgans regeln können, lässt sich allein nach dem Gesetzestext nicht eindeutig beantworten. Die vorhandenen Regelungen bedürfen daher der Auslegung.

Nach dem Wortlaut des Art. 40 Abs. 3 Satz 1 SE-VO werden die Zahl der Mitglieder des Aufsichtsorgans oder die Regeln für ihre Festlegung durch die Satzung bestimmt, insoweit besteht also Satzungsautonomie. Einen Vorrang der Beteiligungsvereinbarung sieht Art. 40 Abs. 3 SE-VO hingegen nicht vor[163].

Der Vorrang der Größenregelung in der Beteiligungsvereinbarung ergibt sich auch nicht zwingend aus § 12 Abs. 4 SE-VO, wonach die Satzung nicht im Widerspruch zur Beteiligungsvereinbarung stehen darf. Denn es gibt Materien, die mangels Mitbestimmungsrelevanz nicht Inhalt einer Beteiligungsvereinbarung sein können. Die Vereinbarungsautonomie ist von vornherein auf die Mitbestimmung der Arbeitnehmer beschränkt[164]. Diese Schranke spricht entscheidend gegen die abschließende Regelbarkeit der Größe in der Beteiligungsvereinbarung. Die Festsetzung der Größe des mitbestimmten Organs ist eine unternehmerische Entscheidung, die der Vereinbarung der Mitbestimmung vorangeht. Der Begriff der Mitbestimmung aus Art. 2 lit. k) der SE-Ergänzungsrichtlinie gibt diesem Verständnis recht. Danach – und im Gleichlauf dazu

162 Kritisch insoweit *Forst,* AG 2010, 350, 350 ff.; *Linnerz,* EWiR 2010, 337, 338; *Kiefner/Friebel,* NZG 2010, 537, 538; *Kiem,* Der Konzern 2010, 275, 278.

163 Einen Vorbehalt zugunsten der Mitbestimmung enthält nur Art. 40 Abs. 2 Satz 3 SE-VO für den ersten Aufsichtsrat, wenn die Mitglieder durch die Satzung bestellt worden sind, vgl. *Reichert/Brandes* in MünchKomm AktG, Art. 40 SE-VO, Rn. 68; *Seibt,* ZIP 2010, 1057, 1060.

164 *Austmann* in MünchHdB AG, § 85 Rn. 37; *Feuerborn* in KölnKomm AktG, § 21 SEBG Rn. 45; *Forst,* Die Beteiligungsvereinbarung nach § 21 SEBG; *Freis* in Nagel/Freis/Kleinsorge, Die Beteiligung der Arbeitnehmer in der SE, § 21 Rn. 5; *Henssler* in Habersack/Henssler, MitbestR, § 21 SEBG Rn. 30; *Hoops,* Mitbestimmungsvereinbarung, S. 115; *Jacobs* in MünchKomm AktG, § 21 SEBG Rn. 19; *Ders.* in FS Schmidt, S. 795, 799; *Kiem* in KölnKomm AktG, Art. 12 SE-VO Rn. 63; *Oetker* in Lutter/Hommelhoff, SE-Komm, § 21 SEBG Rn. 54; *Ders.* in FS Konzen, S. 635, 649 f.; *Kiem,* ZHR 2009, 178, 179; *Seibt,* ZIP 2010, 1057, 1060;, S. 263 f.; *Habersack,* AG 2006, 345, 350; *ders.* ZHR 2007, 613, 630 ff.; *Oetker,* ZIP 2006, 1113, 1116; a.A. *Teichmann,* AG 2008, 797, 804; *Ders.,* Der Konzern, 89, 95.

§ 2 Abs. 12 SEBG – ist Mitbestimmung die Einflussnahme der Arbeitnehmer oder Arbeitnehmervertreter auf das Unternehmen durch Wahl oder Bestellung bzw. Empfehlung oder Ablehnung eines *Teils* der Mitglieder des Aufsichtsorgans. Die Systematik des SE-Rechts ist hier insoweit deutlich, als dass die Größe des Organs nicht Gegenstand einer Beteiligungsvereinbarung sein kann. Vor diesem Hintergrund ist die Ausführungsvorschrift des Art. 4 Abs. 2 lit. g) SE-RL so zu verstehen, dass die *Zahl* der Arbeitnehmervertreter *in Relation zu der in der Satzung fixierten absoluten Größe* des mitbestimmten Organs festzulegen ist. Das diese Definition der Mitbestimmung aus Art. 2 lit. k) SE-RL auch für die Vereinbarung maßgeblich ist, macht Art. 3 Abs. 4 Satz 3 SE-RL deutlich. Danach liegt eine Minderung der Mitbestimmung nur vor, wenn der *Anteil* der Mitglieder der Organe der SE nach Art. 2 lit. k) SE-RL geringer ist als in den Gründungsgesellschaften. Die absolute Zahl an Sitzen wird durch die Richtlinie nicht geschützt[165].

Eine beschränkte Sichtweise auf den Wortlaut von Art. 4 Abs. 2 lit. g) SE-RL, § 21 Abs. 3 Nr. 1 SEBG sowie Art. 2 lit. k) SE-RL, § 2 Abs. 12 Nr. 1 SEBG wird der Problemlösung indes nicht gerecht. Die Wortlautauslegung ist die schwächste Auslegungsmethode des europäischen Rechts[166]. Die verschiedenen Sprachfassungen von Art. 2 lit. k) SE-RL lassen einen eindeutigen Schluss nicht zu[167].

Für die Gegenbehauptung, dass die absolute Zahl des Aufsichtsorgans in der Beteiligungsvereinbarung verbindlich geregelt werden kann, spricht auch nicht zwingend § 17 Abs. 2 SEAG. Diese Vorschrift kann keinen Vorrang der

---

165 *Feuerborn* in KölnKomm AktG, § 21 SEBG Rn. 76; *Habersack* in Habersack/Henssler, MitbestR, § 35 SEBG Rn. 6 u. 11; *Hennings* in Manz/Mayer/Schröder, Europäische Aktiengesellschaft, Anh.: Auffangregelung Teil 3 SE-RL Rn. 4 ff.; *Jacobs* in MünchKomm AktG; § 37 SEBG Rn. 7 ff.; Köstler in Theisen/Wenz, Europäische Aktiengesellschaft, S. 331, 360 ff.; *Nagel* in Nagel/Freis/Kleinsorge, Die Beteiligung der Arbeitnehmer in der SE, § 35 Rn. 4; *Oetker* in Lutter/Hommelhoff, SE-Komm, § 35 SEBG Rn. 8 u. 18; *Paefgen* in KölnKomm AktG, Art. 40 Rn. 99; *Reichert/Brandes* in MünchKomm AktG, Art. 40 SE-VO Rn. 71; *Schwarz,* SE-VO, Einl. SE-VO Rn. 311; *Scheibe,* Mitbestimmung der Arbeitnehmer in der SE, S. 176; *Grobys,* NZA 2005; 84, 88 ff.; *Habersack,* AG 2006, 345, 347; *ders.,* Der Konzern 2006, 105, 106 f.; *Müller-Bonanni/Melot de Beauregard,* GmbHR 2005, 195, 197; *Kallmeyer,* AG 2003, 197, 199; *Krause,* BB 2005, 1221, 1228; *Teichmann,* BB 2004, 53, 56; *Weiss/Wöhlert,* NZG 2006, 121, 124.

166 Vgl. GA *Lagrange* in Schlussanträge v. 27.2.1962, Rs. 13/61, Slg. 1962, 97, 149; EuGH v. 15.4.2010 – Rs. C-511/08, EUR-Lex, Rn. 51; *Nettesheim* in Oppermann/Classen/Nettesheim, EuropaR, § 9 Rn. 171; *Schwarz,* Europäisches Gesellschaftsrecht, 2. Teil A IV., Rn. 79.

167 Vgl. zu den verschiedenen Sprachfassungen *Forst,* AG 2010, 350, 355.

Beteiligungsvereinbarung in der Art bestimmen, dass eine von den Vorgaben der Satzung abweichende Größe des Organs festgelegt werden kann. Der hier postulierte Vorrang der Vereinbarung gegenüber der Satzung ist vielmehr als eine Kollisionsregelung für den Fall zu verstehen, dass eine zulässige Mitbestimmungsregelung über den Anteil der Arbeitnehmer mit der in der Satzung bestimmten Organgröße unvereinbar ist[168]. Art. 40 SE-VO ist im Normengefüge höherrangig als § 17 Abs. 2 SEAG. Das nationale Recht könnte daher schon gar nicht, von den Vorgaben des SE-Rechts abweichend, die Satzungsautonomie einschränken[169]. Der nationale Gesetzgeber hat zulässigerweise in § 17 Abs. 1 SEBG Mindest- und Höchstzahlen für die Aufsichtsratsgröße geregelt.

In verordnungskonformer Auslegung wird durch § 17 Abs. 2 SEBG die Satzungsautonomie ausschließlich dahingehend eingeschränkt, dass Regelungen der Satzung zwar zu § 17 Abs. 1 SEBG konform gehen, aber nicht dem ausgehandelten Anteil an Arbeitnehmern entsprechen können. Wird beispielsweise paritätische Mitbestimmung vereinbart, erfordert dies – ggf. abweichend von der satzungsmäßigen Vorgabe – eine gerade Zahl von Mitgliedern im Aufsichtsorgan. Sieht die Satzung aber eine ungerade Zahl vor, geht die in der Beteiligungsvereinbarung festgesetzte gerade Anzahl von Aufsichtsratssitzen vor.[170]

Der in der Begründung zum RegE angestellte Vergleich zu § 95 Satz 5 AktG vermag zur Ergebnisfindung nicht weiterhelfen[171]. Diese aktienrechtliche Regelung lässt eine Abweichung von den Vorgaben des § 95 AktG zugunsten der genannten Mitbestimmungsgesetze zu. Die Vorschrift betrifft das Verhältnis zu mitbestimmungsrechtlichen Sonderbestimmungen. Zum Verhältnis von Vereinbarungs- und Satzungsautonomie und damit der Regelungsreichweite in der Beteiligungsvereinbarung trifft § 95 Satz 5 AktG keine Aussage[172].

Mithin ist als Ergebnis festzuhalten, dass die Größe des Aufsichtsorgans kein zulässiger Regelungsgegenstand in der Beteiligungsvereinbarung nach § 21 SEBG ist. Die absolute Zahl der Mitglieder des Aufsichtsorgans wird vielmehr von der Satzung bestimmt.

---

168 Beispielsweise, wenn die Parteien eine paritätische Mitbestimmung vereinbaren, die Satzung aber eine ungerade Zahl von Mitgliedern festsetzt.

169 Vgl. *Forst*, Beteiligungsvereinbarung nach § 21 SEBG, S. 262; *ders.*, AG 2010, 350, 355; so schon zum SEAG-RE *Steinberg*, Mitbestimmung in der Europäischen Gesellschaft, S. 212 f.

170 *Jacobs* in FS K. Schmidt, S. 796, 804.

171 BT-Drucks. 15/3405, S. 36.

172 *Habersack*, AG 2006, 345, 353.

D. Anwendbarkeit und Anwendung von § 96 Abs. 4 und §§ 97 ff. AktG auf die bestehende SE

I. Einleitung

Ob das Kontinuitätsprinzip gemäß § 96 Abs. 4 und Verfahren nach § 97 ff. AktG für die bestehende SE mit dualistischem anwendbar ist und ob auch das Kontinuitätsprinzip aus § 96 Abs. 4 AktG für die SE gilt, ist im SE-Recht nicht geregelt. Es ist fraglich, ob die aktienrechtlichen Vorschriften auf die dualistische SE angewendet werden können. Bei der SE gilt ein anderes Mitbestimmungsmodell als bei der AG, wonach sich die Aufsichtsratszusammensetzung insbesondere aus den vertraglichen Vorschriften der Beteiligungsvereinbarung nach § 21 SEBG ergeben kann. Das SEAG verweist nicht auf das aktienrechtliche Statusverfahren und regelt das Verfahren zur Feststellung der richtigen Zusammensetzung für die dualistische SE auch nicht explizit.

Im Folgenden wird beleuchtet, ob das Statusverfahren auf die bestehende SE anwendbar ist und wie ggf. das Verfahren auszugestalten ist.

II. Ausgangslage

Das LG Nürnberg-Fürth ging von der Anwendbarkeit der §§ 97 ff. AktG aus[173]. Die gesetzlichen Regelungen in der SE-Verordnung seien insoweit lückenhaft. Über die Generalverweisung des Art. 9 Abs. 1 lit. c ii) SE-VO käme das aktienrechtliche Statusverfahren hinsichtlich der Zusammensetzung des Aufsichtsrats nach §§ 97 ff. AktG auch bei der SE zur Anwendung[174].

Jüngst sind auch mehrere Instanzgerichte über Art. 9 Abs. 1 lit. c ii) SE-VO von der Anwendbarkeit des Statusverfahren auf die SE ausgegangen, da sich die entsprechende Anwendbarkeit der §§ 98 ff. AktG im SE-Recht, nämlich in

---

173 LG Nürnberg-Fürth, Beschl. v. 8.2.2010 – 1 HK O 8471/09, ZIP 2010, 372; neuerdings geht das LAG Baden-Württemberg von der Unzuständigkeit der Landgerichte nach § 98 Abs. 1 AktG aus, wenn sich die Zusammensetzung des Aufsichtsrats nach einer Beteiligungsvereinbarung gemäß § 21 SEBG richtet, vgl. Beschl. v. 19.6.2017 – 19 Ta 10/17, BeckRS 2017, 150626, Rn. 32.

174 LG Nürnberg-Fürth, Beschl. v. 8.2.2010 – 1 HK O 8471/09, ZIP 2010, 372.

§ 17 Abs. 4 SEAG, vorausgesetzt würde[175]. Die Antragsberechtigung des Betriebsrats der SE für Verfahren entsprechend den §§ 98 f. würde anderenfalls keinen Sinn ergeben[176].

Die Anwendung des Statusverfahrens über die Verweisung in Art. 9 Abs. 1 lit c ii) SE-VO entspricht auch der in der Literatur weit überwiegend vertretenen Meinung[177]. Des Weiteren wird die Gültigkeit des Statusverfahrens bei der SE zum Teil mit dem Gleichbehandlungsgrundsatz gemäß Art. 10 SE-VO legitimiert, wonach die SE gegenüber der nationalen Aktiengesellschaft nicht schlechter gestellt werden darf[178].

Mit Blick auf die Generalverweisung unter Heranziehung des Gleichbehandlungsgebot von AG und SE, gibt es also „Wege" zum aktienrechtlichen Statusverfahren. Davon ausgehend kommt die Gültigkeit des Kontinuitätsprinzips und die Anwendbarkeit des Statusverfahrens bei der dualistischen SE grundsätzlich infrage. Von Bedeutung, insbesondere vor dem Hintergrund der Generalverweisung ins deutsche Aktienrecht, ist aber vielmehr, ob das Statusverfahren nach seinem Sinn und Zweck auch auf die SE anzuwenden ist. Im Hinblick auf die, im Vergleich zum Aktienrecht, abweichenden Rahmenbedingungen für die Zusammensetzung des Aufsichtsorgans nach dem SEBG[179], ist es problematisch, welche Bedeutung das Statusverfahren im Rahmen des SE-Recht tatsächlich besitzt.

175 OLG Frankfurt a.M., Beschl. v. 27.8.2018 – 21 W 29/18, NZG 2018, 1254; LG München I, Beschl. vom 26.06.2018 – 38 O 15760/17, ZIP 2018, 1546; LG Stuttgart, Beschl. vom 1.2.2018 – 21 O 48/17.

176 OLG Frankfurt a.M., Beschl. v. 27.8.2018 – 21 W 29/18, NZG 2018, 1254; LG München I, Beschl. vom 26.06.2018 – 38 O 15760/17, ZIP 2018, 1546; LG Stuttgart, Beschl. vom 1.2.2018 – 21 O 48/17.

177 *Eberspecher* in Spindler/Stilz, AktG, Art. 40 SE-VO Rn. 2; *Forst,* Die Beteiligungsvereinbarung nach § 21 SEBG, S. 358, 359 a.E.; *Habersack* in MünchKomm AktG, § 97 Rn. 4; *Hopt/Roth* in Großkomm AktG, § 96 Rn. 65 u.§ 98 Rn. 54; *Henssler* in Habersack/Henssler, MitbestR, Einl. SEBG Rn. 162; *Jannott* in Jannott/Frodermann, HdB Europäische Aktiengesellschaft, 3 Rn. 260; *Jacobs* in MünchKomm AktG, § 18 SEBG Rn. 28, § 21 SEBG Rn. 26; *Reichert/Brandes* in MünchKomm AktG, Art. 40 SE-VO Rn. 6; *Wißmann* in FS Richardi S. 841, 852; *Kiefner/Friebel,* NZG 2010, 537, 537; *Kiefner/Friebel,* NZG 2010, 537, 537; *Seibt,* ZIP 2010, 1057, 1057 ff.; *Spitzbart,* RNotZ 2006, 369, 393; für die analoge Anwendung *Oetker* in Lutter/Hommelhoff, Die Europäische Gesellschaft, S. 277, 290.

178 *Forst,* Die Beteiligungsvereinbarung nach § 21 SEBG, S. 358, 359; *Seibt,* ZIP 2010, 1057, 1067.

179 Vgl. C. II. 1.

III. Gültigkeit des Kontinuitätsprinzips (§ 96 Abs. 4 AktG) und Anwendung des Statusverfahrens (§ 97 ff. AktG)

Anlass für das Statusverfahren bietet § 96 Abs. 4 AktG. Das darin geregelte Prinzip, wonach des Aufsichtsrats nach anderen als den bisherigen Vorschriften nur nach Durchführung des Statusverfahrens der §§ 97 bis 99 AktG neu zusammengesetzt werden kann, ist auf die, für die AG geltenden, gesetzlichen Vorschriften über die Mitbestimmung (vgl. § 96 Abs. 1 AktG) zugeschnitten. Danach können Veränderungen der tatsächlichen Umstände bei der AG dazu führen, dass es zu einer anderen Zusammensetzung des mitbestimmten Organs kommt[180]. Das Aktienrecht in Verbindung mit dem Mitbestimmungsrecht hält für die AG, gemessen an der Anzahl der beschäftigten Arbeitnehmer oder dem Unternehmenszweck, unterschiedliche Mitbestimmungsmodelle bereit. Der Aufsichtsrat, ist je nach einschlägiger Variante, unterschiedlich mit Mitgliedern der Aktionäre, der Arbeitnehmer und gegebenenfalls mit weiteren Mitgliedern zu besetzen. § 96 Abs. 1 AktG hält fünf Möglichkeiten bereit, nach denen sich die Zusammensetzung des Organs richten kann. Wichtigster Wert zur Bemessung des anzuwendenden Mitbestimmungsmodells ist die Arbeitnehmerzahl. Aufgrund einer Änderung in der Belegschaftsgröße ist es möglich, dass das Gesetz eine andere Aufsichtsratszusammensetzung, entsprechend den geltenden mitbestimmungsrechtlichen Bestimmungen, fordert. Ein Anwendungswahlrecht steht den Parteien nicht zu, vielmehr sind die Bestimmungen der nationalen Mitbestimmungsgesetze zwingend[181]. Ein Über- oder Unterschreiten von Schwellenwerten und ein damit verbundener Wechsel des Mitbestimmungsmodells soll aus Gründen der Rechtssicherheit nur unter Einhaltung eines formellen Überleitungsverfahrens erfolgen (§ 96 Abs. 4 AktG)[182]. Das Verfahren nach §§ 97 ff. AktG dient zur Überleitung und Durchsetzung der gesetzlichen Mitbestimmungsregelungen.

---

180 Vgl. dazu schon B. V. 2.

181 *Drygalla* in Schmidt/Lutter, AktG, § 96 Rn. 27; *Habersack* in MünchKomm AktG, § 96 Rn. 4; *Hoffmann-Beckung* in MünchHdB AG, §28 Rn. 49; *Hopt/Roth* in Großkomm AktG, § 96 Rn. 7; *Mertens/Chan* in KölnKomm AktG, § 96 Rn. 15; *Hüffer/Koch*, AktG, § 96 Rn. 3; *Umler* in Habersack/Henssler, MitbestR, Einl. MitbestG Rn. 49; Ulmer/Habersack in Habersack/Henssler, MitbestR, § 1 MitbestG Rn. 20; *Wißmann* in FS Däubler, S. 385, 396; *Beuthien*, ZHR 1984, 95, 105, 112 ff.; *Hommelhoff*, ZHR 1984, 118, 133; *Ihrig/Schlitt*, NZG 1999, 333, 334; *Seibt*, AG 2005, 413, 415; a. A. *Fabricius* in FS Hilger und Stumpf, S. 155, 159 ff.

182 Vgl. Begr. RegE. bei *Kropff*, AktG, S. 126.

Die materielle Zusammensetzung des Aufsichtsorgans der dualistischen SE richtet sich – wie gezeigt – nicht nach § 96 Abs. 1 AktG (in Verbindung mit dem deutschen Mitbestimmungsrecht)[183]. Die Aufsichtsorganzusammensetzung ergibt sich für die SE aus vertraglichen oder gesetzlichen Vorschriften. Für die SE gelten bei der Besetzung des Organs, die auf der SE-Mitbestimmungsrichtlinie[184] beruhenden, Rahmenbedingungen des SEBG. Die Zusammensetzung des Aufsichtsorgans richtet sich demzufolge vorrangig nach der, vom besonderen Verhandlungsgremium und den Leitungen der Gründungsgesellschaften ausgehandelten, Beteiligungsvereinbarung nach § 21 SEBG. Als Auffangregelungen hält das SEBG gesetzliche Vorschriften für die Organbesetzung bereit. Besonders ist, dass auch nach den Bestimmungen der §§ 34 ff. SEBG ausschließlich das bestehende Mitbestimmungsstatut zum Zeitpunkt der SE-Gründung erfasst wird.

Vor diesem Hintergrund wird nachfolgend die Anwendung des Statusverfahrens anhand von möglichen Anwendungsfällen bei der SE untersucht. Als Anwendungsfälle bei der bestehenden SE kommen eine Modifikation in der Anzahl bzw. dem Anteil der Arbeitnehmer im Aufsichtsorgan (1.), eine Veränderung der Größe des Aufsichtsorgans (2.) und der Fall der Fehlerhaften Beteiligungsvereinbarung (3.) in Betracht.

1. Modifikation der Anzahl/ des Anteils der Arbeitnehmer im Aufsichtsorgan

Als Anwendungsfall des Statusverfahrens ist zunächst die Modifikation der Anzahl/ des Anteils der Arbeitnehmer im Aufsichtsorgan zu analysieren.

a) Auf Dauerhaftigkeit angelegte Mitbestimmungsentscheidung

Die bei der Entstehung der SE getroffene Entscheidung über die Zusammensetzung des mitbestimmten Organs ist grundsätzlich auf Dauer angelegt. Nach dem Willen des Richtliniengebers auf europäischer Ebene sollen die im Rahmen der SE-Gründung festgelegten Arbeitnehmerrechte grundsätzlich unabhängig von Veränderungen in der Größe des Unternehmens, gemessen an den Arbeitnehmerzahlen, fortgelten. Die Zusammensetzung des Organs richtet sich gemäß der SE-Richtlinie bzw. SEBG gemeinhin nach statischen Regelungen und ist nicht

---

183 Vgl. C. II. 1.

184 Richtlinie 2001/86/EG zur Ergänzung des Statuts der Europäischen Gesellschaft hinsichtlich der Beteiligung der Arbeitnehmer vom 10.11.2001.

an die Anzahl der in dem Unternehmen beschäftigten Arbeitnehmer gekoppelt. Insbesondere kennt das SE-Recht originär keine Schwellenwerte, ab denen ein bestimmtes Mitbestimmungsstatut gelten soll. Eine Veränderung der Arbeitnehmerzahl ist nur für die Zusammensetzung des besonderen Verhandlungsgremiums von Bedeutung (§ 5 Abs. 4 SEBG)[185]. Andere Vorschriften über sich verändernde Arbeitnehmerzahlen kennt die SE-Richtlinie bzw. das SEBG nicht. Die aus dem deutschen Mitbestimmungsrecht bekannten Schwellenwerte gelten für die SE nicht. Die Über- bzw. Unterschreitung von Schwellenwerten des nationalen Rechts führt daher nicht zu einer Änderung der Zusammensetzung des Aufsichtsorgans der SE[186]. Insbesondere bei einem, nach den gesetzlichen Auffangregelungen des SEBG zusammengesetzten, Aufsichtsorgan führt beispielsweise eine Herabsenkung der Anzahl der regelmäßig beschäftigten Arbeitnehmer von über 2000 auf 1800[187] nicht dazu, dass das Aufsichtsorgan anstatt paritätisch nur noch zu einem Drittel mit Arbeitnehmervertretern zu besetzen ist[188]. Das gleiche gilt im umgekehrten Fall; so führt die erstmalige Überschreitung der Schwellenwerte des nationalen Mitbestimmungsrechts nicht zur Pflicht, das Aufsichtsorgan auch mit Vertretern der Arbeitnehmer zu besetzen. Die Veränderung der Beschäftigungszahl beispielsweise durch organisches Unternehmenswachstum führt auch nicht zu Neuverhandlungen nach § 18 Abs. 3 SEBG wegen strukturellen Änderungen. Dies zeigt die Vorschrift des § 5 Abs. 4 SEBG, hier wird ausdrücklich zwischen Änderungen in der Struktur und Änderungen in der Arbeitnehmerzahl der Gesellschaft unterschieden. Nichts anderes kann im Rahmen des § 18 Abs. 3 SEBG gelten. Das den Arbeitnehmern nach deutschem Mitbestimmungsrecht ein höheres Niveau an Mitbestimmung zu käme ist unbeachtlich. Die § 1 Abs. 1 Nr. 2 MitbestG und § 1 Abs. 1 DrittelbG sind auf die SE nicht anwendbar (§ 47 Abs. 1 Nr. 1 SEBG)[189]. Der SE ist, wie vorstehend

---

185 Vgl. *Henssler* in Habersack/Henssler, MitbestR, § 5 SEBG Rn. 8; *Freis* in Nagel/Freis/Kleinsorge, § 5 SEBG Rn. 6; *Feuerborn* in KölnKomm AktG, § 18 SEBG Rn. 23; *Rieble*, BB 2006, 2018, 2021.

186 *Jacobs* in MünchKomm AktG, § 18 SEBG Rn. 19; *Oetker* in Lutter/Hommelhoff, SE-Komm, § 18 SEBG Rn. 23; *Müller-Bonanni/Melot de Beauregard*, GmbHR 2005, 195, 198; *Rieble*, BB 2006, 2018, 2021.

187 Was nach deutschem Mitbestimmungsrecht die Folge hätte, dass der Aufsichtsrat der AG materiell nicht mehr nach dem MitbestG, sondern nur noch nach dem DrittelbG zusammenzusetzen ist, vgl. § 1 DrittelbG, § 1 Abs. 1 Nr. 1 MitbestG.

188 Vgl. *Müller-Bonanni/Melot de Beauregard*, GmbHR 2005, 195, 197.

189 vgl. *Feuerborn* in KölnKomm AktG, § 18 SEBG Rn. 23; *Henssler* in Habersack/Henssler, MitbestR, § 18 SEBG Rn. 13; *Jacobs* in MünchKomm AktG, § 18 SEBG Rn. 12; *Kinast* in Jannott/Frodermann, HdB der Europäischen Aktiengesellschaft, 1. Auflage,

deutlich gemacht, die deutsche Mitbestimmungsdynamik im Hinblick auf die Veränderung der beschäftigten Arbeitnehmer fremd. Das sich bei der Errichtung nach der Vereinbarung oder den gesetzlichen Regelungen des SEBG ergebende Mitbestimmungsmodell der SE ist in der Regel für die Zukunft festgesetzt[190].

b) Mögliche Modifikationen in der Zusammensetzung des Aufsichtsorgans

Das Statusverfahren knüpft an eine Modifikation in der Zusammensetzung des Aufsichtsrats an, die sich durch eine Veränderung in der Mitbestimmung ergeben. Es ist daher weiter zu untersuchen, in welchen Situationen bei der SE Modifikationen in der Zusammensetzung des Aufsichtsorgans denkbar sind.

aa) Gesetzlich bedingte Modifikationen

Das SEBG regelt in den Vorschriften § 18 Abs. 1 und Abs. 3 SEBG sowie § 26 Abs. 1 SEBG Wiederaufnahmetatbestände der Verhandlungen über die Mitbestimmung. Unter den dort genannten Voraussetzungen können die Gespräche über eine Beteiligungsvereinbarung nach § 21 SEBG erneut aufgenommen werden. Ein „allgemeiner Neuverhandlungsanspruch" per Gesetz besteht nach der Systematik des SEBG aber nicht[191]. Eine Veränderung des Mitbestimmungsmodells aufgrund gesetzlich angeordneter Neuverhandlungen zwischen der Leitung der SE und dem besonderen Verhandlungsgremium bzw. dem SE-Betriebsrat ist ausschließlich in den folgenden Fällen denkbar:

---

13 Rn. 193; *Oetker* in Lutter/Hommelhoff, SE-Komm, § 18 SEBG Rn. 23; *Ege/Grzimek/Schwarzfischer*, DB 2011, 1205, 1208; *Götze/Winzer/Arnold*, ZIP 2009, 245, 251 f.; *Krause*, BB 2005, 1221, 1228; *Müller-Bonanni/Melot de Beauregard*, GmbHR 2005, 195, 197; *Rieble*, BB 2006, 2018, 2022; *Wollburg/Banerjea*, ZIP 2005, 277, 278; a. A. *Köstler* in Theisen/Wenz, Europäische Aktiengesellschaft, S. 374; *Wißmann* in MünchHdB ArbR, § 287 Rn. 18; wohl auch *Freis* in Nagel/Freis/Kleinsorge, § 18 SEBG Rn. 14.

190 Vgl. *Kökiü* in Van Hulle/Maul/Drinhausen, HdB zur Europäischen Gesellschaft, 6 Rn. 94; *Wißmann* in FS Richardi, S. 841, 843; *Ege/Grzimek/Schwarzfischer*, DB 2011, 1205, 1206; *Brandes*, ZIP 2008, 2193, 2194; *Feldhaus/Vanscheidt*, BB 2008, 2246, 2247; *Götze/Winzer/Arnold*, ZIP 2009, 245, 251; *Habersack*, ZHR 2007, 613, 640; *ders.*, AG 2007, 641, 643; *ders.*, Der Konzern 2006, 105, 107; *Müller-Bonanni/Müntefering*, BB 2009, 1699, 1702; *Nikoleyczik/Führ*, DStR 2010, 1743, 1747; *Rieble*, BB 2006, 2018, 2020.

191 ArbG Stuttgart, Beschl. V. 29.4.2008 – 12 BV 109/07, juris Nr. 114, red. Leitsätze, ArbRG, 133.

(1) Wiederaufnahmetatbestände der § 18 Abs. 1 und § 26 SEBG

Eine Wiederaufnahme der Verhandlungen über die Mitbestimmung in der SE ist nach § 18 Abs. 1 und § 26 SEBG auf Antrag der Arbeitnehmer (a), vorheriger Vereinbarung der Wiederaufnahme der Verhandlungen (b) oder auf Initiative des SE-Betriebsrats (c) möglich.

(a) Antrag der Arbeitnehmer nach § 18 Abs. 1 Satz 1 SEBG

§ 18 Abs. 1 Satz 1 SEBG nennt Voraussetzungen, bei deren Vorliegen ein Anspruch auf Neubildung des besonderen Verhandlungsgremiums zur Wiederaufnahme der Verhandlungen besteht[192]. Ein besonderes Verhandlungsgremium ist demgemäß erneut zu bilden, wenn zwei Jahre nach dem Beschluss gemäß § 16 Abs. 1 SEBG, Arbeitnehmer der SE, ihrer Tochtergesellschaften und Betriebe oder deren Vertreter einen schriftlichen Antrag auf Wiederaufnahme der Verhandlungen gestellt haben (§ 18 Abs. 1 Satz 1 SEBG). Die Ausschlussfrist von zwei Jahren dient dem Schutz des vom Gremium gefassten Beschlusses nach § 16 Abs. 1 Satz 1 SEBG. Für den Beginn der Frist ist auf den Tag der Beschlussfassung abzustellen[193]. Den schriftlichen Antrag müssen mindestens zehn Prozent der Arbeitnehmer unterschreiben.

Liegen die genannten Voraussetzungen vor, wird ein neues besonderes Verhandlungsgremium gebildet. An die Stelle der beteiligten Gesellschaften, ihrer Tochtergesellschaften und Betriebe treten bei der Bildung des besonderen Verhandlungsgremiums die SE, ihre Tochtergesellschaften und Betriebe. Hat sich das neu zusammengesetzte Gremium für die Wiederaufnahme der Verhandlungen entschieden, sind die Verhandlungen über die Mitbestimmung mit der Leitung der SE neu aufzunehmen (§ 18 Abs. 4 SEBG).

Am Ende der neuen Verhandlungen über die Beteiligungsrechte der Arbeitnehmer kann eine Vereinbarung nach § 21 SEBG geschlossen werden, die in der Regel zu einer Veränderung in der Zusammensetzung des Aufsichtsorgans führt.

---

192 BT-Drucks. 15/4305, S. 50; *Feuerborn* in KölnKomm AktG, § 18 SEBG Rn. 4; a. A. *Oetker* in Lutter/Hommelhoff, SE-Komm, § 18 SEBG Rn. 8 sieht in § 18 Abs. 1 Satz 1 SEBG i. S. eines Anspruchs auf Wiederaufnahme der Verhandlungen, so wohl auch *Jacobs* in MünchKomm AktG § 18 SEBG Rn. 2 der ein Anspruch sowohl auf Neubildung des bVG als auch auf Wiederaufnahme der Verhandlungen bejaht.

193 Zur Berechnung der Frist gelten die §§ 187, 188, 193 BGB, vgl. *Feuerborn* in KölnKomm AktG, § 18 SEBG Rn. 4 ff.; *Jacobs* in MünchKomm AktG, § 18 SEBG Rn. 2 f.; *Oetker* in Lutter/Hommelhoff, SE-Komm, § 18 SEBG Rn. 8 ff.

(b) Wiederaufnahmevereinbarung (§ 18 Abs. 1 Satz 2 SEBG)

Schon vor Ablauf von zwei Jahren nach dem Beschluss über die Nichtaufnahme bzw. den Abbruch von Verhandlungen gemäß § 16 Abs. 1 Satz 1 SEBG werden die Verhandlungen über die Beteiligung der Arbeitnehmer wieder aufgenommen, wenn die Parteien dies vereinbart haben (§ 18 Abs. 1 Satz 2 SEBG).

Bei der Wiederaufnahmevereinbarung handelt es sich nicht um eine Vereinbarung im Sinne des § 21 SEBG, auch wenn die Verhandlungsparteien die gleichen sind, namentlich das besondere Verhandlungsgremium für die Arbeitnehmerseite und die Leitungen der Gründer[194]. § 18 Abs. 1 SEBG setzt gerade einen Beschluss nach § 16 Abs. 1 SEBG voraus, der das Beteiligungsverfahren erfolglos beendet bzw. es gar nicht erst zu Verhandlungen kommen lässt. Bei der Wiederaufnahmevereinbarung nach § 18 Abs. 1 Satz 2 SEBG handelt es sich um eine Vereinbarung eigener Art[195].

Werden nach Maßgabe einer solchen Vereinbarung erneut Verhandlungen über die Mitbestimmung aufgenommen und kommt es zur Vereinbarung von Mitbestimmung, ist das Aufsichtsorgan künftig entsprechend der vertraglichen Vorschriften neu auch mit Arbeitnehmern zu besetzen.

Finden die Parteien auch nach der Wiederaufnahme von Verhandlungen keine gemeinsame Lösung über die Mitbestimmung in der SE in Form einer Vereinbarung nach § 21 SEBG, greift die gesetzliche Auffanglösung der §§ 34 bis 38 SEBG über die Mitbestimmung kraft Gesetzes im Gegensatz zu den Verhandlungen im Rahmen der Gründung *nicht* ein, vgl. § 18 Abs. 2 SEBG[196]. Mithin führt allein das Scheitern der Verhandlungen, – ein Beschluss nach § 16 Abs. 1 Satz 1 SEBG ist nicht erforderlich – dazu, dass es bei der „*bestehenden Rechtslage*“ bleibt. Die SE bleibt also mitbestimmungsfrei und die Zusammensetzung des Aufsichtsorgans ändert sich auch nicht.

(c) Wiederaufnahme durch den SE-Betriebsrat (§ 26 Abs. 1 SEBG)

Die Vorschrift des § 18 Abs. 1 SEBG über die Wiederaufnahme von Verhandlungen wird ergänzt durch § 26 Abs. 1 SEBG. Demnach kann ein kraft Gesetzes errichteter SE-Betriebsrat vier Jahre nach seiner Einsetzung mit der Mehrheit seiner Mitglieder einen Beschluss fassen, dass über eine Vereinbarung nach § 21 SEBG wieder verhandelt wird. Wurde im Rat für die Wiederaufnahme von

194 Vgl. *Feuerborn* in KölnKomm AktG, § 18 SEBG Rn. 6; *Jacobs* in MünchKomm AktG, § 16 SEBG Rn. 2 und § 18 SEBG Rn. 2; *Oetker* in Lutter/Hommelhoff, SE-Komm, § 18 SEBG Rn. 15.

195 Vgl. *Forst*, Die Beteiligungsvereinbarung nach § 21 SEBG, S. 172 f.

196 §§ 22 bis 33 SEBG über den Betriebsrat kraft Gesetzes greifen auch nicht ein.

Verhandlungen entschieden, verhandelt dieser nach § 26 Abs. 2 Satz 1 SEBG selbst. Ein besonderes Verhandlungsgremium ist daher in diesem Fall nicht erneut zu bilden[197]. Verhandlungspartner auf Anteilseignerseite bleibt die Leitung der SE, vgl. §§ 26 Abs. 2 Satz 1 i.V.m. 13 Abs. 1 Satz 1 SEBG.

Scheitern die erneut aufgenommenen Verhandlungen, finden die bisherigen Regelungen, die aufgrund der Auffangregelung kraft Gesetzes angenommen wurden, weiter Anwendung, vgl. § 26 Abs. 2 Satz 2 SEBG; die Zusammensetzung des Aufsichtsorgans ändert sich nicht[198]. Kommt es im Zuge der Neuverhandlungen zu einer Vereinbarung mit einen anderen Mitbestimmungsmodells, ist das Aufsichtsorgan entsprechend den getroffenen Vorschriften neu zusammenzusetzten.

(2) Änderung der Aufsichtsratszusammensetzung aufgrund struktureller Veränderungen einer SE (§ 18 Abs. 3 SEBG)

Eine nachträgliche Änderung in der Zusammensetzung des Aufsichtsorgans der bereits bestehenden SE kommt darüber hinaus im Besonderen bei *strukturellen Änderungen* in Betracht. Gemäß § 18 Abs. 3 SEBG haben auf Veranlassung der Leitung der SE Neuverhandlungen stattzufinden, wenn (i) strukturelle Änderungen der SE geplant sind, die (ii) sich dazu eignen, Beteiligungsrechte der Arbeitnehmer zu mindern[199]. Wird die Leitung der SE nicht tätig, können die Neuverhandlungen auch durch Beschluss des SE-Betriebsrats initiiert werden (§ 18 Abs. 3 Satz 1 SEBG).

---

197 Dies ist auch sachgerecht, weil nach § 25 SEBG Veränderungen in der Belegschaftsstruktur in der Zusammensetzung des SE-Betriebsrat berücksichtigt wird und damit die gesamte Belegschaft in dem handelnden Gremium proportional vertreten ist, vgl. *Forst,* Die Beteiligungsvereinbarung nach § 21 SEBG, S. 173.

198 Falls die Verhandlungen zwischen dem Betriebsrat und der Leitung der SE zu keiner Vereinbarung nach § 21 SEBG geführt haben, können nach dem Gedanken der Vereinbarungslösung in der SE-Verordnung und der SE-Richtlinie jederzeit Verhandlungen über die Mitbestimmungen mit dem SE-Betriebsrat wieder aufgenommen werden, vgl. *Feuerborn* in KölnKomm AktG, § 26 SEBG Rn. 8; *Kienast* in Jannott/Frodermann, HdB der Europäischen Aktiengesellschaft, 13 Rn. 277; *Hohenstatt/Müller-Bonanni* in Habersack/Drinhausen, SE-Recht, § 26 SEBG Rn. 8; a. A. *Forst,* Die Beteiligungsvereinbarung nach § 21 SEBG, S. 174 f.

199 Die Regelung beruht auf dem 18. Erwägungsgrund der SE-RL, nach dem die Ansätze der Sicherung der Arbeitnehmerrechte (Vorher-Nachher-Prinzip) nicht nur für die Neugründung einer SE, sondern auch für strukturelle Veränderungen einer bereits gegründeten SE gelten.

Die Parteien können die Vorschrift des § 18 Abs. 3 SEBG nicht in der Beteiligungsvereinbarung abbedingen, insoweit lässt § 20 Abs. 4 SEBG nur eine Ausgestaltung zu[200]. Insbesondere steht es ihnen nach der zuletzt genannten Norm offen, Regelungen für das bei Neuverhandlungen einzuhaltende Verhandlungsverfahren festzusetzen[201].

(a) strukturelle Änderungen der SE

Es ist unklar, was unter „strukturellen Änderungen der SE" zu verstehen ist. Das SE-Recht enthält keine Legaldefinition des Rechtsbegriffs der strukturellen Änderung[202]. Auch die Rechtsprechung hatte bisher keine Möglichkeit, sich zu strukturellen Änderungen der SE zu äußern.

In der Literatur wird der Begriff nicht einheitlich verstanden. Was unter *„strukturellen Änderungen"* zu verstehen ist, ist eines der meist diskutiertesten Themen im SE-Recht. Die Autoren beurteilen überwiegend konkrete Fallkonstellationen danach, ob eine strukturelle Änderung der SE gegeben ist oder nicht[203]. An dieser Stelle ist eine abstrakte Beschreibung des Rechtsbegriffs erforderlich, um mögliche Modifikationen in der Zusammensetzung des Aufsichtsorgans zu identifizieren.

(aa) Vorhandenes Meinungsbild

Das diffuse Meinungsbild lässt sich anhand von zwei Meinungssträngen umreißen.

(i) Die überwiegende Zahl der Autoren legt den Begriff der strukturellen Änderungen eng aus. Strukturelle Änderungen seien nur bei Vorgängen mit gründungsähnlichem Charakter mit außergewöhnlichem Gewicht anzunehmen[204].

---

200 BT-Drucks. 15/4305, S. 51; *Jacobs* in MünchKomm AktG, § 21 SEBG Rn. 57; *Heinze/Seifert/Teichmann,* BB 2005, 2524, 2530 mit Fn. 20; *Seibt,* AG 2005, 413, 427.

201 Vgl. *Forst,* Die Beteiligungsvereinbarung nach § 21 SEBG, S. 199 die zwischen dem „ob" und dem „wie" von Neuverhandlungsregelungen unterscheidet.

202 Beispielsweise hat Österreich in § 228 Abs. 2 Arbeitsverfassungsgesetz den Begriff in einer Reihe von Regelbeispielen definiert.

203 Vgl. *Ege/Grzimek/Schwarzfische,* Der Betrieb 2011, 1205, 1208 ff.; *Kleinsorge,* RdA 2002, 343, 351; *Müller-Bonanni/Melot de Beauregard,* GmbHR 2005, 195, 200; *Nagel,* ZIP 2011, 2047, 2048 ff.; *Niklas,* NZA 2004, 1200, 1205; *Wollburg/Banerjea,* ZIP 2005, 277, 280.

204 *Henssler* in Habersack/Henssler, MitbestR, § 18 SEBG Rn. 8 ff.; *Jacobs* in MünchKomm AktG, § 18 SEBG Rn. 12 ff.; *Kienast* in Jannott/Frodermann, HdB der Europäischen Aktiengesellschaft, 1. Auflage, 13 Rn. 193; *Ege/Grzimek/Schwarzfischer,* DB 2011, 1205,

Zur Begründung wird vor allem auf den 18. Erwägungsgrund der SE-Richtlinie verwiesen, der § 18 Abs. 3 SEBG zugrunde liegt[205]. Das Vorher-Nachher-Prinzip zur Sicherung erworbener Rechte der Arbeitnehmer über ihre Beteiligung an Unternehmensentscheidungen, soll nach diesem Erwägungsgrund nicht nur bei der Neugründung der SE, sondern auch bei *strukturellen Veränderungen* einer bereits bestehenden SE gelten. Namentlich *Wollburg* und *Banerjea* schließen aus dieser Erwägung, dass der Tatbestand einer Strukturveränderung mit der Neugründung der SE gleichzusetzen sei[206]. Das Tatbestandsmerkmal *„strukturelle Änderungen"* erfasse nur solche Änderungen, die einer Neugründung gleichkommen[207]. Bei Strukturänderungen müsse es sich also um Vorgänge von vergleichbar erheblichem Gewicht handeln[208].

Aus dem Beispiel zur Regierungsbegründung, wonach es zu Neuverhandlungen gemäß § 18 Abs. 3 SEBG kommen kann, *„wenn eine SE ein mitbestimmtes Unternehmen mit einer größeren Zahl an Arbeitnehmern aufnimmt, in der SE aber bisher keine Mitbestimmung gilt"*[209], wird von einer Vielzahl der Autoren geschlossen, dass strukturelle Änderungen nur bei korporativen Akten anzunehmen sei[210]. Im Schrifttum wird das vorstehende Beispiel zur Regierungsbegründung

---

108; *Feldhaus/Vanscheidt*, BB 2008, 2246, 2247; *Krause*, BB 2005, 1221, 1228; *Seibt*, AG 2005, 413, 427; *Wollburg/Banerjea*, ZIP 2005, 277, 278 ff.

205 *Feuerborn* in KölnKomm AktG, § 18 SEBG Rn. 24; *Henssler in Habersack/Henssler, MitbestR*, § 18 SEBG Rn. 8 ff.; *Jacobs* in MünchKomm AktG, § 18 SEBG Rn. 12 ff.; *Kienast* in Jannott/Frodermann, HdB der Europäischen Aktiengesellschaft, 1. Auflage, 13 Rn. 193; *Ege/Grzimek/Schwarzfischer*, DB 2011, 1205, 108; *Feldhaus/Vanscheidt*, BB *2008, 2246, 2247; Krause*, BB 2005, 1221, 1228; *Wollburg/Banerjea*, ZIP 2005, 277, 278 ff.

206 *Wollburg/Banerjea*, ZIP 2005, 277, 278.

207 *Henssler* in Habersack/Henssler, MitbestR, Einl. SEBG Rn. 24; *Hohenstatt/Müller-Bonanni* in Habersack/Drinhausen, SE-Recht, § 18 SEBG Rn. 9; *Jacobs* in MünchKomm AktG, § 18 SEBG Rn. 12; *Kinast* in Jannott/Frodermann; HdB der Europäischen AG, 13 Rn. 279; *Feldhaus/Vanscheidt*, BB 2008, 2246, 2247; *Habersack*, ZHR 2007, 613, 641 f.; *ders.*, Der Konzern 2006, 105, 109 f.;.

208 Vgl. *Henssler* in Habersack/Henssler, MitbestR, § 18 SEBG Rn. 8; *Jacobs* in MünchKomm AktG, § 18 SEBG Rn. 12; *Wollburg/Banerjea*, ZIP 2005, 277, 278; *Feldhaus/Vanscheidt*, BB 2008, 2246, 2247.

209 BT-Drucks. 15/4305, S. 50.

210 *Henssler* in Habersack/Henssler, MitbestR, § 18 SEBG Rn. 9; *Jacobs* in MünchKomm AktG, § 18 SEBG Rn. 12; *Henssler*, ZHR 2009, 222, 244; *Rieble*, BB 2006, 2018, 2022; *Wollburg/Banerjea*, ZIP 2005, 277, 278; a. A. *Feldhaus/Vanscheidt*, BB 2008, 2246, 2247 danach reichen Maßnahmen von erheblichem Gewicht ohne korporative Akte mit Satzungsrelevanz aus, wie z. B. eine wirtschaftliche Neugründung.

meistens als eine Verschmelzung auf die SE verstanden[211]. Die Verschmelzung ist ein korporativer Akt mit Satzungsrelevanz. Analog dazu sollen nur Änderungen erfasst sein, die einen solchen Einfluss auf die gesellschaftliche Struktur der SE haben, dass eine Satzungsänderung erforderlich wird[212].

Zur Begründung der engen Auslegung wird darüber hinaus auf § 5 Abs. 4 Satz 1 SEBG Bezug genommen, der eine Neubesetzung des besonderen Verhandlungsgremiums aufgrund nachträglicher Veränderungen regelt. Diese Vorschrift unterscheidet ausdrücklich zwischen Änderungen in der Struktur und der Arbeitnehmerzahl der Gesellschaften. Aus dem Vergleich schließt die herrschende Meinung, dass eine Strukturänderung daher in jedem Falle mehr sein müsse als organisches Wachstum des Unternehmens, grundsätzlich eben ein korporativer Akt, der eine Satzungsänderung erforderlich macht[213]. Als Beispiele werden insbesondere eine Verschmelzung einer mitbestimmten Gesellschaft auf die SE oder die Spaltung zur Aufnahme, wobei die SE die aufnehmende Gesellschaft ist, genannt[214].

(ii) Die Vertreter der Gegenmeinung legen das Tatbestandsmerkmal der strukturellen Veränderung hingegen weiter aus[215]. Sie zweifeln zumindest an, dass die von § 18 Abs. 3 SEBG erfassten Strukturänderungen nur auf korporative Maßnahmen mit gründungsähnlichem Charakter zu beschränken seien.

---

211 *Henssler* in Habersack/Henssler, MitbestR, § 18 SEBG Rn. 8; *Jacobs* in MünchKomm AktG, § 18 SEBG Rn. 12; *Feldhaus/Vanscheidt,* BB 2008, 2046, 2047; *Habersack,* ZHR 2007, 613, 641; *Kleinsorge,* RdA 2002, 343, 351; *Wollburg/Banerjea,* ZIP 2005, 277, 278; *Ziegler/Gey,* BB 2009, 1750, 1756.

212 *Jacobs* in MünchKomm AktG, § 18 SEBG Rn. 12; *Wollburg/Banerja,* ZIP 2005, 277, 279; *Rieble,* BB 2006, 2018, 2022; a. A. *Feuerborn* in KölnKomm AktG, § 18 SEBG Rn. 25.

213 *Henssler* in Habersack/Henssler, MitbestR, § 18 SEBG Rn. 13; *Jacobs* in MünchKomm AktG, § 18 SEBG Rn. 12; *Drinhausen/Keinath,* BB 2011, 2699, 2701; *Ege/Grzimek/Schwarzfisch,* DB 2011, 1205, 1208; *Rieble,* BB 2006; 2018, 2022; *Wollburg/Banerjea,* ZIP 2005, 277, 282.

214 *Hohenstatt/Müller-Bonanni* in Habersack/Drinhausen, SE-Recht § 18 SEBG Rn. 10; *Jacobs* in MünhchKomm AktG, § 18 SEBG Rn. 11.

215 *Evers* in Manz/Mayer/Schröder, Europäische Aktiengesellschaft, § 18 SEBG Rn. 9; *Freis* in Nagel/Freis/Kleinsorge, Die Beteiligung der Arbeitnehmer in der SE, § 18 SEBG Rn. 11; *Müller-Bonanni/Melot de Beauregard,* GmbHR 2005, 195, 197; *Köstler* in Theisen/Wenz, Europäische Aktiengesellschaft, S. 331, 370; *Oetker* in Lutter/Hommelhoff, SE-Komm, § 18 SEBG Rn. 20; Scheibe, Mitbestimmung der Arbeitnehmer, S. 153 ff.; *Nagel,* ZIP 2011, 2047, 2048; wohl auch *Feuerborn* in KölnKomm AktG, § 18 SEBG Rn. 25 ff.

Oetker zieht im Rahmen einer systematischen Auslegung vor allem § 37 Abs. 1 Satz 2 EBRG heran[216]. Die Norm aus dem Europäischen Betriebsräte-Gesetz regelt die Einleitung des Verhandlungsverfahrens über eine Vereinbarung über die grenzüberschreitende Unterrichtung und Anhörung der Arbeitnehmer. Anknüpfungspunkt sind *„wesentliche Strukturänderungen“* im Unternehmen. § 37 Abs. 1 Satz 2 EBRG zählt ausdrücklich Sachverhalte auf, die wesentliche Strukturänderungen darstellen. *Oetker* ist der Meinung, dass das Regelungsbegehren von § 37 Abs. 2 Satz 2 EBRG und § 18 Abs. 3 SEBG vergleichbar sei und es sogar Intention des Gesetzgebers gewesen sei, die Diskussionen um den Rechtsbegriff einzudämmen[217]. Unter Heranziehung von § 37 Abs. 2 Satz 2 EBRG seien schon Änderungen in den tatsächlichen Strukturen, beispielsweise die Verlegung oder Stilllegung von Unternehmen bzw. von Betrieben, als strukturelle Änderungen zu qualifizieren[218]. Sachverhalte, die geeignet sind, die Beteiligungsrechte zu mindern, seien nur bei einem solchen Verständnis des Tatbestandsmerkmals vollumfänglich erfasst[219]. Die weite Interpretation sei im Kontext der Auslegungsmaxime des § 1 Abs. 3 Satz 1 SEBG geboten[220], wonach das SEBG so auszulegen ist, dass die Ziele der Europäischen Gemeinschaft, die Beteiligung der Arbeitnehmer in der SE sicherzustellen, gefördert werden. Das Korrektiv zu der extensiven Auslegung läge in dem zweiten Tatbestandsmerkmal, der Eignung zur Minderung der Beteiligungsrechte[221].

Freis, der auch zu einem weiten Verständnis des Tatbestandsmerkmals tendiert, nimmt die im österreichischen Recht geregelten Fallbeispiele für strukturelle Änderungen im Sinne des § 18 Abs. 3 SEBG zum Vorbild. Eine Pauschalisierung auf diese Fälle will aber auch er nicht annehmen. Gleichwohl sei eine Strukturänderung seiner Ansicht nach schon bei Veräußerungen von Betrieben, Betriebsteilen oder Tochterunternehmen anzunehmen[222].

Am weitesten geht *Köstler* bei seinen Ausführungen zum Tatbestandsmerkmal der strukturellen Änderung. Mit Blick auf Art. 11 SE-RL und den 18. Erwägungsgrund der SE-Richtlinie nimmt er eine strukturelle Veränderung

216 *Oetker* in Lutter/Hommelhoff, SE-Komm, § 18 SEBG Rn. 35 ff.

217 *Oetker* in Lutter/Hommelhoff, SE-Komm, § 18 SEBG Rn. 35.

218 *Oetker* in Lutter/Hommelhoff, SE-Komm, § 18 SEBG Rn. 20.

219 *Oetker* in Lutter/Hommelhoff, SE-Komm, § 18 SEBG Rn. 20.

220 Danach ist das SEBG so auszulegen, dass die Beteiligungsrechte der Arbeitnehmer gefördert werden, vgl. *Oetker* in Lutter/Hommelhoff, SE-Komm, § 18 SEBG Rn. 17.

221 *Oetker* in Lutter/Hommelhoff, SE-Komm, § 18 SEBG Rn. 17.

222 *Fries* in Nagel/Freis/Kleinsorge, Die Beteiligung der Arbeitnehmer in der SE, § 18 SEBG Rn. 11.

des Unternehmens schon dann an, wenn die Zahl der Beschäftigten in der SE gemeinsam mit den Arbeitnehmern eines erworbenen Unternehmens oder Betriebs so ansteigt, dass die Voraussetzungen der § 1 Abs. 1 Nr. 2 MitbestG bzw. § 1 Abs. 1 DrittelbG erfüllt sind[223].

(bb) Stellungnahme

Die herrschende Meinung, die den Begriff strukturelle Änderungen eng auslegt, vermag zu überzeugen.

Vor dem Hintergrund, dass bei Verwirklichung des Tatbestandes der strukturellen Änderungen unter den in § 43 Satz 2 SEBG genannten Voraussetzungen ein Missbrauch der SE zur Entziehung von Beteiligungsrechten der Arbeitnehmer vermutet wird, und dies den Straftatbestand des § 45 Abs. 1 Nr. 2 SEBG begründet, ist *a priori* eine enge Auslegung mit Blick auf den strafrechtlichen Bestimmtheitsgrundsatz[224] geboten[225].

Die Heranziehung von den in § 37 Abs. 1 Satz 2 EBRG genannten Sachverhalten hilft für die Interpretation des Begriffs strukturelle Änderungen nicht weiter, denn das Regelungsbegehren beim EBRG und SEBG ist nicht identisch[226]. Das EBRG regelt nur die Beteiligung der Arbeitnehmer in den Europäischen Betriebsräten. Das SEBG betrifft hingegen auch die Beteiligung der Arbeitnehmer bei Unternehmensentscheidungen im Aufsichtsorgan bzw. Leitungsorgan der SE. Angesichts der unterschiedlichen Regelungsinhalte ist nicht anzunehmen, dass der Gesetzgeber eine Aussage zu dem Rechtsbegriff im SEBG treffen wollte. Dafür spricht auch die unterschiedliche Terminologie von *„wesentlicher Strukturänderungen"* im EBRG und *„strukturellen Änderungen"* im SEBG.

Der in § 1 Abs. 3 SEBG normierte Auslegungsgrundsatz, wonach das SEBG so auszulegen ist, dass die Beteiligungsrechte der Arbeitnehmer gefördert werden, führt nicht dazu, dass der Begriff der strukturellen Änderung *per se* weit auszulegen ist. Die Erfüllung des Tatbestandes von § 18 Abs. 3 SEBG führt zu Neuverhandlungen, die im Spannungsverhältnis zwischen dem Begehren der Arbeitnehmer für mehr Mitbestimmung und dem Streben der Anteilseigner, die Mitbestimmung auf einem geringen Niveau zu halten. Das Ringen um einen

---

223 *Köstler* in Theisen/Wenz, Europäische Aktiengesellschaft, S. 370 f.; a. A. bei weiter Auslegung des Begriffs der strukturellen Änderungen *Feuerborn* in KölnKomm AktG, § 18 SEBG Rn. 23; *Oetker* in Lutter/Hommelhoff, SE-Komm, § 18 SEBG Rn. 17.

224 Art. 103 Abs. 2 GG, § 1 StGB bzw. Art. 7 EMRK.

225 *Jacobs* in MünchKomm AktG, § 18 SEBG Rn. 12; § 43 SEBG Rn. 5 und § 45 SEBG Rn. 12.

226 *Hohenstatt/Müller-Bonanni* in Habersack/Drinhausen, SE-Recht § 18 SEBG Rn. 8.

Kompromiss in einer etwaigen Beteiligungsvereinbarung kann auch zum Nachteil der Arbeitnehmer ausgehen. Neuverhandlungen fördern daher nicht in jedem Falle die Beteiligungsrechte der Arbeitnehmer.

Schließlich hat das Tatbestandsmerkmal der strukturellen Änderungen gegenüber dem zweiten, der Eignung zur Minderung der Beteiligungsrechte der Arbeitnehmer[227], keine eigenständige Bedeutung, wenn im Sinne einer weiten Auslegung auch Veränderungen in der Belegschaftsstruktur durch Erwerb von Gesellschaften und Betrieben von vorneherein als strukturelle Änderung anzusehen sind[228]. Für eine eigenständige Bedeutung spricht aber der Wortlaut, der eben nicht allgemein von Änderungen spricht, sondern von „strukturellen" Änderungen.

Das Tatbestandsmerkmal bedarf aus den genannten Gründen einer engen Auslegung, sodass grundsätzlich nur korporative Akte, also solche mit Einfluss auf die gesellschaftsrechtliche Struktur, die eine Satzungsänderung erforderliche machen, mit gründungsähnlichem Charakter als strukturelle Änderungen zu qualifizieren sind.

(b) Eignung zur Minderung der Beteiligungsrechte der Arbeitnehmer

Gemäß § 18 Abs. 3 SEBG muss die Strukturänderung der SE geeignet sein, die Beteiligungsrechte der Arbeitnehmer zu mindern. Diese zweite Voraussetzung für Neuverhandlungen umfasst zwei Merkmale, die insgesamt aber eindeutiger zu erfassen sind.

Der Begriff der *Beteiligungsrechte* wird in § 2 Abs. 9 SEBG definiert. Danach werden insbesondere die Rechte erfasst, die den Arbeitnehmern im Bereich der unternehmerischen Mitbestimmung (§ 2 Abs. 12 SEBG) zustehen[229]. Fraglich ist, welche Arbeitnehmer von der Minderung der Beteiligungsrechte betroffen sein müssen[230]. Geschützt sind erwartungsgemäß die Rechte der Arbeitnehmer, die bereits in der SE beschäftigt und vom SE-Betriebsrat vertreten sind[231]. Darüber hinaus sollen die durch die strukturändernde Maßnahme neu hinzutretenden

227 Vgl. dazu folgend (b).

228 *Henssler* in Habersack/Henssler, MitbestR, § 18 Rn. 9.

229 Daneben sind auch Rechte der Arbeitnehmer auf Unterrichtung und Anhörung erfasst. In diesen Bereichen wird es allerdings selten zu einer Änderung kommen. Vgl. *Henssler* in Habersack/Henssler, MitbestR, § 18 SEBG Rn. 10.

230 Vgl. *Feuerborn* in KölnKomm AktG, § 18 SEBG Rn. 28; *Oetker* in Lutter/Hommelhoff, SE-Komm, § 18 SEBG Rn. 32.

231 *Feuerborn* in KölnKomm AktG, § 18 SEBG Rn. 28; *Henssler* in Habersack/Henssler, MitbestR, § 18 SEBG Rn. 10; *Oetker* in Lutter/Hommelhoff, SE-Komm, § 18 SEBG Rn. 32.

Arbeitnehmer berücksichtigt werden[232]. Dies folgt zum einen schon aus der Regelung des § 18 Abs. 3 SEBG selbst, nach dessen Satz 2 an den Verhandlungen die von der strukturellen Änderung betroffenen Arbeitnehmer, die bisher nicht von dem SE-Betriebsrat vertreten werden, teilnehmen. Bekräftigt wird dies außerdem noch durch das Fallbeispiel in der Gesetzesbegründung, wonach die Aufnahme eines mitbestimmten Unternehmens durch eine SE, in der bisher noch keine Mitbestimmung galt, zu einer Minderung der Beteiligungsrechte führen kann[233]. Die Arbeitnehmer, die aufgrund einer strukturellen Änderung aus der SE ausscheiden, sind indes nicht geschützt[234].Die Gesellschaft, der die neu hinzukommenden Arbeitnehmer entstammen, muss der Mitbestimmung unterliegen[235]. Berücksichtigt werden nur die Beteiligungsrechte, die den beschäftigten Arbeitnehmer bislang bei ihrem Arbeitgeber zustanden. Es gibt keinen Schutz für Rechte, die den hinzukommenden Arbeitnehmern aufgrund eines Konzerntatbestandes zukamen[236].

Das zweite Merkmal ist die *Minderung* der Beteiligungsrechte. Eine solche Minderung ist gegeben, wenn den Arbeitnehmern nach der strukturellen Änderung weniger Rechte zustehen als zuvor[237]. Die Möglichkeit des Eintritts einer Minderung der Beteiligungsrechte[238] ist durch einen ex-ante-Vergleich zwischen den bestehenden Beteiligungsrechten der Arbeitnehmer vor und nach der

---

232 *Feuerborn* in KölnKomm AktG, § 18 SEBG Rn. 30; *Henssler* in Habersack/Henssler, MitbestR, § 18 SEBG Rn. 10; *Jacobs* in MünchKomm AktG, § 18 SEBG Rn. 14; *Oetker* in Lutter/Hommelhoff, SE-Kommentar, § 18 SEBG Rn. 32; *Feldhaus/Vanscheidt,* BB 2008, 2246, 2248; *Wollburg/Banerjea,* ZIP 2005, 277, 279.

233 Vgl. BT-Drucks. 15/4305, S. 50.

234 *Feuerborn* in KölnKomm AktG, § 18 SEBG Rn. 30; *Henssler* in Habersack/Henssler, MitbestR, § 18 SEBG Rn. 10; *Jacobs* in MünchKomm AktG, § 18 SEBG Rn. 14; *Feldhaus/Vanscheidt,* BB 2008, 2246, 2248.

235 *Feuerborn* in KölnKomm AktG, § 18 SEBG Rn. 33; *Feldhaus/Vanscheidt,* BB 2008, 2246, 2248.

236 *Henssler* in Habersack/Henssler, MitbestR, § 18 SEBG Rn. 11; *Feuerborn* in KölnKomm AktG, § 18 SEBG Rn. 33; *Jacobs* in MünchKomm AktG, § 18 SEBG Rn. 14; *Feldhaus/Vanscheidt,* BB 2008, 2246, 2248; *Rieble,* BB 2006, 2018, 2022; *Wollburg/Banerjea,* ZIP 2005, 277, 279; a. A. *Oetker* in Lutter/Hommelhoff, SE-Kommentar, § 18 SEBG Rn. 31; *Nagel,* ZIP 2011, 2047, 2048.

237 *Feuerborn* in KölnKomm AktG, § 18 SEBG Rn. 32; *Henssler* in Habersack/Henssler, MitbestR, § 18 SEBG Rn. 12; *Jacobs* in MünchKomm AktG, § 18 SEBG Rn. 14; *Feldhaus/Vanscheidt,* BB 2008, 2246, 2248.

238 Nicht erforderlich ist, dass die Minderung mit Sicherheit vorhergesehen wird, vgl. *Jacobs* in MünchKomm AktG, § 18 SEBG Rn. 14.

geplanten strukturellen Änderung der SE zu ermitteln[239]. Dabei ist ein qualitativer Vergleich des Niveaus der Arbeitnehmerbeteiligung entscheidend, was noch über die Regelung in § 15 Abs. 4 Nr. 1 SEBG zur Beschlussfassung des besonderen Verhandlungsgremiums über eine Minderung der Beteiligungsrechte hinaus geht[240].

In Abgrenzung zum Missbrauchsverbot in § 43 SEBG ist es weder erforderlich, dass die Minderung der Beteiligungsrechte das Ziel der strukturellen Änderung ist, noch kommt es darauf an, dass zwischen der Gründung und der strukturellen Änderung der SE eine zeitliche Nähe besteht[241].

(c) Rechtsfolgen

Liegen strukturelle Änderungen vor, die geeignet sind die Beteiligungsrechte der Arbeitnehmer zu mindern, finden nach § 18 Abs. 3 Satz 1 SEBG auf Veranlassung der Leitung der SE bzw. des SE-Betriebsrats erneut Verhandlungen über die Beteiligungsrechte der Arbeitnehmer statt[242].

Unterbleibt eine solche Veranlassung von Neuverhandlungen sowohl von der Leitung der SE als auch von Arbeitnehmerseite, findet eine Anpassung der Arbeitnehmerrechte nicht statt und das Aufsichtsorgan bleibt nach den bisher angewandten vertraglichen oder gesetzlichen Vorschriften zusammengesetzt[243]. Neuverhandlungen sollen grundsätzlich nur auf Veranlassung der genannten Parteien stattfinden[244].

Kommt es zu Neuverhandlungen, kann es zum Abschluss einer neuen Vereinbarung nach § 21 SEBG kommen, die Änderungen in der Zusammensetzung

---

239 Aus dem Vorher-Nachher-Prinzip folgernd *Feuerborn* in KölnKomm AktG, § 18 SEBG Rn. 32.

240 *Henssler* in Habersack/Henssler, MitbestR, § 18 SEBG Rn. 12; a. A. *Steinberg*, Mitbestimmung in der Europäischen Aktiengesellschaft, S. 225.

241 *Feuerborn* in KölnKomm AktG, § 18 SEBG Rn. 34; *Jacobs* in MünchKomm AktG, § 18 SEBG Rn. 12.

242 Diese gilt unabhängig davon, ob eine Beteiligungsvereinbarung besteht, sich die Mitbestimmung nach der gesetzlichen Auffanglösung richtet oder ein Beschluss nach § 16 Abs. 1 SEBG gefasst wurde.

243 *Feuerborn* in KölnKomm AktG, § 18 SEBG Rn. 42; *Henssler* in Habersack/Henssler, MitbestR, § 18 SEBG Rn. 24; *Jacobs* in MünchKomm AktG, § 18 SEBG Rn. 21; *Oetker* in Lutter/Hommelhoff, SE-Kommentar, § 18 SEBG Rn. 38.

244 Vgl. *Feuerborn* in KölnKomm AktG, § 18 SEBG Rn. 42; *Freis* in Nagel/Freis/Kleinsorge, Die Beteiligung der Arbeitnehmer in der SE, § 18 Rn. 17; *Henssler* in Habersack/Henssler, MitbestR, § 18 SEBG Rn. 24; *Jakobs* in MünchKomm AktG, § 18 SEBG Rn. 21; *Oetker* in Lutter/Hommelhoff, SE-Komm, § 18 Rn. 44.

des Aufsichtsorgans der bereits bestehenden SE vorsieht. Scheitern die Verhandlungen, kommt zwingend als Auffanglösung die Mitbestimmung kraft Gesetzes zur Anwendung (§ 18 Abs. 3 Satz 3 SEBG)[245]. Galt bisher eine Vereinbarung nach § 21 SEBG und wird im Rahmen der Neuverhandlungen nach § 18 Abs. 3 SEBG keine Einigung erzielt oder weigert sich eine Partei überhaupt zu verhandeln[246], ist in der Regel das Aufsichtsorgan aufgrund der §§ 34 ff. SEBG anders als bisher zusammenzusetzen. Denkbar ist es auch, dass die Verhandlungsparteien einen Beschluss nach § 16 Abs. 1 SEBG über die Nichtaufnahme oder den Abbruch von Verhandlungen fassen[247]. Ist ein solcher Beschluss gefasst, finden die Regeln der Mitbestimmung kraft Gesetzes keine Anwendung. Wurde der Beschluss nach § 16 Abs. 1 Satz 2 SEBG erstmals gefasst, ist ein zuvor mitbestimmtes Aufsichtsorgan in Zukunft mitbestimmungsfrei zusammenzusetzen. Ist die SE im Wege der Umwandlung gegründet worden, kann ein Beschluss nach Absatz 1 nicht gefasst werden, wenn den Arbeitnehmern der umzuwandelnden Gesellschaft Mitbestimmungsrechte zustehen, vgl. § 16 Abs. 3 SEBG.

(3) Missbrauch nach § 43 SEBG

In Folge eines Missbrauchs der SE, um die Mitbestimmungsrechte der Arbeitnehmer zu mindern, kann ebenfalls der Bestand der Zusammensetzung des Aufsichtsrats betroffen sein.

(a) Missbrauchstatbestand

Gemäß § 43 SEBG darf die SE nicht dazu missbraucht werden, den Arbeitnehmern Beteiligungsrechte zu entziehen oder vorzuenthalten. Nach der Systematik des SEBG gibt es einen Zusammenhang zwischen strukturellen Änderungen und dem Missbrauch der SE. Innerhalb des ersten Jahres nach SE-Gründung wird ein Missbrauch im Sinne des § 43 Satz 1 SEBG vermutet, wenn ohne Durchführung eines Verfahrens nach § 18 Abs. 3 SEBG strukturelle Änderungen stattfinden, die bewirken, dass den Arbeitnehmern Beteiligungsrechte vorenthalten oder entzogen werden (§ 43 Satz 2 SEBG). Die Norm ist nicht dahingehend zu verstehen, dass innerhalb eines Jahres nach Eintragung der SE die Durchführung von Strukturänderungen verboten sind. Finden strukturelle Änderungen der SE innerhalb des erstens Jahres statt, ohne das neue Mitbestimmungsverhandlungen

245 Anders als in den Fällen des § 18 Abs. 1 SEBG, kritisch *Kallmeyer*, ZIP 2004, 1442, 1444.

246 *Jacobs* in MünchKomm AktG, § 18 SEBG Rn. 24.

247 Vgl. *Feuerborn* in KölnKomm AktG, § 18 SEBG Rn. 46; *Hohenstatt/Müller-Bonanni* in Habersack/Drinhausen, SE-Recht § 18 SEBG Rn. 19; *Jacobs* in MünchKomm AktG, § 18 SEBG Rn. 24; *Oetker* in Lutter/Hommelhoff, SE-Komm, § 18 SEBG Rn. 44.

veranlasst werden, muss der Leitung der SE die Widerlegung der Vermutung gelingen[248].

Neben dieser Vermutungsregel fehlt jede weitere Präzisierung des Missbrauchstatbestandes durch den Gesetzgeber. Nach der Systematik des SEBG, hier insbesondere § 42 Abs. 2 SEBG im Vergleich zu § 18 Abs. 3 SEBG, muss für einen Fall des Missbrauchs „mehr" vorliegen als der Entzug bzw. das Vorenthalten von Arbeitnehmerrechten durch Strukturänderungen. Dementsprechend kann ein Missbrauch der SE erst vorliegen, wenn der Entzug oder das Vorenthalten von Beteiligungsrechten nicht bloß reflexartig ist, sondern durch eine SE gezielt und ohne Rechtfertigung herbeigeführt wird[249]. Ein Missbrauch im Sinne des § 43 SEBG liegt jedenfalls dann nicht vor, wenn durch die Rechtsform der SE nur eine Erweiterung der Arbeitnehmerrechte vereitelt wird, die nach deutschem Mitbestimmungsrecht gewährleistet würden[250]. Denn das nationale Mitbestimmungsrecht findet auf die SE gar keine Anwendung, vgl. § 47 Abs. 1 Nr. 1 SEBG. Das Vorliegen des Missbrauchstatbestandes ist nach den Umständen des Einzelfalls zu bemessen[251]. In der Literatur werden deshalb zumeist wieder konkrete *Fallkonstellationen* vor dem Hintergrund des Missbrauchsverbots diskutiert[252]. Konsens besteht dahingehend, dass im Hinblick auf

248 Vgl. *Feuerborn* in KölnKomm AktG, § 43 SEBG Rn. 7; *Jacobs* in MünchKomm AktG, § 43 SEBG Rn. 5; *Nagel* in Nagel/Freis/Kleinsorge, Die Beteiligung der Arbeitnehmer in der SE, § 43 Rn. 3; *Oetker* in Lutter/Hommelhoff, SE-Komm, § 43 SEBG Rn. 10; *Grobys,* NZA 2004, 779, 781.

249 *Altenhain* in KölnKomm AktG, § 45 SEBG Rn. 13; *Feuerborn* in KölnKomm AktG, § 43 SEBG Rn. 4, *Kienast* in Jannott/Frodermann, HdB der Europäischen AG, 13 Rn. 527; *Oetker* in Lutter/Hommlehoff, SE Kommentar, § 43 SEBG Rn. 6.; *Drinhausen/Keinath,* BB 2011, 2699, 2700.

250 Vgl. *Drinhausen/Keinat,* BB 2011, 2699, 2701 ff.

251 Vgl. *Henssler* in Ulmer/Habesack/Henssler, MitbestR, § 43 SEBG Rn. 7; *Kleimann/Kujath* in Manz/Mayer/Schröder, Europäische Aktiengesellschaft, § 43 SEBG Rn. 2; *Nagel* in Nagel/Freis/Kleinsorge, Beteiligung der Arbeitnehmer in der SE, § 43 SEBG Rn. 6.

252 Vgl. *Feuerborn* in KölnKomm AktG, § 43 SEBG Rn. 4; *Henssler* in Habersack/Henssler, MitbestR, Einl. SEBG Rn. 113 b; *Kinast* in Jannott/Frodermann, HdB der Europäischen Aktiengesellschaft, 13 Rn. 527; *Kleinmann/Kujath* in Manz/Mayer/Schröder, Europäische Aktiengesellschaft, § 43 SEBG Rn. 2; *Köklü* in Van Hulle/Maul/Dirnahusen, HdB zur Europäischen Gesellschaft, 6. Abschnitt Rn. 254 f.; *Köstler* in Theisen/Wenz, Die Europäische AG, S. 370 f.; *Nagel* in Nagel/Freis/Kleinsorge, Die Beteiligung der Arbeitnehmer in der SE, § 43 SEBG Rn. 6; *Drinhausen/Keinath,* BB 2011, 2699, 2701 ff.; *Weiss/Wöhlert,* NZG 2006, 121, 123.

die Strafandrohung (§ 45 Abs. 1 Nr. 2 SEBG) § 43 SEBG restriktiv auszulegen ist[253]. Erforderlich ist eine Finalität zwischen strukturellen Änderungen und der Schwächung von Arbeitnehmerrechten.

(b) Folgen für die Zusammensetzung des Organs

Wird die SE dazu missbraucht, Beteiligungsrechte der Arbeitnehmer zu entziehen oder vorzuenthalten, so kommen diejenigen Vorschriften zur Anwendung, die umgangen werden sollten[254]. Besteht eine Vereinbarung nach § 21 SEBG, muss denknotwendig über die Beteiligungsrechte der Arbeitnehmer erneut verhandelt werden[255]. Das Erfordernis von Neuverhandlungen gemäß § 18 Abs. 3 SEBG ergibt sich im Umkehrschluss aus § 43 Satz 2 SEBG. Findet auf die SE die Mitbestimmung kraft Gesetzes Anwendung, sind diejenigen gesetzlichen Vorschriften anzuwenden, die ohne missbräuchliches Verhalten für die SE gegolten hätten. Unbeachtlich ist das einzelstaatliche Mitbestimmungsrecht (§ 47 Abs. 1 Nr. 1 SEBG).

Mithin können auch Missbrauchsfälle dazu führen, dass das Aufsichtsorgan der SE nach anderen vertraglichen oder gesetzlichen Vorschriften als bisher zusammenzusetzen ist.

bb) Vereinbarungsbedingte Modifikationen

Des Weiteren sind Veränderungen bei der Mitbestimmung der SE, die zu einer anderen Besetzung des Aufsichtsorgans führen, im Zusammenhang mit einer geschlossenen Beteiligungsvereinbarung denkbar. Die Vereinbarung selbst kann Regelungen enthalten, die zu einer anderen Zusammensetzung des Organs mit Arbeitnehmer- und Arbeitgebervertretern führen. Außerdem kann sich aus der Beendigung einer Beteiligungsvereinbarung Mitbestimmungsänderungen ergeben.

---

253 Feuerborn in KölnKomm AktG, § 43 SEBG Rn. 3; *Henssler* in Habersack/Henssler, MitbestR, § 43 SEBG Rn. 1; Jacobs in MünchKomm AktG, § 43 SEBG Rn. 1; Kienast in Jannott/Frodermann, HdB der Europäischen AG, 13 Rn. 527; Kleinmann/Kujath in Manz/Mayer/Schröder, Europäische Aktiengesellschaft, § 43 SEBG Rn. 2; Köstler in Theisen/Wenz, Die Europäische AG, S. 370; Oetker in Lutter/ Hommelhoff, SE Kommentar, § 43 SEBG Rn. 5.

254 *Henssler* in Habersack/Henssler, MitbestR, § 43 SEBG Rn. 14; *Rehberg*, ZGR 2005, 859, 877; Sagan in Individuelle Freiheit und kollektive Interessenwahrnehmung im deutschen und europäischen Arbeitsrecht, S. 171, 198 f.; a. A. *Jacobs* in MünchKomm AktG, § 43 SEBG Rn. 7, der davon ausgeht, dass wenn keine Neuverhandlungen veranlasst werden, eine Anpassung der Beteiligungsrechte nicht stattfindet.

255 *Henssler* in Habersack/Henssler, MitbestR, § 43 SEBG Rn. 14.

(1) Regelungen in der Beteiligungsvereinbarung

Eine Modifikation der Anzahl bzw. des Anteils der Arbeitnehmer im Aufsichtsorgan kann sich aus der geschlossenen Vereinbarung nach § 21 SEBG selbst ergeben.

Gemäß § 21 Abs. 1 Nr. 6 SEBG sind in der Mittbestimmungsvereinbarung die Fälle festzulegen, in denen die Vereinbarung neu ausgehandelt werden soll. Das SEBG schreibt damit zwingend vor, dass Regelungen für ein erneutes Aushandeln der Mitbestimmung in der Beteiligungsvereinbarung getroffen werden müssen[256]. Im Hinblick auf die Sonderregelung für *strukturelle Änderungen* in § 21 Abs. 4 SEBG geht es um Sachverhalte in denen die Vereinbarung neu ausgehandelt werden soll, *ohne dass die Schwelle von strukturellen Änderungen überschritten* worden ist. Möglich sind weit gefasste Klauseln über Änderungsvereinbarungen, die den Parteien Neuverhandlungen unabhängig von strukturellen Änderungen leicht ermöglichen. Für die SE kann es sich z. B. empfehlen in der Vereinbarung eine Neuverhandlungsklausel für eine mögliche Sitzverlegung zu vereinbaren, da sich aufgrund der Sitzverlegung das rechtliche Umfeld ändert und damit die bestehende Beteiligungsvereinbarung beeinflusst werden kann[257]. Die Verhandlungsparteien und das durchzuführende Verfahren ergeben sich in dem Fall allein aus den in der Vereinbarung getroffenen Regelungen[258].

§ 21 Abs. 4 SEBG sieht vor, dass in der Vereinbarung Regelungen zu Neuverhandlungen „*vor strukturellen Änderungen*" aufgenommen werden sollen[259]. Die

---

256 BT-Drucks. 15/4305, S. 51; *Jacobs* in MünchKomm AktG, § 21 SEBG Rn. 25; *Oetker* in Lutter/Hommelhoff, SE-Komm, § 21 SEBG Rn. 39; kritisch in Bezug auf den zwingenden Charakter *Forst,* Die Beteiligungsvereinbarung nach § 21 SEBG, S. 197.

257 Nach überwiegend vertretener Meinung handelt es sich bei einer Sitzverlegung nicht um eine strukturelle Änderung: *Forst,* Die Beteiligungsvereinbarung nach § 21 SEBG, S. 176 ff.; Hunger in *Jannott/Frodermann*, HdB der Europäischen Aktiengesellschaft, 9 Rn. 37; Jacobs in MünchKomm AktG, § 18 SEBG Rn. 17; *Röder/Rolf* in FS Löwisch, S. 249, 250; Wenz in Theisen/Wenz, Europäische Aktiengesellschaft, S. 234; Krause, BB 2005, 1221, 1223; Müller-Bonamü/Melot de Beauregard, GmbHR 2005, 195, 199 f.; *Ringe*, NZG 2006, 931, 934; *Rehberg*, ZGR 2005, 859, 875; a. A. *Oechsler* in MünchKomm AktG, Art. 8 SE-VO Rn. 12 f.; ders., AG 2005, 373, 376 f.; *Teichmann*, AG 2008, 797, 801 f.

258 Vgl. *Forst,* Die Beteiligungsvereinbarung nach § 21 SEBG, S. 173.

259 Nach dem Wortlaut kann die Vorschrift zwar so verstanden werden, dass Sachverhalte festzusetzen sind, die den Grad einer strukturellen Änderung noch nicht erreicht haben. Aus der Systematik ergibt sich jedoch eindeutig, dass die Parteien angehalten werden, Regelungen zu Neuverhandlungen für den Fall struktureller Änderungen festzusetzen haben. Neuverhandlungen vor der Schwelle struktureller Änderungen

Parteien sollen also die Auswirkungen struktureller Änderungen für die Beteiligungsrechte der Arbeitnehmer in der Vereinbarung regeln. Die Vorgabe aus § 21 Abs. 4 AktG stellt dabei aber keinen zwingenden Inhalt der Vereinbarung dar[260]. Der Begriff der „*strukturellen* Änderungen“ kann durch die Parteien konturiert werden[261]. Eine solche Regelung hat für strukturelle Änderungen nur deklaratorischen Charakter[262]. Die Neuverhandlungspflicht aus § 18 Abs. 3 SEBG ist durch die Parteien aber weder abdingbar noch in der Weise modifizierbar, dass sie teilweise ausgeschlossen ist; es handelt sich um zwingendes Recht[263].

Aufgrund Neuverhandlungsklauseln kommt es aber nicht unmittelbar zu einer Anpassung der Mitbestimmung, vielmehr führt es nur zu neuen Verhandlungen darüber. Da die neuen Verhandlungen im Spannungsverhältnis zwischen den Interessen der Arbeitnehmerseite, keine gewonnenen Mitbestimmungsrechte zu verlieren, und denen der Anteilseignerseite, keine weiteren Zugeständnisse zu machen[264], können sich die Verhandlungen über eine Neudefinition der Mitbestimmung im Unternehmen schwierig gestalten.

Die Leitungen der Gründungsgesellschaften und das besondere Verhandlungsgremium können aufgrund ihrer Verhandlungsautonomie aber auch Tatbestände definieren, die unmittelbar zu einem Wechsel des vereinbarten Mitbestimmungsmodells führen, ohne dass zuvor langwierige Verhandlungen zwischen der Leitung der entstandenen SE und dem besonderen Verhandlungsgremium bzw. SE-Betriebsrat zu führen sind. Es ist denkbar, dass *Schwellenwerte* für eine unverzügliche Anpassung des Mitbestimmungsniveaus an die

---

in der SE müssen nämlich schon nach § 21 Abs. 1 Nr. 6 SEBG in der Vereinbarung geregelt werden.

260 *Feuerborn* in KölnKomm AktG, § 21 SEBG Rn. 66; *Freis* in Nagel/Freis/Kleinsorge, Die Beteiligung der Arbeitnehmer in der SE, § 21 Rn. 25; *Jacobs* in MünchKomm AktG, § 21 SEBG Rn. 58; *Kinast* in Jannott/Frodermann, HdB Europäische Aktiengesellschaft, 13 Rn. 440; *Oetker* in Lutter/Hommelhoff/Teichmann, SE-Komm, § 21 Rn. 43.

261 *Hohenstatt/Müller-Bonanni* in Habersack/Drinhausen, SE-Recht, § 21 SEBG Rn 28; *Oetker* in Lutter/Hommelhoff, SE-Komm, § 21 SEBG, Rn 44; *Oetker* in FS Konzen, S. 635, 647 f.; *Seibt*, AG 2005, 413, 427; a. A. *Forst* in Bergmann/Kiem/Müllbert/Verse/Wittig, 10 Jahre SE, S. 50, 83.

262 *Feuerborn* in KölnKomm AktG, § 21 SEBG Rn. 67; *Jacobs* in MünchKomm AktG, § 21 SEBG Rn. 58; *Rieble*, BB 2006, 2018, 2021; a. A. *Oetker* in FS Konzen, S. 635, 647.

263 BT-Drucks. 15/4305, S. 51; *Jacobs* in MünchKomm AktG, § 21 SEBG Rn. 58; *Heinze/Seifert/Teichmann*, BB 2005, 2524, 2530 mit Fn. 20; *Seibt*, AG 2005, 413, 427.

264 *Forst*, Die Beteiligungsvereinbarung nach § 21 SEBG, S. 198.

Beschäftigungszahlen der SE vereinbart werden[265]. Bedenken bestehen von vorneherein aber gegen eine Anpassung, die bei einer Senkung der Zahl der Arbeitnehmer eine Mitbestimmungsminderung im Aufsichtsorgan der SE vorsieht. Im Hinblick auf die Sicherung der gewonnenen Mitbestimmungsrechte der Arbeitnehmer, würde es sich um eine mitbestimmungsmindernde Maßnahme handeln[266]. Eine Regelung, welche die Mitbestimmung mindert, ist bei einer im Wege der Umwandlung entstandenen SE ganz ausgeschlossen (§ 21 Abs. 6, § 15 Abs. 5 SEBG) und in den andern Gründungsvarianten nur aufgrund eines qualifizierten Mehrheitsentscheids zulässig (§ 15 Abs. 3 SEBG). Sind Schwellenwerte, die zu einer Modifikation des Mitbestimmungsmodells führen, in der Vereinbarung nach § 21 SEBG vereinbart, führt beispielsweise schon das Überschreiten bestimmter Arbeitnehmerzahlen zu einer anderen Zusammensetzung des Aufsichtsorgans.

(2) Folgen der Beendigung der Beteiligungsvereinbarung

Zwingend sind in der Beteiligungsvereinbarung Regelungen zur Laufzeit der Vereinbarung zu treffen (§ 21 Abs. 1 Nr. 6 SEBG)[267]. Die Regeln über die Beendigung der Vereinbarung können durch direkte Bestimmung der Laufzeit oder etwaige ordentliche bzw. außerordentliche Kündigungsgründe getroffen werden. Ist keine ausdrückliche Bestimmung zur Beendigung getroffen worden, liegen aber Regelungen zu Neuverhandlungen vor, gilt die Vereinbarung bis zum Inkrafttreten der neu ausgehandelten Vereinbarung[268]. Auch ohne ausdrückliche Regelung kann die Vereinbarung aus wichtigem Grund, entsprechend der Regelungen in § 314 BGB, § 723 BGB sowie § 397 Abs. 1 AktG, außerordentlich gekündigt werden, wenn ein Festhalten an der Vereinbarung nicht zugemutet werden kann[269].

Wie das Aufsichtsorgan nach der Beendigung der Vereinbarung zusammenzusetzen ist, wird durch das SE-Statut nicht geregelt. Diese Fallkonstellation bedarf deshalb dringend einer Regelung in der Vereinbarung. Anderenfalls besteht ein ungeregelter Bereich. Der Rückgriff auf die alte Vereinbarung kommt jedenfalls nicht in Betracht: Diese ist beendet. Der Rückgriff auf die Mitbestimmung

---

265 Vgl. *Müller-Bonanni/Melot de Beauregard,* GmbHR 2005, 195, 198.

266 *Rieble,* BB 2006, 2018, 2021.

267 BT-Drucks. 15/4305, S. 51; *Jacobs* in MünchKomm AktG, § 21 SEBG Rn. 24; *Oetker* in Lutter/Hommelhoff, SE-Komm, § 21 SEBG Rn. 29.

268 *Forst,* Die Beteiligungsvereinbarung nach § 21 SEBG, S. 196; zur Vertragsdauer, wenn keine ausdrückliche Regelung getroffen wurde *Seibt,* AG 2005, 413, 428.

269 *Seibt,* AG 2005, 413, 428.

kraft Gesetzes als Auffanglösung erscheint, jedenfalls bei einer schon langjährig bestehenden SE, zumindest fraglich, da die Bestimmungen an die bestehenden Beteiligungsrechte, die in den Gründungsgesellschaften bestanden, anknüpfen (vgl. §§ 34 ff. SEBG). Die SE kann sich in der Zeit ihres Bestehens in der Weise entwickelt haben, dass ein Anknüpfen an die Beteiligungsrechte, die in den Gründungsgesellschaften bestanden, nicht mehr sachgerecht ist. Es sollten vielmehr Neuverhandlungen über die Beteiligung zwischen der Leitung und den Arbeitnehmern aufgenommen werden. Da das Eingreifen der Mitbestimmung kraft Gesetzes als Auffanglösung aufgrund der genannten Bedenken auch nicht im Interesse der Beteiligten liegen kann, wird die Beendigung der Beteiligungsvereinbarung regelmäßig zu einer Neudefinition des Mitbestimmungsmodells und einer anderen Zusammensetzung des Aufsichtsorgans führen.

c) Anwendbarkeit des Kontinuitätsprinzips und des Statusverfahren nach § 96 Abs. 4 und §§ 97 ff. AktG

Wie vorstehend aufgezeigt, kann es auch bei der bestehenden SE im Hinblick auf die Mitbestimmung zu Veränderungen in der Zusammensetzung des Aufsichtsorgans kommen. Mit in Kraft treten neuer Regelungen kann sich die materielle Grundlage für die Zusammensetzung des Aufsichtsorgans ändern und die tatsächliche Zusammensetzung unrichtig werden. Es drängt sich dabei die Frage auf, wie der Status-Quo durchbrochen werden kann bzw. ob bis zur nächsten Wahlperiode die bisherige Zusammensetzung als die richtige gilt.

Die Folgen eines nach den neuen Regelungen fehlerhaft zusammengesetzten Aufsichtsorgans sind für die SE nicht geklärt[270]. Ein nicht richtig zusammengesetztes Organ gefährdet in hohem Maße die Funktionsfähigkeit der SE und ist ein Zustand, der nicht hingenommen werden kann. Es bedarf einer sicheren Rechtsgrundlage für die Fälle, in denen die vertraglichen Vorschriften, aufgrund einer Veränderung der Umstände, eine andere Zusammensetzung vorschreiben oder aufgrund gesetzlicher Vorschriften – beispielsweise aufgrund struktureller Änderungen (§ 18 Abs. 3 SEBG) – Neuverhandlungen über die Mitbestimmung stattfinden, welche zu einer neuen Rechtsgrundlage führen[271]. Ab der Geltung der neuen Vorschriften wäre das Aufsichtsorgan rechtswidrig zusammengesetzt. Im Hinblick auf eine Gesellschaft, die operativ tätig ist, würde dies die

---

270 Vgl. *Forst,* Die Beteiligungsvereinbarung nach § 21 SEBG, S. 333 ff. und 344 f.; *Scheibe,* Mitbestimmung der Arbeitnehmer in der SE, S. 84 ff.; *Keim,* Der Konzern, 2010, 275, 280 f.

271 Vgl. *Reichert/Brandes* in MünchKomm AktG, Art. 43 SE-VO Rn. 69 u. 70.

Undurchführbarkeit von Unternehmensprozessen zur Folge haben. Es stellt sich die Frage nach der Gültigkeit des Kontinuitätsprinzips und der Anwendung des Statusverfahrens.

aa) Bei vertraglicher Mitbestimmung

Haben die Parteien über die Mitbestimmung in der SE eine vertragliche Vereinbarung getroffen, ist es fraglich, ob das aktienrechtliche Statusverfahren über Art. 9 Abs. 1 lit. c) ii) SE-VO im Geltungsbereich des SEBG angewendet werden kann.

Nach dem Wortlaut des § 96 Abs. 4 AktG ist das Statusverfahren durchzuführen, wenn der Vorstand der Ansicht ist, dass der Aufsichtsrat nicht nach den maßgeblichen *gesetzlichen* Vorschriften zusammengesetzt ist. Eine Ausweitung des Anwendungsbereichs des Statusverfahrens auf *vertragliche* Vorschriften über die Zusammensetzung des Aufsichtsorgans nicht ohne weiteres vorgenommen werden.

Es ist im Wege der Auslegung zu ermitteln, ob die §§ 97 ff. AktG in den Fällen anzuwenden sind, in denen aufgrund vertraglicher Vorschriften eine andere Zusammensetzung des SE-Aufsichtsorgans erforderlich wird. Bei der Frage kommt es vor allem auf Sinn und Zweck des Verfahrens an: Ziel des Statusverfahrens ist es, dem Aufsichtsrat eine sichere Rechtsgrundlage zu geben[272]. Nach dem Regelungsgedanken sollen Streit oder Ungewissheit bezüglich der rechtlichen Grundlage der Zusammensetzung des Aufsichtsorgans die ordnungsgemäße Zusammensetzung und die Gültigkeit seiner Beschlüsse nicht berühren[273]. Ein förmliches Verfahren zur Anpassung an das neue Mitbestimmungsstatut wird aus Gründen der Rechtssicherheit vom Gesetzgeber für die nationalen Mitbestimmungsgesetze für erforderlich gehalten. Es ist umstritten, ob diese Zweckerwägung nur auf die gesetzliche Mitbestimmung abzielt oder auch bei der SE, in der die Mitbestimmung auf privatautonom geschlossenen Vorschriften beruhen kann, durchgreift und sich das Verfahren auch auf die Umsetzung vertraglicher Mitbestimmungsvorschriften anwenden lässt.

(1) Meinungsstand

Kiem ist der Meinung, der Wirkmechanismus des Statusverfahrens ziele auf die rechtssichere Umsetzung *zwingender* mitbestimmungsrechtlicher Regelungen

272 Vgl. Begr. RegE. bei *Kropff*, AktG, S. 126.
273 Vgl. Drucks. 15/3405, S. 37.

ab[274]. Aus diesem Grund seien die §§ 97 ff. AktG nicht auf eine bestehende SE anwendbar, jedenfalls soweit nicht zwingende mitbestimmungsrechtliche Regelungen in Frage stehen[275]. Dieses Ergebnis leitet er aus den Ausführungen von *Habersack* zur Gegenstandslosigkeit des Statusverfahrens bei der Errichtung einer SE im Wege des Formwechsels ab[276].

In der von *Habersack* getroffenen Feststellung der Unanwendbarkeit des Statusverfahrens im Rahmen der SE-Gründung im Wege des Formwechsels sieht *Kiem* den Beweis auch dafür, dass das Überleitungsverfahren nur im Bereich der *zwingenden* Mitbestimmung Anwendung findet. Anderenfalls käme es zu Reibungspunkten zwischen der verhandelten Mitbestimmung und dem Statusverfahren. Zur Umsetzung *freiwillig* getroffener Mitbestimmungsvorschriften in einer Beteiligungsvereinbarung nach § 21 SEBG sei das Statusverfahren insgesamt nicht gangbar[277].

Er vergleicht den Streitfall außerdem mit dem Fall der freiwilligen Satzungsänderung und Modifizierung der Aufsichtsratsgröße der AG, für den die Unanwendbarkeit des Statusverfahrens richterlich bestätigt wurde[278]. Demnach gilt das Statusverfahren nur für die Frage, ob die jeweilige Zusammensetzung den

---

274 *Kiem,* Der Konzern 2010, 275, 281; so auch *Schürnbrand* in Habersack/Drinhausen, SE-Recht, Art. 12 SE-VO Rn. 33.

275 Als Beispiel wird hier der Streit über das Eingreifen und den Umfang der gesetzlichen Auffangregelung in den Fällen des § 18 Abs. 3 SEBG und bei Beendigung der Beteiligungsvereinbarung genannt, *Kiem,* Der Konzern 2010, 275, 282.

276 *Habersack* meint, dass es bei der Anwendung des Statusverfahrens im Rahmen der Gründng im Wege der Umwandlung einer AG in eine SE zu einer „Friktion" komme. Das Statusverfahren sei vor der Einberufung der Hauptversammlung, die über den Formwechsel beschließt, durchzuführen. Zum Zeitpunkt der Einberufung der Hauptversammlung sei das Verhandlungsverfahren über die Mitbestimmung jedoch noch nicht abgeschlossen. Würde man beim Formwechsel in eine SE erst über die Zusammensetzung des Aufsichtsrats der künftigen SE entscheiden und erst dann ein Statusverfahren durchführen, so käme es zu einer Vermengung von Mittel und Zweck des Verfahrens. Ein Statusverfahren *nach* Ermittlung des Mitbestimmungsstatuts der SE und *nach* Bestimmung der Mitglieder des Aufsichtsrats wäre zudem funktionslos. Es würde sogar dem Grundgedanken und der Zielsetzung des förmlichen Verfahrens gemäß §§ 97 ff. AktG zuwiderlaufen. Die Funktionen des Statusverfahren würden bei der formwechselnden Entstehung durch das Eintragungsverbot und das Abweichungsverbot (vgl. Art. 12 Abs. 2 und Abs. 4 SE-VO) gewahrt. Diese Verbote verdrängen das Statusverfahren nach § 97 ff. AktG *vor Eintragung* der SE vgl. *Habersack,* Der Konzern 2008, 67, 72 f.); *Kiem,* Der Konzern 2010, 275, 282.

277 *Kiem,* Der Konzern 2010, 275, 282.

278 OLG Hamburg, Beschl. v. 26.8.1988 – 11 W 53/88, ZIP 1988 1191, 1192; OLG Dresden, Bschl. v. 18.02.1997 – 14 W 1396/96, ZIP 1997, 589, 591; i. Ü. *Habersack* in

Regeln in § 96 Abs. 1 AktG entspricht. Also nur dafür, welches der darin vorgesehenen gesetzlichen Modelle für die Gesellschaft maßgeblich ist. Bei der SE steht den nach § 96 Abs. 1 AktG betroffenen Personengruppen gerade kein Anwendungswahlrecht hinsichtlich der durchgängig zwingenden Bestimmungen nationaler Mitbestimmungsgesetze zu[279]. Ebenso wie bei einer Veränderung der Mitgliederzahl, die allein auf einer *freiwilligen* Änderung der Satzung im Rahmen des gesetzlich Zulässigen beruht, handelt es sich nicht mehr um die Streitfrage, ob die Zusammensetzung des Aufsichtsrates dem Gesetz entspricht oder gesetzeswidrig ist[280]. Durch diesen Vergleich zu den Satzungsbestimmungen sieht *Kiem* sich in seiner Ansicht bestätigt, dass das Statusverfahren auch insoweit auf die SE nicht anwendbar sei, wie über die Mitbestimmung auf privatautonomen Verhandlungen beruht.

Darüber hinaus führe die Bewirkung der *vertraglichen* mitbestimmungsrechtlichen Vorschriften durch Satzungsänderung mit Hilfe des Statusverfahrens (vgl. § 96 Abs. 2 Satz 2 AktG a.F.) zu einem Eingriff in das aktienrechtliche Kompetenzgefüge[281]. Die „allgemeinen Regelungen" zur Umsetzung satzungsmäßiger Bestimmungen würden so außer Kraft gesetzt. Danach hat die Verwaltung nur eine Ermächtigung zu redaktionellen Änderungen der Satzung, wohingegen inhaltliche Ausgestaltungen der Satzung in der Befugnis der Hauptversammlung stünden[282]. Kann die Leitung den satzungsrelevanten Teil der geänderten Beteiligungsvereinbarung mit Hilfe des Statusverfahrens durchsetzen, läge darin ein Eingriff in die Satzungsautonomie der Hauptversammlung[283].

Die überwiegende vertretene Meinung in der Literatur[284] und auch ein Instanzgericht[285] halten das aktienrechtliche Statusverfahren im Gegensatz dazu

---

MünchKomm AktG, § 95 Rn. 17; *Hopt/Roth* in GroßKomm AktG, § 96 Rn. 54; *Hüffer/Koch,* AktG, §97 Rn. 3; *Ulmer/Habersack* in Habersack/Henssler, MitbestR, § 6 MitbestG Rn 15; a.A. BAG, Beschl. v. 3.10.1989 – 1 ABR 12/88, AG 1990, 361, 362; i. Ü. *Wissmann* in MünchHdb ArbR, § 368 Rn. 3; in analoger Anwendung *Oetker,* ZHR 1985, 575, 584 f.

279 *Kiem,* Der Konzern 2010, 275, 282.

280 Vgl. OLG Hamburg, Beschl. v. 26.8.1988 – 11 W 53/88, ZIP 1988, 1191, 1192.

281 *Kiem,* Der Konzern 2010, 275, 282 u 283.

282 *Kiem* in KölnKomm AktG, Art. 12 SE-VO Rn. 81.

283 *Kiem,* Der Konzern 2010, 275, 283.

284 *Feuerborn* in KölnKomm AktG, § 21 SEBG Rn. 83; *Henssler* in Ulmer/Henssler/Habersack, MitbestR, § 21 SEBG Rn. 77 f.; *Forst,* Beteiligungsvereinbarung nach § 21, S. 366; *Hoops,* Mitbestimmungsvereinbarung, S. 199; *Jacobs* in MünchKomm AktG, § 21 SEBG Rn. 59; *Wißmann* in FS Richardi, S. 852 f.; *Seibt,* ZIP 2010, 1057, 1064.

285 LG Nürnberg-Fürth, Beschl. v. 8.2.2010 – 1 HK O 8471/09, ZIP 2010, 372.

auch im Rahmen der verhandelten Mitbestimmung der SE für anwendbar. Die vorhandenen Ausführungen sind meist nicht detailliert und verweisen pauschal auf die Generalverweisung der SE-Verordnung in Art. 9 Abs. 1 lit. c) ii) bzw. das Gleichbehandlungsgebot aus Art. 10 SE-VO[286].

(2) Stellungnahme

Die von *Kiem* aufgestellte These, das Verfahren gemäß §§ 97 ff. AktG ziele ausschließlich auf die Umsetzung *zwingender* Mitbestimmung ab, wird bezweifelt.

Der Verweis auf die Ausführung von *Habersack*[287] zur SE-Gründung im Wege des Formwechsels ist schon deshalb nicht überzeugend, weil es bei der dort erörterten Rechtsfrage um einen anderen Sachverhalt geht. *Habersack* untersucht die Rechtsfrage, ob bei (Formumwandelnder-)*Gründung* einer SE ein Statusverfahren vor Eintragung durchgeführt werden muss. Bei der hier zu analysierenden Frage, ob das Statusverfahren auf nachträgliche Änderung in der Zusammensetzung des SE-Aufsichtsorgans anwendbar ist, geht es aber um eine bereits *bestehende* SE. Dass dies zwei unterschiedlich gelagerte Fälle sind, ergibt sich schon daraus, dass es für den ersten Aufsichtsrat bei der Gründung Sondervorschriften gibt, vgl. § 30 Abs. 2 AktG.

Des Weiteren geht der Vergleich mit dem Fall der *freiwilligen* statutarischen Erweiterung der Aufsichtsratsgröße im Anwendungsbereich des MitbestG, bei dem die §§ 97 ff. AktG unanwendbar sind[288], schon deshalb fehl, weil es vorliegend nicht um die Umsetzung einer Satzungsregelung geht. Es geht vielmehr um die Anpassung der Zusammensetzung des Aufsichtsorgans an die geänderten mitbestimmungsrechtlichen Normen, die bei der SE eben auch vertraglicher Natur sein können. Dabei macht es für die Anwendung des Statusverfahrens keinen erheblichen Unterschied, ob sich die Zusammensetzung des Aufsichtsorgans nach gesetzlichen oder vertraglichen Vorschriften richtet. Anders als Satzungsbestimmungen mit freiwillig getroffenen Mitbestimmungsregelungen, hat die Vereinbarung im Vergleich zum zwingenden Gesetzesrecht keinen

---

286 Vgl. LG Nürnberg-Fürth, Beschl. v. 8.2.2010 – 1 HK O 8471/09, ZIP 2010, 372; *Feuerborn* in KölnKomm AktG, § 21 SEBG Rn. 83; *Forst*, Beteiligungsvereinbarung nach § 21, S. 366; *Hoops*, Mitbestimmungsvereinbarung, S. 199; *Jacobs* in MünchKomm AktG, § 21 SEBG Rn. 59; *Wißmann* in FS Richardi, S. 852 f.; *Seibt*, ZIP 2010, 1057, 1064.

287 *Habersack*, Der Konzern 2008, 67, 72 f.

288 Vgl. nachstehend unter 2. a) aa) und bb).

geringeren Ordnungsgehalt. Beide Rechtsquellen, also gesetzliche und vertragliche Vorschriften, sind für die Hauptversammlung bei der Zusammensetzung des Aufsichtsorgans gleichermaßen verbindlich[289]. Bei der Vereinbarung nach § 21 SEBG handelt es sich um einen Kollektivertrag sui generis mit normativer Wirkung[290]. Wurde eine Vereinbarung über die Mitbestimmung zwischen der Anteilseignerseite und dem besonderen Verhandlungsgremium auf Arbeitnehmerseite geschlossen, kommt dieser die gleiche Wirkung wie der gesetzlichen Auffangregelungen des SEBGs zu. Die Beteiligungsvereinbarung entfaltet unmittelbar organisationsrechtliche Wirkung[291]. Einer Umsetzung des satzungsrelevanten Teils der Vereinbarung bedarf es dafür nicht[292].

Auch europarechtliche Regelungen stehen der Anwendung des Statusverfahrens nicht entgegen. Das Statusverfahren bezweckt die Anpassung der Zusammensetzung des Aufsichtsorgans an die geltenden Mitbestimmungsregeln. In dem Verfahren wird festgestellt, nach welchen Vorschriften der Aufsichtsrat in Zukunft zusammenzusetzen ist. Daraufhin sind Satzung und Aufsichtsratsbesetzung an die neuen Regeln anzupassen. Schon Art. 12 Abs. 4 SE-VO bestimmt, dass die Satzung anzupassen ist, wenn sie der Beteiligungsvereinbarung widerspricht. Insoweit besteht eine „Funktionsähnlichkeit" zu § 97 Abs. 2 Satz 2 und § 98 Abs. 4 Satz 2 AktG[293], wonach Satzungsbestimmungen, die den anzuwendenden Vorschriften wiedersprechen, nach Zeitablauf außer Kraft treten. Diese

---

289 Vgl. BT-Drucks. 15/3405, S. 37.

290 *Evers/Hartmann* in Manz/Mayer/Schröder, Europäische Aktiengesellschaft, § 21 SEBG Rn. 8; *Feuerborn* in KölnKomm AktG, § 21 SEBG Rn. 16; *Forst,* Die Mitbestimmungsvereinbarung nach § 21 SEBG, S. 86 ff.; *Freis* in Nagel/Freis/Kleinsorge, Die Beteiligung der Arbeitnehmer in der SE, § 21 SEBG Rn. 4; *Henssler* in Habersack/Henssler, MitbestR, § 21 SEBG Rn. 12; *Jacobs* in MünchKomm AktG, § 21 SEBG Rn. 9; *Oetker* in FS Konzen, S. 643; *Scheibe,* Mitbestimmung der Arbeitnehmer in der SE, S. 98; *Steinberg,* Mitbestimmung in der Europäischen Aktiengesellschaft, S. 192; *Schwarz,* SE-VO, Einl. SE-VO Rn. 285; *Wißmann* in MünchHdB ArbR, § 287 Rn. 7; *Herfs-Röttgen,* NZA 2002, 358, 364; *Kraushaar,* BB 2003, 1614, 1619; a. A. *Jacobs* in MünchKomm AktG, 2. Auflage, § 21 SEBG Rn. 7; *Seibt* in Lutter/Hommelhoff, SE-Komm, 1. Auflage, Art. 12 SE-VO Rn. 29.

291 *Henssler* in Habersack/Henssler, MitbestR, § 21 SEBG Rn. 13.

292 *Henssler* in Habersack/Henssler, MitbestR, § 21 SEBG Rn. 13; *Hommelhoff* in Lutter/Hommelhoff, Die Europäische Gesellschaft, S. 5, 16; *Jacobs* in MünchKomm AktG, § 21 SEBG Rn. 9; *Schwarz,* SE-VO, Art. 12 Rn. 36; a. A. *Seibt* in Lutter/Hommelhoff, SE-Komm, 1. Auflage, Art. 12 SE-VO Rn. 29; *Kiem* in KölnKomm AktG, Art. 12 SE-VO Rn. 61, *Ders.,* Der Konzern 2010, 275, 282 f.; ders..

293 *Seibt* in Lutter/Hommelhoff, SE-Komm, 1. Auflage, Art. 12 SE-VO Rn. 29.

europarechtliche Regelung macht das Statusverfahren allerdings nicht obsolet. Das Verfahren nach den §§ 97 ff. AktG durchbricht die Kontinuität der Aufsichtszusammensetzung und passt die tatsächliche Zusammensetzung an die nunmehr geltenden Vorschriften an. Es dient somit einem eigenständigen Regelungsgedanken. Die entgegenstehenden Satzungsbestimmungen verlieren ihre Gültigkeit.

Bei der von *Kiem* aufgestellten These fehlt es außerdem an einer Lösung für den Konflikt zwischen vertraglicher Mitbestimmungsanordnung und der tatsächlichen Zusammensetzung des Aufsichtsorgans. Zur Umsetzung des satzungsrelevanten Teils der Beteiligungsvereinbarung verweist *Kiem* auf das vom Aktienrecht „vorgegebene Zuständigkeitsgefüge“[294]. Gemeint sein werden damit die Regelungen Art. 52 lit. a) i.V.m. Art. 59 SE-VO. Der Vorstand sei, wegen der Alleinzuständigkeit der Hauptversammlung, darangehalten, die entsprechende Satzungsänderung der Hauptversammlung zur Zustimmung vorzuschlagen. Stimmt diese den Vorschlägen zu, sind die Regelungen der Beteiligungsvereinbarung wirksam umgesetzt[295]. Unklar bleibt hier aber, wie die konkrete Zusammensetzung des Aufsichtsorgan die vorgenommene Satzungsänderung übergeleitet wird. Nimmt man an, dass der Aufsichtsrat ad hoc an die geänderten Satzungsbestimmungen angepasst wird, bestehen schon praktische Probleme bei der Umsetzung, da die Wahl der neuen Mitglieder eine gewisse Zeit in Anspruch nimmt. Das Kontinuitätsprinzip, welches der Funktionsfähigkeit des Unternehmens dient, würde konterkariert. Würde man hingegen bis zur nächsten turnusmäßigen Neuwahl des Aufsichtsorgans warten, so würde die Befugnis zur Änderung der Aufsichtsratszusammensetzung nicht nur unerheblich verkürzt.

Bedenken werden ferner dahingehend geäußert, dass die Leitung der SE, die die Beteiligungsvereinbarung selbst mit dem besonderen Verhandlungsgremium bzw. dem SE-Betriebsrat aushandelt, mit dem Statusverfahren Einfluss auf die Zusammensetzung seines Überwachungsorgans bekäme[296]. Die Satzungsautonomie der Hauptversammlung würde jedenfalls dadurch unterlaufen, dass nach der Frist in § 97 Abs. 2 Satz 2 AktG die entgegenstehenden Satzungsbestimmungen außer Kraft treten[297]. Das Problem liegt allerdings nicht in der

294 *Kiem,* Der Konzern 2010, 275, 283.
295 *Kiem,* Der Konzern 2010, 275, 283.
296 *Kiem,* Der Konzern 2010, 275, 283.
297 Vgl. *Seibt,* ZIP 2010, 1057, 1064; hinsichtlich der Bindungswirkung eines Beschlusses im gerichtlichen Statusverfahren *Kiem,* Der Konzern 2010, 275, 283.

Anwendung des Statusverfahrens auf die verhandelte Mitbestimmung. Es ist vielmehr der Mitbestimmungslösung nach dem SE-Recht, die einen Vorrang der Vereinbarung gegenüber der Satzung vorsieht, immanent. Art. 12 Abs. 4 SE-VO ordnet an, dass die Satzung an die Vereinbarung über die Beteiligung der Arbeitnehmer anzupassen ist[298]. Diese Problematik relativiert sich auch mit Blick auf Art. 12 Abs. 4 Satz 3 SE-VO, wonach der Hauptversammlung bei einem Widerspruch zwischen Satzung und Vereinbarung eine eingeschränkte Kompetenz zukommt[299]. Mit Blick auf den *Corporate Governance*-Gedanken, schlägt *Seibt* zur Problemlösung eine gesetzliche Neuregelung der Zusammensetzung des Verhandlungsgremiums auf Anteilseignerseite vor[300].

Neben den teleologischen Erwägungen spricht auch die Systematik für die Geltung des Kontinuitätsprinzips mit anschließendem Statusverfahren bei der SE mit separatem Aufsichtsorgan. In den Vorschriften der §§ 24 ff. SEAG ist das Statusverfahren für die SE mit monistischem Leitungssystem ausdrücklich geregelt. Demzufolge ging auch der deutsche Gesetzgeber grundsätzlich von der Anwendbarkeit des Verfahrens auf die SE aus, insbesondere trifft er keine Einschränkung auf die Umsetzung der gesetzlichen Auffangregelungen. Vielmehr wurden die „vertraglichen Vorschriften" ausdrücklich aufgenommen. Bedenken gegen die materielle Zulässigkeit der bestehenden Regelungen im SEAG gibt es nicht. Außerdem wäre eine Unterscheidung zwischen dem monistischen, für welches der nationale Gesetzgeber das Statusverfahren ausdrücklich normiert hat (§§ 24 ff. SEAG), und dem dualistischen System nicht zweckmäßig. Zudem findet sich in § 17 Abs. 3 SEAG eine Regelung zur Antragsberechtigung im Statusverfahren, dessen Formulierung „*auch*" – spricht dafür, dass der Gesetzgeber ebenso davon ausging, dass das Statusverfahren bei der dualistisch strukturierten SE Anwendung findet.

Der Wortlaut der §§ 96 bis 99 AktG steht der Anwendung auf die dualistische SE bei einer Abweichung der Zusammensetzung des Aufsichtsorgans von den maßgeblichen *vertraglichen* Vorschriften nicht entgegen. Zwar ist nach Art. 9 Abs. 1 lit. c) ii) SE-VO das nationale Aktienrecht auf die SE grundsätzlich unverändert anzuwenden, allerdings ist eine richtlinienkonforme Auslegung der anzuwendenden Rechtsvorschrift zulässig und erforderlich[301]. Dabei

---

298 Vgl. C. II. 4. b) bb); i. Ü. *Hommelhoff* in Lutter/Hommelhoff, Die Europäische Gesellschaft, S. 5, 16; *Schäfer* in MünchKomm AktG, Art. 12 SE-VO Rn. 10; a. A. *Kiem* in KölnKomm AktG, Art. 12 SE-VO Rn. 61.

299 Vgl *Schwarz*, SE-VO, Art. 12 Rn. 36.

300 Vgl. *Seibt*, ZIP 2010, 1057, 1064.

301 Vgl. *Brandt*, Die Hauptversammlung der SE, S. 57; *Schwarz*, SE-VO, Einl. Rn. 155, Art. 9 Rn. 39; *Scheifele*, Die Gründung der SE, S. 65;.

entspricht die Auslegung einer verordnungskonformen Auslegung des nationalen Rechts[302]. Im Sinne einer SE-spezifischen Auslegung ist § 96 Abs. 4 AktG wie folgt zu lesen: Nach anderen als den zuletzt angewandten *vertraglichen oder* gesetzlichen Vorschriften, kann der Aufsichtsrat nur zusammengesetzt werden, wenn nach § 97 oder nach § 98 AktG die in der Bekanntmachung des Vorstands oder in der gerichtlichen Entscheidung angegebenen *vertraglichen oder* gesetzlichen Vorschriften anzuwenden sind. Gemäß einer gemeinschaftsrechtlichen Auslegung ist nach § 97 Abs. 1 AktG das Statusverfahren durchzuführen, wenn die Leitung der Ansicht ist, dass das Aufsichtsorgan nicht nach den maßgeblichen *vertraglichen oder* gesetzlichen Vorschriften zusammengesetzt ist. Entsprechendes gilt für das gerichtliche Verfahren nach §§ 98, 99 AktG.

bb) Bei der Mitbestimmung nach §§ 34 ff. SEBG

Die Anwendung des Statusverfahren auf die SE, wenn sich das Mitbestimmungsmodell nach den gesetzlichen Vorschriften (§§ 34 ff. SEBG) richtet, wird in der Literatur soweit ersichtlich nicht bezweifelt. Das Statusverfahren dient zur Durchsetzung der neuen gesetzlichen Regelungen und Durchbrechung der Kontinuität der Aufsichtsorganzusammensetzung, die auch bei der SE geboten ist.

Insbesondere nach gescheiterten Neuverhandlungen aufgrund § 18 Abs. 3 SEBG kann sich das Aufsichtsorgan künftig, anders als zuvor, nach den gesetzlichen Auffangregelungen richten. Dabei können Zweifel über das Eingreifen oder den Umfang der Mitbestimmung bestehen[303]. Die Zusammensetzung kann unklar sein, weil sich die Mitbestimmung kraft Gesetzes nach §§ 34 ff. SEBG an der Mitbestimmung, wie sie in den Gründungsgesellschaften bestand, orientiert und zwischen der Gründung der SE und dem Eingreifen der gesetzlichen Auffangregelung eine erhebliche zeitliche Zäsur liegen kann. Das aktienrechtliche Statusverfahren dient hier der Feststellung, ob die Mitbestimmung kraft Gesetzes nach §§ 34 ff. SEBG überhaupt und in welchem Umfang Anwendung findet[304].

---

302 Vgl. *Brandt,* Die Hauptversammlung der SE, S. 56 ff.; *Streinz* in Streinz, EUV/EGV, Art. 10 EGV Rn. 16; *Schwarz,* SE-VO, Art. 9 Rn. 39; *Zuleg* in von der Groeben/Schwarze, Kommentar zum EU-/EG-Vertrag, Art. 10 EG Rn. 6.

303 I. Ü. auch denkbar, wenn die Parteien die Geltung der §§ 35 ff. SEBG vereinbaren.

304 Vgl. *Feuerborn* in KölnKomm AktG, § 35 Rn. 30; *Henssler* in Habersack/Henssler, MitbestR, Einl. SEBG Rn. 162; *Hohenstatt/Müller-Bonanni* in Habersack/Drinhausen, SE-Recht, § 35 SEBG Rn. 14; *Jacobs* in MünchKomm AktG, § 35 SEBG Rn. 28.

2. Veränderung der Größe des Aufsichtsorgans

Darüberhinausgehend könnte eine Veränderung der Größe des Aufsichtsorgans ein Anwendungsfeld für das aktienrechtliche Statusverfahren darstellen. Die Anwendung der §§ 97 ff. AktG kommt bei einer Modifizierung der Größe des Aufsichtsorgans der SE wieder über die Verweisung in Art. 9 Abs. 1 lit. c) ii) SE-VO in Betracht. Die (absolute) Zahl der Mitglieder des Aufsichtsorgans ist nach der hier vertretenen und begründeten[305] Auffassung kein zulässiger Regelungsgegenstand in der Beteiligungsvereinbarung nach § 21 SEBG. Die Größe des Aufsichtsorgans wird von der Satzung bestimmt[306]. Es ist umstritten, ob das aktienrechtliche Statusverfahren überhaupt bei Modifizierungen der Größe des Aufsichtsrats aufgrund von Satzungsänderungen anwendbar ist.

Problematisch ist bereits, ob das Überleitungsverfahren nach §§ 97 ff. AktG auch bei einer Veränderung der *Größe* durchzuführen ist. Gesetzgeberische Intention bei der Schaffung eines förmlichen Überleitungsverfahrens für unterschiedlich zusammengesetzte Aufsichtsräte war es, einen rechtssicheren Übergang zwischen verschiedenen Mitbestimmungsmodellen zu gewährleisten. Das Statusverfahren kann bei einer Veränderung der Größe nicht durchgeführt werden, wenn sich der Begriff „zusammengesetzt“ in § 97 Abs. 1 Satz 1 AktG und § 98 Abs. 1 Satz 1 AktG ausschließlich auf das Mitbestimmungsregime bezieht[307]. Für ein solches Verständnis spricht die Systematik der §§ 96 ff. AktG. Die Zusammensetzung des Aufsichtsrats regelt § 96 Abs. 1 AktG. Der Begriff „zusammengesetzt“ bezieht sich hier ausschließlich auf das Mitbestimmungsregime[308]. Mit Blick auf § 96 Abs. 1 SE-VO kann daher angenommen werden, dass sich der Terminus „zusammengesetzt“ auch in § 97 und § 98 AktG nur auf das

---

305 Vgl. C. II. 3. b) bb).

306 *Austmann* in MünchHdb AG, § 85 Rn. 37; *Feuerborn* in Kölner Kommentar AktG, § 21 SEBG Rn. 52; *Habersack* in Habersack/Henssler, MitbestR, § 35 SEBG Rn. 6; *Hommelhoff* in Lutter/Hommelhoff, Die Europäische Gesellschaft, S. 5, 16; *Hoops*, Mitbestimmungsvereinbarung, S. 140 f. und 143; *Jacobs* in FS K. Schmidt, S. 795, 803 f.; *Kiem* in Kölner Kommentar AktG, Art. 12 SE-VO Rn. 64; *Paefgen* in Kölner Kommentar AktG, Art. 40 SE-VO Rn. 102; *Reichert/ Brandes* in MünchKomm AktG, Art. 40 SE-VO Rn. 70; *Schäfer* in Rieble/Junker, Vereinbarte Mitbestimmung in der SE, S. 13, 32 f.; *Scheibe*, Mitbestimmung der Arbeitnehmer, S. 123 f.; *Steinberg*, Mitbestimmung in der Europäischen Gesellschaft, S. 212 f.; *Windbichler* in FS Canaris, Bd. II, S. 1423, 1428 ff.; *Feldhaus/Vanscheidt*, BB 2008, 2246, 2247, *Habersack*, AG 2006, 345, 350 ff.; *Kiem*, ZHR 2007, 713, 717; *Rieble*, BB 2006, 2018, 2021.

307 Vgl. *Oetker*, ZHR 1995, 575, 579.

308 *Oetker*, ZHR 1995, 575, 579.

Mitbestimmungsmodell und nicht auf die Größe bezieht[309]. Für ein solches Verständnis der Regelungssystematik spricht zudem, dass nach dem Regierungsentwurf[310] wohl nur ein Wechsel der Mitbestimmungsform geregelt werden sollte[311]. Nach allgemeiner und nicht zu bestreitender Auffassung ist im Fall einer Veränderung der Größe des Aufsichtsrats der AG aber infolge zwingender gesetzlicher Vorschriften des Statusverfahrens anzuwenden[312].

Gesetzliche Bestimmungen, infolge derer die Größe des Aufsichtsorgans zwingend zu verändern wäre, gibt es in der SE-Verordnung und der SE-Richtlinie, sowie dem SEAG und dem SEBG nicht[313]. § 17 Abs. 1 Satz 3 SEAG sieht lediglich mitbestimmungsrechtlich unabhängige Höchstzahlen vor. Eine Modifizierung der Aufsichtsorgangröße kommt grundsätzlich nur aufgrund einer Satzungsänderung in Betracht. Entscheidend ist vorliegend, die im Aktienrecht keimende Frage, ob das Statusverfahrens der §§ 97 bis 99 AktG auch bei Änderung der Größe des Aufsichtsrats durch eine statutarische Regelung zur Zusammensetzung des Aufsichtsrats bzw. -organ angewendet werden kann.

a) *Anwendbarkeit des Statusverfahren bei Modifizierung der Aufsichtsratsgröße aufgrund einer Satzungsänderung*

Diese Frage nach der Anwendbarkeit des Statusverfahren bei einer Modifizierung der Aufsichtsratsgröße aufgrund einer Satzungsänderung wird streitig diskutiert. Ausgangspunkt ist, dass die Vorschriften §§ 97 ff. AktG nach ihrem

---

309 *Göz,* ZIP 1998, 1523, 1525; *Rosendahl,* AG 1985, 325, 326 f.

310 Begr. RegE. bei *Kropff,* S. 126 „[§ 96] Abs. l führt die vier verschiedenen Formen (BetrVG, MitbestG, MitbestErgG, mitbestimmungsfreie Ges.) auf, nach denen der Aufsichtsrat entsprechend dem geltenden Recht zusammengesetzt sein kann […] Die in dieser Gesetzen enthaltenen Voraussetzungen für die Bildung des Aufsichtsrats werden nicht verändert. Nach Abs. 2 darf nur unter bestimmten Voraussetzungen von der einen zur anderen Form übergegangen werden."

311 Vgl. *Göz,* ZIP 1998; 1523, 1525.

312 BAG, Beschl. v. 3.10.1989 – 1 ABR 12/88, AG 1990, 361; *Gach* in MünchKomm AktG, § 7 MitbestG Rn. 9 f.; *Henssler* in Habersack/Henssler, MitbestR, § 7 MitbestG Rn. 23; *Raiser/Veil,* MitbestG, § 7 Rn. 5; *Fuchs/Köstler/Pütz,* HdB zur Aufsichtsratswahl, Rn. 65; *Oetker,* ZHR 1995, 575, 577 ff.; a. A. *Rosendahl,* AG 1985; 325, 326 f.; dem folgend *Göz,* ZIP 1998; 1523, 1525.

313 Daneben wäre eine Veränderung der Größe allenfalls noch bei Neuverhandlungen oder strukturellen Veränderungen denkbar, wenn die in der Satzung festgelegte Größe nicht mit der Regelung der Mitbestimmung in der Verhandlung vereinbar wäre (§ 17 Abs. 2 SEBG).

Regelungsgedanken die abstrakte Rechtsfrage, nach welchen zwingenden Vorschriften der Aufsichtsrat einer AG zusammenzusetzen ist, betreffen. Nach dem Wortlaut von § 97 Abs. 1 Satz 1 AktG ist das Statusverfahren durchzuführen, wenn das Aufsichtsorgan nicht nach den maßgeblichen *gesetzlichen* Vorschriften zusammengesetzt ist. Fraglich ist, ob das Statusverfahren auch anzuwenden ist, wenn die Größe des Aufsichtsrats nur im Rahmen des rechtlich möglichen infolge einer freiwilligen Satzungsänderung modifiziert wird.

aa) *Meinungsstand zur Anwendbarkeit des Statusverfahren bei einer Veränderung der Aufsichtsratsgröße infolge einer Satzungsänderung*

Die Diskutanten sind bei der Streitfrage nach der Anwendbarkeit des Statusverfahrens bei einer Modifizierung der Aufsichtsratsgröße infolge einer freiwilligen Satzungsänderung in drei Fraktionen aufgespalten.

Die mehrheitlich vertretene Ansicht lehnt die Anwendung der §§ 97 ff. AktG ab, wenn im Rahmen des nach § 7 Abs. 1 Satz 1 und Satz 2 MitbestG gesetzlich Zulässigen, die Zahl der Aufsichtsratsmitglieder durch eine Regelung in der Satzung geändert wird[314]. Demnach bestehen zwischen den gesetzlichen Mitbestimmungsregelungen und den statutarischen Vorgaben für die Größe des Aufsichtsrats essentielle Unterschiede, die einer (entsprechenden) Anwendung entgegenstünden[315]. Die Änderung der Größe des Aufsichtsrats durch die Satzung führt nach dieser Ansicht nicht zu einer Abweichung von den, für den Aufsichtsrat maßgeblichen, *gesetzlichen* Vorschriften und damit auch nicht zur Durchführung des Statusverfahrens[316]. Einer Anwendung des Statusverfahrens auf diesen Fall stünde nicht zuletzt die Regelung des § 97 Abs. 2 Satz 2 AktG entgegen[317]. Danach treten die Bestimmungen der Satzung insoweit außer Kraft,

---

314 OLG Hamburg, Beschl. v. 26.8.1988 – 11 W 53/88, ZIP 1988, 1191, 1192; OLG Dresden, Bschl. v. 18.02.1997 – 14 W 1396/96, ZIP 1997, 589, 590 f.; LAG Düsseldorf AG 1989, 66, 67; *Hahersack* in MünchKomm AktG, § 95 Rn. 17; *Hoffmann/Lehmann/Weinmann,* MitbestG, § 7 Rn. 49 ff.; *Hopt/Roth* in Großkomm AktG, § 95 Rn. 90; *Hüffer/Koch*, AktG, § 95 Rn. 5; *Henssler* in Habersack/Henssler, MitbestR, § 7 MitbestG Rn. 28; *Ulmer/Habersack* in Habersack/Henssler, MitbestR, § 6 MitbestG Rn. 15; *Göz,* ZIP 1998, 1523, 1526; *Mertens,* DB 1978, 1065, 1069.

315 OLG Hamburg, Beschl. v. 26.8.1988 – 11 W 53/88, ZIP 1988, 1191, 1192; OLG Dresden, Bschl. v. 18.02.1997 – 14 W 1396/96, ZIP 1997, 589, 590 f.; *Henssler* in *Habersack/Henssler, MitbestR,* §6 MitbestG, Rn 15; *Ulmer/Habersack* in Habersack/Henssler, MitbestR, § 7 MitbestG Rn 28.

316 OLG Hamburg, Beschl. v. 26.8.1988 – 11 W 53/88, ZIP 1988, 1191, 1192;

317 *Hopt/Roth* in Großkomm AktG, § 97 Rn. 11; Göz, ZIP 1998, 1523, 1526.

wie sie den *gesetzlichen* Vorschriften widersprechen. Zudem wären Regelungsgedanke und -zweck nicht betroffen, denn Unklarheiten über das Inkrafttreten der Satzungsänderung bestünden nicht. Die Regelung der Satzung ergäbe sich zweifelsfrei aus dem Wortlaut wie er sich aus der Handelsregistereintragung ergibt (§ 181 Abs. 3 AktG)[318]. Der Verfahrenszweck der Rechtssicherheit würde schon hierdurch erreicht[319]. Für den Fall, dass Streit über die Wirksamkeit der Satzungsänderung besteht, sei nicht das Verfahren nach §§ 97, 98 AktG das richtige, sondern jenes nach §§ 241 ff. AktG[320]. Nach dieser Auffassung bestünde bei Anwendung des Statusverfahrens zudem die Gefahr, dass die Anteilseigner über eine Satzungsänderung und den Umweg über das Überleitungsverfahren in die personelle Zusammensetzung des Aufsichtsrats während der laufenden Wahlperiode eingreifen könnten[321]. Außerdem habe das Satzungsrecht im Vergleich zum zwingenden Gesetzesrecht einen geringeren Ordnungsgehalt. Daher trete das Satzungsrecht gegenüber dem Ämterkontinuitätsgrundsatz zurück, mit der Folge, dass jedenfalls bei einer statutarischen Verkleinerung der Aufsichtsratsgröße dieser erst am Ende der Wahlperiode entsprechend zusammenzusetzen ist. Die Satzungsänderung berechtige nicht dazu, die gültige Aufsichtsratszusammensetzung mit der Durchführung eines Statusverfahrens außer Kraft zu setzen[322]. Das OLG Hamburg hat diese Auffassung in seinem Beschluss vom 26.8.1988 bestätigt[323].

Die Vertreter der Gegenmeinung treten dem entgegen und postulieren, dass bei einer statutarischen Modifizierung der Aufsichtsratsgröße die Durchführung eines Statusverfahrens genauso erforderlich sei[324]. Namentlich *Wißmann* vertritt die Meinung, dass die Vorschriften über das Statusverfahren im fraglichen Fall

---

318 *Henssler* in *Habersack/Henssler, MitbestR*, § 6 MitbestG Rn 15; *Hüffner*, AktG, § 97 Rn. 3.

319 *Henssler* in *Habersack/Henssler, MitbestR*, § 6 MitbestG Rn 15; *Hopt/Roth* in GroßKomm AktG, § 97 Rn. 11;

320 *Henssler* in *Habersack/Henssler, MitbestR*, § 6 MitbestG Rn 15; für die SE *Habersack*, Der Konzern 2008, 67, 70.

321 *Ulmer/Habersack* in Habersack/Henssler, MitbestR, § 7 MitbestG Rn 28; *Mertens*, DB 1978, 1065, 1069.

322 *Martens*, DB 1978, 1065, 1069; für die SE auch so *Kiem*, Der Konzern 2010, 275, 282.

323 Beschluss v. 26.8.1988 – 11 W 53/88, ZIP 1988, 1191.

324 BAG, Beschl. v. 3.10.1989 – 1 ABR 12/88, AG 1990, 361; *Wißmann* in MünchHdB ArbR, § 280 Rn. 2; *Geßler* in Geßler/Hefermehl /Eckardt/Kropff, AktG, § 95 Rn. 29, § 96 Rn. 52; für die analoge Anwendung *Oetker*, ZHR 1985, 575, 584 ff.; *ders.* ZGR 2000, 19, 21 f.

direkt anzuwenden seien[325]. Dies folge bereits aus dem Wortlaut des § 97 AktG, weil die Satzung für die Größe des Aufsichtsrats nach § 7 Abs. 1 Satz 2 MitbestG nur die Anwendung einer anderen Regel des § 7 Abs. 1 Satz 1 MitbestG und somit einer anderen gesetzlichen Regelung bestimmen könne. Widersprechen sich die tatsächliche und die statutarische Zahl der Aufsichtsratsmitglieder, so sei der Aufsichtsrat eben nicht nach den für ihn maßgeblichen gesetzlichen Vorschriften zusammengesetzt[326]. Das Bundesarbeitsgericht ist im Beschluss vom 3.10.1989[327] der Argumentation von *Geßler* gefolgt und hat sich dieser Auffassung angeschlossen. Eine andere Zusammensetzung des Aufsichtsrats als nach den zuletzt angewandten gesetzlichen Vorschriften läge danach auch dann vor, wenn die Zahl der Aufsichtsratsmitglieder aufgrund einer Satzungsänderung erhöht oder verringert wird[328]. Auch die Satzung sei ein Gesetz, wie sich aus Art. 2 EGBGB, § 12 EGZPO sowie § 2 EGKO ergäbe[329].

Auch *Oetker* hält die §§ 97 ff. AktG teleologisch bei einer satzungsmäßigen Veränderung der Aufsichtsratsgröße für einschlägig, weil eine Regelung für satzungsmäßige Modifizierungen fehle und dies der gesetzgeberischen Intention zuwider laufe[330]. Wegen des Wortlauts von § 97 Abs. 1 Satz 1 AktG hält er nur eine analoge Anwendung dieser Vorschrift für möglich. Um das bestehende Spannungsverhältnis zwischen dem Grundsatz der Ämterkontinuität und der Satzungsautonomie aufzulösen, sei ein Überleitungsverfahren jedoch notwendig. Er ist der Meinung, durch § 97 Abs. 2 Satz 2 AktG werde nur die Kollision zwischen altem und dem im Wiederspruch stehenden neuen Recht gelöst, sodass die Vorschrift auch auf die Divergenz zwischen altem und neuem Satzungsrecht übertragen werden könne. Durch die Neuwahl des Aufsichtsrats nach dem Statusverfahren behielte die Arbeitnehmerseite die Kontrolle über die von ihr zu stellenden Aufsichtsratsmitglieder. Trotz des unterschiedlichen Ordnungsgehalts sei der Vorstand an beide Rechtsquellen gebunden, sodass er die Satzungsänderung mit Hilfe des Statusverfahrens auszuführen hätte[331].

---

325 *Wißmann* in MünchHdB ArbR, § 280 Rn. 2; *ders.* in Wlotzke /Wißmann/Koberski/Kleinsorge, MitbestR, § 7 Rn. 10 ff.

326 *Wißmann* in MünchHdB ArbR, § 280 Rn. 2.

327 BAG, Beschl. v. 3.10.1989 – 1 ABR 12/88, AG 1990, 361.

328 BAG, Beschl. v. 3.10.1989 – 1 ABR 12/88, AG 1990, 361, 362; zuvor schon *Geßler* in Geßler/Hefermehl/Eckardt/Kropff, AktG, § 96 Rn. 52.

329 BAG, Beschl. v. 3.10.1989 – 1 ABR 12/88, AG 1990, 361, 362.

330 *Oetker*, ZHR 1985, 575, 584 ff; *ders.*, ZGR 2000, 19, 21.

331 Zum ganzen *Oetker*, ZHR 1985, 575, 585 f.

bb) Stellungnahme für die AG

Wird in einer Satzungsbestimmung die Größe des Aufsichtsrats im Rahmen des gesetzlich Zulässigen verändert ist ein Statusverfahren, wie die zuerst genannte Ansicht zu Recht konstatiert, nicht durchführbar. Die tatsächliche Aufsichtsratsgröße widerspricht in dem Fall nicht der zwingend angeordneten Zusammensetzung, was Anstoß für das Statusverfahren ist, vgl. § 97 Abs. 1 Satz 1 AktG. Die Änderung der Formation aufgrund gesetzlicher Vorschriften wegen einer sich wandelnden Belegschaftsgröße, ist mit der freiwilligen Satzungsmodifizierung der Aufsichtsratsgröße nicht in der Weise vergleichbar, dass auch im letzteren Fall ein Statusverfahren durchzuführen ist. Die Argumente der Gegenmeinung lassen keinen anderen Schluss zu. Insbesondere die Argumentation von *Wissmann,* wonach die Satzung nach § 7 Abs. 1 Satz 2 MitbestG nur die Anwendung einer anderen Regelung des § 7 Abs. 1 Satz 1 MitbestG vorsehen kann und deshalb der Aufsichtsrat nach anderen gesetzlichen Vorschriften zusammenzusetzen sein soll, überzeugt nicht. Denn die Satzung bestimmt im Rahmen ihrer Autonomie die Größe des Aufsichtsorgans und die Satzungsbestimmungen sind keine Vorschriften im Sinne von § 97 Abs. 1 Satz 1 AktG. Gemeint sind solche Vorschriften, die ein anderes Mitbestimmungsstatut aus § 96 Abs. 1 AktG betreffen. Zwar ist es richtig, dass auch die Satzung ein Gesetz im Sinne des Zivilrechts ist (vgl. u. a. Art. 2 EGBGB, § 12 EGZPO sowie § 2 EGKO)[332], allerdings wird bei den §§ 97 ff. AktG explizit zwischen gesetzlichen Vorschiften und Vorgaben aus der Satzung unterschieden. Gemäß § 97 Abs. 2 Satz 2 AktG treten die Bestimmungen der *Satzung*, die den nunmehr anzuwendenden *gesetzlichen Vorschriften* widersprechen, im Laufe des Statusverfahrens außer Kraft. Die anhand des klaren Wortlaut vorgenommene Unterscheidung zwischen gesetzlichen Vorschriften auf der einen Seite und Bestimmungen der Satzung auf der anderen Seite streitet dafür, dass Satzungsbestimmungen nicht als „Vorschriften" im Sinne der § 97 Abs. 1 und § 98 Abs. 1 AktG anzusehen sind[333]. Das Verfahren ist bei Abweichung von altem und neuem Satzungsrecht nicht direkt anzuwenden[334].

Ferner kann die analoge Anwendung des Statusverfahrens auf diese Situation auch mit Blick auf Sinn und Zweck der §§ 97 ff. AktG nicht gerechtfertigt werden. Das Verfahren dient der rechtssicheren Überleitung zur neuen Zusammensetzung. Gerade bei der Anwendung des richtigen Mitbestimmungsstatus

---

332 BAG, Beschl. v. 3.10.1989 – 1 ABR 12/88, AG 1990, 361, 362.

333 Zutreffend *Göz,* ZIP 1998, 1523, 1526.

334 Das andere Verständnis dieser Norm von *Oetker* überzeugt nicht, vgl. ZHR 1985, 575, 585.

mit einer bestimmten Aufsichtsratszusammensetzung können, aufgrund der dynamischen Regelung anhand der Belegschaftsgröße, Unklarheiten im Zusammenhang mit den anzuwendenden Regeln bestehen. Wegen des zwingenden Charakters ist ein gesetzmäßiger Zustand, dem die Aufsichtsratskontinuität entgegenstehen würde, bald herzustellen. Der freiwilligen Änderung fehlt diese zwingende Eigenschaft. Die Ungleichbehandlung von Satzungsrecht im Vergleich zu zwingendem Gesetzesrecht findet seine Rechtfertigung darin, dass das Satzungsrecht, welches der Autonomie der Anteilseigner unterliegt, einen geringeren Ordnungsgehalt inne hat[335]. Der dagegen vorgebrachte Einwand, dass der Vorstand in gleicher Weise an beide Rechtsquellen gebunden ist[336], stellt sich als Zirkelschluss heraus. Zwar stellt auch ein Verstoß gegen zwingende Satzungsbestimmungen eine Sorgfaltspflichtverletzung dar (§ 93 Abs. 1 Satz 1 AktG), da der Vorstand gemäß § 83 Abs. 2 AktG verpflichtet ist, die Satzungsänderung – *soweit er hierzu rechtlich in der Lage ist* – umzusetzen. Dies setzt aber voraus, dass der Vorstand die statutarische Modifizierung der Aufsichtsratsgröße mit Hilfe des Statusverfahrens sofort bewirken kann. Dies ist aber aus den genannten Gründen nicht der Fall. Wenn *Wißmann* die Frage des Wirksamwerdens solcher Satzungsänderungen von der Durchführung des Statusverfahrens abspaltet[337], ist dies inkonsequent. Die gesetzgeberisch gewollte Folge ist gerade die sofortige Überleitung zum neuen (Mitbestimmungs-)Modell. Die Durchführung des Statusverfahrens ohne Überleitung ist nicht geboten.

Für die analoge Anwendung des Statusverfahrens auf Satzungsbestimmungen, die die Aufsichtsratsgröße modifizieren, spricht auch nicht zwingend, dass ein Überleitungsverfahren in dieser Situation notwendig ist[338]. Rechtssicherheit wird bei Satzungsänderungen durch § 181 Abs. 3 AktG gewährleistet, ein Statusverfahren ist auch deshalb entbehrlich[339]. Ein bestehendes Spannungsverhältnis zwischen dem Grundsatz der Ämterstabilität und der Satzungsautonomie ist auch ohne Statusverfahrens adäquat zu lösen. Es geht dabei um die Frage des vorzeitigen Amtsverlustes der Aufsichtsratsmitglieder nach § 97 Abs. 2 Satz 3 AktG.

---

335 Dafür spricht auch, dass die Wahl von Aufsichtsratsmitgliedern unter nicht Beachtung von satzungsrechtlichen Höchstzahlen nicht nichtig, sondern nur anfechtbar ist, vgl. zum Ganzen *Mertens,* DB 1978, 1065, 1069; so auch OLG Hamburg, Beschl. v. 26.8.1988 – 11 W 53/88, ZIP 1988, 1191, 1192.

336 Vgl. *Oetker,* ZHR 1985, 575, 585.

337 *Wißmann* in MünchHdB ArbR, § 280 Rn. 2.

338 So aber *Oetker*, ZHR 1985, 575, 585.

339 Vgl. *Henssler* in Habersack/Henssler, MitbestR, § 6 MitbestG Rn. 15.

Das betrifft die Befugnis der Anteilseigner zur satzungsmäßigen Veränderung der Aufsichtsratsgröße.

Gegen die Anwendbarkeit des Statusverfahrens auf Satzungsänderungen spricht schließlich entscheidend, dass die Organisationsstruktur nicht durchbrochen werden darf. Über eine Satzungsänderung und anschließende Durchführung des Statusverfahrens zur sofortigen Anpassung der Zahl der Aufsichtsratsmitglieder, können die Anteilseigner in die personelle Zusammensetzung des Aufsichtsrats eingreifen. Dies soll bei mitbestimmten Unternehmen gerade nicht der Fall sein. Anderenfalls bekäme der Vorstand Einfluss auf sein Aufsichtsorgan. Denkbar ist, dass dieser unliebsame Aufsichtsratsmitglieder über den Mechanismus einer Satzungsänderung mit anschließendem Statusverfahren noch während der laufenden Wahlperiode entpflichtet. Vor dem Hintergrund des Bestandsschutzes ist das Argument *Oetkers*[340], dass bei einer vorzeitigen Amtsbeendigung die Beteiligungsinteressen der Arbeitnehmer durch das Erfordernis einer Neuwahl gewahrt blieben, nicht überzeugend[341].

cc) Konsequenz für die SE

Das aktienrechtliche Statusverfahren findet bei Satzungsänderungen, die eine Änderung der Größe des Aufsichtsrats vorsehen, wie vorstehend nachgewiesen, keine Anwendung. Folgerichtig ist das Statusverfahren bei einer Modifizierung der Größe des Aufsichtsorgans der SE auch nicht durchführbar, weil diese durch eine freiwillige statutarischere Veränderung herbeigeführt wird und das Aufsichtsorgan nicht nach anderen Vorschriften im Sinne der § 97 Abs. 1 und § 98 Abs. 1 AktG zusammenzusetzen ist. Steht das Statusverfahren als Überleitungsverfahren bei einer Vergrößerung oder Verkleinerung des Aufsichtsorgans nicht zur Verfügung, stellt sich die Folgefrage nach der Umsetzung einer freiwilligen satzungsmäßigen Veränderung der Größe des Aufsichtsorgans.

b) Anschlussfrage: Umsetzung einer freiwilligen Satzungsänderung und Modifikation der Organgröße

Schon unter der Geltung des *Aufsichtsratsgesetzes* von 1922[342], das als Ausführungsgesetz zu § 70 BRG erlassen wurde, waren die Rechtsfolgen einer freiwilligen Satzungsänderung, die eine Veränderung der Aufsichtsratsgröße während

340 *Oetker*, ZHR 1985, 575, 585.

341 Vgl. OLG Hamburg, Beschl. v. 26.8.1988 – 11 W 53/88, ZIP 1988, 1191, 1193.

342 Gesetz über die Entsendung von Betriebsratsmitgliedern in den Aufsichtsrat vom 15.2.1922, RGBl. 1922, 209.

der laufenden Amtszeit vorsah, umstritten[343]. Die Diskussion wurde im Allgemeinen von zwei Meinungsbildern beherrscht. Ein Teil der Literatur hielt die Umsetzung der statutarischen Veränderung der Größe erst bei der turnusmäßigen Neuwahl der Mitglieder für zulässig[344]. *Dersch* war der Auffassung, dass bei einer satzungsmäßigen Verkleinerung des Rats das gesamte Organ ad hoc neu zu wählen sei[345]. Bei einer Vergrößerung des Gremiums war, nach seiner Meinung, eine Nachwahl für die freien Sitze im Aufsichtsrat ausreichend[346].

aa) Meinungsstand

Ausgehend von dem Diskurs zum *Aufsichtsratsgesetz,* wird auch im Rahmen des Aktiengesetzes in Verbindung mit den Mitbestimmungsgesetzen zwischen einer Vergrößerung und einer Verkleinerung des Rats unterschieden[347].

Bei einer Vergrößerung des Aufsichtsorgans wird überwiegend für die Ergänzungstheorie gestimmt[348]. Demnach führt die statutarische Veränderung der Zahl der Mitglieder nicht zu einer vorzeitigen Auflösung des Aufsichtsrats mit vorzeitigem Amtsverlust für die Mitglieder. Die freien Aufsichtsratssitze sind durch eine Ergänzungswahl zu besetzen[349]. Zum Teil wird die Auflösungstheorie für die statutarische Vergrößerung des Rats vertreten, bei der eine baldige Neuwahl des gesamten Aufsichtsrats notwendig wird[350]. Der Lösungsansatz, nach dem der Vollzug der Satzungsänderung auf die folgende reguläre Neuwahl der Aufsichtsratsmitglieder zu verschieben ist, wird für die Vergrößerung des Aufsichtsrats aktuell nicht mehr vertreten[351].

---

343 Vgl. *Oetker,* ZHR 1985, 575, 583.

344 *Flatow/Kahn-Freund,* BRG, § 4 AufsichtsratsG Anm. 2; *Feig/Stizler,* BRG, § 4 AufsichtsratsG Anm. 5; *Friedländer,* AufsichtsratsG, S. 52.

345 *Dersch,* AufsichtsratsG, § 4 Anm. 2a I; *Kieschke/Syrup/Krause,* BRG, § 4 AufsichtsratsG Anm. 2.

346 *Dersch,* AufsichtsratsG, § 4 Anm. 2a I; *Kieschke/Syrup/Krause,* BRG, § 4 AufsichtsratsG Anm. 2.

347 Vgl. *Henssler* in Habersack/Henssler, MitbestR, § 7 MitbestG Rn. 26 und 29.

348 *Henssler* in Habersack/Henssler, MitbestR, § 7 MitbestG Rn. 29; *Hoffmann/Lehmann/Weinmann,* MitbestG, § 7 Rn. 50; *Mertens* in KölnKomm AktG, Anh. § 117 B § 7 MitbestG Rn. 6; *Reiser/Veil,* MitbestG, § 7 Rn. 5.

349 *Henssler* in Habersack/Henssler, MitbestR, § 7 MitbestG Rn. 29 a. E.

350 *Wißmann* in Wlotzke/Wißmann/Koberski/Kleinsorge, MitbestG, § 7 Rn. 12 sowie § 15 Rn. 148, 150; wohl auch *Geßler* in Geßler/Hefermehl/Eckardt/Kropff, AktG, § 95 Rn. 38.

351 Zuletzt unter Geltung des AktG *Martens,* DB 1978, 1065, 1069.

Besondere Schwierigkeiten bereitet der Umgang mit der Situation, in der die Satzungsänderung eine Verkleinerung des Rats vorsieht. In der Literatur hat sich ein umfangreiches Meinungsbild abgezeichnet. Dabei werden zum Teil die Lösungsmodelle herangezogen, die zu der gesetzlich zwingend erforderlichen Verringerung der Aufsichtsratsgröße entwickelt wurden[352]. Eine explizite Regelung der Problematik im Aktiengesetz bzw. in den Mitbestimmungsgesetzen fehlt[353]. Nach der am häufigsten vertretenen Meinung ist der Aufsichtsrat erst bei der nächsten regulären Aufsichtsratswahl auf die, den gesetzlichen Vorschriften bzw. den statutarischen Vorgaben entsprechende, Größe zu verkleinern[354]. Nach der Gegenmeinung ist der Aufsichtsrat hingegen sofort zu verkleinern, indem die Mitglieder ausscheiden, die bei der letzten ordentlichen Neuwahl die wenigsten Stimmen erhalten haben[355]. Vermittelnd wird vorgeschlagen, dass die Ämter aller Mitglieder mit Beendigung der nächsten Hauptversammlung, die über ihre Entlastung beschließt[356], erlöschen. Ferner befürwortet ein Teil der Autoren, die bei einer Veränderung der Aufsichtsratsgröße das Statusverfahren für einschlägig halten, eine baldige Neuwahl des Aufsichtsrats[357].

bb) Stellungnahme für die SE

Die vorstehenden Ausführungen zu den Rechtsfolgen einer freiwilligen statutarischen Veränderung der Aufsichtsratsgröße können sinngemäß auf die SE übertragen werden, weil die Zahl des Aufsichtsorgans der SE durch den Satzungsgeber festzulegen ist (Art. 40 Abs. 3 SE-VO)[358]. Eine gesetzlich zwingend vorgeschriebene Veränderung der Aufsichtsratsgröße kommt bei der SE nicht in

---

352 Vgl. auch *Oetker,* ZHR 1985, 575, 583 f. und 579.

353 Vgl *Mertens* in KölnKomm AktG, § 95 Rn. 20; *Oetker,* ZHR 1985, 575, 577.

354 OLG Hamburg, Beschl. v. 26.8.1988 – 11 W 53/88, ZIP 1988, 1191; *Baumbach/Hück,* AktG, § 95 Rn. 5; *Henssler* in Habersack/Henssler, MitbestR, § 7 MitbestG Rn. 28; *Hoffmann/Lehmann/Weinmann,* MitbestG, § 7 Rn. 53; *Hüffer/Koch,* AktG, § 95 Rn. 5; *Koehler,* BB 1953, 476; *Köstler/Müller/Sick,* Arbeitnehmervertreter im Aufsichtsrat, Rn. 187, 188; *Mertens/Cahn* in KölnKomm AktG, § 95 Rn. 26; daneben wohl i. E. auch so *Kötter,* JZ 1953, 199, 201; *Bayer,* JZ 1953, 261, 263.

355 *Nikisch,* Arbeitsrecht Bd. II, S. 612; *Schmitt/Sydel/Koehler,* BB 1953, 474, 475.

356 *Mayer-Landrut* in Großkomm AktG, § 95 Rn. 4; *v. Godin/Wilhelmi,* AktG, § 95 Rn. 4.

357 Explizit für eine freiwillige statutarische Verkleinerung *Oetker,* ZHR 1985, 575, 584 ff.; daneben auch BAG, Beschl. v. 3.10.1989, AG 1990, 361, 362; ohne Differenzierung zur gesetzlich zwingenden Veränderung der Aufsichtsratsgröße *Wißmann/Kleinsorge/Schubert,* MitbestG, § 7 Rn. 10 f.; *Raiser,* MitbestG, § 7 Rn. 5.

358 Streitig, vgl. dazu unter C. II. 2. b).

Betracht. Die Rechtsfolgen unterscheiden sich mithin danach, ob die Satzungsänderung zu einem Mehr oder Weniger an Aufsichtsratssitzen führt.

Bei einer Vergrößerung des Aufsichtsorgans der SE sind in der Frist des § 97 Abs. 2 AktG Ergänzungswahlen für die neuen Aufsichtsratssitze durchzuführen. Eine vollständige Neuwahl ist indessen nicht erforderlich. Im Übrigen bleiben die Mitglieder aufgrund der Ämterkontinuität, welche sich gegenüber der satzungsmäßigen Veränderung der Aufsichtsratsgröße durchsetzt, im Amt.[359]. Zwar könnte man aus der Systematik des Art. 9 Abs. 1 lit. b) und c) SE-VO ableiten, dass die Rechtsvorschriften der nationalen Aktiengesellschaft gegenüber dem gemeinschaftsrechtlichen Satzungsrecht nicht vorrangig sind, jedoch muss sich der Amtskontinuitätsgrundsatz als allgemeines Rechtsprinzip aus Gründen der Rechtssicherheit auch bei der SE gegenüber dem Satzungsrecht durchsetzen. Anderenfalls bekämen die Anteilseigner einen personalpolitischen Einfluss auf den Aufsichtsrat. Dies ist jedenfalls bei mitbestimmten Unternehmen nicht vertretbar und ist auch nicht mit einer guten *Corporate Governance* vereinbar. Im Sinne der Bestandssicherung und der Unabhängigkeit des Aufsichtsorgans führt eine statutarische Modifizierung der numerischen Besetzung des Gremiums nicht zu einem vorzeitigen Amtsverlust der Mitglieder. Dem Interesse der Anteilseigner an einer umgehenden Umsetzung der beschlossenen Vergrößerung des Organs ist also nach der Ergänzungstheorie durch eine Nachwahl Rechnung zu tragen.

Im Falle der satzungsmäßigen Verkleinerung des Aufsichtsorgans der SE während der laufenden Amtszeit sind die Aufsichtsratssitze hingegen nicht sofort zu dezimieren. Da hier die Anwendung des Statusverfahrens bei einer freiwilligen Satzungsänderung und Modifizierung der Aufsichtsratsgröße abgelehnt wurde, kann eine verkleinernde Satzungsbestimmung bei der AG erst bei der nächsten Wahlperiode berücksichtigt werden[360]. Einer Neuwahl der Mitglieder steht der Grundsatz der Amtskontinuität entgegen. Das Statusverfahren, welches die Kontinuität durchbrechen könnte, ist auf die freiwillige Satzungsänderung nicht anwendbar[361]. Die sofortige Verkleinerung im Wege der Abberufung

---

359 So schon zum Aktiengesetz *Mertens*, DB 1978, 1065, 1069.

360 Vgl. *Henssler* in Habersack/Henssler, MitbestR, § 7 MitbestG Rn. 28; *Hüffer/Koch*, AktG, § 95 Rn. 5; OLG Hamburg, Beschl. v. 26.8.1988 – 11 W 53/88, ZIP 1988, 1191, 1192; *Hoffmann/Lehmann/Weinmann*, MitbestG, § 7 Rn. 53; Schmitt/Seydel/*Koehler*, BB 1953, 474, 476; *Mertens/Cahn* in KölnKomm AktG, § 95 Rn. 26; *Baumbach/Hück*, AktG, § 95 Rn. 5; daneben wohl i. E. auch so *Kötter*, JZ 1953, 199, 201; *Bayer*, JZ 1953, 261, 263.

361 Vgl. D. II. 2. a) bb).

von einzelnen Mitgliedern (§ 37 Abs. 1 Satz 4 SEBG) ist schon deshalb nicht sachgerecht, weil es an einem geeigneten Prioritätensystem fehlt, nach dem die Abberufung erfolgen soll. Jedenfalls bei mitbestimmten Unternehmen steht der Hauptversammlung kein Organisationsvorbehalt in dem Sinne zu, dass das Aufsichtsorgan während der laufenden Wahlperiode verkleinert werden kann. Ein schutzwürdiges Interesse des Satzungsorgans, das für eine sofortige Anpassung spricht, besteht mithin nicht. Dem steht aber das gewichtige Interesse an der Unabhängigkeit der Aufsichtsratsmitglieder entgegen. Insbesondere bei mitbestimmten Aufsichtsorganen sollen die Anteilseigner nicht mit Hilfe einer Satzungsänderung in die personelle Zuständigkeit des Aufsichtsorgans eingreifen dürfen. Die Satzungsautonomie für die Verkleinerung der Aufsichtsratsgröße während der laufenden Amtszeit der Mitglieder tritt daher hinter den Ämterkontinuitätsgrundsatz zurück.

3. Fehlerhafte Beteiligungsvereinbarung

Der Anwendungsbereich des Statusverfahrens könnte in Bezug auf die verhandelte Mitbestimmung in der SE noch eine Erweiterung erfahren. Denkbar wäre die Anwendung des Statusverfahrens auch für den Fall einer fehlerhaften Beteiligungsvereinbarung, wenn eine Regelung unwirksam ist, die die Zusammensetzung des Aufsichtsorgans betrifft[362]. Generell wird auf die Grundsätze der fehlerhaften Betriebsvereinbarung abgestellt, wonach nur ausnahmsweise die gesamte Vereinbarung unwirksam ist, wenn die verbleibenden Regelungen keine sinnvolle und in sich geschlossene Regelung mehr sind[363]. Fraglich ist, ob mit Hilfe des Statusverfahren die Beteiligungsvereinbarung überprüft werden kann und ob auch das nach, der fehlerhaften Beteiligungsvereinbarung zusammengesetzte Aufsichtsorgan als richtig zusammengesetzt gilt (Kontinuitätsprinzip).

a) Geltung des Kontinuitätsprinzips

Die Frage, ob das Kontinuitätsprinzip, das nach einer fehlerhaften Beteiligungsvereinbarung zusammengesetzte Aufsichtsorgan legitimiert, ist umstritten. Problematisch ist, dass der Regelungsgegenstand des Kontinuitätsprinzips nach § 96 Abs. 4 AktG grundsätzlich ein anderer ist. Die Kontinuität der gegenwärtigen Zusammensetzung des Aufsichtsrats hat das Ziel, einen Aufsichtsrat als

362 Z. B. wenn das Quorum nach § 15 Abs. 3 SEBG falsch berechnet wird, vgl. *Oetker*, in: FS Konzen, S. 635, 658.

363 *Jacobs* in MünchKomm AktG, § 21 SEBG Rn. 12; *Feuerborn* in KölnKommAktG, § 21 SEBG Rn. 80; *Oetker*, in: FS Konzen, S. 635, 658.

richtig zu akzeptieren, der in einer anderen Weise gebildet worden ist, als das *Gesetz* es verlangt, bzw. dessen Zusammensetzung infolge Änderungen in den tatsächlichen Verhältnissen (z.B. veränderte Arbeitnehmerzahlen), nach den nunmehr geltenden gesetzlichen Vorschriften unrichtig geworden ist. Im Falle der unrichtigen Beteiligungsvereinbarung steht aber die Legitimierung einer unwirksamen vertraglichen (d. h. privatautonomen) Vereinbarung in Rede.

Im Grundsatz unterscheiden sich die Fälle derart, dass der Anwendungsbereich des Kontinuitätsprinzips nach § 96 Abs. 4 AktG jedenfalls nicht direkt angenommen werden kann. Denkbar ist aber eine analoge Anwendung des Kontinuitätsprinzips auf den vorliegenden Fall der Zusammensetzung des Aufsichtsorgans aufgrund einer fehlerhaften Beteiligungsvereinbarung[364]. Eine planwidrige Regelungslücke ist anzunehmen, da eine falsche Zusammensetzung des Aufsichtsorgans aufgrund einer fehlerhaften Beteiligungsvereinbarung zu einer erheblichen Rechtsunsicherheit (insbesondere sind die Beschlüsse des falsch zusammengesetzten Aufsichtsorgans unheilbar nichtig) führt und keine gesetzliche Vorschrift diesen Fall regelt. Die von *Forst* für diesen Fall herangezogene Lehre des fehlerhaften Organs ist mit der BGH Rechtsprechung, die die Anwendung der Lehre vom fehlerhaften Organ auf den Aufsichtsrat ablehnt[365], nur schwer vereinbar. Eine vergleichbare Interessenlage liegt ebenfalls vor, da die für die Aufsichtsorganzusammensetzung maßgebenden Vorschriften, egal ob vertraglicher oder gesetzlicher Natur, gleich zu behandeln sind.

Durch das Kontinuitätsprinzip nach § 96 Abs. 4 AktG analog kann dem Bedürfnis nach Rechtssicherheit in der Situation eines, aufgrund einer fehlerhaften Beteiligungsvereinbarung nach § 21 SEBG falsch zusammengesetzten, Aufsichtsorgans umfassend Rechnung getragen werden, da das Aufsichtsorgan danach im Übergangszeitraum bis zur Behebung des Fehlers und anschließender richtiger Besetzung des Aufsichtsorgans als richtig Zusammengesetzt gilt.

b) Wirksamkeitskontrolle durch das Statusverfahrens

Ferner ist fraglich, ob mit dem Statusverfahren die Wirksamkeit der Beteiligungsvereinbarung nach § 21 SEBG nachgeprüft werden kann[366]. Das förmliche Verfahren nach § 97 Abs. 1 AktG, das sich auf eine Bekanntmachung des

364 I. E. so auch *Brungs,* §§ 97 ff. AktG, S. 34.

365 BGH, Urt. v. 19. 2. 2013 – II ZR 56/12 ZIP 2013, 720 Rn. 20 ff.; BGH, Beschluss vom 14. 5. 2013 – II ZB 1/11 ZIP 2013, 1274 Rn. 25 f.; BGHZ 168, 188 Rn. 14.

366 Vgl. *Forst,* Die Mitbestimmungsvereinbarung nach § 21 SEBG, S. 336, dafür *Seibt,* ZIP 2010, 1057, 1064.

Leitungsorgans beschränkt, hilft nicht weiter. Vielmehr geht es um die gerichtliche Kontrolle der Beteiligungsvereinbarung nach §§ 98, 99 AktG. Die Frage nach der Wirksamkeitskontrolle betrifft nicht die Geltung des Statusverfahrens (die sich aus den vorstehenden, unter 1. c) bb), genannten Gründen ergibt), sondern vielmehr die Reichweite der gerichtlichen Entscheidung im Statusverfahren vor dem Landgericht. Die Reichweite der gerichtlichen Entscheidung wird nachstehend unter G. III. 2. diskutiert.

IV. Zusammenfassung und Schlussfolgerung

Die aktienrechtlichen Vorschriften § 96 Abs. 4 und §§ 97 ff. AktG kommen bei einer bestehenden SE mit dualistischem Leitungssystem über die Generalverweisung des Art. 9 Abs. 1 lit. c) ii) SE-VO zur Anwendung. Nach dem Kontinuitätsprinzip (§ 96 Abs. 4 AktG) gilt das Aufsichtsorgan zunächst als richtig zusammengesetzt, auch wenn sich die materielle Grundlage für die Zusammensetzung geändert hat.

Das aktienrechtliche Statusverfahren ist im Besonderen nach Neu- bzw. Wiederaufnahme von Verhandlungen über die Mitbestimmung durchzuführen, wenn sich das Mitbestimmungsmodell dadurch geändert hat. *Neue Verhandlungen* über die Beteiligung der Arbeitnehmer in der SE sollen nach dem Willen des Gesetzgebers vor allem dann geführt werden, wenn strukturelle Änderungen geplant sind, die geeignet sind, die Beteiligungsrechte der Arbeitnehmer zu mindern (§ 18 Abs. 3 SEBG). In erster Linie wenn ein Beschluss über die Nichtaufnahme oder Abbruch der Verhandlungen nach § 16 Abs. 1 SEBG gefasst wurde, kommt die *Wiederaufnahme von Verhandlungen* mit dem Besonderen Verhandlungsgremium über die Mitbestimmung in Betracht (§§ 18 Abs. 1, 26 Abs. 1 SEBG). Daneben kann es noch zur Wiederaufnahme von Verhandlungen kommen, wenn die Parteien dies gemäß § 21 Abs. 1 Nr. 6 SEBG ausdrücklich vereinbart haben. Nach Durchführung oder Scheitern der neuen bzw. wiederaufgenommenen Verhandlungen, kann es zu einer Änderung bei der Mitbestimmung der SE kommen, was dazu führen kann, dass das Aufsichtsorgan nicht mehr nach den maßgeblichen vertraglichen oder gesetzlichen Vorschriften zusammengesetzt ist[367]. Ebenso ist ein Wechsel des Mitbestimmungsstatuts der SE im Falle der *Beendigung einer geschlossenen Beteiligungsvereinbarung*

367 Für den Verwaltungsrat bei der monistischen SE *Reichert/Brandes* in MünchKomm AktG, Art. 43 SE-VO Rn. 70.

denkbar. Außerdem ändert sich die Mitbestimmung bei einem bewiesenen der SE zur Minderung der Beteiligungsrechte hin zum einschlägigen Modell.

Veränderungen in den tatsächlichen Umständen, wie beispielsweise das Über- bzw. Unterschreiten von Schwellenwerten bezüglich der Arbeitnehmerzahlen, führen indes regelmäßig nicht zu einer Veränderung in der Mitbestimmung der SE, da das Mitbestimmungsmodell der SE, anders als die Mitbestimmungsregeln der nationalen Aktiengesellschaft, nicht auf einen Wechsel des einmal festgelegten Mitbestimmungsstatus ausgelegt ist. Insbesondere wenn sich die Mitbestimmung nach den §§ 36 ff. SEBG kraft Gesetzes als Auffangregelung richtet, wirkt sich eine Veränderung der Arbeitnehmerzahl nicht aus, da die Bestimmungen, im Unterschied zu den Regelungen des MitbestG und des DrittelbG, statisch sind[368]. Eine Änderung des Mitbestimmungsstatus bei Über- oder Unterschreiten von Schwellenwerten ist bei der SE allenfalls dann vorstellbar, wenn dies (ausnahmsweise) in der Vereinbarung über die Beteiligung von Arbeitnehmern nach § 21 SEBG festgelegt wurde.

Das aktienrechtliche Statusverfahren dient der förmlichen Überleitung zum neuen Mitbestimmungsmodell und der Kontrolle der richtigen Zusammensetzung des Aufsichtsorgans. Die SE-Verordnung und das SEAG halten für die dualistische SE keine Regelungen bereit. Die aktienrechtlichen Normen § 96 Abs. 4 und §§ 97 ff. AktG sind im Wege einer verordnungskonformen Auslegung bei ihrer Anwendung auf die SE extensiv auszulegen. Besonderheiten ergeben sich insbesondere daraus, dass auch *vertragliche Vorschriften* die Grundlage für die Mitbestimmung in einem Unternehmen in der Rechtsform einer SE bilden können.

Bei einer statutarischen Veränderung der Größe des SE-Aufsichtsorgans spielt das Statusverfahren hingegen keine Rolle. Die Kompetenz zur Festlegung der absoluten Größe des Organs obliegt dem Satzungsgeber der SE. Gesetzliche Vorschriften, die eine Anpassung der Größe anordnen, kennt das SE-Recht nicht. Mithin handelt es sich um eine Änderung der Formation aufgrund einer *freiwilligen* Satzungsänderung. Das Verfahren der §§ 97 ff. AktG findet auf *freiwillige* Satzungsänderungen keine (analoge) Anwendung. Es fehlt zum einen an der vergleichbaren Interessenlage. Außerdem gelingt eine größenmäßige Anpassung des Gremiums vor dem Hintergrund der Ämterstabilität und Selbstbestimmungsrecht des Satzungsgebers zur Anpassung der Größe auch ohne das

368 Vgl. C. II. 2.; zum monistischen System *Reichert/Brandes* in MünchKomm AktG, Art. 43 SE-VO Rn. 69; *Siems* in KölnKomm AktG, Anh. Art. 51 SE-VO (§§ 24–26 SEAG) Rn. 2.

Statusverfahren. Das bei einer Größenanpassung des Gremiums bestehende Spannungsverhältnis zwischen Satzungsautonomie und Ämterstabilität wird bei einer Vergrößerung des Rats durch eine Nachwahl der Mitglieder schonend aufgelöst. Bei einer Verkleinerung setzt sich die Stabilität der Ämter gegenüber der Möglichkeit des Satzungsgebers, das Aufsichtsorgan ad hoc anzupassen, durch.

Einen Sonderfall stellt die Zusammensetzung des Aufsichtsorgans aufgrund einer fehlerhaften Beteiligungsvereinbarung dar. Auch hier muss das Kontinuitätsprinzip Bestand haben, das heißt dass das Aufsichtsorgan zunächst als richtig zusammengesetzt gilt, obwohl es auf einer fehlerhaften Grundlage beruht. Die Frage, ob im Rahmen des Statusverfahrens vor dem Landgericht nach §§ 98, 99 AktG auch die Wirksamkeit der Beteiligungsvereinbarung nach § 21 SEBG überprüft werden kann, ist im Folgenden unter dem Buchstaben G noch besonders zu untersuchen[369].

369 Vgl. dazu die Ausführungen unter G. III. 2.

E. Das Statusverfahren im Kontext der SE-Gründung

I. Einleitung

Die Gründungsphase der SE bedarf einer besonderen Begutachtung. Sowohl die SE-Verordnung, durch Art. 40 Abs. 2 Satz 2, als auch das nationale Aktiengesetz, hier §§ 30 und 31, sehen Sonderregeln für das erste Aufsichtsorgan vor. Die Gründungstatbestände haben Einfluss auf die Mitbestimmung der Arbeitnehmer und damit auf die Zusammensetzung des Aufsichtsorgans der SE. Die Mitbestimmung muss vor Eintragung der SE ausgehandelt werden. Anstelle des nationalen Mitbestimmungsrechts richtet sich die gesetzliche Mitbestimmung in der SE nach den Vorschriften der §§ 34 bis 38 SEBG, die an die Beteiligung der Arbeitnehmer, wie sie in den an der SE-Gründung beteiligten Gesellschaften bestand hat, anknüpfen. Bei der Rechtsformumwandlung und der Verschmelzung zur Aufnahme besteht Identität zwischen der umwandelnden bzw. aufnehmenden Gesellschaft und der entstehenden SE. Prima facie könnte bei der Zusammensetzung des Aufsichtsorgans der SE im Rahmen der Gründung einer SE das Statusverfahren nach §§ 97 ff AktG einschlägig sein, da für die Zusammensetzung des SE-Aufsichtsorgans andere Vorschriften maßgeblich werden, vgl. § 96 Abs. 4 AktG. Die Anwendung des Statusverfahrens könnte sich im Rahmen der Gründung der SE darüber hinaus auch aus den Sondervorschriften der §§ 30 und 31 AktG i.V.m. Art. 15 Abs. 1 SE-VO ergeben, wonach für die Bekanntmachung des Vorstands die §§ 97 bis 99 AktG sinngemäß gelten. Im Vorfeld ist allgemein auf die limitierten Gründungsalternativen der SE und die Errichtung des ersten Aufsichtsorgans einzugehen.

II. Numerus clausus der Gründungstatbestände

Das Statut der SE sieht einen *Numerus clausus* von Tatbeständen vor, nach denen sich eine SE gründen lässt (Art. 2, 3 i.V.m. Art. 15 bis 37 SE-VO)[370]. Nach den vorstehenden Gründungsvorschriften kann eine SE nur durch bestehende

---

370 Vgl. *Jünemann,* in Binder/Jünemann/Merz/Sinewe, Die Europäische Aktiengesellschaft, § 2 Rn. 1 ff.; daneben *Bayer* in Lutter/Hommelhoff, SE-Komm, Art. 2 SE-VO Rn. 1; *Jannott* in Jannott/Frodermann, HdB der Europäischen Gesellschaft, 3 Rn. 1; *Oechsler* in MünchKomm AktG, Art. 2 SE-VO Rn. 1 ff.; *Schwarz,* SE-VO, Art. 2 Rn. 10; *Teichmann,* ZGR 2002, 383, 412.

Gesellschaften bestimmter Rechtsform gegründet werden. Natürliche Personen können eine SE nicht gründen[371]. Darüber hinaus unterliegt die Gründung der SE dem Prinzip der Mehrstaatlichkeit, demzufolge die Gründungsgesellschaften eine mehrstaatliche Struktur, also eine Verbindung zu mindestens zwei EU-Mitgliedsstaaten aufweisen müssen[372]. Es gibt vier Möglichkeiten einer Primärgründung:

1) Die Verschmelzung ist die erste Gründungsform einer SE (Art. 2 Abs. 1, Art. 17 bis 31 SE-VO) und nur AG'en eröffnet, die nach dem Recht eines Mitgliedsstaates gegründet werden und Sitz sowie Hauptverwaltung in der EU bzw. dem EWR haben. Art. 17 Abs. 2 SE-VO stellt als alternative Formen der Gründung die Verschmelzung durch Aufnahme und die durch Neugründung zur Verfügung.
2) Als zweite Variante kommt die Bildung einer Holding-SE aus AG und GmbHs in Betracht (Art. 2 Abs. 2, Art. 32 bis 34 SE-VO), welche nach dem Recht der Mitgliedsstaaten errichtet wurden. Dabei müssen mindestens zwei Gründungsgesellschaften dem Recht verschiedener Mitgliedsstaaten unterliegen (Art. 2 Abs. 2 lit. a) SE-VO) oder seit mindestens zwei Jahren eine, dem Recht eines anderen Mitgliedsstaates unterliegende, Tochtergesellschaft oder eine Zweigniederlassung in einem anderen Mitgliedstaat haben (Art. 2 Abs. 2 lit. b) SE-VO).
3) Die Gründung einer Tochter-SE kommt als dritte Gründungsmöglichkeit in Frage (Art. 2 Abs. 3, Art. 35 und 36 SE-VO). Eine Tochter-SE können alle Gesellschaften im Sinne des Art. 48 EG sowie juristische Personen des öffentlichen oder privaten Rechts durch Zeichnung ihrer Aktien gründen, wenn sie nach dem Recht eines Mitgliedsstaates gegründet worden sind und ihren Sitz sowie ihre Hauptverwaltung in der Gemeinschaft haben. Darüber hinaus muss – wie bei der Bildung einer Holding-SE – dem Prinzip der Mehrstaatlichkeit entsprochen werden (Vgl. Art. 2 Abs. 3 lit. a) und b) SE-VO).
4) Die vierte Möglichkeit der SE-Gründung ist die formwechselnde Umwandlung (Art. 2 Abs. 4, Art. 37 SE-VO). Die Formumwandlung in eine SE ist nur

371 *Schröder* in Manz/Mayer/Schröder, Europäische Aktiengesellschaft, Art. 2 SE-VO Rn. 21; *Hirte*, NZG 2002, 1, 4; *Junker*, ZfA 2005, 211, 220; *Schulz/Geismar*, DStR 2001, 1078, 1081 f.

372 *Nagel* in Nagel/Freis/Kleinsorge, Die Beteiligung der Arbeitnehmer in der Europäischen Gesellschaft – SE, 2 Rn. 15; *Oechsler* in MünchKomm AktG; Art. 2 SE-VO Rn. 5 f.; *Schröder* in Manz/Mayer/Schröder, Europäische Aktiengesellschft, Art. 2 SE-VO Rn. 37; *Veil* in KölnKomm AktG, Art. 2 SE-VO Rn. 4 f.

den, nach dem Recht eines Mitgliedsstaates errichteten, AG'en möglich[373]. Die umwandelnden Gesellschaften müssen Sitz und Hauptverwaltung in der Gemeinschaft und seit mindestens zwei Jahren eine, dem Recht eines anderen Mitgliedsstaates unterliegende, Tochter unterhalten.

Neben diesen vier Gründungsvarianten tritt die Möglichkeit der Sekundärgründung einer SE durch die Gründung einer oder mehrerer SE-Tochtergesellschaften (Art. 3 Abs. 2 S. 1 SE-VO). Der mehrstaatliche Charakter wird hier dadurch erfüllt, dass die SE-Tochtergesellschaft selbst durch eine SE gegründet wird. Die SE-Muttergesellschaft, die selbst nur unter der Einhaltung des Mehrstaatlichkeitsprinzips gegründet werden konnte, vermittelt die Mehrstaatlichkeit an ihre Tochter[374].

III. Konstituierung des Aufsichtsorgans im Rahmen der SE-Gründung

1. Erfordernis der Neubestellung des Aufsichtsorgans

Die Notwendigkeit einer Neubestellung des Aufsichtsorgans ist zunächst davon abhängig, ob eine neue juristische Person entsteht. Im Hinblick auf die Möglichkeiten einer SE-Gründung kann man hier zwischen den Gründungsvarianten Verschmelzung durch Neugründung, Holdinggründung und Tochter-SE einerseits sowie, Umwandlung und Verschmelzung durch Aufnahme andererseits unterscheiden.

a) *Gründung im Wege einer Verschmelzung durch Neugründung, Holdinggründung und Tochter-SE*

Bei der Verschmelzung durch Neugründung, Holding-SE und Tochter-SE Gründung, entsteht die SE als neue juristische Person. Anders als bei der Verschmelzung durch Aufnahme existiert bei der Neugründung der (übernehmende) Rechtsträger noch nicht, dieser wird erst während der Verschmelzung als SE gegründet[375]. Ebenso entsteht bei der Gründung in Form einer Holding

---

373 Vgl. *Bayer* in Lutter/Hommelhoff, SE-Komm, Art. 2 SE-VO Rn. 24; *Habersack* in Habersack/Drinhausen, SE-Recht, Art. 2 SE-VO Rn. 22; *Paefgen* in KölnKomm AktG, Art. 37 SE-VO Rn. 7, *Schwarz,* SE-VO Art. 2 Rn. 99; *Oechsler* in MünchKomm AktG, Art. 2 SE-VO Rn. 43; *Veil* in KölnKomm AktG, Art. 2 SE-VO Rn. 42; *Hommelhoff,* AG 2001, 279, 280 Fn. 8; *Oetker,* BB-Special 1/2005, 2, 4.

374 *Jannott* in Jannott/Frodermann, HdB der Europäischen Gesellschaft, 3 Rn. 26.

375 *Jannott/Frodermann,* HdB der Europäischen Aktiengesellschaft, 3 Rn. 32.

oder Tochter, die SE als neue juristische Person. Entsteht die SE im Rahmen des Gründungstatbestands als neue juristische Person, ist notwendigerweise das Aufsichtsorgan der SE neu zu bestellen.

Das Gründungsverfahren wird in Deutschland als SE in Gründung vollzogen. Vor Entstehung der eigentlichen juristischen Person in Form der SE durch Eintragung in das Handelsregister (Art. 16 Abs. 1 SE-VO), wird die sogenannte Vor-SE zur Durchführung des Gründungsverfahrens errichtet. Als ein Organ der Vor-SE wird das erste Aufsichtsorgan bestellt. Art. 40 Abs. 2 Satz 2 SE-VO ermöglicht die Bestellung der Mitglieder in der Gründungssatzung bereits vor Eintragung der Gesellschaft. Im Kontext der Organbestellung ist damit die Gründungsurkunde gemeint (Art. 6 SE-VO), das bedeutet konkret der Verschmelzungsplan bzw. Gründungsplan[376]. Damit wird die Handlungsfähigkeit der in Gründung befindlichen Gesellschaft sichergestellt, weil durch das erste Aufsichtsorgan ein Leitungsorgan zu bestellen ist. Ohne ein solches Leitungsorgan wäre die werdende SE handlungsunfähig[377]. Nur dieses ist zur Durchführung der, nach Art. 15 Abs. 1 SE-VO i.V.m. §§ 33 f., 36, 36a AktG erforderlichen, Gründungsmaßnahmen befugt[378].

b) Gründung durch Umwandlung und Verschmelzung durch Aufnahme

aa) Umwandlung einer AG in eine SE

Im Falle der formwechselnden Umwandlung einer AG in eine SE entsteht keine neue juristische Person (Art. 37 Abs. 2 SE-VO). Die SE entsteht durch Rechtsformwechsel einer bereits bestehenden Gesellschaft in der Rechtsform der AG[379]. Wird für die SE das dualistische Leistungssystem gewählt, ist nicht auszuschließen, dass aufgrund der Identitätswahrung bei der formwechselnden Umwandlung, eine Neubestellung des Aufsichtsorgans der SE entbehrlich ist[380]. In dem

---

376 *Diekmann* in Habersack/Drinhausen, SE-Recht, Art. 6 SE-VO Rn. 7; *Jannott/Frodermann,* HdB der Europäischen Aktiengesellschaft, 3 Rn. 87, 213; *Maul* in KölnKomm AktG, Art. 6 SE-VO Rn. 1, 4; *Schröder* in Manz/Mayer/Schröder, Europäischen Aktiengesellschaft, Art. 6 SE-VO Rn. 4; *Schwarz,* SE-VO, Art. 6 Rn. 7; *Seibt* in Lutter/Hommelhoff, SE-Komm, 1. Auflage, Art. 6 Rn 10, 15 ff.

377 *Drygala* in Lutter/Hommelhoff, SE-Komm, Art. 40 Rn. 26; *Manz* in Manz/Mayer/Schröder, Europäischen Aktiengesellschaft, Art. 40 SE-VO Rn. 9.

378 *Paefgen* in KölnKomm AktG, Art. 39 SE-VO Rn. 66.

379 *Reichert/Brandes* in MünchKomm AktG, Art. 40 SE-VO Rn. 44; *Paefgen* in KölnKomm AktG, Art. 40 SE-VO Rn. 68; *Veil* in KölnKomm AktG, § 2 SE-VO Rn. 41.

380 So *Drygalla* in Lutter/Hommelhoff, SE-Komm, Art. 40 Rn. 27; *Jannott/Frodermann,* HdB der Europäischen Aktiengesellschaft, 1. Auflage, 3 Rn. 254; *Paefgen* in KölnKomm AktG, Art. 40 SE-VO Rn. 68; *Reichert/Brand* in MünchKomm AktG, Art. 40

Fall könnten die bisherigen Mitglieder im Amt bleiben. Die SE-Verordnung regelt diesen Punkt nicht. Auf die Gründung findet das für die AG geltende Recht des Staates Anwendung, in dem die SE ihren Sitz hat (vgl. Art. 15 Abs. 1 SE-VO). Für die deutsche SE ist daher das nationale Recht heranzuziehen.

(1) Rechtslage nach deutschem Umwandlungsrecht

Im Zusammenhang mit der Neubestellung des Aufsichtsrats bei der Gründung einer AG im Wege des Formwechsels wird insbesondere eine umwandlungsrechtliche Vorschrift relevant – § 203 UmwG.

(a) Amtskontinuität des Aufsichtsrats gemäß § 203 UmwG

Der Aufsichtsrat ist bei einem Rechtsformwechsel in eine AG nicht zwingend neu zu bestellen. In Fortführung des Grundgedankens der Rechtsträgeridentität (§ 202 Abs. 1 Nr. 1 UmwG), ordnet § 203 UmwG ausnahmsweise die Kontinuität der Ämter im Aufsichtsrat an[381]. Demnach bleiben die Mitglieder des Aufsichtsrats im Aufsichtsrat des Rechtsträgers der neuen Rechtsform im Amt, soweit bei dem neuen Rechtsträger in gleicher Weise wie bei dem formwechselnden Rechtsträger, ein Aufsichtsrat gebildet und zusammengesetzt wird, vgl. § 203 Satz 1 UmwG[382]. Die Ämterkontinuität gilt insbesondere dann, wenn Bildung und Zusammensetzung des Aufsichtsrats vor und nach dem Formwechsel nach denselben mitbestimmungsrechtlichen Bestimmungen erfolgen und sich die zahlenmäßige Zusammensetzung des Aufsichtsrats dadurch nicht ändert[383]. Dies ist vornehmlich dann der Fall, wenn sich eine nach dem MitbestG aufsichtsratspflichtige GmbH in eine AG umwandelt. Die Aufsichtsratsmitglieder bleiben bei Vorliegen der genannten Voraussetzungen, für den Rest ihrer Wahlzeit beim Rechtsträger neuer Rechtsform im Amt[384].

SE-VO Rn. 45; a. A. *Manz* in Manz/Mayer/Schröder, Europäischen Aktiengesellschaft, Art. 40 SE-VO Rn. 10; *Neun* in Theisen/Wenz, Europäische Aktiengesellschaft, S. 182.

381 *Decher/Hoger* in Lutter, UmwG, § 203, Rn. 2 ff.; *Meister/Klöcker* in Kallmeyer, UmwG, § 203 Rn. 6 ff.; *Simon* in Semler/Stengel, UmwG, § 203 Rn. 3 ff.; in Anlehnung an *Köstler*, BB 1993, 81, 82 nimmt *Parmentier*, AG 2006, 476, 482 an, dass sich die Kontinuität auch über den Formwechsel hinweg nach § 96 Abs. 2 AktG a. F. bemisst.

382 *Habersack* in MünchKommAktG, § 97 Rn. 8.

383 BT-Drucks. 12/6699, S. 145; vgl. dazu auch *Meister/Klöcker* in Kallmeyer, UmwG, § 203 Rn. 8.

384 *Decher/Hoger* in Lutter, UmwG, § 203 Rn. 2 f.; *Petersen* in KölnKomm UmwG, § 203 Rn. 6; *Simon* in Semler/Stengel, UmwG, § 203 Rn. 3.

(b) Neubestellung bei Diskontinuität

Der Aufsichtsrat muss im Umkehrschluss zu § 203 Satz 1 UmwG, bei Diskontinuität der Aufsichtsratsmandate neu gebildet werden. Die Amtskontinuität des Aufsichtsrats endet, wenn das mitbestimmte Organ in anderer Weise als bei dem vorher bestehenden Rechtsträger zu bilden ist[385]. Die Ämter der Mitglieder erlöschen in diesem Falle mit Eintragung des Formwechsels im Handelsregister kraft Gesetzes[386]. Der Wahl des neuen Aufsichtsrats ist das aktienrechtliche Statusverfahren vorgeschaltet (§§ 96 Abs. 4, 97 ff. AktG)[387].

(2) Konsequenz für die SE-Gründung im Wege des Formwechsels

Für die SE kann aus dem nationalen Recht Folgendes abgeleitet werden: Grundsätzlich endet mit Wirksamwerden des Formwechsels einer AG in eine SE die Amtszeit der Mitglieder eines beim vorher bestehenden Rechtsträgers amtierenden Aufsichtsrats, sodass die Mitglieder neu zu wählen und in das Aufsichtsorgan zu bestellen sind[388]. Im Gleichlauf zum nationalen Aktienrecht könnte die Neubestellung von Aufsichtsratsmitgliedern in der SE entbehrlich sein, wenn in der SE ein Aufsichtsrat in gleicher Weise zu bilden ist wie in der umzuwandelnden AG[389]. Dafür spricht zunächst das Gleichbehandlungsgebot zwischen SE und nationaler AG aus Art. 10 SE-VO. Die Vorschrift über die Amtsdauer der Aufsichtsratsmitglieder (§ 203 UmwG) trägt der wirtschaftlichen und rechtlichen Kontinuität des Rechtsträgers im Hinblick auf die Aufsichtsratsmitglieder Rechnung[390]. Derart sollen Kosten eingespart und der Formwechsel vereinfacht werden[391]. Die genannten Gründe sind auch beim Rechtsformwechsel einer AG in eine SE von Bedeutung. Wie gezeigt, erlischt die formwechselnde AG nicht

---

385 Vgl. *Decher/Hoger* in Lutter, UmwG, § 203 Rn. 5.

386 *Decher/Hoger* in Lutter, UmwG, § 203, Rn. 2; *Meister/Klöcker* in Kallmeyer, UmwG, § 203 Rn. 2; *Simon* in Semler/Stengel, UmwG, § 203 Rn. 2.

387 *Decher/Hoger* in Lutter, UmwG, § 203 Rn. 11; *Meister/Klöcker* in Kallmeyer, UmwG, § 203 Rn. 15; *Simon* in Semler/Stengel, UmwG, § 203 Rn. 9; a. A. *Laumann* in Goutier/Knopf/Tulloch, UmwG, § 203 Rn. 6 ff.

388 Umkehrschluss aus Art. 15 Abs. 1 SE-VO i.V.m. § 203 UmwG.

389 *Jannott* in Jannott/Frodermann, HdB der Europäischen Aktiengersellschaft, 1. Auflage, 3 Rn. 254; *Paefgen* in KölnKomm. AktG, Art. 40 SE-VO Rn. 68; *Reichert/Brandes* in MünchKomm AktG, Art. 40 SE-VO Rn. 45; a. A. *Neun* in Theisen/Wenz, Die Europäische AG, S. 182; *Manz* in Manz/Mayer/Schröder, Europäischen Aktiengesellschaft, § 40 SE-VO Rn. 10.

390 Begr. RegE. bei *Ganske,* UmwG, S. 229.

391 BT-Drucks. 12/6699, S. 145.

als Rechtsträger, sondern ändert nur das Rechtskleid[392]. Auch in wirtschaftlicher Hinsicht wird das Vermögen der Gesellschaft nicht auf einen neuen Rechtsträger übertragen. Es würde sogar dem Prinzip der Identitätswahrung in Bezug auf den Aufsichtsrat zuwiderlaufen, wenn in jedem Fall beim Rechtsformwechsel einer AG in eine SE eine Neubestellung des Aufsichtsorgans gefordert würde. Eine Neubestellung im Falle der Umwandlung einer AG in die Rechtsform der SE wäre auch unverhältnismäßig[393]. Die Neuwahl der Arbeitnehmervertreter im Aufsichtsorgan ist mit erheblichem Finanz-, Personal- und Zeitaufwand verbunden. Die Kontinuität der Ämter ist geeignet, die genannten Zwecke zu fördern. Die Nichtauflösung des Aufsichtsrats bei der formumwandelnden Gründung der SE ist das mildeste und wirksamste Mittel zur Zweckerreichung. Die Wirkung der Ämterkontinuität steht letztlich auch nicht zu den Zwecken der Umwandlungserleichterung und Kostenersparnis außer Verhältnis. Im (Ausnahme-) Fall, in dem das Aufsichtsorgan der dualistischen SE in gleicher Weise wie der Aufsichtsrat der formwechselnden AG zusammengesetzt wird, ist eine Neubestellung nicht nützlich und aufgrund der Identität der Rechtsträger auch nicht notwendig. Mithin ist § 203 UmwG i.V.m. Art 15 Abs. 1 SE-VO auf die SE anzuwenden. Respektive blieben die Mitglieder des Aufsichtsrats im Amte, wenn das Aufsichtsorgan vor und nach dem Rechtsformwechsel in gleicher Weise wie bei dem formwechselnden Rechtsträger zu bilden und zusammenzusetzen wäre. „In gleicher Weise" im Sinne von § 203 UmwG zusammengesetzt ist das Aufsichtsorgan der SE jedenfalls dann, wenn die Mitbestimmungslösung vorsieht, dass das Aufsichtsorgan der SE wie der Aufsichtsrat der, dem deutschen Mitbestimmungsrecht, unterliegenden formwechselnden AG zu bilden ist. Der Tatbestand von § 203 UmwG ist dann erfüllt. Rechtsfolge ist die Kontinuität der Ämter im Aufsichtsorgan der SE.

Kommt es mangels einer einvernehmlichen Vereinbarung zur Anwendung der Auffangregelung nach §§ 34 ff. SEBG, ist eine Neubestellung der Mitglieder des Aufsichtsrats nötig. Insoweit trifft § 36 SEBG eine, von den Vorschriften des Mitbestimmungsgesetzes, des Drittelbeteiligungsgesetz und der Montanmitbestimmungsgesetze grundlegend abweichende, Verteilung der Arbeitnehmersitze,

392 Die Formulierung von Art. 37 Abs. 9 SE-VO irritiert daher, vgl. dazu *Neun* in Theisen/ Wenz, Die Europäische AG, S. 172.

393 *Jannott* in Jannott/Fordermann, HdB der Europäischen Aktiengesellschaft, 1. Auflage, 3 Rn. 254.

die insbesondere auch Arbeitnehmervertreter aus anderen Mitgliedsstaaten berücksichtigt[394].

bb) Verschmelzung durch Aufnahme

Bei der Verschmelzung durch Aufnahme entsteht ebenso keine neue juristische Person, vielmehr erfolgt die Übertragung des Vermögens eines Rechtsträgers oder mehrerer Rechtsträger als Ganzes auf einen anderen bestehenden Rechtsträger. Beim Wirksamwerden der Verschmelzung erlischt der übertragende Rechtsträger, während der aufnehmende Rechtsträger fortbesteht. Gleichzeitig wird bei dieser Verschmelzungsalternative die aufnehmende AG in eine SE umgewandelt[395]. Aufgrund der Ähnlichkeit der Verschmelzung durch Aufnahme zum Formwechsel ist es naheliegend, dass die Neuwahl des Aufsichtsorgans mit Blick auf die Ämterkontinuität auch in diesem Fall ausnahmsweise entbehrlich ist.

(1) Rechtslage nach deutschem Umwandlungsrecht

Die Verschmelzung durch Aufnahme (Art. 17 Abs. 2a SE-VO) entspricht der Verschmelzung gemäß § 2 Nr. 1 UmwG. Die Verschmelzung wird dabei als eine Form der Umwandlung verstanden, vgl. § 1 Abs. 1 Nr. 1 UmwG. Nach deutschem Recht erlöschen mit Wirksamwerden der Verschmelzung die Ämter der Mitglieder vom Aufsichtsrat des übertragenden Rechtsträgers (§§ 2 Nr. 1, 4 ff., 60 ff. UmwG)[396]. Die Verschmelzung durch Aufnahme folgt dem Prinzip der Gesamtrechtsnachfolge[397]. Die Aufsichtsratsmandate des übernehmenden Rechtsträgers bestehen fort[398]. Einer Neubestellung des Aufsichtsrats bei dem übernehmenden Rechtsträger bedarf es daher in der Regel nicht. Ist in Folge der Verschmelzung die Zusammensetzung des Aufsichtsrats einer AG unrichtig geworden, bei der AG insbesondere durch Anstieg der Mitarbeiterzahlen, so ist

---

394 *Decher/Hoger* in Lutter, UmwG, § 203 Rn. 2; *Drygalla* in Lutter/Hommelhoff, SE-Komm, Art. 40 Rn. 27; *Paefgen* in KölnKomm AktG, Art. 40 SE-VO Rn. 69 u. Art. 37 Rn. 32; *Reichert/Brandes* in MünchKomm AktG, § 40 SE-VO Rn. 46.

395 *Jannott* in Jannott/Fordermann, HdB der Europäischen Aktiengesellschaft, 3 Rn. 31.

396 *Grunewald* in Lutter, UmwG, § 20 Rn. 28; *Kübler* in Semler/Stengel, UmwG, § 20 Rn. 20.

397 *Grunewald* in Lutter, UmwG, § 20 Rn. 7 ff; *Kübler* in Semler/Stengel, UmwG, § 20 Rn. 8 ff.; *Marsch-Barner* in Kallmeyer, UmwG, § 20 Rn. 4 ff.; *Simon* in KölnKomm UmwG, § 20 Rn. 3; *Schmitdt,* AcP 1991, 495, 504.

398 *Kübler* in Semler/Stengel, UmwG, § 20 Rn. 20.

der Aufsichtsrat nach anderen Vorschriften zusammenzusetzen und ein Statusverfahren nach §§ 97 ff. AktG einzuleiten[399].

(2) SE-Gründung im Wege der Verschmelzung durch Aufnahme

Die Rechtslage hinsichtlich der Kontinuität der Aufsichtsratsämter bei der SE-Gründung im Wege der Verschmelzung durch Aufnahme ist umstritten. Schwierigkeiten ergeben sich aus der zeitgleichen Umwandlung *ipso jure*. Es werden hierzu unterschiedliche Auffassungen vertreten:

Drygalla überträgt die Rechtslage nach dem deutschen Umwandlungsrecht auf die Entstehung der SE durch Verschmelzung zur Aufnahme. Demnach bliebe der Aufsichtsrat des übernehmenden Rechtsträgers stets im Amt und bestünde als erstes Aufsichtsorgan der SE weiter. Die Veränderung, welche sich beim übernehmenden Rechtsträger dadurch ergibt, dass er bei der Verschmelzung die Rechtsform der SE annimmt, wiege nicht so schwer, dass abweichend vom deutschen Recht eine Kontinuität der Ämter des Aufsichtsrats gemäß § 203 UmwG erforderlich wäre[400]. Ist der Aufsichtsrat durch die Verschmelzung nicht mehr korrekt besetzt, sei ein Statusverfahren nach §§ 97 ff. AktG einzuleiten. Der Bestellung eines ersten Aufsichtsorgans bedürfe es hingegen nicht[401].

Paefgen sowie *Reichert/Brandes* sind der Ansicht, dass die Ähnlichkeit zum Wechsel der Rechtsform gemäß §§ 190 ff. UmwG die analoge Anwendung von § 203 UmwG auf den hier vorliegenden Gründungsfall einer SE rechtfertige[402]. Die Ämterkontinuität gelte dabei nur für den (Ausnahme-)Fall, in dem die Zusammensetzung des Aufsichtsorgans der SE, den für die übernehmende AG geltenden Regeln entspricht[403]. Ansonsten sei ein erstes Aufsichtsorgan (i.S.v. § 30 AktG) zu bestellen[404].

Der Ansicht von *Drygala*, nach der der Aufsichtsrat der übernehmenden Rechtsträger stets im Amt bleibt und bei verschmelzungsbedingter unrichtiger Besetzung des Aufsichtsorgans das aktienrechtliche Statusverfahren nach §§ 97 ff. AktG durchzuführen sei, ist nicht zuzustimmen. Dabei wird nicht

---

399 LG Berlin, Beschluss vom 30.10.2007 – 102 O 183/07, BeckRS 2009, 11392; *Grunewald* in Lutter, UmwG, § 20 Rn. 31; *Kübler* in Semler/Stengel, UmwG § 20 Rn. 20; *Marsch-Barner* in Kallmayer, UmwG, § 20 Rn 17a; *Kuhlmann*, NZG 2010, 46, 49.

400 *Drygala* in Lutter/Hommelhoff, SE-Komm, Art. 40 Rn. 27.

401 *Drygala* in Lutter/Hommelhoff, SE-Komm, Art. 40 Rn. 27.

402 *Paefgen* in KölnKomm, AktG, Art. 40 SE-VO Rn. 70; *Reichert/Brandes* in MünchKomm, AktG, Art. 40 SE-VO Rn. 46.

403 *Paefgen* in KölnKomm, AktG, Art. 40 SE-VO Rn. 70.

404 *Paefgen* in KölnKomm, AktG, Art. 40 SE-VO Rn. 70.

ausreichend berücksichtigt, dass im Rahmen der Gründung einer SE durch Verschmelzung durch Aufnahme, die übernehmende AG ihr Rechtskleid wechselt und sich somit auch das Mitbestimmungsregime ändert. Die Verschmelzung durch Aufnahme ist nach den Vorschriften der SE-Verordnung, eine Kombination aus Verschmelzung und Rechtsformwechsel[405]. Die übernehmende AG nimmt *ipso iure* mit Wirksamwerden der Verschmelzung die Rechtsform einer SE an (Art. 17 Abs. 2 Satz 1, Art. 9 Abs. 1 lit. e) SE-VO). Bei der Gründung einer SE im Wege der Verschmelzung durch Aufnahme in Kombination mit dem Rechtsformwandel, kann es konsequenterweise nach § 203 UmwG nur dann zur Kontinuität der Aufsichtsratsmandate kommen, wenn das Aufsichtsorgan der SE in gleicher Weise wie nach den für die übernehmende AG geltenden Regeln zusammengesetzt wird. Ansonsten ist ein neues Organ zu bestellen, welches dann das erste Aufsichtsorgan der SE ist. Die direkte Anwendung der nationalen Rechtsnorm scheidet aus, da hier nicht von einem Rechtsformwechsel im engeren Sinne gesprochen werden kann[406]. Die Vorschrift des § 203 UmwG kommt über die Verweisung in Art. 15 Abs. 1 SE-VO auf das nationale Gründungsrecht im vorliegenden Fall aber *analog* zur Anwendung[407]. Weder das SE-Recht noch das deutsche Umwandlungsrecht regeln das Schicksal der Aufsichtsratsämter bei der Gründung im Wege der Verschmelzung durch Aufnahme und gleichzeitigem identitätswahrendem Wechsel des Rechtskleides direkt. Die generelle Neubestellung des Organs wäre allerdings unverhältnismäßig[408]. Der Normzweck, die Erleichterung des Gründungsverfahrens und Kostenersparnisse, wird auch hier relevant. Der einhergehende Wechsel der Rechtsform schafft bei der Gründung einer SE durch Verschmelzung durch Aufnahme die vergleichbare Interessenlage mit dem von § 203 UmwG geregelten Tatbestand. Die Lösung über eine analoge Anwendung des § 203 UmwG entspricht dem Grundgedanken der Rechtsträgeridentität von übernehmender AG und entstehender SE bei der Gründungsalternative der Verschmelzung durch Aufnahme am besten. Nach Art. 15 Abs. 1 SE-VO i.V.m. § 203 UmwG *analog* muss daher auch hier der Grundsatz der Ämterkontinuität gelten. Mithin bedarf es der Neubestellung des Aufsichtsorgans auch bei der Gründung einer SE im Wege der Verschmelzung

---

405 *Bayer* in Lutter/Hommelhoff, SE-Komm, Art. 17 SE-VO Rn. 3; *Schindler*, Europäische Aktiengesellschaft, S. 22; *Schwarz*, SE-VO, § 17 Rn. 6;

406 Vgl. *Reichert/Brandes* in MünchKomm, AktG, Art. 40 SE-VO Rn. 46.

407 *Paefgen* in KölnKomm, AktG, Art. 40 SE-VO Rn. 70; *Reichert/Brandes* in MünchKomm, AktG, Art. 40 SE-VO Rn. 46.

408 Vgl. die Ausführungen zum Rechtsformwechsel einer AG in eine SE vorstehend unter aa) (1) (b).

durch Aufnahme nicht, wenn Größe und Zusammensetzung des Aufsichtsorgans der SE, den für die übernehmende AG geltenden Regeln entsprechen.

2. Bestellung des ersten Aufsichtsorgans

In der Regel ist das Aufsichtsorgan im Rahmen der SE-Gründung neu zu bilden (d.h. in anderen Fällen als den vorstehend unter b) beschriebenen Ausnahmefällen der Gründung durch Umwandlung und Verschmelzung durch Aufnahme). Die Bestellung des sog. ersten Aufsichtsorgans ist in der SE-Verordnung nicht umfassend geregelt. In Art. 40 Abs. 2 Satz 2 SE-VO ist nur bestimmt, dass die Mitglieder durch die Satzung bestellt werden können. Im Übrigen findet auf die Gründung der SE, vorbehaltlich der SE-Verordnung, das für AG'en geltende Recht Anwendung, in dem die SE ihren Sitz hat (Art. 15 Abs. 1 SE-VO). Da die Bestellung des ersten Aufsichtsorgans zum Gründungsrecht gehört, kommen in Deutschland die §§ 30, 31 AktG zur Anwendung[409]. Die Mitglieder des ersten Aufsichtsorgans der SE sind dementsprechend nach §§ 30 Abs. 1, 31 Abs. 1 AktG von den Gründern zu bestellen[410]. Nach Art. 40 Abs. 2 Satz 2 i.V.m. Art. 6 SE-VO können sie die Mitglieder in der Satzung oder Gründungsurkunde bestellen[411].

Schwarz ist der Ansicht, dass sich Art. 40 Abs. 2 Satz 2 SE-VO nur auf die Mitglieder, die von den Aktionären bestellt werden, beziehe. Anders als bei der Bestellung des ersten Aufsichtsrats einer deutschen AG, bei der alle Aufsichtsratsämter durch die Gründer bestellt werden, seien bei der Gründung einer SE nur die Aktionärsvertreter von den Gründern zu bestellen[412]. Die Arbeitnehmervertreter müssten gemäß Art. 40 Abs. 2 Satz 3 SE-VO nach den in der Vereinbarung geregelten Grundsätzen oder im Verfahren nach § 36 SEBG bestellt werden[413]. Nach seinem Verständnis unterscheidet der Verordnungsgeber zwischen der Bestellung durch die Hauptversammlung und der durch die Arbeitnehmer[414]. Daher gelte Art. 40 Abs. 2 Satz 2 SE-VO im Kontext der Verordnungsregeln über die Bestellung des Aufsichtsorgans (Art. 42 Satz 2, 45 Satz 2 sowie

---

409 Für den Rechtsformwechsel gilt § 197 UmwG über den nur § 31 AktG zur Anwendung gelangt.

410 Wer als Gründer gilt vgl. neben anderen *Reichert/Brandes* in MünchKomm AktG, § 40 SE-VO Rn. 49.

411 Zum Begriff der Gründungsurkunde *Seibt* in Lutter/Hommelhoff, SE-Komm, 1. Auflage, Art. 6 Rn. 2 u. 4.

412 *Schwarz,* SE-VO, Art. 40 Rn. 51 mit Fn. 87.

413 *Schwarz,* SE-VO, Art. 40 Rn. 52.

414 Er begründet dies u. a. mit dem Wortlaut von Art. 42 Satz 2 und Art. 45 Satz 2, vgl. *Schwarz,* SE-VO, Art. 40 Rn. 44.

40 Abs. 2 Satz 1 SE-VO) nur als Sonderregelung für die erstmalige Bestellung der Anteilseignervertreter[415].

Eine derartige Einschränkung auf den Kreis der Anteilseignervertreter kann dem Wortlaut des Art. 40 Abs. 2 Satz 1 SE-VO indes nicht entnommen werden. Versteht man die Regelung wie der deutsche Gesetzgeber, wonach auch die Arbeitnehmervertreter konstitutiv von der Hauptversammlung bestellt werden, vgl. § 36 Abs. 4 SEBG[416], spricht auch die Regelungssystematik des Art. 40 Abs. 2 SE-VO im Hinblick von Satz 2 zu Satz 1 nicht gegen die Bestellung sämtlicher Mitglieder in der Satzung. Alle Mitglieder des ersten Aufsichtsorgan können also direkt in der Satzung oder im Verschmelzungs-, Gründungs- oder Umwandlungsplan bestellt werden, vgl. Art. 40 Abs. 2 Satz 2 i.V.m. Art. 6 SE-VO. Bei Gründung einer Tochter-SE kann die Bestellung in der Gründungsurkunde erfolgen, vgl. Art. 15 Abs. 1 i.V.m. § 23 AktG. Die Bestellung der Arbeitnehmervertreter in der Satzung oder Gründungsurkunde ist jedenfalls dann sinnvoll, wenn die Verhandlungen über die Beteiligung der Arbeitnehmer zum Zeitpunkt der Beschlussfassung bereits abgeschlossen sind. Die satzungsmäßige Bestellung der Mitglieder des ersten Aufsichtsorgans ist dabei aber nicht zwingend[417]. Die Bestellung kann auch in gesonderter notarieller Urkunde erfolgen (§ 30 Abs. 1 AktG), die als besonderer Tagesordnungspunkt der Hauptversammlung, welche über die Gründung beschließt, abgehandelt wird[418].

IV. Zusammensetzung und Amtszeit des ersten Aufsichtsorgans der SE

Ist in der SE ein Aufsichtsorgan neu zu bestellen, stellt sich die Frage nach der Zusammensetzung. Wie vorstehend gezeigt, bestimmt Art. 40 Abs. 2 Satz 2 SE-VO nur, dass die Mitglieder des ersten Aufsichtsorgans der SE durch die Satzung bestellt werden können. Die personelle Zusammensetzung sowie die Amtszeit der Mitglieder des *ersten* Aufsichtsorgans sind vom Verordnungsgeber nicht

---

415 Vgl. *Schwarz,* SE-VO, Art. 40 Rn. 44.

416 *Schwarz* sieht die Verfassungskonformität dieser Vorschrift kritisch, vgl. *Schwarz,* SE-VO, Art. 40 Rn. 44.

417 *Drygalla* in Lutter/Hommelhoff, SE-Komm, Art. 40 SE-VO Rn. 26; *Manz* in Manz/Mayer/Schröder, Europäische Aktiengesellschaft, Art. 40 SE-VO Rn. 8; a. A. *Schmidt,* „Deutsche" vs. „britische" SE, S. 563.

418 *Reichert/Brandes* in MünchKomm AktG, Art. 40 SE-VO Rn. 51; *Scheifele,* Gründung der SE, S. 254.

geregelt worden[419]. Diese Vorfragen sind für die Frage nach der Anwendung des Statusverfahrens im Kontext der SE-Gründung mit Blick auf das Kontinuitätsprinzip und die aktienrechtlichen Regelungen über den ersten Aufsichtsrat in §§ 30, 31 AktG, von großer Bedeutung. Über die zuletzt genannten Vorschriften kommt auch eine sinngemäße Anwendung des Statusverfahrens nach §§ 97 ff. AktG in Betracht (vgl. §§ 30 Abs. 3 Satz 2, 31 Abs. 3 Satz 2 AktG).

Von der SE-Verordnung offengelassene Rechtsfragen im Rahmen der Gründung, sind gemäß § 15 Abs. 1 SE-VO nach dem für die AG geltenden Recht des Sitzstaates zu beurteilen. Mithin findet also deutsches Recht Anwendung, wenn die SE ihren Sitz in Deutschland hat und die Vorschriften für die SE tauglich sind.

1. Zusammensetzung des ersten Aufsichtsrats

Für die Zusammensetzung und die Amtszeit des erstmals zu bildenden Aufsichtsorgans der nationalen AG hält das Aktienrecht Sondervorschriften bereit, welche über Art. 15 Abs. 1 SE-VO auch auf die SE Anwendung finden könnten. Die nationalen Vorschriften müssen nach ihrem Sinn und Zweck einschlägig sein und dürfen nicht der Systematik des SE-Statuts zuwiderlaufen.

a) Sonderregeln der § 30 und § 31 AktG

Die §§ 30 und 31 AktG beinhalten Sonderregeln für den ersten Aufsichtsrat der AG. Nach § 30 Abs. 2 AktG gilt für das erste Aufsichtsorgan grundsätzlich noch kein Mitbestimmungsrecht; der erforderliche Ausgleich wird durch eine verkürzte Amtszeit geschaffen[420]. Im Falle der Sachgründung durch Einlage oder Übernahme eines Unternehmens, gilt nach § 31 AktG etwas anderes. Bei der Umwandlung gilt gemäß § 197 UmwG nur § 31 AktG.

aa) Bargründung und Sachgründung

Die Vorschrift des § 30 AktG trifft insbesondere Regelungen zur Zusammensetzung des ersten Aufsichtsrats. Nach § 30 Abs. 2 AktG sind auf die Zusammensetzung des ersten Aufsichtsrats die Vorschriften über die Bestellung von

---

419 Vgl. *Paefgen* in KölnKomm AktG, Art. 40 SE-VO Rn. 66; *Reichert/Brandes* in MünchKomm AktG, 2. Auflage, Art. 40 SE-VO Rn. 43; *Drygala* in Lutter/Hommelhoff, SE-Komm, § 40 Rn 28 f.; a. A. hinsichtlich der Amtszeit *Jannott* in Jannott/Frodermann in HdB der Europäischen Aktiengesellschaft, 3 Rn. 87; *Reichert/Brandes* in MünchKomm AktG, 2. Auflage, Art. 40 SE-VO Rn. 52.

420 Begr. RegE. bei *Kropff*, AktG, S. 49.

Aufsichtsratsmitgliedern der Arbeitnehmer nicht anzuwenden. Bei der Gründung einer AG, ist also das Aufsichtsorgan der mitbestimmten AG unabhängig von dem nach § 96 Abs. 1 AktG einschlägigen Mitbestimmungsmodell, ohne Arbeitnehmer zusammenzusetzen[421]. Intention des Gesetzgebers war, dass die Gesellschaft anfänglich ihres Bestehens nur verhältnismäßig wenige Arbeitnehmer beschäftigt. Die Rechte der Arbeitnehmer finden in den Wahlen der Arbeitnehmervertreter aber erst dann ausreichende Berücksichtigung, wenn sich bei der Gesellschaft eine feste Belegschaft gebildet hat[422]. Der erste Aufsichtsrat der AG ist daher mitbestimmungsfrei, die Arbeitnehmervertreter können erst in den zweiten Aufsichtsrat gewählt bzw. entsandt werden. Rechtzeitig vor Ablauf der (verkürzten) Amtszeit der Mitglieder des ersten Aufsichtsrats bedarf es einer Bekanntmachung des Vorstands über die maßgebenden Vorschriften bezüglich der Zusammensetzung des nächsten Aufsichtsrat oder eine gerichtliche Entscheidung entsprechend den §§ 97 ff. AktG (Art. 30 Abs. 3 Satz 2 i.V.m. § 96 Abs. 4 AktG).

Die Amtszeit der Mitglieder des ersten Aufsichtsrats wird durch § 30 Abs. 3 Satz 1 AktG auf die Zeit bis zur Beendigung der Hauptversammlung, die über die Entlastung für das erste Voll- oder Rumpfgeschäftsjahr beschließt, begrenzt. Hierdurch soll den Arbeitnehmern möglichst umgehend das ihnen zustehende Mitbestimmungsrecht im Aufsichtsrat verschafft werden[423].

Eine Ausnahme zu § 30 Abs. 2 AktG trifft § 31 AktG für den Sonderfall einer Sachgründung mit Einbringung oder Übernahme eines Unternehmens bzw. einem Unternehmensteil[424]. In diesem Fall richtet sich die Zusammensetzung des Aufsichtsrats von Anfang an nach dem gesetzlich vorgesehenen Mitbestimmungsmodell, welches die Gründer nach Einbringung oder Übernahme für maßgeblich halten[425]. Es ist daher eine Einschätzung der Gründer erforderlich, ob die Gesellschaft nach Einbringung oder Übernahme des Unternehmens dem DrittelbG, dem MitbestG oder MontanMitbestG unterliegt[426]. Die

---

421 *Arnold* in KölnKomm AktG, § 30 Rn. 10; *Hüffer/Koch,* AktG, § 30 Rn. 5; *Pentz* in MünchKomm AktG, § 30 Rn. 17; *Röricht* in Großkomm AktG, § 30 Rn. 7; *Parmentier,* AG 2006, 476, 477.

422 Begr. RegE. bei *Kropff,* AktG, S. 49; *Pentz* in MünchKomm AktG, § 30 Rn. 19.

423 Begr. RegE. bei *Kropff,* AktG, S. 49; *Pentz* in MünchKomm AktG, § 30 Rn. 21 f.

424 Begr. RegE. bei *Kropff,* AktG, S. 49.

425 Vgl. *Arnold* in KölnKomm AktG, § 31 Rn. 7; *Hüffer/Koch,* AktG, § 31 Rn. 4; *Parmentier,* AG 2006, 476, 477.

426 *Arnold* in KölnKomm AktG, § 31 Rn. 6 f.; *Hüffer/Koch,* AktG, § 31 Rn. 4; *Pentz* in MünchKomm AktG, § 31 Rn. 13; *Röhricht* in Großkomm AktG, § 31 Rn. 7;.

Arbeitnehmervertreter werden bei der Konstituierung des ersten Aufsichtsrats jedoch ausgeblendet. Dementsprechend werden nur so viele Aufsichtsratsmitglieder bestellt, wie nach den gesetzlichen Vorschriften von der Hauptversammlung ohne Bindung an Wahlvorschläge zu wählen sind[427]. Derart wird der Zeitaufwand für die Wahlen der Arbeitnehmervertreter berücksichtigt, welche die Gründung inadäquat verzögern würde[428]. Alsbald nach Einbringung oder Übernahme des Unternehmens muss der Aufsichtsrat vollständig besetzt werden und damit den Mitbestimmungsrechten der Arbeitnehmer Rechnung getragen werden. Der Wahl der Arbeitnehmervertreter in das Aufsichtsorgan ist das Statusverfahren vorgeschaltet, in dem unverzüglich nach der Einbringung bzw. Übernahme sinngemäß nach §§ 97 bis 99 AktG die richtige Zusammensetzung festzustellen ist (§ 31 Abs. 3 AktG). Dadurch werden die Rechte der Arbeitnehmer sichergestellt, die zuvor nur auf der Einschätzung der Gründer beruhten.

Die verkürzte Amtszeit gemäß § 30 Abs. 3 Satz 1 AktG gilt erwartungsgemäß nur für die Vertreter der Anteilseigner (und das weitere Mitglied gemäß §§ 4 Abs. 1 c), 5 Abs. 1 Satz 2 c) MontanMitbestG)) und nicht für die nach § 31 Abs. 3 AktG bestellten Arbeitnehmervertreter, vgl. § 31 Abs. 5 AktG.

bb) Umwandlung

Die Vorschriften über die Bildung und Zusammensetzung des ersten Aufsichtsrats gelten gemäß § 197 Satz 2 2 Hs. UmwG nicht für den Rechtsformwechsel[429]. Für eine bestehende Gesellschaft, die operativ tätig ist und lediglich die Rechtsform wechselt, besteht kein Raum für Erleichterungen dieser Art[430]. Die Vertretung der Arbeitnehmer im Aufsichtsrat der neuen Rechtsform soll so schon zum Zeitpunkt des Wirksamwerdens des Formwechsels gesichert werden[431]. Unklar war, ob über § 197 Satz 2, 2. Hs. UmwG auch die Anwendung des § 31 AktG ausgeschlossen war[432]. Satz 3 des § 197 UmwG, der durch das zweite Gesetz zur

---

427 Für die Beschlussfähigkeit des Aufsichtsrats ist gem. § 31 Abs. 1 AktG erforderlichenfalls ein weiteres Mitglied von den Gründern zu bestellen, vgl. dazu *Pentz* in MünchKomm AktG, § 30 Rn. 18 und § 31 Rn 12 f.

428 *Meister/Klöcker* in Kallmeyer, UmwG, § 197 Rn. 69; *Parmentier,* AG 2006, 476, 477.

429 *Bärwaldt* in Semler/Stengel, UmwG, § 197 Rn. 69; *Decher/Hoger* in Lutter, UmwG, § 197 Rn. 47; *Mayer/Seite* in Widemann/Mayer, UmwG, § 197 Rn. 13.

430 Vgl. *Decher/Hoger* in Lutter, UmwG, § 197 Rn. 47.

431 Begr. RegE. bei *Ganske,* UmwR, S. 221; *Decher/Hoger* in Lutter, UmwG, § 197 Rn. 47; *Bärwald* in Semler/Stengel, UmwG, § 197 Rn. 69; *Petersen* in KölnKomm UmwG, § 197 Rn. 12.

432 Vgl. *Decher* in Lutter, UmwG, 3. Auflage, § 197 Rn. 49.

Änderung des Umwandlungsgesetz vom 19.04.2007[433] eingeführt wurde, stellt jetzt klar, dass bei einem Formwechsel in die Rechtsform der AG, § 31 AktG von der Unanwendbarkeit der Vorschriften über die Bildung und Zusammensetzung des ersten Aufsichtsrats ausgenommen ist[434].

Die Bildung und Zusammensetzung des ersten Aufsichtsrats vollziehen sich beim Formwechsel in die AG im Falle der Diskontinuität der Aufsichtsratsämter (vgl. § 203 UmwG)[435] also ähnlich wie bei einer Sachgründung mit Einbringung bzw. Übernahme eines Unternehmens[436]. Der neu zu bildende Aufsichtsrat ist aber kein „erster Aufsichtsrat" im Sinne des § 30 AktG[437]. Daher sind die Regelungen über die Bestellung der Arbeitnehmervertreter anzuwenden und die verkürzte Amtszeit nach § 30 Abs. 3 Satz 1 AktG gilt nicht, auch nicht für die Vertreter der Anteilseigner[438]. Die Gründer haben aber zunächst nur so viele Aufsichtsratsmitglieder zu bestellen, wie nach den gesetzlichen Vorschriften von der Hauptversammlung ohne Bindung an Wahlvorschläge zu wählen sind. Unverzüglich *nach* Eintragung ist das Statusverfahren sinngemäß §§ 97 ff. AktG durchzuführen (§ 31 Abs. 3 AktG), in dem die richtige Zusammensetzung des Aufsichtsrats festgestellt wird[439]. Daraufhin ist der Aufsichtsrat auch mit den Vertretern der Arbeitnehmerseite zu besetzen.

b) Erste Zusammensetzung des Aufsichtsorgan der SE

aa) Anwendbarkeit der § 30 und § 31 AktG

Ob die Sonderregeln der § 30 und § 31 AktG über die personelle Zusammensetzung des ersten Aufsichtsrats und die Amtszeit der Organmitglieder auf die mitbestimmte SE Anwendung finden ist unklar[440].

---

433 BGBl. I, S. 542.

434 Vgl. *Bärwaldt* in Semler/Stengel, UmwG, § 197 Rn. 69; *Decher/Hoger* in Lutter, UmwG, § 197 Rn. 47; *Petersen* in KölnKomm UmwG, § 197 Rn. 13.

435 Ist der Aufsichtsrat in gleicher Weise wie beim formwechselnden Rechtsträger zu bilden und zusammenzusetzen, gilt § 203 UmwG.

436 Vgl. *Bärwaldt* in Semler/Stengel, UmwG, § 197 Rn. 70; *Decher/Hoger* in Lutter, UmwG, § 197 Rn. 48.

437 *Bärwald* in Semler/Stengel, UmwG, § 197 Rn. 69; *Decher/Hoger* in Lutter, UmwG, § 197 Rn. 48.

438 *Decher/Hoger* in Lutter, UmwG, § 197 Rn. 48.

439 Vgl. *Decher/Hoger* in Lutter, UmwG, § 197 Rn. 49; *Bärwaldt* in Semler/Stengel, UmwG, § 197 Rn. 70a.

440 In dessen Zuge könnte über §§ 30 Abs. 3 Satz 2, 31 Abs. 3 AktG das aktienrechtliche Statusverfahren sinngemäß vor der Bestellung der Mitglieder des zweiten

Eigene Sonderregeln zur Zusammensetzung des ersten Aufsichtsorgans, insbesondere die explizite Regelung der Möglichkeit, das erste Aufsichtsorgan mitbestimmungsfrei zu bilden, enthält die SE-Verordnung oder das SEAG nicht. Bezüglich des ersten Aufsichtsorgans bestimmt Art. 40 Abs. 2 SE-VO nur, dass die Mitglieder des ersten Aufsichtsorgans in der Satzung bestellt werden können und die in einer Beteiligungsvereinbarung getroffenen Regelungen unberührt bleiben. Die Zusammensetzung des ersten Aufsichtsorgans der SE ist bei Unternehmen, die der Mitbestimmung unterliegen, nicht eindeutig.

Betrachtet man die Gründungsphase der SE kritisch vor dem Hintergrund einer kompletten Besetzung des Organs mit Vertretern der Anteilseigner und Arbeitnehmer, besteht bei der Bestellung des ersten Aufsichtsrats ein praktisches Problem[441]. Spätestens mit dem Beschluss der Hauptversammlung über den Verschmelzungs-, Gründungs-, Umwandlungsplan oder die Gründungsurkunde, hat die Wahl und Bestellung der Mitglieder des Aufsichtsrats zu erfolgen[442]. Das in der SE anwendbare Mitbestimmungsmodell wird allerdings erst im Verhandlungsverfahren nach dem SEBG festgesetzt. Zum Zeitpunkt des Hauptversammlungsbeschlusses sind die Verhandlungen zwischen der Anteilseigner- und der Arbeitnehmerseite über die Mitbestimmung oft noch nicht abgeschlossen. In diesem Moment ist also noch offen, wie die Sitze im Aufsichtsrat auf Anteilseigner und Arbeitnehmer verteilt werden. Es besteht (theoretisch) die Möglichkeit, dass gar keine Mitbestimmung im Aufsichtsorgan vereinbart wird bzw. dass das besondere Verhandlungsgremium einen Beschluss über die Nichtaufnahme von Verhandlungen oder den Abbruch von bereits aufgenommenen Verhandlungen beschließt. Vor dem Hintergrund erscheint es sinnvoll und konsequent, das erste Aufsichtsorgan ohne die Vertreter der Arbeitnehmer zu bilden[443]. Sind

---

Aufsichtsorgans (im Fall des § 30 AktG) bzw. vor Vervollständigung des ersten Aufsichtsorgan (im Fall des § 31 AktG) das Statusverfahren zur Anwendung kommen.

441 Vgl. *Drygala* in Lutter/Hommelhoff, SE-Komm, Art. 40 Rn. 29; *Jannott* in Jannott/Frodermann, HdB der Europäischen Aktiengesellschaft, 3 Rn. 87; *Manz* in Manz/Mayer/Schröder, Europäische Aktiengesellschaft, Art. 40 SE-VO Rn. 25; *Marsch-Barner* in Kallmayer, UmwG, Anh. Europäische Gesellschaft Rn. 60; *Paefgen* in KölnKomm AktG, Art. 40 SE-VO Rn. 71 ff.; *Brandes,* AG 2006, 177, 185.

442 *Henssler* in Habersack/Henssler, MitbestR, Einl. SEBG Rn. 37.

443 *Drygalla* in Lutter/Hommelhoff, SE-Komm, Art. 40 Rn. 29; *Henssler* in Habersack/Henssler, MitbestR, SEBG Einl. Rn. 37; *Jannott* in Jannott/Frodermann, HdB der Europäischen Aktiengeellschaft, 3 Rn 87; *Manz* in Manz/Mayer/Schröder, Europäische Aktiengesellschaft, Art. 40 SE-VO Rn. 25; *Paefgen* in KölnKomm AktG, Art. 40 SE-VO Rn. 72 ff.; *Brandes,* AG 2006, 177, 185.

die Verhandlungen bis zum Hauptversammlungsbeschluss über den Verschmelzungs-, Gründungs-, Umwandlungsplan bzw. die Gründungsurkunde also noch nicht abgeschlossen, könnte man erwägen, das erste Aufsichtsorgan ohne Arbeitnehmervertreter, den satzungsmäßigen Vorgaben entsprechend, zusammenzusetzen. Es bedürfte anfänglich also nur der Bestellung eines, aus Anteilseignervertretern bestehenden, Organs entsprechend der Satzung.

Das erste Aufsichtsorgan wäre demnach bis zum Zeitpunkt der Hauptversammlung, die über die Entlastung für das erste volle oder Rumpfgeschäftsjahr beschließt, mitbestimmungsfrei bleibt bzw. bei Sachgründung mit Einbringung eines Unternehmens nur so viele Aufsichtsratsmitglieder zu bestellen sind, wie nach den gesetzlichen Vorschriften von der Hauptversammlung ohne Bindung an Wahlvorschläge zu wählen sind. Dies entspräche der Regelungslösung in den §§ 30 und 31 AktG.

Der Übertragung der aktienrechtlichen Regelungen in §§ 30 und 31 AktG auf die SE könnte zunächst Art. 12 Abs. 2 SE-VO entgegenstehen, der die Gründung der SE mit der Mitbestimmung verzahnt[444]. Demnach kann die SE eingetragen werden, wenn das besondere Verhandlungsgremium und die Unternehmensleitung eine Vereinbarung über die Beteiligung der Arbeitnehmer geschlossen haben, das besondere Verhandlungsgremium beschlossen hat, keine Verhandlungen aufzunehmen bzw. bestehende abzubrechen oder die Verhandlungsfrist ohne Einigung abgelaufen ist und die Anteilseignervertreter bestellt sind. Diese Vorschrift ermöglicht die Eintragung der SE, ohne dass zu diesem Zeitpunkt die, nach der Auffangregelung der §§ 34 ff. SEBG bzw. der Vorgabe einer Beteiligungsvereinbarung zu bestellenden, Arbeitnehmervertreter bereits gewählt oder bestellt sein müssten[445]. Nach dem klaren Wortlaut steht diese Vorschrift einer Zusammensetzung des ersten Aufsichtsorgan der Vor-SE nach § 30 bzw. § 31 AktG nicht entgegen.

Auch Art. 12 Abs. 4 SE-VO führt nicht dazu, dass das erste Aufsichtsorgan bei mitbestimmten Unternehmen zwingend mit Arbeitnehmervertretern zu besetzen ist. Dieser Regelung zufolge darf die Satzung der SE zu keinem Zeitpunkt im Widerspruch zu der ausgehandelten Vereinbarung über die Mitbestimmung stehen. Soweit die Vereinbarung in zulässiger Weise satzungsrelevante Gegenstände betrifft, ist die Satzung anzupassen. Ohnehin ist umstritten, ob Art. 12 Abs. 4 SE-VO die Zeit vor der Eintragung der SE betrifft und

---

444 Vgl. *Habersack*, Der Konzern 2007, 67, 71.
445 Vgl. *Paefgen* in KölnKomm AktG, § 40 SE-VO Rn. 71, 73.

die Eintragung im Falle einer Divergenz vom Registergericht versagt werden kann[446]. Nimmt man – mit der überwiegend vertretenen Ansicht[447] – an, dass Art. 12 Abs. 4 SE-VO Eintragungsvoraussetzung ist, ist ein weiterer Hauptversammlungsbeschluss erforderlich, wenn das Verhandlungsergebnis eine nachträgliche Änderung der bereits beim Gründungsbeschluss beschlossenen Satzung notwendig macht[448]. In diesem Rahmen wäre eine Bestellung der Arbeitnehmervertreter möglich. Die Abhaltung einer Hauptversammlung zu einem derart späten Zeitpunkt in der Gründungsphase ist aber keinesfalls obligatorisch. Das bestehende praktische Problem bei der Wahl und anschließender Bestellung der Arbeitnehmervertreter durch die Hauptversammlung in der Gründungsphase, löst die Regelung nicht auf. Auch bei einer anfänglich bestehenden Divergenz zwischen Satzung und Vereinbarung und anschließender Hauptversammlung zur Änderung der Satzung, spricht das langwierige Wahlverfahren gegen eine Bestellung der Mitglieder der Arbeitnehmer zu diesem Zeitpunkt. Ebenso verhält es sich mit dem Genehmigungsvorbehalt der Eintragung der SE von den Hauptversammlungen zum Schutz vor nachträglicher Änderung der wirtschaftlichen Grundlage der Verschmelzung, vgl. Art. 23 Absatz 2, Art. 32 Absatz 6 Satz 3 SE-VO.

Dies spricht dafür, dass die Anwendung der Vorschriften über die Bestellung von Aufsichtsratsmitgliedern der Arbeitnehmer auch nach dem SE-Recht im Rahmen der Zusammensetzung und Bestellung des ersten Aufsichtsorgans, nicht zwingend ist[449]. Die Zusammensetzung des Organs mit Arbeitnehmervertretern vor Eintragung, würde die Gründung aufgrund des aufwendigen Wahlverfahrens von Vertretern der Arbeitnehmer noch weiter in die Länge ziehen. Dies ist aber nicht geboten und wäre auch unverhältnismäßig. Dies wird zudem indirekt dadurch bestätigt, dass erst zum Zeitpunkt der Eintragung die Regelung

---

446 Vgl. *Neun* in Theisen/Wenz, Die Europäische Aktiengesellschaft, S. 137; *Schwarz*, SE-VO, Art. 12 Rn. 42; *Seibt* in Lutter/Hommelhoff, SE-Komm, 1. Auflage, Art. 12 Rn. 32; *Schröder* in Manz/Mayer/Schröder, Europäische Aktiengesellschaft, Art. 12 SE-VO Rn. 30; *Habersack*, Der Konzern 2008, 67, 71.

447 Als Ergänzung der Vorschrift des Art. 12 Absatz 2 SE-VO sehend *Neun* in Theisen/Wenz, Die Europäische Aktiengesellschaft, S. 137; *Schwarz*, SE-VO, Art. 12 Rn. 42; *Seibt* in Lutter/Hommelhoff, SE-Komm, 1. Auflage, Art. 12 Rn. 32; *Habersack*, Der Konzern 2008, 67, 71.

448 *Schröder* in Manz/Mayer/Schröder, Europäische Aktiengesellschaft, Art. 23 SE-VO Rn. 15; *Seibt* in Lutter/Hommelhoff, SE-Komm, 1. Auflage, Art. 12 Rn. 32.

449 So auch *Paefgen* in KölnKomm AktG, Art. 40 SE-VO Rn. 72; wohl auch *Seibt* in Habersack/Drinhausen, SE-Recht, Art. 40 SE-VO Rn. 52.

über die Mitbestimmung in Kraft tritt (§§ 34 Abs. 1, 22 Abs. 1 SEBG)[450]. Dass die Mitbestimmungsfreiheit des ersten Aufsichtsorgans von der SE-Verordnung von vorneherein ausgeschlossen ist, kann auch der Regelungssystematik nicht entnommen werden. Vielmehr kann es nach den Regelungen in der SE-Verordnung dazu kommen, dass das erste Aufsichtsorgan bis zur Hauptversammlung, welche über die Entlastung für das erste Geschäfts- bzw. Rumpfgeschäftsjahr entscheidet, mitbestimmungsfrei bleibt[451]. Jedenfalls wenn die Verhandlungen über die Mitbestimmung bis zum Ablauf der Verhandlungsfrist des § 20 SEBG ergebnislos bleiben, kann die SE gemäß Art. 12 Abs. 2 SE-VO eingetragen werden, ohne dass die nach § 36 SEBG zu bestellenden Vertreter der Arbeitnehmer tatsächlich von der Hauptversammlung bestellt sein müssten[452]. Nach Art. 40 Abs. 2 Satz 1 SE-VO, § 36 Abs. 4 SEBG werden die Mitglieder von der Hauptversammlung bestellt[453]. Die erste Hauptversammlung muss spätestens sechs Monate nach Ende des Geschäftsjahres zusammentreten, vgl. Art. 54 Abs. 1 SE-VO. Dementsprechend wäre das erste Aufsichtsorgan mitbestimmungsfrei.

Ferner geht auch die Regierungsbegründung zum SEEG davon aus, dass nach den gesellschaftsrechtlichen Vorschriften das erste Aufsichtsorgan bei Neugründung mitbestimmungsfrei bleibt[454].

Habersack kritisiert mit Blick auf § 30 Abs. 3 Satz 1 AktG die mitbestimmungsfreie Zusammensetzung des ersten Aufsichtsorgans und die Anwendung der §§ 30 und 31 AktG auf die SE[455]. Er ist der Ansicht, dass das erste Aufsichtsorgan nicht mitbestimmungsfrei gebildet werden könne, sondern vielmehr die Vertreter der Arbeitnehmer zu bestellen seien, sobald das Verhandlungsverfahren abgeschlossen ist und feststeht, nach welchen Regeln die Arbeitnehmervertreter zu bestellen sind[456]. Dabei geht aber auch er davon aus, dass die Mitglieder durch

---

450 Vgl. *Manz* in Manz/Mayer/Schröder, Europäische Aktiengesellschaft, Art. 40 SE-VO Rn. 25.

451 Vgl. *Paefgen* in KölnKomm AktG, § 40 SE-VO Rn. 71, *Schwarz*, SE-VO, Art. 40 Rn. 52.

452 *Paefgen* in KölnKomm AktG, § 40 SE-VO Rn. 71.

453 *Feuerborn* in KölnKomm AktG, § 36 SEBG Rn. 20; *Henssler* in Habersack/Henssler, MitbestR, § 36 SEBG Rn. 29; *Hohenstatt/Mülle-Bonanni* in Habersack/Drinhausen, SE-Recht, § 36 SEBG Rn. 12; *Jacobs* in MünchKomm AktG, § 36 SEBG Rn. 9; *Nagel* in Nagel//Freis/Kleinsorge, Die Beteiligung der Arbeitnehmer in der SE, § 36 Rn. 9; *Oetker* in Lutter/Hommlehoff, SE-Komm, § 36 SEBG Rn. 14; a. A. *Schwarz*, SE-VO, Art. 40 Rn. 44 und 52.

454 BT-Drucks. 15/3405, S. 51.

455 *Habersack*, Der Konzern 2008, 67, 74.

456 *Habersack*, Der Konzern 2008, 67, 74; dem folgend *Reichert/Brandes* in MünchKomm AktG, § 40 SE-VO Rn. 53, so auch *Manz* in Manz/Mayer/Schröder, Europäische

die Hauptversammlung, bei den Arbeitnehmervertretern mit Bindung an den Wahlvorschlag des Wahlgremiums der Arbeitnehmer, bestellt würden[457]. Folglich müsste die Hauptversammlung vor dem in Art. 54 Abs. 1 SE-VO genannten Zeitpunkt hierfür zusammentreten. Er differenziert dabei nicht zwischen den verschiedenen Gründungsformen der SE. Neben der fehlenden Differenzierung spricht gegen diese Lösung, dass ganz am Ende der Gründungsphase noch eine Hauptversammlung abgehalten werden müsste und es auch durch die Wahl und die Bestellung des Aufsichtsorgan zu erheblicher Verzögerung bei der Errichtung der SE käme.

bb) Zwischenergebnis

Die Zusammensetzung des ersten Aufsichtsorgans der SE hat sich grundsätzlich nach den § 30 Abs. 2 und § 31 AktG i.V.m. Art. 15 Abs. 1 SE-VO zu richten[458]. Die genannten Vorschriften kommen über die Verweisungsvorschrift des Art. 15 Abs. 1 SE-VO bei der SE zu Anwendung, weil die Bestellung des ersten Aufsichtsorgans vor Eintragung der SE ins Handelsregister erfolgt und diese Frage die entstehende und nicht entstandene SE betrifft[459]. Zudem enthält das SE-Recht, wie vorstehend untersucht, bezüglich der Zusammensetzung des ersten Aufsichtsorgans keine abschließenden Regelungen, die die komplette Besetzung des ersten Aufsichtsrats der SE (das heißt mit Vertretern von Anteilseignern und Arbeitnehmern) zwingend vorschreiben.

Insbesondere aus dem Vorrang der Beteiligungsvereinbarung (Art. 40 Abs. 2 Satz 3 SE-VO) kann nicht zwingend geschlossen werden, dass die Arbeitnehmer im ersten Aufsichtsorgan der SE (nach Eintragung) in jedem Falle, also unabhängig von der Gründungsform, zu berücksichtigen sind. Zwar richten sich

---

Aktiengesellschaft, Art. 40 SE-VO Rn. 40; *Scheifele*, Die Gründung der SE, S. 426; *Schwarz*, SE-VO, § 40 Rn. 52.

457 *Habersack*, Der Konzern 2008, 67, 70 f.

458 So auch BT-Drucks. 15/3405, S. 51; *Drygala* in Lutter/Hommelhoff, SE-Komm, § 40 Rn. 29; *Henssler* in Habersack/Henssler, MitbestR, Einl. SEBG Rn. 37; *Paefgen* in KölnKomm AktG, § 40 SE-VO Rn. 71 f.; *Scheifele*, Gründung der SE, S. 254; *Seibt* in Habersack/Drinhausen, SE-Recht, Art. 40 SE-VO Rn. 51; *Reichert/Brandes* in MünchKomm AktG, 2. Auflage, Art. 40 SE-VO Rn. 56 f.; a. A. *Jannott* in Jannott/Frodermann, HdB der Europäischen Aktiengesellschaft, 3 Rn. 87; *Marsch-Barner* in Kallmeyer, UmwR, Anh. I Europäische Gesellschaft Rn. 60; *Schwarz*, SE-VO, Vorb. Art. 17–31 Rn. 12; *Habersack*, Der Konzern 2008, 67, 72; dem folgend jetzt *Reichert/Brandes* in MünchKomm AktG, Art. 40 SE-VO Rn. 53.

459 Vgl. *Scheifele*, Gründung der SE, S. 254.

die Beteiligungsrechte nach der Eintragung nach der geschlossenen Vereinbarung bzw. § 36 SE-VO, allerdings sind auf die Gründung der SE die nationalen Gründungsvorschriften anzuwenden (Art. 15 Abs. 1 SE-VO). Nach den deutschen Gründungsvorschriften kann unter den Voraussetzungen des § 30 bzw. § 31 AktG das erste Aufsichtsrat aber mitbestimmungsfrei besetzt werden. Auch das erste Aufsichtsorgan der SE kann danach mitbestimmungsfrei gebildet werden. Seine Rechtfertigung findet das mitbestimmungsfreie Aufsichtsorgan vor allem in der Überlegung, dass die Gesellschaft zu Anfang, wenn sie kein bestehendes Unternehmen übernommen oder aufgenommen hat, noch verhältnismäßig wenige Arbeitnehmer hat.

cc) Zusammensetzung des SE-Aufsichtsorgans nach den aktienrechtlichen Gründungsvorschriften

Die aktienrechtlichen Gründungsvorschriften der §§ 30 und 31 AktG, welche die Zusammensetzung des ersten Aufsichtsrats der AG regeln, unterscheiden zwischen der Gründung mit baren Einzahlungen bzw. Sacheinlagen/ -übernahmen, welche nicht in der Einbringung eines Unternehmens bestehen, und Sachgründung/ -übernahme durch Einbringung oder Übernahme eines Unternehmens. Bei der Anwendung auf die SE ist ebenso zwischen den unterschiedlichen Formen bei der SE-Gründung zu differenzieren.

(1) Tochter-SE-Gründung als Bargründung

Die Gründung einer Tochter-SE kann mit baren Einzahlungen erfolgen[460]. Die Bestellung des ersten Aufsichtsorgans richtet sich daher nach Art. 15 Abs. 1 SE-VO i. V. m § 30 AktG. Das erste Aufsichtsorgan wird demgemäß ausschließlich aus Vertretern der Anteilseigner gebildet. Die mitbestimmungsrechtlichen Regelungen sind nicht anzuwenden. § 31 AktG findet keine Anwendung, da hier keine Sacheinlage oder Sachübernahme erfolgt, die die Einbringung oder Übernahme eines Unternehmens bzw. eines Teils zum Gegenstand hat[461]. Dieses Ergebnis ist insbesondere mit der Regelungssystematik der SE-Verordnung vereinbar. Die Mitbestimmungsfreiheit des ersten Aufsichtsorgans bei einer SE-Gründung als

---

460 *Bayer* in Lutter/Hommelhoff, SE-Komm, Art. 36 SE-VO Rn. 21; *Jannott* in Jannott/Frodermann, HdB der Europäischen Aktiengesellschaft, 3 Rn 232; *Paefgen* in KölnKomm AktG, Art. 36 SE-VO Rn. 19; *Schäfer* in MünchKomm AktG, Art. 36 SE-VO Rn. 4; *Scheifele*, Gründung der SE, S. 391 f.; *Schwarz*, SE-VO, Art. 36 Rn. 21; Teichmann, ZGR 2003, 367, 395 f.; *Spitzbart*, RNotZ 2006, 369, 413.

461 Vgl. *Paefgen* in KölnKomm AktG, Art. 40 SE-VO Rn. 75.

Bargründung, findet ihre Rechtfertigung (wie bei der nationalen AG) darin, dass die SE, wenn sie kein bestehendes Unternehmen übernimmt bzw. keines eingebracht wird, zu Anfang noch recht wenige Arbeitnehmer hat und die Rechte der Arbeitnehmer in den Wahlen der Arbeitnehmervertreter dann noch keine ausreichende Berücksichtigung fänden[462]. Die Minderung der Mitbestimmung in der Anfangsphase der Gesellschaft kann durch eine verkürzte Amtszeit der Mitglieder des ersten Aufsichtsorgans ausgeglichen werden[463].

(2) Verschmelzung durch Neugründung und Tochter-SE-Gründung als Sachgründung

Bei der Verschmelzung durch Neugründung erfolgt die Übertragung des Vermögens, im Unterschied zur Verschmelzung durch Aufnahme[464], nicht auf eine der Gründungsgesellschaften, sondern auf eine neu zu gründende Gesellschaft (Art. 17 Abs. 2 lit b) SE-VO). Es handelt sich um eine Sachgründung, deren Gegenstand die Einbringung bzw. Übernahme eines Unternehmens oder Teil eines Unternehmens, d.h. des Vermögens und der personellen Mittel ist.

Die Sachgründung ist insbesondere für die Gründung einer Tochter-SE durch Einbringung eines Teils eines Unternehmens eine Gründungsalternative[465].

Für Sachgründungen durch Einbringung oder Übernahme eines Unternehmens bzw. Teil eines Unternehmens stellt § 31 AktG eine Sondervorschrift dar, welche eine Ausnahme zu dem in § 30 AktG geregelten Fall, der mitbestimmungsfreien Zusammensetzung des ersten Aufsichtsrats, trifft. Über die Verweisung auf die Gründungsvorschriften des nationalen Rechts (Art. 15 Abs. 1 SE-VO), finden die Vorschriften §§ 31, 30 AktG auf die SE Anwendung. Nach § 31 AktG wird der erste Aufsichtsrat nach dem künftigen Mitbestimmungsmodell unter Berücksichtigung des übernommenen Unternehmens zusammengesetzt, die Arbeitnehmervertreter sind aber noch nicht zu bestellen.

Sind zum Zeitpunkt der Beschlussfassung über den Verschmelzungs- oder Gründungsplan bzw. die Gründungsurkunde ausnahmsweise schon abzusehen, zu welchem Mitbestimmungsmodell die Verhandlungen des Besonderen

462 Vgl. Begr. RegE. bei *Kropff*, AktG, S. 49.

463 Vgl. dazu folgend 2. a).

464 Vgl. dazu folgend unter (3).

465 *Bayer* in Lutter/Hommelhoff, SE-Komm, Art. 36 Rn. 21; *Jannott* in Jannott/Frodermann, HdB der Europäischen Aktiengesellschaft, 3 Rn. 232; *Schäfer* in MünchKomm AktG, Art. 36 SE-VO Rn. 5; *Paefgen* in KölnKomm AktG, § 36 Rn. 19; *Scheifele*, Gründung der SE, S. 391 f.; *Schwarz*, SE-VO, Art. 36 Rn. 21; *Spitzbart*, RNotZ 2006, 369, 413, Teichmann, ZGR 2003, 367, 395 f.

Verhandlungsgremiums und den Leitungen führen, sind in sinngemäßer Anwendung des § 31 Abs. 1 Satz 1 AktG nur so viele Anteilseignervertreter zu bestellen, wie nach ihrer ex-ante Sicht nach dem ausgehandelten Mitbestimmungsergebnis erforderlich wären[466]. Wenn nur zwei Aufsichtsratsmitglieder zu bestellen wären, sind zur Herstellung der Beschlussfähigkeit drei Mitglieder zu bestellen (§ 31 Abs. 1 Satz 2 AktG).

Ist zum Zeitpunkt der Bestellung des ersten Aufsichtsorgans die Verhandlungen über die Mitbestimmung noch nicht abgeschlossen, wie es regelmäßig der Fall sein wird, ist in der SE die Besetzung des Aufsichtsorgans mit Arbeitnehmervertretern unklar. Das erste Aufsichtsorgan ist folgerichtig in entsprechender Anwendung der §§ 31, 30 AktG ohne Arbeitnehmervertreter in Übereinstimmung mit den satzungsmäßigen Vorgaben zu bilden. Den Arbeitnehmern ist aber alsbald die Vertretung im Aufsichtsrat zu ermöglichen, die ihnen nach den mitbestimmungsrechtlichen Regelungen zusteht, vgl. § 31 Abs. 3 AktG[467]. Auch der Verordnungsgeber strebt (erkennbar in den Regelungen des Art. 12 Abs. 2 und 4 SE-VO) an, möglichst bald die Arbeitnehmervertretung im Aufsichtsorgan zu sichern. Ein vollständig, das heißt bei mitbestimmten Unternehmen mit Vertretern von Anteilseignern und Arbeitnehmern, besetztes erstes Aufsichtsorgan ist daher zeitnah nach der Einbringung des Unternehmens oder eines Teils eines Unternehmens zu bilden.

(3) Verschmelzung durch Aufnahme

Die Verschmelzung durch Aufnahme erfolgt durch Vermögensübertragung auf die aufnehmende Gesellschaft und den Formwechsel der aufnehmenden Gesellschaft. Die rechtliche Besonderheit der Verschmelzung nach Art. 17 Abs. 2 lit. a) SE-VO besteht darin, dass die aufnehmende AG in eine SE umgewandelt wird (Art. 17 Unterabs. 2 Satz 1, 29 Abs. 1 lit. d) SE-VO). Dabei handelt es sich um eine formwechselnde Umwandlung, bei der die rechtliche und wirtschaftliche Identität erhalten bleibt und sich bloß ihre Verfassung ändert[468]. Die Ähnlichkeit zum Rechtsformwechsel rechtfertigt grundsätzlich die analoge Anwendung umwandlungsrechtlicher Vorschriften auf die Gründung der SE im Wege der Verschmelzung durch Aufnahme. Mithin gilt analog § 203 UmwG für die Amtsdauer der Organmitglieder[469].

---

466 Ähnlich *Jannott* in Jannott/Frodermann, HdB der Europäischen Aktiengesellschaft, 3 Rn. 87 mit Fn. 193.

467 Vgl. Begr. RegE. bei *Kropff*, AktG, S. 50.

468 *Scheifele*, Gründung der SE, S. 134.

469 Vgl. zur Anwendung von § 203 UmwG unter III. 1. b) bb).

Ist erstmals ein mitbestimmtes Aufsichtsorgan zu bilden oder das Aufsichtsorgan in anderer Weise als beim aufnehmenden und formwechselnden Rechtsträger zusammenzusetzen, ist bei der Verschmelzung durch Aufnahme fraglich, inwieweit die §§ 30, 31 AktG anzuwenden sind[470]. In Bezug auf § 30 AktG könnten hieran nach den nationalen Vorschriften Zweifel bestehen, weil § 197 Satz 2 UmwG die Anwendung beim Formwechsel ausdrücklich ausschließt[471]. Durch die Nichtanwendung des § 30 AktG soll die Vertretung der Arbeitnehmer schon zum Zeitpunkt des Wirksamwerdens des Formwechsels gesichert werden[472]. § 197 S. 2 UmwG, der die Anwendung der Vorschriften über die Bildung und Zusammensetzung des ersten Aufsichtsorgans für den Formwechsel ausschließt, findet allerdings auf die SE-Gründung im Wege der Verschmelzung durch Aufnahme, trotz Ähnlichkeit zur Formumwandlung, keine Anwendung. Dafür spricht zunächst, dass es sich bei der Verschmelzung durch Aufnahme nicht um einen Formwechsel im engeren Sinne handelt. In Betracht käme also allenfalls eine analoge Anwendung der Vorschrift. Dabei fehlt es aber wegen der möglichen Mitbestimmungsfreiheit an einer vergleichbaren Interessenlage. Denn anders als beim Formwechsel besteht bei der Verschmelzung zur SE keine mitbestimmungsrechtliche Bestandssicherung (Art. 4 Abs. 4 SE-RL), sodass auch gar keine Mitbestimmung im Aufsichtsorgan durch Vereinbarung festgesetzt werden könnte[473]. Die Gründung der SE im Wege der Verschmelzung durch Aufnahme ist, wie eine Sachgründung mit Übernahme eines Unternehmens oder eines Teils eines Unternehmens, nach den aktienrechtlichen Gründungsvorschriften zu behandeln. Es handelt sich bei dem neu zu bestellendem Organ um ein „erstes Aufsichtsorgan“ im Sinne des § 30 AktG[474]. Die Sondervorschrift § 31 AktG für Sachgründungen mit Unternehmenseinbringung findet auf die Verschmelzungsgründung der SE durch Aufnahme Anwendung (Art. 15 Abs. 1 SE-VO). Die Bildung und Zusammensetzung des ersten Aufsichtsorgans vollziehen sich bei der Verschmelzung durch Aufnahme also, wie im Falle der Verschmelzung durch Neugründung und Tochter-SE-Gründung, als Sachgründung[475].

470 Vgl. auch *Scheifele,* Gründung der SE, S. 254.

471 Für die Rechtlage vor dem 2. Gesetz zur Änderung des UmwG vgl. *Scheifele,* Gründung der europäischen Gesellschaft, S. 254.

472 *Decher/Hoger* in Lutter, UmwG, § 197 Rn. 47.

473 Vgl. *Scheifele,* Gründung der SE, S. 254 und 426.

474 Deshalb gilt jedenfalls für die Anteilseignervertreter § 30 Abs. 3 Satz 1 AktG.

475 Vgl. vorstehend unter (2).

(4) Holding-SE-Gründung

Die Holdinggründung einer SE ist ihrer Rechtsnatur nach einer Sachgründung[476]. Gegenstand der Sacheinlage sind Anteile der Gründungsgesellschaften, welche die Anteilsinhaber gegen Aktien der gründenden SE tauschen[477]. Bei Sachgründungen kommt die Anwendung des § 31 AktG in Betracht. Demzufolge wäre eine Beteiligung von Arbeitnehmern im ersten Aufsichtsorgan nach Maßgabe des § 31 AktG erforderlich. Bei der Sacheinlage müsste es sich aber um die Einbringung oder Übernahme eines Unternehmens handeln. Hieran bestehen im Falle der Holding-SE-Gründung, mit Blick auf den Unternehmensbegriff des § 31 AktG, Zweifel. Die Berücksichtigung von Arbeitnehmern im ersten Aufsichtsorgan bei Sachgründungen mit Übernahme oder Einbringung gründet in der gesetzgeberischen Überlegung, dass im Zuge dessen eine Belegschaft mit eingebracht wird. Diese Arbeitnehmer sollen schon im ersten Aufsichtsorgan berücksichtigt werden[478]. Hinsichtlich der einzubringenden Anteile der Gründungsgesellschaften bei der Holding-SE-Gründung, kann aber nicht von einer Einbringung eines Unternehmens im Sinne des § 31 AktG ausgegangen werden[479]. Die Gründung der SE stellt sich hier als Anteilstausch (Art. 33 Abs. 4 SE-VO) dar, bei dem die beteiligten Gesellschaften nach der Gründung fortbestehen (Art. 32 Abs. 1 Satz 2 SE-VO). Die zu gründende Holding-SE wird nicht mit Gegenständen und personellen Mitteln aus den beteiligten Gesellschaften ausgestattet[480]. Das erste Aufsichtsorgan kann bei der Gründung der Holding-SE daher mitbestimmungsfrei errichtet werden[481].

---

476 *Casper* in Spindler/Stilz, AktG, Art. 37 Rn. 1; *Paefgen* in KölnKomm AktG, Art. 32 SE-VO Rn. 4; Art 40 SE-VO Rn. 72; *Scheifele*, Gründung der SE, S. 307; *Schwarz,* SE-VO, Vorb. Art. 32–34 Rn. 5.

477 *Bayer* in Lutter/Hommlehoff, SE-Komm, Art. 32 Rn. 1; *Casper* in Spindler/Stilz, AktG, Art 37 Se-Vo Rn. 1; *Paefgen* in KölnKomm AktG, Art. 32 SE-VO Rn. 1 und 4; *Schäfer* in MüchKomm AktG, Art. 32 SE-VO Rn. 1; *Schwarz,* SE-VO, Vorb. Art. 32–34 Rn. 5.

478 *Röhricht* in Großkomm AktG, § 31 Rn. 2 f.

479 *Scheifele,* Gründung der SE, S. 368.

480 Scheifele, Gründung der SE, S. 366.

481 Es gilt § 30 Abs. 2 AktG. Für die Zusammensetzung gelten die vorstehenden Ausführungen zur Tochter-SE-Gründung als Bargründung unter (1) sinngemäß.

(5) Rechtsformwechsel in die SE

Die Umwandlung ist, ihrer Rechtsnatur nach, keine Sachgründung[482], daher finden die §§ 30, 31 AktG keine direkte Anwendung. § 197 Satz 2 UmwG bestimmt ausdrücklich, dass die Vorschriften über die Bildung und Zusammensetzung des ersten Aufsichtsrats auf den Formwechsel nicht anzuwenden sind. Die Vertretung der Arbeitnehmer im Aufsichtsrat des Rechtsträgers neuer Rechtsform soll schon zum Zeitpunkt des Wirksamwerdens des Formwechsels gesichert werden[483]. Die Zielsetzung ist aus praktischen Gründen allerdings nur schwer zu erreichen[484]. Die Vorschrift des § 197 Satz 3 UmwG[485] stellt deshalb klar, dass § 31 AktG auf die Gründung im Wege des Formwechsels anzuwenden ist[486]. Die aktienrechtliche Vorschrift des § 31 findet über Art. 15 Abs. 1 SE-VO i.V.m. § 197 Satz 3 AktG auch auf den Formwechsel einer AG in eine SE Anwendung, da es sich um eine Gründungsvorschrift handelt und das SE-Recht diesbezüglich keine speziellen Regelungen trifft[487]. Das neu zu bestellende Aufsichtsorgan der, im Wege der Umwandlung, entstehenden SE ist demnach nur mit so vielen Mitgliedern zu besetzen, wie nach der Mitbestimmungsregelung, die nach Ansicht der Gründer maßgeblich ist, von der Hauptversammlung ohne Bindung an die Wahlvorschläge zu wählen sind (§ 31 Abs. 1 AktG). Die Zusammensetzung des Aufsichtsorgans richtet sich also nach dem künftigen Mitbestimmungsmodell, welches die Gründer für maßgebend halten, allerdings ohne Besetzung der Sitze, die auf die Arbeitnehmervertreter entfallen. Auf Grund des mitbestimmungsrechtlichen Bestandsschutzes im Rahmen der Umwandlungsgründung (Art. 4 Abs. 4 SE-RL), ergeben sich keine prinzipiellen Veränderungen in der Zusammensetzung des Aufsichtsorgans[488]. Daher ist eine Zusammensetzung nach Maßgabe des § 31 AktG auch schon zum Zeitpunkt des Umwandlungsbeschlusses ohne größere Schwierigkeiten möglich. Auf diese Weise wird bei

---

482 Denn das Vermögen der SE ist mit dem Vermögen der formwechselnden AG kongruent, *Paefgen* in KölnKomm AktG, Art. 37 SE-VO Rn. 1 sowie Art. 40 SE-VO Rn. 74, *Scheifele,* Gründung einer SE, S. 411 f.

483 *Decher/Hoger* in Lutter, UmwG, § 197 Rn. 47.

484 Vgl. *Decher* in Lutter, UmwG, 3. Auflage, § 197 Rn. 49.

485 In der Fassung des 2. Gesetzes zur Änderung des Umwandlungsrechts, BT-Drucks. 16/2919, S. 9.

486 *Drygalla* in Lutter/Hommelhoff, SE-Komm, Art. 40 SE-VO Rn. 29; *Paefgen* in Köln-Komm AktG, Art. 40 SE-VO Rn. 74.

487 *Drygalla* in Lutter/Hommelhoff, SE-Komm, Art. 40 SE-VO Rn. 29; *Paefgen* in Köln-Komm AktG, Art. 40 SE-VO Rn. 74.

488 Vgl. *Scheifele,* Gründung der SE, S. 426.

mitbestimmten Unternehmen sichergestellt, dass die Arbeitnehmer bereits zum Zeitpunkt des Wirksamwerdens des Formwechsels im Aufsichtsorgan berücksichtigt werden. Die Bestellung der Arbeitnehmervertreter vor Eintragung der SE ist dabei nicht zwingend[489]. Verbleibende Unsicherheiten hinsichtlich der geltenden mitbestimmungsrechtlichen Vorschriften werden durch die Regelungen in § 31 Abs. 3 Satz 1 AktG und § 31 Abs. 5 i.V.m. § 30 Abs. 3 Satz 1 AktG und dessen gegebenenfalls erforderlichen Neubestellung (Art. 15 Abs. 1 SE-VO i.V.m. § 31 Abs. 3 Satz 3 AktG) ausgeglichen.

(6) Besonderheit: Vorrang der Verhandlungslösung

Die Leitungen und das besondere Verhandlungsgremium können vereinbaren, dass abweichend von Art. 15 Abs. 1 SE-VO i.V.m. §§ 30, 31 AktG, das erste Aufsichtsorgan entsprechend der ausgehandelten Vereinbarung mit Vertretern der Arbeitnehmer zusammen zu setzen ist[490]. Das bedeutet, dass schon der erste Aufsichtsrat zwingend mitbestimmt sein muss, also die Arbeitnehmer von Anfang an im ersten Aufsichtsrat zu berücksichtigen bzw. bestellen sind, sofern dies in der Vereinbarung von den Parteien festgesetzt wird[491].

2. Amtszeit des ersten Aufsichtsorgans

a) Anwendbarkeit des § 30 Abs. 3 Satz 1 AktG

Mit der getroffenen Feststellung, dass §§ 30 und 31 AktG auch für die Zusammensetzung des ersten Aufsichtsorgan der dualistisch verfassten SE gelten[492], stellt sich ferner die Frage nach der Amtszeit der Mitglieder des ersten Aufsichtsorgans. § 30 Abs. 3 Satz 1 AktG beschränkt die Amtszeit bis zum Abschluss der Hauptversammlung, die über die Entlastung für das erste Voll- oder Rumpfgeschäftsjahr beschließt. Denkbar wäre, die Beschränkung der Amtszeit über die Verweisungsnorm des Art. 15 SE-VO auch auf die SE anzuwenden, falls die SE-Verordnung keine eigene Regelung zur Amtszeit der Mitglieder des ersten Aufsichtsorgans bereithält. Die Amtszeit der Mitglieder des Aufsichtsorgans ist in Art. 46 Abs. 1 SE-VO bestimmt. Die Mitglieder des Aufsichtsorgans können für einen in der Satzung bestimmten Zeitraum, der sechs Jahre nicht

489 *Paefgen* in KölnKomm AktG, Art. 40 SE-VO Rn. 74.

490 *Paefgen* in KölnKomm AktG, Art. 40 SE-VO Rn. 77.

491 So ist auch die Begr. RegE, BT-Drucks. 15/3405, S. 51 zu verstehen, wonach die mitbestimmungsrechtliche Lücke im Wege der Vereinbarung geschlossen werden kann; i. Ü. Vgl. auch *Paefgen* in KölnKomm AktG, Art. 40 SE-VO Rn. 77.

492 Vgl. die Ausführungen vorstehend unter IV. 1. b).

überschreiten darf, bestellt werden. Eine eigenständige Regelung über die Amtszeit der Mitglieder des ersten Aufsichtsorgans gibt es nicht. Unklar ist, ob durch Art. 46 Abs. 1 SE-VO auch die Amtszeit der Mitglieder des ersten Aufsichtsorgans geregelt wird oder nicht.

Dies ist in der Literatur umstritten. Zum Teil wird vertreten, dass sich die Amtszeit des ersten Aufsichtsorgans nach § 30 Abs. 3 Satz 1 AktG und nicht nach Art. 46 SE-VO richte[493]. Die Gegenmeinung hält Art. 46 Abs. 1 SE-VO für eine abschließende Regelung der Amtszeit der Mitglieder im Aufsichtsorgan und geht davon aus, dass die verkürzte Amtszeit der Mitglieder des ersten Aufsichtsrats aus § 30 Abs. 3 Satz 1 AktG unabhängig vom Gründungstatbestand für die SE nicht gilt[494].

Die Vorschrift des Art. 40 Abs. 2 SE-VO zeigt, dass die Verordnung zwischen der Bestellung der Mitglieder des ersten und der folgenden Aufsichtsorgane unterscheidet. Da die SE-Verordnung in Art. 46 Abs. 1 insoweit nicht differenziert, wird dies von der zuerst genannten Meinung als Regelungslücke ausgelegt und über Art. 15 Abs. 1 SE-VO die Regelungen des Aktiengesetzes über die Amtszeit des ersten Aufsichtsorgans angewendet[495]. Die Vertreter der Gegenmeinung nehmen an, dass Art. 46 Satz 1 SE-VO als abschließende Regelung zu verstehen sei und daher auch für die Mitglieder des ersten Aufsichtsorgans gelte[496]. Der Vergleich zwischen Art. 40 Abs. 2 Satz 2 und Satz 1 zu Art. 46 Abs. 1 SE-VO deute darauf hin, dass der Verordnungsgeber keine besondere Bestimmung über die Amtszeit des ersten Organs treffen wollte[497]. Mithin sei Art. 46 Abs. 1 SE-VO als abschließende Regelung zu verstehen[498].

Mit der hier vertretenen Meinung, dass §§ 30 und 31 AktG auf die Zusammensetzung des ersten Aufsichtsorgans der dualistischen SE Anwendung findet,

493 *Drygalla* in Lutter/Hommelhoff, SE-Komm, Art. 40 SE-VO Rn. 28; *Scheifele*, Gründung der SE, S. 426; *Paefgen* in KölnKomm AktG, Art. 40 SE-VO Rn. 71 und 73.

494 *Jannott* in Jannott/Frodermann, HdB der europäischen Aktiengesellschaft, 5 Rn. 98 und 3 Rn. 87; *Manz* in Manz/Mayer/Schröder, Europäische Aktiengesellschaft, Art. 40 SE-VO Rn. 25; *Marsch-Barner* in Kallmayer, UmwG, Anh. Europäische Gesellschaft Rn. 61; *Schwarz*, SE-VO, Art. 40 Rn. 53; *Spitzbart*, RNotZ 2006, 369, 377.

495 *Drygalla* in Lutter/Hommelhoff, SE-Komm, Art. 40 Rn. 28; *Eberspächer* in Spindler/Stilz, AktG, Art. 46 SE-VO Rn. 5a; *Reichert/Brandes* in MünchKomm AktG, Art. 46 SE-VO Rn. 11.

496 Vgl. *Jannott* in Jannott/Frodermann, HdB der Europäischen Aktiengesellschaft, 3 Rn. 87, 260 u. 5 Rn. 98; *Schwarz*, SE-VO, Art. 40 Rn. 53; *Habersack*, Der Konzern 2008, 67, 73 f.

497 *Habersack*, Der Konzern 2008, 67, 74.

498 *Habersack*, Der Konzern 2008, 67, 74.

ist es nur konsequent, die verkürzte Amtszeit für die Mitglieder des ersten Organs anzunehmen. In der verkürzten Amtszeit des ersten Aufsichtsorgans (§ 30 Abs. 3 Satz 1 AktG) liegt nämlich der Ausgleich für die Mitbestimmungsfreiheit des ersten Organs[499]. Dafür spricht auch die Normenhistorie des Art. 46 SE-VO[500] sowie der Gedanke einer guten Corporate Governance[501].

Nach der Intention des nationalen Gesetzgebers soll mit der Regelung einer mitbestimmungsfreien ersten Bestellung in Verbindung mit einer verkürzten Amtszeit, eine kostspielige und komplexe Neuwahl von Vertretern der Arbeitnehmer vermieden werden[502]. Dieser Gedanke ist auch bei der SE-Gründung einschlägig[503].

b) Verkürzte Amtszeit des ersten Aufsichtsorgans der SE

Für die Mitglieder des ersten Aufsichtsorgans der SE gilt, nach dem Vorstehenden, qua Art. 15 Abs. 1 SE-VO die verkürzte Amtszeit des § 30 Abs. 3 Satz 1 AktG. Die Mitglieder des ersten Organs sind gemäß der genannten aktienrechtlichen Vorschrift nicht für längere Zeit als bis zur Beendigung der Hauptversammlung, welche über die Entlastung für das erste Voll- oder Rumpfgeschäftsjahr beschließt, zu bestellen. Die Begrenzung der Amtszeit gleicht die mitbestimmungsfreie Bestellung des ersten Aufsichtsrats aus[504]. Durch die kurze Amtszeit der Mitglieder des ersten Aufsichtsrats wird die Beteiligung der Arbeitnehmer zu einem frühen Zeitpunkt nach der Gründung sichergestellt[505].

Bei Sachgründungen durch Unternehmenseinbringung gilt die Höchstamtszeit des § 30 Abs. 3 Satz 1 AktG nicht für die Arbeitnehmervertreter, die nach § 31 Abs. 3 Satz 1 AktG unverzüglich nach Einbringung bzw. Übernahme in das Aufsichtsorgan bestellt wurden (§ 31 Abs. 5 AktG). Der Anwendungsbereich von § 31 Abs. 5 AktG bei der SE dürfte allerdings gering sein, da das Aufsichtsorgan auch bei einer Sachgründung regelmäßig ohne Arbeitnehmervertreter bestellt worden sein wird. Zum Zeitpunkt der Bestellung wird die Mitbestimmung mangels abgeschlossener Verhandlungen mit dem Besonderen

499 Begr. RegE. bei *Kropff*, AktG, S. 51.
500 BT-Drucks. 11/5427, S. 38, vgl. *Eberspächer* in Spindler/Stilz, AktG, Art. 46 SE-VO Rn. 5a.
501 Vgl. *Drygalla* in Lutter/Hommelhoff, SE-Komm, Art. 40 SE-VO Rn. 28.
502 BT-Drucks. 12/6721, S. 7; vgl. *Röhricht* in Großkomm AktG, § 31 Rn. 21.
503 So auch *Paefgen* in KölnKomm AktG, Art. 40 SE-VO Rn. 73 mit Fn. 140.
504 Begr. RegE. bei *Kropff*, AktG, S. 51.
505 Begr. RegE. bei *Kropff*, AktG, S. 51 f.

Verhandlungsgremium noch nicht feststehen. Für die nach § 31 Abs. 1 AktG von den Gründern bestellten Anteilseignervertretern verbleibt es bei der verkürzten Amtszeit gemäß § 30 Abs. 3 Satz 1 AktG[506].

Die verkürzte Amtszeit der Mitglieder des ersten Organs gilt bei der SE nach dem Sinn und Zweck der Norm dann nicht, wenn das Aufsichtsorgan ausnahmsweise schon in der Satzung gemäß Art. 40 Abs. 1 Satz 2 SE-VO komplett, also auch mit den Vertretern der Arbeitnehmer, bestellt wurde. Die Regelung des § 30 Abs. 2 Satz 1 AktG ist für den beschriebenen Fall teleologisch zu reduzieren und nur anzuwenden, wenn ein sog. Rumpfaufsichtsorgan gebildet wurde.

b) Besonderheiten beim Formwechsel, § 197 Satz 2 UmwG

Besonderes gilt für die Gründung im Wege der Umwandlung. Für Formwechsel in die AG, bei denen erstmals ein Aufsichtsrat zu bilden ist, bestimmt § 197 Satz 2 Hs. 2 UmwG, das „die Vorschriften über die Bildung und Zusammensetzung des ersten Aufsichtsrats" nicht gelten[507]. Dies betrifft auch die Unanwendbarkeit der Beschränkung der Amtszeit des ersten Aufsichtsorgans aus § 30 Abs. 3 Satz 1 AktG. Dies gilt insbesondere für die Vertreter der Anteilseigner. Zwar könnte man im Hinblick darauf, dass § 197 Satz 3 UmwG die Vorschrift des § 31 AktG für anwendbar erklärt daran denken, dass die verkürzte Amtszeit im Umkehrschluss zu der Regelung in Absatz 5 jedenfalls für die Anteilseignervertreter gilt. Dies würde jedoch die im Umwandlungsrecht angeordnete Unanwendbarkeit des § 30 AktG unterlaufen. Mithin läuft die Regelung in § 31 Abs. 5 AktG bei der Gründung im Wege des Formwechsels ins Leere.

Für die durch Umwandlung gegründete SE ergibt sich die Unanwendbarkeit des § 30 Abs. 3 Satz 1 AktG aus der Verweisung auf das nationale Gründungsrecht in Art. 15 Abs. 1 SE-VO i.V.m. § 197 Satz 2 Hs. 2 UmwG.

V. Anwendung des Statusverfahren bei der Gründung der SE

Im Zusammenhang mit der vorstehend beschriebenen Konstituierung des ersten Aufsichtsrats der SE stellt sich die Frage nach der Anwendung des Statusverfahrens das erste Mal. Zur verbindlichen Klärung der Zusammensetzung des Aufsichtsrats der AG ist das Statusverfahren der Wahl und Bestellung der Aufsichtsratsmitglieder vorgeschaltet. Bei der Frage nach der Anwendung des

---

506 *Hüffer/Koch*, AktG, § 31 Rn. 14; *Pentz* in MünchKomm AktG, § 31 Rn. 49; so auch für die SE *Paefgen* in KölnKomm AktG, Art. 40 SE-VO Rn. 73.

507 *Decher/Hoger* in Lutter, UmwG, § 203, Rn. 21.

Statusverfahrens im Zusammenhang mit der Gründung der dualistischen SE ist wieder nach den verschiedenen Gründungsformen der SE zu differenzieren. Es ist zwischen den verschiedenen Formen der Bar- und Sachgründung sowie dem Formwechsel zu unterscheiden. Die Pflicht bzw. Möglichkeit der Leitung zur Durchführung des Statusverfahrens kann sich zunächst direkt aus den Vorschriften der §§ 96 Abs. 4, 97 ff. AktG aufgrund des Kontinuitätsprinzips ergeben. Das Statusverfahren kann daneben durch Verweisung in den §§ 30 und 31 AktG bei der Zusammensetzung des zweiten Aufsichtsrats (§ 30 Abs. 3 Satz 2 AktG) bzw. der Zusammensetzung des ersten Aufsichtsrats nach Einbringung eines Unternehmens (§ 31 Abs. 3 Satz 1 AktG) sinngemäß Anwendung finden.

1. Tochter-SE-Gründung (Bargründung)

a) *Statusverfahren i.R.d. Gründung nach Maßgabe der §§ 96 Abs. 4, 97 AktG bzw. §§ 98 f. AktG (i.V.m. Art. 9 Abs. 1 lit. c) ii) SE-VO)*

Die Tochter-SE-Gründung ist eine Neugründung und als Bargründung möglich[508]. Mangels eines zuletzt bestehenden Aufsichtsrats, ist nach Art. 9 Abs. 1 lit. c) ii) SE-VO i.V.m. § 96 Abs. 4 AktG keine förmliche Überleitung erforderlich. Dass es vor der erstmaligen Zusammensetzung des Aufsichtsrats keines Statusverfahrens bedarf, lässt sich auch aus den aktienrechtlichen Vorschriften §§ 30 und 31 AktG folgern[509]. Nach diesen gründungsrechtlichen Vorschriften bedarf es einer Bekanntmachung durch den Vorstand bei Neugründung frühestens nach der Einbringung und Übernahme eines Unternehmens, vgl. § 31 Abs. 3 Satz 1 AktG, bzw. vor der Bildung des zweiten Aufsichtsrats, vgl. § 30 Abs. 3 Satz 2 AktG.

Die Nichtanwendung des Statusverfahrens nach § 97 AktG bei der Tochter-SE-Gründung ist auch sachgerecht. Denn das Statusverfahren dient der Überleitung zu einem anderen Mitbestimmungsstatut und hat seinen Grund im Kontinuitätsprinzip (§ 96 Abs. 4 AktG). Zur Feststellung der, für die Zusammensetzung des Aufsichtsrats der Vor-AG maßgeblichen, Vorschriften ist jedenfalls das außergerichtliche Statusverfahren nicht gangbar[510]. Nichts anderes kann

---

508 *Bayer* in Lutter/Hommelhoff, SE-Komm, Art. 36 Rn. 21; *Jannott* in Jannott/Frodermann, HdB der Europäischen Aktiengesellschaft, 3 Rn. 275; *Paefgen* in KölnKomm AktG, Art. 36 SE-VO Rn. 19; *Schäfer* in MünchKomm AktG, Art. 36 SE-VO Rn. 4; *Scheifele,* Gründung der SE, S. 391 f.; *Schwarz,* SE-VO, Art. 36 Rn. 21; *Spitzbart,* RNotZ 2006, 369, 413, Teichmann, ZGR 2003, 367, 395 f.

509 *HoffmannBecking* in MünchHdB AG, § 28 Rn. 52; *Parmentier,* AG 2006, 476, 482.

510 Vgl. *Hoffmann-Becking* in MünchHdB AG, § 28 Rn. 52; *Hopt/Roth/Peddinghaus* in GroßKomm AktG, § 97 Rn. 7; *Parmentier,* AG 2006, 476, 480 ff.

gelten, wenn es um die Konstituierung des allerersten Aufsichtsorgans bei der Vor-SE geht.

Fraglich ist, ob dies auch für das Verfahren nach §§ 98 und 99 AktG gilt oder das gerichtliche Statusverfahren von den Antragsberechtigten schon vor der Eintragung der SE initiiert werden kann.

Dagegen lässt sich mit der Systematik der §§ 96 ff. AktG argumentieren. Inneren Grund für das Statusverfahren bietet grundsätzlich die Kontinuität der Aufsichtsratszusammensetzung nach § 96 Abs. 4 AktG. Ist zum ersten Mal ein Aufsichtsorgan zu bilden, gibt es kein Vorgängerorgan, das dem Kontinuitätsprinzip unterliegt und welches nur durch das Statusverfahren durchbrochen werden kann.

Dafür könnte indes der Wortlaut von § 98 AktG sprechen[511]. Nach dem ersten Absatz dieser aktienrechtlichen Norm ist das Statusverfahren vor dem Landgericht anzuregen, wenn unklar oder streitig ist, nach welchen Vorschriften der Aufsichtsrat „zusammen*zu*setzen ist". Aus einem Vergleich zu § 97 Abs. 1 Satz 1 AktG, der das außergerichtliche Statusverfahren vorschreibt, wenn der Aufsichtsrat nicht nach den maßgeblichen Vorschriften „zusammengesetzt ist", könnte geschlossen werden, dass das Verfahren nach §§ 98 f. AktG gleichwohl zur Feststellung der Zusammensetzung des allerersten Aufsichtsrats zur Verfügung steht.

Dagegen könnte aber wiederrum sprechen, dass das Kontinuitätsprinzip das Statusverfahren begründet. Eine Betrachtungsweise, nach der zwischen dem Kontinuitätsprinzip und dem *gerichtlichen* Teil des Statusverfahrens Konnexität besteht, ließe aber die Funktion des gerichtlichen Verfahrens zu sehr außer Acht. Das gerichtliche Statusverfahren dient in besonderer Weise der rechtssicheren Feststellung der, für die Zusammensetzung des Aufsichtsrats maßgeblichen, Vorschriften. Dieser Zweck ist auch schon bei der erstmaligen Errichtung des Aufsichtsrats einschlägig. Das gerichtliche Verfahren ist außerdem erforderlich und geeignet, das gesetzgeberische Ziel eines rechtssicher zusammengesetzten Aufsichtsrats zu erreichen. Der gerichtliche Teil des Statusverfahrens ist daher von den Antragsberechtigten auch in Bezug auf Bedenken gegen die Zusammensetzung des noch *zusammenzusetzenden* allerersten Aufsichtsorgans durchführbar. Mithin kann gemäß §§ 98 f. AktG i.V.m. Art. 9 Abs. 1 lit. c) ii) SE-VO auf Antrag, die richtige Aufsichtsratszusammensetzung vom Landgericht noch vor der Besetzung des ersten Aufsichtsorgans festgestellt werden. Insbesondere kann bei bestehendem Streit über die Frage, ob das erste Aufsichtsorgan

511 *Parmentier*, AG 2006, 476, 482.

mitbestimmungsfrei gebildet werden kann, eine gerichtliche Entscheidung herbeigeführt werden.

Das aktienrechtliche Verfahren konkurriert auch nicht mit der Kontrolle des Registergerichts nach Art. 12 Abs. 2 SE-VO. Jedenfalls überprüft das Registergericht nicht die beabsichtigte Zusammensetzung des Aufsichtsorgans, sondern nur, ob eine Vereinbarung nach § 21 SEBG geschlossen wurde, ein Beschluss gemäß § 16 Abs. 1 SEBG gefasst wurde oder die Verhandlungsfrist fruchtlos verstrichen ist. Das Statusverfahren zeichnet sich demgegenüber zudem dadurch aus, dass das Gericht die Zusammensetzung des Aufsichtsorgans unmittelbar anordnen kann und diese Entscheidung *inter omnes*-Wirkung (§ 99 Abs. 5 Satz 3 AktG) hat[512].

Mit der Anwendung der §§ 98 f. AktG auf das allererste Aufsichtsorgan der SE, kann zudem der deutsche Gesetzgeber dem Regelungsauftrag aus Art. 12 Abs. 2 SE-RL ausreichend gerecht werden. Die SE-Richtlinie regelt nur das Zustandekommen der Vereinbarung und hält, bei Nichteinigung, Auffangregelungen bereit. Ungeregelt ist die Rechtsfrage, auf welchem Wege die richtige Zusammensetzung verbindlich festgestellt werden kann. Art. 12 SE-RL verlangt ausdrücklich, dass Verwaltungs- oder gerichtliche Verfahren zur Verfügung stehen, mit denen die Erfüllung der Verpflichtungen aus der Richtlinie durchgesetzt werden können[513]. Die §§ 98 und 99 AktG bieten hierfür ein gerichtliches Verfahren zur Entscheidung über die richtige Organzusammensetzung an.

b) *Statusverfahren im Anschluss an die SE-Gründung nach den Sonderregelungen § 30 und § 31 AktG (i.V.m. Art. 15 Abs. 1 SE-VO)*

Das bei der Tochter-SE Gründung durch Bargründung mit dualistischem Leitungssystem erstmals zu bildende Überwachungsorgan ist ein „erstes Aufsichtsorgan" im Sinne des § 30 AktG. Dieses erste Organ kann auch bei Unternehmen die der Mitbestimmung unterliegen, ausschließlich aus Vertretern der Anteilseigner bestehen (Art. 15 Abs. 1 SE-VO i.V.m. § 30 Abs. 2 AktG)[514]. Nach der Intention des Verordnungsgebers soll sich die Mitbestimmung möglichst bald in der SE realisieren und sich nach der Vereinbarung oder den gesetzlichen Regelungen als Auffanglösung richten, vgl. Art. 12 Abs. 2 und 4, Art. 40 Abs. 2 Satz 3 SE-VO. Die Befristung der Amtszeit in § 30 Abs. 3 Satz 2 AktG dient der rechtzeitigen Vorbereitung der Beteiligung von Arbeitnehmern in

512 Vgl. zu der Wirkung der Entscheidung unter Buchstabe G.

513 A.A. hinsichtlich der Eröffnung des gerichtlichen Statusverfahrens *Habersack*, Der Konzern 2008, 67, 73.

514 Vgl. vorstehend unter IV. b) cc) (1).

mitbestimmten Gesellschaften, die im Zuge der Gründung ein Aufsichtsorgan konstituiert haben, dass ausschließlich aus Anteilseignervertretern besteht[515]. Nach der Vorschrift hat der Vorstand die Pflicht, ein Statusverfahren sinngemäß nach §§ 97 ff. AktG vor Ablauf der Amtszeit des ersten Aufsichtsorgans einzuleiten. Auf diese Weise wird eine ordnungsgemäße und rechtzeitige Überleitung vom ersten (mitbestimmungsfreien) zum zweiten (mitbestimmten) Aufsichtsorgan gesichert[516].

Folglich sind die maßgeblichen Vorschriften über die Zusammensetzung des Aufsichtsorgans gemäß § 30 Abs. 3 Satz 2 AktG, vor der Zusammensetzung des zweiten Aufsichtsrats bekannt zu machen. Die §§ 97 ff. AktG werden von § 30 Abs. 3 Satz 2 AktG für analog anwendbar erklärt. Die Zusammensetzung des zweiten Aufsichtsorgans ist also in diesem Verfahren festzustellen. Es bedarf hiernach einer förmlichen Überleitung zum zweiten Aufsichtsorgan, das dann erstmals mitbestimmt ist. Das Leitungsorgan der SE hat nach Art. 15 Abs. 1 SE-VO i.V.m. § 30 Abs. 3 Satz 2 AktG rechtzeitig vor Ablauf der Amtszeit des ersten Aufsichtsorgans bekannt zu machen, nach welchen gesetzlichen oder *vertraglichen* Regelungen das nächste Aufsichtsorgan seiner Ansicht nach zusammenzusetzen ist. Rechtzeitig bedeutet dabei ohne schuldhaftes Zögern im Sinne des § 121 Abs. 1 Satz 1 BGB[517]. Die Leitung hat dabei die Zeit für die Beschlussfassung zur Bestellung durch die Hauptversammlung[518], die Monatsfrist nach § 97 Abs. 1 Satz 3 AktG, die Zeit eines erforderlichen Wahlverfahrens und eines möglichen gerichtlichen Verfahrens zu berücksichtigen[519]. Wird das Gericht nicht angerufen, ist das zweite Aufsichtsorgan nach den Vorschriften zusammenzusetzen, die das Leitungsorgan in seiner Bekanntmachung für maßgebend hält. Wird das Gericht angerufen, richtet sich die Zusammensetzung des Aufsichtsorgans nach der rechtskräftigen Entscheidung, die gemäß § 99 AktG ergangen ist. Das Aufsichtsorgan ist dann vollständig, das heißt mit Arbeitnehmer- und Anteilseignervertretern, entsprechend den im

---

515 Vgl. *Röhricht* in Großkomm AktG, § 30 Rn. 21; *Gerber* in Spindler/Spitz, AktG, § 30 Rn. 18.

516 Vgl. *Röhricht* in Großkomm AktG, § 30 Rn. 21.

517 *Arnold* in KölnKomm AktG, § 31 Rn. 14; *Hüffer/Koch,* AktG, § 31 Rn. 8; *Pentz* in MünchKomm AktG § 31 Rn. 29; *Röhricht* in GroßKomm AktG, § 31 Rn. 18.

518 Sollte die SE noch nicht eingetragen worden sein, ist der Beschluss folgerichtig von den Gründern zu fassen (§ 30 AktG); vgl. *Pentz* in MünchKomm AktG, § 30 Rn. 33.

519 Vgl. *Pentz* in MünchKomm AktG, § 30 Rn. 33; bzgl. des benötigten zeitlichen Rahmen vgl. auch *Hüffer/Koch,* AktG, § 30 Rn. 9; *Kraft* in KölnKomm AktG, § 30 Rn. 18; *Röhricht* in Großkomm AktG, § 30 Rn. 22.

Statusverfahren festgestellten Vorschriften zusammenzusetzen. Die Mitglieder sind von der Hauptversammlung zu bestellen, die über die Entlastung für das erste Voll- oder Rumpfgeschäftsjahr beschließt. Dies ergibt sich aus Art. 40 Abs. 2 Satz 1 SE-VO, demnach das Aufsichtsorgan von der Hauptversammlung bestellt wird. Die Hauptversammlung ist an eine gegebenenfalls getroffene Entscheidung gemäß § 99 Abs. 5 Satz 2 AktG gebunden[520]. Nach §§ 30 Abs. 3 Hs. 2, 98 Abs. 5 Satz 2, 97 Abs. 2 Satz 3 i.V.m. Art. 15 Abs. 1 SE-VO erlischt das Amt der Mitglieder des ersten Aufsichtsrats zu diesem Zeitpunkt. Endet die Amtszeit der Mitglieder vor Entscheidung des Gerichts über die Zusammensetzung des Aufsichtsorgans (§§ 30 Abs. 2 Satz 2, 2 Halbsatz, 98 i.V.m. Art. 15 Abs. 1 SE-VO), ist das Aufsichtsorgan gemäß § 104 AktG durch das Gericht zu bestellen[521].

Ein Verstoß gegen die Pflicht zur Bekanntmachung nach § 30 Abs. 3 Satz 2 AktG hat für die Neuwahl der Mitglieder des Aufsichtsorgans der SE keine negativen rechtlichen Folgen[522]. Mangels gesonderter Regelungen im SE-Recht in Bezug auf die Nichtigkeit von Hauptversammlungsbeschlüssen bzw. die Beschlussanfechtung, gelten für die deutsche SE dieselben Regelungen wie für eine deutsche AG, namentlich die §§ 241 ff. AktG, vgl. Art. 9 Abs. 1 lit. c) ii) SE-VO. Eine Anfechtung des Bestellungsbeschlusses ist nicht möglich. Anstelle der Anfechtung bestand die Möglichkeit eine gerichtliche Entscheidung nach § 98 AktG einzuleiten[523]. Etwas anderes ergibt sich auch nicht aus der, für die SE geltende Sonderregelung über die Anfechtung der Wahl von Aufsichtsratsmitgliedern nach § 37 Abs. 2 SEBG. Der Hauptversammlungsbeschluss über die Bestellung der Mitglieder ist in entsprechender Anwendung gemäß § 250 Abs. 1 Nr. 1 AktG nur nichtig, wenn die Bestellung der Bekanntmachung des Leitungsorgans oder der gerichtlichen Entscheidung über die Zusammensetzung des Aufsichtsorgans (§ 98 Abs. 4 AktG) widerspricht[524].

Bei einer nicht bzw. nicht rechtzeitig erfolgten Bekanntmachung, kommt eine Haftung des Vorstands nach §§ 48, 93 AktG in Betracht[525].

---

520 Vgl. dazu noch eingehend unter G. IV.

521 Das so bestellte Aufsichtsorgan ist ebenso wie das bisherige zusammenzusetzen, vgl. für die AG *Arnold* in KölnKomm AktG, § 30 Rn. 26, *Hüffer/Koch*, AktG, § 30 Rn. 9, *Röhricht* in Großkomm AktG, § 30 Rn. 28.

522 *Pentz* in MünchKomm AktG, § 30 Rn. 36.

523 Vgl. *Bayer* in Schmidt/Lutter, AktG, § 30 Rn. 20; *Pentz* in MünchKomm AktG, § 30 Rn. 36; *Röhricht* in GroßKomm AktG § 30 Rn. 32.

524 *Pentz* in MünchKomm AktG, § 30 Rn. 36; *Hopt/Roth* in GroßKomm AktG, § 96 Rn. 56.

525 *Arnold* in KölnKomm AktG, § 30 Rn. 21; *Gerber* in Spindler/Stilz, AktG, § 30 Rn. 18; *Pentz* in MünchKomm AktG, § 30 Rn. 36; *Röhricht* in GroßKomm AktG, § 30 Rn. 22.

2. Verschmelzung und Tochter-SE-Gründung durch Unternehmenseinbringung (Sachgründung)

a) Statusverfahren i.R.d. Gründung nach Maßgabe der §§ 96 Abs. 4, 97 AktG bzw. §§ 98 f. AktG (i.V.m. Art. 9 Abs. 1 lit. c) ii) SE -VO)

Nach § 97 AktG sind, anlässlich des Kontinuitätsprinzips (§ 96 Abs. 4), die für die Zusammensetzung des Aufsichtsrats maßgeblichen Vorschriften bekanntzumachen, wenn sich die gesetzliche Grundlage ändert. Bei einer Verschmelzung bzw. bei einer Unternehmenseinbringung wäre es im Hinblick auf den Aufsichtsrat des eingebrachten Unternehmens denkbar, eine Pflicht des Vorstandes zur Durchführung eines Statusverfahrens schon *vor* Eintragung der SE anzunehmen, wenn sich das Rechtsregime für das Aufsichtsgremium ändert.

Bei der Tochter-SE-Gründung durch Unternehmenseinbringung durchbricht ein bestehender Aufsichtsrat, mangels wirtschaftlicher und rechtlicher Konformität des eingebrachten Unternehmens mit der künftigen Tochter-SE, keine im Interesse der gründenden Gesellschaft bzw. des Rechtsverkehrs bestehende Kontinuität. Vielmehr endet das Amt der bisherigen Aufsichtsratsmitglieder mit Entstehung der Tochter-SE[526]. Der Bekanntmachung der einschlägigen Vorschriften zur Auflösung des Aufsichtsrats des eingebrachten Unternehmens bedarf es nicht.

Vorstehendes gilt entsprechend bei der Verschmelzung durch Neugründung. Die Ämter der Aufsichtsratsmitglieder der Gesellschaften, die sich zur SE verschmelzen, erlöschen spätestens mit Registereintragung der SE. Zwischen den verschmelzenden Gesellschaften und der künftigen SE besteht nämlich keine Identität in dem Sinne, welcher die Organkontinuität rechtfertigt.

Gesondert betrachtet werden muss der Sachverhalt, bei dem die SE durch Verschmelzung zur Aufnahme gegründet wird. Diese Gründungsform zeichnet sich dadurch aus, dass die Vermögensübertragung auf die aufnehmende Gesellschaft mit deren Formwechsel in eine SE zusammenfällt. Der Identität der aufnehmenden Gesellschaft mit der gründenden SE ist für das Amt der Aufsichtsratsmitglieder durch die analoge Anwendung des § 203 UmwG Rechnung zu tragen. Die Vorschrift betrifft jedoch nicht die abstrakte Zusammensetzung, sondern nur die Amtszeit der Mitglieder des Aufsichtsrats[527]. Ob vor dem Formwechsel der aufnehmenden Gesellschaft das Statusverfahren durzuführen ist, bleibt auch vor dem Hintergrund dieser Vorschrift offen[528]. Der Neubestellung

---

526 Erstrechtschluss aus Art. 9 Abs. 1 lit. c) ii) SE-VO i.V.m. § 203 UmwG.

527 Begr. RegE. bei *Ganske*, UmwR, S. 229; *Parmentier*, AG 2006, 476, 482.

528 Vgl. *Parmentier*, AG 2006, 476, 482.

des Aufsichtsorgans der künftigen SE könnte §§ 96 Abs. 4, 97 ff. AktG entgegenstehen. Demgemäß könnte vor der Beschlussfassung über die Verschmelzung durch Aufnahme, ein Statusverfahren durchzuführen sein. Der Sachverhalt bei der Verschmelzung durch Aufnahme ist, angesichts des Rechtsformwechsels der aufnehmenden Gesellschaft, mit dem der formwechselnden Umwandlung vergleichbar. Die aufgeworfene Frage beantwortet sich daher danach, ob ein Statusverfahren nach §§ 97 ff. AktG beim Rechtsformwechsel in die SE durchgeführt werden muss[529].

Jedenfalls ist das gerichtliche Statusverfahren nach §§ 98 f. AktG auf den, im Zusammenhang mit der Verschmelzung bzw. Tochter-SE-Gründung, zu bildenden ersten Aufsichtsrat anwendbar[530]. Dieses gerichtliche Verfahren muss nicht zwingend vom Leitungsorgan durchgeführt werden, vielmehr *können* die Antragsberechtigten das Landgericht bei Unklarheiten oder Streit über die Zusammensetzung des Aufsichtsorgans anrufen.

b) Statusverfahren im Anschluss an die SE-Gründung nach den Sonderregelungen §§ 30 und 31 AktG (i.V.m. Art. 15 Abs. 1 SE-VO)

Die Verschmelzungsgründung einer SE durch Neugründung stellt eine Sachgründung durch Unternehmenseinbringung dar. Ebenso ist die Gründung einer Tochter-SE durch Sachgründung mit Unternehmenseinbringung möglich. Wird bei der SE-Gründung ein Unternehmen oder Teil eines Unternehmens eingebracht, ist die aktienrechtliche Sondervorschrift des § 31 AktG, wie nachgewiesen[531], anwendbar (Art. 15 Abs. 1 SE-VO). Danach besteht für die Gründer die Möglichkeit, einen sog. Rumpfaufsichtsrat als erstes Aufsichtsorgan zu konstituieren. Dem gesetzgeberischen Interesse an möglichst baldiger Realisierung der geltenden Mitbestimmung, wird durch die Regelung in § 31 Abs. 3 Satz 2 AktG Rechnung getragen. Demzufolge ist unverzüglich nach der Unternehmenseinbringung bzw. -übernahme bekanntzumachen, nach welchen Vorschriften das Organ zusammenzusetzen ist. Kraft Verweisung findet das in §§ 97 bis 99 AktG geregelte Statusverfahren sinngemäß auf die Besetzung des ersten Aufsichtsrats mit Mitgliedern der Arbeitnehmerseite Anwendung.

Das Unternehmen ist im Grunde eingebracht oder übernommen, wenn die Gesellschaft in der Lage ist, die wesentlichen sachlichen und immateriellen

---

529 Vgl. dazu unten die Ausführungen zum Rechtsformwechsel in die SE nachfolgend unter 4. a) bb).

530 Vgl. vorstehend unter 1. a).

531 Vgl. vorstehend unter IV. 1. b) cc) (2).

Mittel zu nutzen[532]. Im Besonderen kommt es auf den Übergang der personellen Mittel an, da § 31 Abs. 3 AktG die frühzeitige Beteiligung der Arbeitnehmer bezweckt[533]. Für die Verschmelzung stellt Art. 29 Abs. 4 SE-VO ausdrücklich klar, dass alle bestehenden Arbeitsverhältnisse der übertragenden Rechtsträger mit sämtlichen Rechten und Pflichten, mit Eintragung auf die SE übergehen. Bei der Gründung einer Tochter-SE im Wege der Sachgründung durch Unternehmenseinbringung, müssen die Gründer mit der Tochter-SE entsprechende Einbringungsverträge über den Übergang des Unternehmens oder Unternehmensteils schließen[534]. Auch hier werden die Arbeitsverhältnisse des einbringenden Rechtsträgers grundsätzlich mit Eintragung auf die SE übergehen.

Das Leitungsorgan der SE hat daher nach Art. 15 Abs. 1 SE-VO i.V.m. § 31 Abs. 3 AktG unverzüglich (§ 121 Abs. 1 Satz 1 BGB) nach Eintragung der SE, die richtige Zusammensetzung des ersten Aufsichtsorgans bekanntzumachen. An die Bekanntmachung kann sich das gerichtliche Verfahren nach §§ 98 und 99 AktG anschließen, wenn dies von den in § 98 Abs. 2 AktG oder § 17 Abs. 3 Satz 1 SEAG genannten Personen beantragt wird. Wird das gerichtliche Verfahren nicht innerhalb eines Monats eingeleitet, sind die in der Bekanntmachung veröffentlichten Vorschriften für die Zusammensetzung des Aufsichtsorgans verbindlich (Art. 15 Abs. 1 SE-VO i.V.m. § 31 Abs. 3 Satz 2 AktG).

Sind die von den Gründern für die Bildung des ersten Aufsichtsorgans zugrunde gelegten Vorschriften auch nach der Bekanntmachung bzw. dem gerichtlichen Verfahren maßgeblich, ist grundsätzlich nur eine Ergänzung des ersten Aufsichtsorgans durch die Vertreter der Arbeitnehmer erforderlich. Die Ergänzung der Mitglieder ergibt sich aus dem Regelungssystem der § 31 Abs. 3 Satz 2 AktG i.V.m. §§ 97 ff. AktG, wonach das Amt der bisherigen Aufsichtsratsmitglieder bestehen bleibt und eine Neuwahl dieser Mitglieder grundsätzlich nicht bestimmt ist[535]. Nach dem Sinn und Zweck des § 31 AktG und bei der SE insbesondere Art. 12 Abs. 2 und 4 SE-VO, welche die unternehmerische

---

532 *Arnold* in KölnKomm AktG, § 31 Rn. 14; *Gerber* in Spindler/Stilz, AktG, § 31 Rn. 25; *Hüffer/Koch,* AktG, § 31 Rn. 8; *Pentz* in MünchKomm AktG, § 31 Rn. 25.

533 *Arnold* in KölnKomm AktG, § 31 Rn. 14; *Bayer* in Schmidt/Lutter, AktG, § 31 Rn. 18; *Hüffer/Koch,* AktG, § 31 Rn. 8, *Pentz* in MünchKomm AktG, § 31 Rn. 25; *Röhricht* in GroßKomm AktG, § 31 Rn. 14.

534 *Jannott* in Jannott/Frodermann, HdB der Europäischen Gesellschaft, 3 Rn. 223.

535 Begr. RegE. bei *Kropff,* AktG, S. 51; *Hüffer/Koch,* AktG, Rn. 10; *Pentz* in MünchKomm AktG, § 31 Rn. 29; *Röhricht* in GroßKomm AktG, § 31 Rn. 18.

Mitbestimmung sicherstellen sollen, hat die Ergänzung des Organs mit Arbeitnehmervertretern unverzüglich zu erfolgen[536].

Besonderheiten ergeben sich, wenn aufgrund der festgestellten Vorschriften über die Zusammensetzung des mitbestimmten Aufsichtsorgans, eine Neubestellung erforderlich wird. Dann gilt § 97 Abs. 2 AktG entsprechend (§ 31 Abs. 3 Satz 3 AktG). Eine Neuwahl der von den Gründern bestellten Mitglieder ist immer dann notwendig, wenn die Mitbestimmung bei der erstmaligen Zusammensetzung noch gar nicht berücksichtigt worden ist oder nach Art. 15 Abs. 1 SE-VO i.V.m. § 31 Abs. 1 Satz 2 AktG drei Mitglieder bestellt wurden. Darüber hinaus ist eine Neubestellung erforderlich, wenn sich die Zusammensetzung nicht nach den Vorschriften richtet, die von den Gründern bei der Bildung des ersten Aufsichtsorgans prognoseartig zugrunde gelegt worden sind.

Kommt es bei der Wahl zu Verzögerungen oder unterbleibt eine solche gänzlich, kommt eine gerichtliche Ersatzbestellung entsprechend § 104 AktG in Betracht.

3. Holding-SE-Gründung

a) *Statusverfahren i.R.d. Gründung nach Maßgabe der §§ 96 Abs. 4, 97 AktG bzw. §§ 98 f. AktG (i.V.m. Art. 9 Abs. 1 lit. c) ii) SE-VO)*

Die Holding-SE-Gründung ist ebenfalls eine Sachgründung. Bei dieser Gründungsform wird allerdings kein Unternehmen bzw. Unternehmensteil übernommen oder eingebracht, vielmehr stellt sich die Gründung als Anteilstausch dar. Es werden keine sächlichen oder personellen Mittel in die zu gründende Holding-SE eingebracht. Die Holding-Gesellschaft zeichnet sich dadurch aus, dass sie an einem oder mehreren anderen Unternehmen eine Kapitalbeteiligung hält. Die gehaltenen Gesellschaften sind rechtlich und organisatorisch selbstständige Tochterunternehmen. Die Gründung einer Holding-Organisation berührt die Zusammensetzung der Aufsichtsorgane der Töchter grundsätzlich nicht. Die Durchführung eines Statusverfahrens nach §§ 96 Abs. 4, 97 AktG in Bezug auf die Töchter, ist vor Eintragung der Holding-SE daher nicht geboten.

Ist in der Holding-SE ein Aufsichtsorgan zu bilden, so durchbricht dieses erstmals zu errichtende Organ keine, im Interesse der Aufsichtsratsinteressierten zu schützende, Kontinuität. Es besteht daher kein Raum für die Bekanntmachung nach § 97 AktG. Davon unabhängig lässt sich die Zusammensetzung gemäß Art. 9 Abs. 1 lit. c) ii) SE-VO i.V.m. §§ 98 und 99 AktG gerichtlich feststellen[537].

---

536 *Pentz* in MünchKomm AktG, § 31 Rn. 30; *Röhricht* in Großkomm AktG, § 31 Rn. 18.
537 Vgl dazu vorstehend unter 1. a).

b) Statusverfahren im Anschluss an die SE-Gründung nach den Sonderregelungen §§ 30 und 31 AktG (i.V.m. Art. 15 Abs. 1 SE-VO)

Die Zusammensetzung des ersten Aufsichtsorgans der Holding-SE richtet sich nach Art. 15 Abs. 1 SE-VO i.V.m. § 30 Abs. 2 AktG[538]. Die Holding-SE wird in der Regel Arbeitnehmerlos sein und keine Arbeitnehmervertreter im Aufsichtsrat haben. Eine Beteiligung der Arbeitnehmer im ersten Aufsichtsorgan ist aber selbst dann, wenn das Aufsichtsorgan grundsätzlich auch mit Arbeitnehmervertreten zu besetzen ist, nicht zwingend erforderlich. Die Sondervorschrift des § 31 AktG findet auf diese Gründungsvariante keine Anwendung, weil die Sacheinlage nicht in der Einbringung oder Übernahme eines Unternehmens liegt[539]. Mithin ist eine Berücksichtigung der Mitbestimmung im ersten Aufsichtsorgan auch nicht nach Maßgabe des § 31 AktG erforderlich. Um die Beteiligung der Arbeitnehmer in mitbestimmten Unternehmen möglichst bald sicherzustellen, hat das Leitungsorgan die richtige Zusammensetzung rechtzeitig vor Ablauf der Amtszeit der Mitglieder des ersten Aufsichtsorgans bekanntzumachen, vgl. Art. 15 Abs. 1 SE-VO i.V.m. § 30 Abs. 3 AktG. Systematische oder zwingende rechtliche Gründe, die gegen die Anwendung des Statusverfahrens im Rahmen der Gründung der SE sprechen, gibt es nicht. Das vorstehend unter 1. b) Festgestellte, muss auch für die Holding-SE-Gründung gelten. Die Zusammensetzung des zweiten Aufsichtsrats richtet sich daher nach Art. 15 Abs. 1 SE-VO i.V.m. §§ 30 Abs. 2, 97 ff. AktG und gestaltet sich wie bei der Tochter-SE-Gründung im Wege der Bargründung[540].

4. Rechtsformwechsel und Verschmelzung durch Aufnahme

a) Statusverfahren i.R.d. Gründung nach Maßgabe der §§ 96 Abs. 4, 97 AktG bzw. §§ 98 f. AktG (i.V.m. Art. 9 Abs. 1 lit. c) ii) SE-VO)

Bei der Gründung einer SE im Wege des Formwechsels besteht zwischen der AG und der SE hinsichtlich des Rechtsträgers Identität[541]. Im Falle des Rechtsformwechsels kommt daher aufgrund von § 96 Abs. 4 AktG i.V.m. Art. 9 Abs. 1 lit. c) ii) SE-VO die Durchführung des Statusverfahrens schon *vor* Eintragung der SE ins Register in Betracht. Bei der formwechselnden AG besteht bereits ein

538 Vgl. dazu vorstehend unter IV. 4. b) cc) (4).

539 Zutreffend *Scheifele*, Gründung der SE, S. 368; a. A. *Paefgen* in KölnKomm AktG, Art. 40 SE-VO Rn. 72.

540 Vgl. vorstehend unter 1. b).

541 Vgl. dazu vorstehend unter IV. 1. b) cc) (5).

Aufsichtsrat als originäres Organ. Der Aufsichtsrat der umgewandelten AG ist als Vorgängergremium des Aufsichtsorgans der SE mit dualistischer Verfassung zu betrachten. Der Formwechsel ist dabei mehr als eine bloße Satzungsänderung[542]. Für die neue Rechtsform ist, ab ihrer Eintragung im Register, ein neues Gefüge an gesetzlichen Normen maßgebend[543].

Mit dem Formwechsel der AG in die SE ist auch der Aufsichtsrat bzw. das Aufsichtsorgan als Rechtsnachfolge-Organ nicht mehr nach den maßgeblichen Vorschriften zusammengesetzt. Durch den Formwechsel der AG in die SE, werden andere mitbestimmungsrechtliche Vorschriften für das Aufsichtsorgan maßgeblich. Fraglich ist, ob der Vorstand der formwechselnden AG bei einer bevorstehenden Umwandlung in die Rechtsform der SE zur Durchführung des Statusverfahrens noch *vor* Eintragung der SE ins Register verpflichtet ist[544].

Um den Anwendungsbereich der §§ 97 ff. AktG im Rahmen eines Formwechsels zur SE zu beleuchten, ist zunächst ein Blick auf den Formwechsel einer GmbH in eine AG geboten.

aa) Formwechsel einer GmbH in eine AG

Der mitbestimmte Aufsichtsrat der formwechselnden GmbH ist das Vorgängergremium des Aufsichtsrats der entstehenden AG. Dieser ist Anknüpfungspunkt für das Statusverfahren, denn die §§ 97 ff. AktG erfassen den Wechsel der Vorschriften für die Zusammensetzung eines bestehenden Aufsichtsrats[545].

Der in § 197 Satz 3 UmwG neu eingeführte Verweis auf die Geltung des § 31 AktG führt nicht dazu, dass ein Statusverfahren *vor Eintragung* des Formwechsels nicht durchzuführen ist[546]. Zwar lässt sich § 31 AktG die Wertung entnehmen, dass bei einem *erstmals* zu bildenden Aufsichtsorgan das Statusverfahren nicht durchzuführen ist, allerding ist dies nicht sachgerecht, wenn ein Vorgängerorgan besteht. In diesem Fall begründet die Rechtsträgeridentität die Kontinuität des Aufsichtsorgans über den Formwechsel hinweg[547]. Aus § 203 UmwG

---

542 Auf Satzungsänderungen findet das Statusverfahren keine Anwendung, für die Umwandlung in eine AG *Parmentier,* AG 2006, 476, 480.

543 Begr. RegE. bei *Ganske,* UmwR, S. 220; *Decher* in Lutter, UmwR, § 197 Rn. 1; *Priester,* DB 1995, 911, 912.

544 Dieses Problem stellte sich gleichfalls für die Verschmelzungsgründung durch Aufnahme, bei der mit der Einbringung des Unternehmens die Umwandlung in die Rechtsform der SE zusammenfällt, vgl. vorstehend unter 2. a) a.E.

545 *Parmentier,* AG 2006, 476, 483.

546 A.A. *Bärwaldt* in Semler/Stengel, UmwG, § 197 Rn. 70.

547 *Parmentier,* AG 2006, 476, 482.

lässt sich allgemein die gesetzgeberische Wertung entnehmen, dass die Aufsichtsratsmitgliedschaft den Formwechsel überdauern kann[548]. Nach dieser Regelung bleiben ausnahmsweise die bisherigen Mitglieder im Amt, wenn bei dem formwechselnden Rechtsträger ein Aufsichtsrat in gleicher Weise wie bei dem Rechtsträger in der neuen Rechtsform gebildet und zusammengesetzt wird. Hingegen spricht die genannte umwandlungsrechtliche Sondervorschrift nicht zwingend dafür, dass ein Statusverfahren beim Formwechsel nicht erforderlich ist[549]. Vielmehr gilt das Kontinuitätsprinzip für den Aufsichtsrat über den Formwechsel hinweg[550]. Denn nur so wird der Identität der Rechtsträger ausreichend Rechnung getragen. Werden aufgrund der Umwandlung andere Vorschriften für die Zusammensetzung des Aufsichtsrats maßgebend, so ist das Statusverfahren vor dem Formwechsel durchzuführen. Der Formwechsel der mitbestimmten GmbH in eine AG führt regelmäßig allerdings nicht dazu, dass andere gesetzliche Vorschriften für die Zusammensetzung des Organs maßgeblich werden. Denn die Rechtsformen werden in Bezug auf die geltenden Mitbestimmungsgesetze gleichbehandelt[551].

bb) Konsequenz für den Formwechsel in die SE

Fraglich ist, ob die dargestellte Rechtslage bezüglich der Überleitung des Aufsichtsrats im Rahmen des Rechtsformwechsels nach dem Umwandlungsrechts auf den Formwechsel nach dem SE-Recht übertragen werden kann. Für die Gleichbehandlung des Formwechsels in die SE spricht einstweilen, dass sich die Umwandlung zur SE mitunter nach dem nationalen Umwandlungsgesetz richtet, vgl. Art. 15 Abs. 1 SE-VO.

Der originäre Aufsichtsrat der deutschen AG ist das Vorgängergremium des Aufsichtsorgans der dualistischen SE. Im Zuge des Formwechsels einer AG in die SE werden (anders als bei dem Formwechsel einer GmbH in die AG) aufgrund der Rechtsformänderung, allerdings andere Vorschriften für die Zusammensetzung des Aufsichtsorgans maßgeblich. Das gilt selbst dann, wenn der Aufsichtsrat der AG und das Aufsichtsorgan der SE gleich*artig* zusammengesetzt werden und nach Art. 15 Abs. 1 SE-VO i.V.m. § 203 Satz 1 UmwG die Mitglieder

---

548 *Parmentier,* AG 2006, 476, 482.

549 *Lenze,* Folgen von Unternehmens- und Konzernveränderungen für die Arbeitnehmerbank im Aufsichtsrat, S. 138; *Parmentier,* AG 2006, 476, 482.

550 So auch *Köstler,* BB 1993, 81, 82; *Parmentier,* AG 2006, 476, 482.

551 Vgl. *Lenze,* Folgen von Unternehmens- und Konzernveränderungen für die Arbeitnehmerbank im Aufsichtsrat, S. 138, *Parmentier,* AG 2006, 476, 480; a. A. *Laumann* in Goutier/Knopf/Tulloch, UmwG, § 203 Rn. 6.

des Organs im Amt bleiben können. Die Mitbestimmung richtet sich in der SE nicht mehr nach § 96 Abs. 1 AktG in Verbindung mit dem jeweiligen Mitbestimmungsrecht, sie ergibt sich vielmehr aus den vertraglichen Vorschriften der Beteiligungsvereinbarung bzw. den gesetzlichen Vorschriften der §§ 34 ff. SEBG. Nach dem Wortlaut der §§ 96 Abs. 4, 97 ff. AktG müsste also in jedem Fall – also egal ob sich die tatsächliche Zusammensetzung im Organ verändert oder nicht – ein Statusverfahren durchgeführt werden.

Aufgrund der Ausgestaltung der Mitbestimmungslösung in der SE, ist die Durchführung des Statusverfahrens nach §§ 97 ff. AktG vor der Registereintragung jedoch nur schwer vereinbar[552].

Das Statusverfahren müsse beim Formwechsel in eine AG vor Einberufung der Hauptversammlung, die über den Formwechsel beschließt, durchgeführt werden, weil § 96 Abs. 4 AktG einer Neuwahl von Mitgliedern vor Durchführung des Statusverfahrens entgegenstehe[553]. Zu dem Zeitpunkt, in dem die Hauptversammlung stattfindet, ist das Verhandlungsverfahren über die Mitbestimmung aber noch nicht abgeschlossen. Die Zusammensetzung des Aufsichtsrats, die sich nach dem Inhalt der Beteiligungsvereinbarung bzw. den §§ 34 ff. SEBG richte, steht dann noch gar nicht fest[554]. Folglich wäre es dem Vorstand schon aus praktischen Gründen unmöglich, die Vorschriften, nach denen sich das Aufsichtsorgan der SE seiner Meinung nach zusammensetzt, vor dem Hauptversammlungsbeschluss über den Formwechsel nach § 97 AktG bekannt zu machen. Die Durchführung eines Statusverfahrens vor Eintragung der SE wird daher mittlerweile von der überwiegenden Meinung abgelehnt[555].

Dieser Ansicht ist in Bezug auf die Anwendungsfrage nach dem Statusverfahren *vor Eintragung der SE* zuzustimmen. Das Kontinuitätsprinzip, welches das Statusverfahren begründet[556], kann für den Formwechsel in die SE nicht gelten. Das Statusverfahren nach §§ 97 ff. AktG, welches die Zusammensetzung des Aufsichtsorgans nach anderen als den zuletzt angewandten Vorschriften ermöglichen

---

552 Vgl. *Reichert/Brandes* in MünchKomm AktG, 2. Auflage, Art. 40 SE-VO Rn. 57 mit Fn. 53, die § 96 Abs. 2 AktG a.F. für die Umwandlung einer AG in die SE teleologisch reduzieren wollen; dazu kritisch *Habersack,* Der Konzern 2008, 67, 72, der § 96 Abs. 2 AktG a. F. als Anlass und inneren Grund für das in §§ 97 ff. AktG geregelte Verfahren sieht.

553 *Habersack,* Der Konzern 2008, 67, 69 u. 72.

554 Vgl. *Habersack,* Der Konzern 2008, 67, 72

555 *Habersack,* Der Konzern 2008, 67, 82 f.; *Reichert/Brandes* in MünchKomm AktG, Art. 40 SE-VO Rn. 54; *Schwarz,* SE-VO, Art. 40 Rn. 29; a. A. *Reichert/Brandes* in MünchKomm AktG, 2. Auflage, Art. 40 SE-VO Rn. 56 mit Fn. 53.

556 Vgl. *Habersack,* Der Konzern 2008, 67, 72.

soll, kann vor der Umwandlungsgründung der SE aufgrund der besonderen Mitbestimmungslösung des SE-Rechts nicht ordnungsgemäß durchgeführt werden. Anders als bei der Mitbestimmungslösung nach nationalem Recht, bei der sich das anzuwendende Mitbestimmungsmodell aus den Mitbestimmungsgesetzen ergibt, ist die Mitbestimmung im Rahmen SE-rechtlicher Vorgaben, verhandelbar. Solange die Verhandlungen über die Mitbestimmung nicht abgeschlossen sind, kann eine Bekanntmachung der Vorschriften, nach denen sich das Aufsichtsorgan zusammensetzt, denklogisch nicht erfolgen. Die Vorschrift des § 96 Abs. 4 AktG würde, bei uneingeschränkter Geltung auf den Formwechsel in die SE, der ordnungsgemäßen Neuwahl von Mitgliedern des Aufsichtsorgans in der Hauptversammlung, die über den Formwechsel beschließt, entgegenstehen und so die Gründung quasi undurchführbar machen.

Zur Lösung des Problems wurde – gewissermaßen als mildestes Mittel – eine teleologische Reduktion des § 96 Abs. 4 AktG erwogen, wobei am eigentlichen Statusverfahren nach § 97 Abs. 1 AktG festgehalten wurde[557]. *Habersack* hält dies wenig sinnvoll, weil das Kontinuitätsprinzip des § 96 Abs. 4 AktG das Statusverfahren nach §§ 97 ff. AktG gerade begründe[558]. Insbesondere die Durchführung eines Statusverfahrens nach Bildung des Gremiums würde bei einem Verfahren, das der Überleitung dient, gar keinen Sinn machen und der Funktion widersprechen, da die Kontinuität des Aufsichtsrats zu diesem Zeitpunkt schon durchbrochen wäre.

Die genannten Bedenken greifen durch, sodass das Statusverfahren für die Formumwandlung zur SE unanwendbar ist und somit wegen einer teleologischen Reduktion auf null nicht gilt[559]. Die Nichtgeltung der §§ 96 Abs. 4, 97 AktG vor dem Formwechsel in die SE ist, auch mit Blick auf die dem Verfahren zukommende Funktion der Rechtssicherheit, hinnehmbar. Das Eintragungsverbot des Art. 12 Abs. 2 SE-VO und das Gleichlaufgebot von Satzung und Vereinbarung des Art. 12 Abs. 4 SE-VO sichern, dass vor Eintragung überhaupt Verhandlungen stattgefunden haben und die Satzung dem Verhandlungsergebnis nicht widerspricht. Den an der Zusammensetzung des Aufsichtsorgans interessierten Gruppen ist es gleichwohl möglich, den gerichtlichen Teil des Statusverfahrens einzuleiten, wenn unklar ist, wie das Aufsichtsorgan zusammenzusetzen ist[560].

557 So vorgeschlagen von *Reichert/Brandes* in MünchKomm AktG, 2. Auflage, Art. 40 SE-VO Rn. 57 mit Fn. 53.

558 *Habersack*, Der Konzern 2008, 67, 72.

559 Die teleologische Reduktion der SE-VO ist möglich, vgl. *Casper* in FS Ulmer, S. 51, 58; *Schwarz*, SE-VO, Einl. SE-VO Rn. 87.

560 Vgl. diesbezüglich vorstehend unter 1 a).

Einer teleologischen Reduktion der §§ 96 Abs. 4, 97 AktG bedarf es allerdings nicht, wenn die Durchführung des Verfahrens vor der Bildung des SE-Aufsichtsorgans ohne praktische Probleme möglich ist.

b) *Statusverfahren im Anschluss an die SE-Gründung nach den Sonderregelungen § 31 AktG, § 197 Satz 3 UmwG (i.V.m. Art. 15 Abs. 1 SE-VO)*

Hat die durch Umwandlung entstandene SE als ersten Aufsichtsrat einen Rumpfaufsichtsrat, das heißt ein nach dem zukünftigen Mitbestimmungsmodell ohne Arbeitnehmervertreter zusammengesetztes Aufsichtsorgan, gebildet[561], der auf die reguläre Zusammensetzung übergeleitet werden muss, hat das Leitungsorgan die, nach seiner Ansicht maßgeblichen, Vorschriften *nach Eintragung* bekanntzumachen (Art. 15 Abs. 1 SE-VO i.V.m. §§ 31 Abs. 3, 97 AktG). Das Statusverfahren nimmt hier seine Funktion als Überleitungsverfahren bei der SE im Anschluss an die Gründung wahr. Die Bestimmungen und die Systematik des SE-Rechts stehen hier der Anwendung des Statusverfahrens nicht entgegen. Insbesondere die Vorschriften nach denen sich die Mitbestimmung der Arbeitnehmer im Organ richtet, stehen nach Eintragung des Formwechsels fest, vgl. Art. 12 Abs. 2 SE-VO.

Die Vorschrift des § 31 AktG hat keinen Anwendungsbereich, wenn (i) das Unternehmen nicht der Mitbestimmung unterliegt (mithin sich in der SE sogleich ein reguläres Aufsichtsorgan bilden lässt) oder (ii) das mitbestimmte Aufsichtsorgan, vor Wirksamwerden des Formwechsels, regulär nach den geltenden Vorschriften zusammengesetzt ist. Folglich ist in den benannten Fällen kein Statusverfahren im Anschluss an die Gründung sinngemäß §§ 97 bis 99 AktG durchzuführen (§ 31 Abs. 3 Satz 2 AktG). Im vorstehend unter (ii) genannten Fall sollte bereits ein Statusverfahren nach §§ 96 Abs. 4, 97 ff. AktG vor der Eintragung durchgeführt worden sein[562].

---

561 Zur Zulässigkeit vgl. IV. 1. b) cc) (5).

562 Vgl. vorstehend unter a) bb).

VI. Statusverfahren zur Vermeidung fehlerhafter Mitbestimmung in der SE

1. Anknüpfungspunkt für die Mitbestimmung kraft Gesetzes

Greift die Mitbestimmung kraft Gesetzes (§ 34 ff. SEBG) nach der Errichtung der SE bleibt die Regelung zur Mitbestimmung erhalten (§ 35 Abs. 1 SEBG) bzw. richtet sich nach den Regelungen in §§ 34, 35 Abs. 2 SEBG, die auch an den Umfang der Mitbestimmung in den Gründungsgesellschaften anknüpfen. Wird die SE durch Umwandlung gegründet (Art. 37 SE-VO) muss sogar für den Fall, dass sich die Mitbestimmung nach einer Beteiligungsvereinbarung nach § 21 SEBG richtet, bzgl. aller Komponenten der Arbeitnehmerbeteiligung das gleiche Ausmaß gesichert werden, das in dem Unternehmen besteht, welches in eine SE umgewandelt wird (§ 21 Abs. 6 Satz 1 SEBG). Problematisch ist dabei u.a. ob es auf die in der Gesellschaft tatsächlich geübten Mitbestimmung oder auf die nach dem geltenden Mitbestimmungsrecht geltende richtige Rechtslage ankommt[563]. Zu Zweifeln über das richtige Mitbestimmungsstaus kann es insbesondere bei Unsicherheiten über die Zahl und die Zählbarkeit von Arbeitnehmern kommen[564], etwa bei im Ausland beschäftigte Arbeitnehmer[565] oder Leiharbeitern[566].

563 *Forst* in Bergmann/Kiem/Müllbert/Verse/Wittig, 10 Jahre SE, S. 50, 62 ff.

564 Vgl. *Behme*, AG 2018, 1; *Ott/Goette*, NZG 2018, 281; *Weber/Kiefner/Jobst*, AG 2018, 140.

565 Es ist BGH nicht geklärt, ob Arbeitnehmer in ausländischen Betrieben von Niederlassungen und Tochtergesellschaften bei der Ermittlung, ob die unterschiedlichen Schwellenwerte des MitbestG erreicht werden mitzuzählen sind. Für die Zählbarkeit: LG Frankfurt a. M. (16. KfH) v. 16.2.2015 – 3–16 O 1/14 (Deutsche Börse AG) – OLG Entscheidung siehe a.E. Gegen die Zählbarkeit: jüngst LG Hamburg, Beschl. v. 6.2.2018 – 403 HKO 130/17, ZIP 2018, 731 (die Grundsätze der Erzberger/TUI Entscheidung zur Wahl von Arbeitnehmervertretern in den Aufsichtsrat [vgl. EuGH, Urt. v. 18.7.2017 – C-566/15, NJW 2017, 2603] seien auf die „Zählfrage" übertragbar); daneben auch schon LG Frankfurt a. M., (5. KfH) v. 21.12.2017 – 3–05 O 85/17; LG Stuttgart, Beschl. v. 1.2.2018 – 31 O 53/17, juris. Das OLG Frankfurt a.M. hat sich in Sachen Deutsche Börse AG gegen die Zählbarkeit der im Ausland beschäftigten Mitarbeiter ausgesprochen, Beschl. v. 25.5.2018 – 21 W 32/18, ZIP 2018, 1175 (rechtskräftig – Rechtsbeschwerde nicht zugelassen).

566 Es ist höchstrichterlich auch noch nicht geklärt, wie sich die differenzierende Rechtssprechung des BAG zur Zählbarkeit von Leiharbeitern – vgl. BAG, Beschl. v. 9.12.2012 – 7 ABR 37/11, NZA-RR 2013, 197; BAG, Beschl. v. 5.12.2012 – 7 ABR 17/11, NZA 2013, 690; BAG, Beschl. v. 18.10.2011 – 1 AZR 335/10, BAGE 139, 342 – auf die Unternehmensmitbestimmung hat, vgl. OLG Hamburg, Beschl. v. 31.1.2014 – 11

Durch diese Unsicherheiten kann es dazu kommen, dass keine Mitbestimmung praktiziert wird, obwohl gesetzlich angeordnet oder, der umgekehrte Fall, dass Mitbestimmung tatsächlich praktiziert wird, obwohl die Grundlagen (z.B. Arbeitnehmerzahlen) entfallen sind[567]. Darüber hinaus kann auch der Umfang der tatsächlichen Mitbestimmung nicht mehr den gesetzlichen Anforderungen entsprechen. Zum Teil wird vertreten, dass auf die in der Gesellschaft tatsächlich geübte Mitbestimmung abzustellen sei, was mit der Rechtssicherheit gerechtfertigt wird[568]. Das OLG Frankfurt a.M. vertritt die Meinung, dass sich die Zusammensetzung des Aufsichtsorgans der SE nach der Auffangregelung des § 35 Abs. 1 SEBG nach dem gebotenen Soll-Zustand und nicht auf den praktizierten Ist-Zustand zum Zeitpunkt der Umwandlung der Gesellschaft abzustellen sei. Die Frage nach der Anknüpfung der Mitbestimmung kraft Gesetzes, d. h. ob es auf die in der Gesellschaft geübte Praxis oder die tatsächliche Rechtslage ankommt, ist noch nicht abschließend geklärt[569].

2. Anwendung des Statusverfahren (§ 97 ff AktG i.V.m. Art. 9 Abs. 1 lit. c) ii) SE-VO)

a) Feststellung der richtigen Zusammensetzung des Aufsichtsrats mit dem Statusverfahren

Mit dem Statusverfahren steht ein Instrument zur Verfügung, das es ermöglicht, den richtige Mitbestimmungsstatus einer Gesellschaft im Vorfeld der SE-Gründung rechtskräftig festzustellen. Deshalb geht *Forst* auch davon aus, dass mit Blick auf die Rechtssicherheit bei der Mitbestimmung kraft Gesetzes nicht auf die geübte Mitbestimmungslage abgestellt werden könne[570].

W 89/13, NZG 2014, 787 (vor dem BGH Erledigung wegen Verschmelzung, Beschl. v. 27.1.2015 – II ZB 7/14, NJW 2015, 1449)

567 *Forst* in Bergmann/Kiem/Müllbert/Verse/Wittig, 10 Jahre SE, S. 50, 62 ff.

568 LG Frankfurt, Beschl. vom 23.11.2017 – 21 W 19/18, ZIP 2018, 932; *Müller-Bonanni* in in Habersack/Drinhausen, SE-Recht, § 34 SEBG Rn. 6; *Grambow*, BB 2012, 902.

569 Zul. BGH, Beschl. vom 23.06.2019 – II ZB 20/18, Leitsatz: „*Wenn vor der Eintragung einer durch formwechselnde Umwandlung gegründeten, dualsitisch aufgebauten Europäischen Gesellschaft (SE) ist das Handelsregister ein Statusverfahren eingeleitet worden ist, richtet sich die in diesem Verfahren festzulegende Zusammensetzung des Aufsichtsorgans der SE bei der Anwendbarkeit der Auffangregelung über die Mitbestimmung kraft Gesetzes (§§ 34 ff. SEBG) danach, wie der Aufsichtsrat vor der Umwandlung nach den einschlägigen gesetzlichen Vorschriften richtigerweise zusammenzusetzen war.*“; dazu *Seibt*, EWIR 2019, 549.

570 *Forst* in Bergmann/Kiem/Müllbert/Verse/Wittig, 10 Jahre SE, S. 50, 63.

Der Ansicht von *Forst*, das Statusverfahren zur Vermeidung fehlerhafter Mitbestimmung anzuwenden und bei der Mitbestimmung kraft Gesetzes auf den gebotenen Soll-Zustand abzustellen, ist zuzustimmen. Es ist gerade Sinn und Zweck des Statusverfahren nach §§ 97 ff. AktG Unsicherheiten über die Zusammensetzungsgrundlage des Aufsichtsrats zu klären. Das bedeutet, es gibt für die SE nach §§ 97 ff. AktG i.V.m. Art. 9 Abs. 1 lit. c) ii) SE-VO ein Verfahren, das den Beteiligten zur Verfügung steht, ihre Fragen im Zusammenhang mit der richtigen Zusammensetzung des Aufsichtsrats rechtskräftig zu klären. Damit entfällt die Rechtfertigung (im Sinne einer rechtssicheren Lösung) alleine auf die tatsächlich geübte Mitbestimmungslage abzustellen.

b) Zeitpunkt der Durchführung des Statusverfahrens

Fraglich ist, zu welchen Zeitpunkt das Statusverfahren zur Klärung der richtigen Zusammensetzung des Aufsichtsrats bzw. -organs durchzuführen ist. In Betracht kommt zunächst das Statusverfahren nach § 97 ff. AktG i.V.m. Art. 9 Abs. 1 lit. c) ii) SE-VO erst *nach* der Gründung der SE durchzuführen, um bei der SE im Nachhinein die richtige Zusammensetzung des Aufsichtsorgans zu erreichen. So geht das OLG Frankfurt a.M. in seiner Entscheidung vom 27. August 2018 von der Statthaftigkeit des Statusverfahrens nach §§ 98 f. AktG bei der bestehenden SE zur Klärung der richtigen Zusammensetzung des Aufsichtsrats einer aus einer AG umgewandelten SE zum Zeitpunkt der Umwandlung aus[571].

Mit Blick auf die Funktion des Statusverfahrens ist allerdings fraglich, ob die Durchführung des Statusverfahren bei der bestehenden SE (d. h. z.B. nach Umwandlung einer AG in eine SE) geeignet ist die richtige Zusammensetzung des Aufsichtsorgans retrospektiv auf den Soll-Zustand vor der Eintragung der SE herzustellen. Mit dem Statusverfahren kann festgestellt werden, ob die Zusammensetzung des Aufsichtsorgans mit den anzuwendenden Vorschriften übereinstimmt. Ist das Aufsichtsorgan im Rahmen der Gründung aber auf falscher mitbestimmungsrechtlicher Grundlage begründet worden, steht nicht die Zusammensetzung nach den anzuwenden Vorschriften in Frage, sondern deren Inhalt[572]. Denn die Vorschriften der deutschen Mitbestimmung (z.B. DrittelbG und MitbestG) finden auf die SE keine Anwendung (vgl. § 47 Abs. 1 Nr. 1 SEBG). Beispielsweise bei der Auffanglösung nach § 35 Abs. 1 SEBG kommt es auf die Regelungen zur Mitbestimmung an, die in der Gesellschaft vor der Umwandlung bestanden hat. Der Inhalt der genannten Vorschrift des SEBG wird also durch

571 OLG Frankfurt a.M., Beschl. vom 27.8.2018 – 21 W 29/18), NZG 2018, 1254.
572 Vgl. auch *Forst* in Bergmann/Kiem/Müllbert/Verse/Wittig, 10 Jahre SE, S. 50, 63.

die bestehende Regelung zur Mitbestimmung in der betroffenen Gesellschaft ausgestaltet. Der Inhalt der Mitbestimmungsvorschriften (hier des SEBGs) kann im Statusverfahren aber gar nicht geklärt werden, dies ist nämlich mit der Verhandlungsautonomie der Parteien betreffend die Mitbestimmung in der SE nicht vereinbar[573]. Bei der bestehenden SE kann nur nach Neuverhandlungen über die Beteiligungsrechte der Arbeitnehmer in der SE u.a. die Regelungen zur Zusammensetzung des Aufsichtsorgans inhaltlich geändert bzw. berichtigt werden.

Natürlich steht das Statusverfahren bei (deutschen) Gesellschaften, die eine SE-Gründung beabsichtigen, *vor* der SE-Gründung offen. Bestehen Zweifel über das Mitbestimmungsmodell bei den an der SE-Gründung beteiligten Gesellschaften, ist das Statusverfahren noch vor der SE-Gründung einzuleiten. Bei Streitigkeiten kann die Frage nach § 98 und § 99 AktG vor dem Landgericht geklärt werden. Anderenfalls perpetuiert sich ein falsches Mitbestimmungsmodell in der SE bis zu Neuverhandlungen über die Mitbestimmung. Bei Unsicherheiten über die Mitbestimmung sollte daher von den Berechtigten (§ 98 Abs. 2 AktG) das Statusverfahren vor der SE-Gründung durchgeführt werden[574]. Sind dem Vorstand Zweifel bekannt und ist einer SE-Gründung geplant, ist er sogar verpflichtet das Statusverfahren nach §§ 97 ff. AktG durchzuführen.

VII. Zusammenfassung und Schlussfolgerung

Die Bildung und Zusammensetzung des Aufsichtsorgans der SE birgt in der Entstehungsphase der SE Fallstricke. Dies liegt nicht zuletzt am Prinzip vom Vorrang der Verhandlungslösung, welches für die Beteiligung der Arbeitnehmervertreter in der SE gilt. Diese, dem deutschen Recht unbekannte, Mitbestimmungslösung stellt vor allem in der Gründungsphase der SE die Beteiligten vor Herausforderungen. Hier stellt sich in der Chronologie der SE auch das erste Mal die Frage nach der Anwendung des Statusverfahrens betreffend das Aufsichtsorgan.

Relevant wird die konkrete Rechtsfrage vom Nebeneinander von Statusverfahren und verhandelter Mitbestimmung explizit bei der SE-Gründung im Wege des Rechtsformwechsel und der ähnlich verlaufenden Verschmelzungsgründung durch Aufnahme. Zwischen dem Rechtsträger der umwandelnden AG und der entstehenden SE besteht nur in diesen Fällen Identität, was letztlich auch für den obligatorischen Aufsichtsrat der AG und das künftige SE-Aufsichtsorgan gilt.

---

573 Vgl. dazu schon ausführlich vorstehend unter III. 3. b); i.Ü. *Forst* in Bergmann/Kiem/Müllbert/Verse/Wittig, 10 Jahre SE, S. 50, 64; *Ders.*, Die Mitbestimmungsvereinbarung nach § 21 SEBG, S. 340; *Henssler* in Habersack/Henssler, MitbestR, § 21 SEBG Rn. 79.

574 So auch *Forst* in Bergmann/Kiem/Müllbert/Verse/Wittig, 10 Jahre SE, S. 50, 63.

Nach § 96 Abs. 4 AktG kann der Aufsichtsrat nach anderen als den zuletzt angewandten Vorschriften nur zusammengesetzt werden, wenn nach § 97 AktG oder nach § 98 AktG das aktienrechtliche Statusverfahren durchgeführt worden ist (sog. Kontinuitätsprinzip). Über die Verweisung des Art. 9 Abs. 1 lit. c) ii) SE-VO unterliegt die deutsche SE diesen aktienrechtlichen Vorschriften.

Zwischen der Verhandlung über die Beteiligung der SE nach dem SEBG, welche zwingend mit dem Gründungsverfahren der SE verbunden ist (Art. 12 Abs. 2 SE-VO), und dem Statusverfahren kommt es an dieser Stelle allerdings zur Kollision. Das Aufsichtsorgan der SE ist möglichst bald zu bilden, deshalb bietet sich die Bestellung in der Satzung der SE, welche schon in der Gründungsurkunde enthalten ist, an. Zu diesem Zeitpunkt sind die Verhandlungen mit dem besonderen Verhandlungsgremium (welche bis zu einem Jahr dauern können (vgl. § 20 Abs. 2 SEBG)), allerdings in aller Regel noch nicht abgeschlossen. Die Bekanntmachung der für die Zusammensetzung des Organs maßgeblichen Vorschriften ist bei der Vor-SE zu diesem Zeitpunkt daher schon aus praktischen Gründen unmöglich. Die Durchführung des Verfahrens nach der Konstituierung des Aufsichtsorgans aber noch vor der Eintragung entspricht nicht Sinn und Zweck der Vorschrift und ist daher als Lösung des Konflikts zwischen dem Verhandlungsmodell der Mitbestimmung in der SE und dem Statusverfahren abzulehnen. Mithin sind die Vorschriften §§ 96 und 97 AktG an dieser Stelle teleologisch auf Null zu reduzieren, weil sie mit dem europäischen Recht unvereinbar sind. Konsequenter Weise muss das Statusverfahren nach §§ 96 Abs. 4, 97 AktG vom Vorstand der umwandelnden AG aber durchgeführt werden, wenn ausnahmsweise zum Zeitpunkt der Hauptversammlung, die über den Formwechsel beschließt, die maßgeblichen Vorschriften für die Zusammensetzung des Aufsichtsorgans bereits feststehen. Entsteht die SE nicht durch Formwechsel bzw. Verschmelzung zur Aufnahme spielt das förmliche Statusverfahren bei der Gründung keine Rolle.

Das bedeutet, dass *vor der Eintragung* der SE das förmliche Verfahren nach § 97 AktG grundsätzlich nicht anwendbar ist. Den an der Organbesetzung interessierten Personen bzw. Gruppen bleibt es allerdings unbenommen, den gerichtlichen Teil des Statusverfahrens vor dem Landgericht auch schon im Rahmen der Gründung einzuleiten (Art. 9 Abs. 1 lit. c) ii) SE-VO i.V.m. §§ 98 und 99 AktG), wenn nach den Verhandlungen mit dem besonderen Verhandlungsgremium unklar ist, nach welchen Vorschriften das Aufsichtsorgan zusammenzusetzten ist. Der Mitbestimmungssicherungsmechanismus des SE-Rechts, bestehend aus dem Eintragungsverbot des Art. 12 Abs. 2 SE-VO und dem Gleichlaufgebot von Satzung und Vereinbarung des Art. 12 Abs. 4 SE-VO, sichert nur, dass vor Eintragung überhaupt Verhandlungen stattgefunden haben und die Satzung dem Verhandlungsergebnis entspricht. Mit dem Statusverfahren kann vor dem Gericht die Übereinstimmung von der Aufsichtsorganbesetzung mit den anwendbaren Vorschriften überprüft werden.

Vor der SE-Gründung kann das Statusverfahren nach § 97 ff. AktG bei den an der Gründung beteiligten (deutschen) Gesellschaften relevant werden, wenn in der AG Zweifel über das richtige Mitbestimmungsmodell bestehen. Denn bei einer Gründung durch Umwandlung bzw. bei Eingreifen der Mitbestimmung kraft SEBG-Gesetzes wird auf den Umfang der Mitbestimmung an den beteiligten Gesellschaften bzw. der beteiligten Gesellschaft abgestellt. Ein einmal im Verhandlungsverfahren festgelegtes Mitbestimmungsmodell ist für die SE perpetuiert und kann nur nach Neuverhandlungen über die Mitbestimmung geändert werden.

Im Anschluss an die Gründung kommt das Verfahren nach §§ 97 ff. AktG über die §§ 30 und 31 AktG sinngemäß zur Anwendung, wenn das erste Aufsichtsorgan ohne Anwendung der Vorschriften über die Bestellung von Arbeitnehmervertretern (§ 30 AktG) oder, zwar unter Anwendung dieser Vorschriften, aber noch ohne Vertreter der Arbeitnehmer (§ 31 AktG) zusammengesetzt wurde. Diese beiden aktienrechtlichen Normen sind Sondervorschriften für die Zusammensetzung des ersten Aufsichtsrats der AG. Das erste Aufsichtsorgan kann demnach auch bei Unternehmen, die der Mitbestimmung unterliegen, ohne Arbeitnehmervertreter, nur aus Vertretern der Anteilseigner zusammengesetzt werden. Die Mitbestimmung wird dabei dadurch sichergestellt, dass das Aufsichtsorgan spätestens nach einem Jahr komplett zu besetzen ist, vgl. § 30 Abs. 3 Satz 1, 31 Abs. 5 AktG. Wie festgestellt wurde, sind die Vorschriften § 30 und § 31 AktG auf die dualistische SE anwendbar, wenn die Gesellschaft ihren Sitz in Deutschland hat (Art. 15 Abs. 1 SE-VO), und erleichtern die Zusammensetzung des ersten Aufsichtsorgans der SE[575]. Vor der mitbestimmungsgerechten Zusammensetzung des Organs hat die Leitung nach diesen aktienrechtlichen Gründungsvorschriften bekannt zu geben, nach welchen Vorschriften das Aufsichtsorgan zusammengesetzt sein muss. Die §§ 97 ff. AktG gelten hierfür sinngemäß.

Entsprechend der Systematik der §§ 30 f. AktG, ist zwischen der Bar- und Sachgründung sowie der Sachgründung durch Einbringung oder Übernahme eines Unternehmens zu unterscheiden. Im letzteren Fall gelten strengere Regelungen bei der Zusammensetzung des mitbestimmten ersten Organs. Die

575 Vgl. unter IV. 1. b).

Varianten der SE-Gründung, welche durch einen *numerus clausus* begrenzt sind, lassen sich grundsätzlich derart rubrizieren.

Handelt es sich um eine Bar- oder Sachgründung, die nicht die Einbringung eines Unternehmens zum Gegenstand hat, ist rechtzeitig vor Ablauf der einjährigen Amtszeit des ersten Aufsichtsorgans das Statusverfahren durchzuführen (Art. 15 Abs. 1 SE-VO i.V.m. § 30 Abs. 3 AktG).

Ist Gegenstand einer Sacheinlage oder -übernahme die Einbringung oder Übernahme eines Unternehmens (z. B. bei der Tochter-SE-Gründung möglich), hat die Leitung unverzüglich nach der Einbringung oder Übernahme entsprechend der §§ 97 bis 99 AktG, die Vorschriften bekannt zu machen, nach welchen sich das Organ zusammenzusetzen hat (Art. 15 Abs. 1 SE-VO i.V.m. § 31 Abs. 3 AktG).

Für die Entstehung im Wege des Rechtsformwechsels gelten umwandlungsrechtliche Sonderregelungen. Nach § 197 UmwG sind die Vorschriften über die Bildung und Zusammensetzung des ersten Aufsichtsrats auf den Formwechsel nicht anzuwenden. Dies gilt, wie jetzt gesetzlich normiert, nicht für den § 31 AktG. Daher ist unverzüglich an die Umwandlung der AG in die SE ein Statusverfahren von der Leitung einzuleiten, wenn das Aufsichtsorgan im Rahmen der Gründung bei der Neubestellung noch ohne Arbeitnehmervertreter gebildet wurde, vgl. § 31 Abs. 3 AktG.

Bei einer Verschmelzung zur Aufnahme, wobei es sich um eine Verknüpfung des Verschmelzungsvorgangs mit dem Wechsel der Rechtsform handelt, gilt etwas anderes. Trotz dieser bestehenden Ähnlichkeit zum Rechtsformwechsel, findet die umwandlungsrechtliche Vorschrift des § 197 keine Anwendung. Mithin sind auf diese Gründungsvariante die § 30 und § 31 AktG über Art. 15 Abs. 1 SE-VO anwendbar. Ist von der Möglichkeit der arbeitnehmerlosen Bildung des ersten Aufsichtsorgans Gebrauch gemacht worden, ist nach der Einbringung des Unternehmens nach § 31 Abs. 3 AktG das Statusverfahren zu durchlaufen. Für die Anteilseignervertreter kann die verkürzte Amtszeit des § 30 Abs. 3 Satz 1 AktG gelten, vgl. § 31 Abs. 5 AktG.

Der Anwendung des Statusverfahrens über § 30 und § 31 AktG im Anschluss an die Gründung bedarf es allerdings nach dem Telos dann nicht, wenn das erste Aufsichtsorgan von Anfang an entsprechend des, sich aus der Vereinbarung nach § 21 SEBG oder den §§ 36 ff. SEBG ergebenden, Mitbestimmungsregimes auch mit Vertretern der Arbeitnehmer zusammengesetzt ist.

Mit dem Statusverfahren sollte bei Zweifeln über die richtige Zusammensetzung des Aufsichtsrats der AG bzw. rein vorsorglich noch *vor* der Gründung der SE die richtige Zusammensetzung des Aufsichtsrats der AG festgestellt werden. Denn greift die Mitbestimmung kraft Gesetzes als Auffanglösung bei der SE, kommt es nach dem SEBG auf die Regelungen zur Mitbestimmung an, die in der Gesellschaft vor Gründung bestanden. Nachträglich ist die Durchführung des Statusverfahrens mit dem Ziel feststellen zu lassen, dass der Aufsichtsrat der AG falsch besetz war und deshalb nachträglich das Aufsichtsorgan der SE anders zu besetzen ist, nicht mehr möglich. Dadurch würde sich nämlich die Mitbestimmung in der SE ändern, was nach Gründung nur nach Neuverhandlungen möglich ist (Vorrang der Verhandlungslösung).

F. Statusverfahren bei der Aktivierung einer Vorrats-SE

I. Einleitung

Als Anwendungsfeld des Statusverfahrens kommt schließlich die Konstituierung des Aufsichtsorgans nach der wirtschaftlichen Aktivierung einer vorübergehend nicht werbend tätigen Gesellschaft in Betracht. Der Zweck der sogenannten Vorratsgesellschaft beschränkt sich zunächst auf das Halten und die Verwaltung des eigenen Vermögens. In der Regel veräußern die Gründer diese später an einen Dritten, der die Gesellschaft mit seiner Unternehmung werbend nutzt. Es kommt auch vor, dass die an der Gründung beteiligten Gesellschaften die, zunächst nicht werbende, Gesellschaft später selbst nutzen. Vorteil einer solchen Vorratsgesellschaft ist, dass eine eingetragene und sofort einsetzbare Gesellschaft zur Verfügung steht. Mit anderen Worten: Es liegt ein fertiges Rechtskleid einer bestimmten Rechtsform bereit, welches sich ein bestehendes Unternehmen überstreifen kann. Durch den Erwerb einer Vorratsgesellschaft soll vor allen Dingen der Zeitaufwand für den langwierigen Eintragungsprozess eingespart werden. Bei der wirtschaftlichen Aktivierung der Vorratsgesellschaft ist das Gründungsrecht jedenfalls insoweit anzuwenden, wie es gläubigerschützende Tendenz aufweist, insbesondere der realen Kapitalaufbringung dient[576].

Zunächst ist die allgemeine Zulässigkeit einer solchen, nicht werbenden, Gesellschaft in der Rechtsform der SE kurz darzulegen. In diesem Zusammenhang ist auch die Durchsetzung der geltenden Mitbestimmung zu problematisieren. Auch in diesem Zusammenhang könnte das aktienrechtliche Statusverfahren zur Zusammensetzung des mitbestimmten Organs anzuwenden sein.

---

576 BGHZ 153, 158, 162; *Arnold* in KölnKomm AktG, § 23 Rn. 96 ff.; *Hüffer/Koch*, AktG, § 23 Rn. 27; *Hueck/Fastricht* in Baumbach/Hueck, GmbHG, § 3 Rn. 14; *Limmer* in Spindler/Spitz, AktG, § 23 Rn. 43; *Michalsky*, GmbHG, § 3 Rn 27; *Pentz* in MünchKomm AktG, § 23 Rn. 98 ff; *Röhricht* in GroßKomm AktG, § 32 Rn. 134; *Seibt* in Schmidt/Lutter, AktG, § 23 Rn. 43; Ulmer/Habersack/Winter, GmbHG, § 3 Rn. 146 ff.

II. Zulässigkeit einer Vorrats-SE

1. Gesellschaftsrechtliche Legitimität

Die Zulässigkeit einer Vorratsgesellschaft ist auch in der Rechtsform einer SE mittlerweile anerkannt[577]. Jedenfalls gesellschaftsrechtliche Gründe sprechen nicht gegen die Errichtung einer Vorrats-SE[578]. Insbesondere die SE-spezifische Regelungen wie der *numerus clausus* der Gründungsformen[579], das Mehrstaatlichkeitsgebot in Art. 2 Abs. 1 bis 4 SE-VO sowie die Zweijahresfrist für Tochtergesellschaften (Art. 2 Abs. 2 lit. b), 3 lit. b) und Abs. 4 SE-VO), sprechen nicht zwingend gegen ihre Zulässigkeit[580]. Es ist ausreichend, wenn die genannten Voraussetzungen faktisch eingehalten werden[581]. Das Numerus-Clausus-Prinzip zielt auf die Verhinderung einer Umgehung der nationalen Regelungen über die Unternehmensmitbestimmung durch Gründung einer SE ab[582]. Zumindest aus gesellschaftsrechtlicher Sichtweise hat das Numerus-Clausus-Prinzip aber keinen materiellen Gehalt, so dass eine nur formale Einhaltung nicht gegen das SE-Recht verstößt. Ebenso verhält es sich mit dem Gebot der Mehrstaatlichkeit bei der Vorratsgründung. Die Regelung dient dem Subsidiaritätsprinzip des Art. 5 Abs. 1 Satz 2 EUV, nach dem eine Kompetenz der Union nur gegeben sein kann, wenn die Gründungsgesellschaften Bezug zu verschiedenen Mitgliedsstaaten haben[583]. Um dem Normzweck gerecht zu werden, reicht wie zuvor eine

---

577 Vgl. OLG Düsseldorf, Beschl. v. 30. 3. 2009 – 1–3 Wx 248/08, DNotZ 2009, 699; AG München, Beschluss vom 29. 3.2006 – HRB 52618, ZIP 2006, 287; LG Hamburg, Beschl. v. 30. 9. 2005 – 417 T 15/05, ZIP 2005, 2018; *Bayer* in Lutter/Hommelhoff, SE-Komm, Art. 2 SE-VO Rn. 31 f.; *Casper* in Spindler/Stilz, AktG, Art. 2 SE-VO Rn. 27; *Henssler* in Habersack/Henssler, MitbestR, Einl. SEBG Rn. 76; *Kiem* in KölnKomm AktG, Art. 12 SE-VO Rn. 24, *Schäfer* in MünchKomm AktG, Art. 16 SE-VO Rn. 9 ff.; *Casper/Schäfer*, ZIP 2007, 653, 653 ff.; *Ege/Grzimek/Schwarzfischer*, DB 2011, 1205; 1209; *Forst*, RdA 2010, 55, 56; *ders.*, NZG 2009, 687, 688; Frodermann/Jannott, ZIP 2005, 2251; Seibt, ZIP 2005, 2248, 2249 f.; *Schubert*, ZESAR 2006, 340, 344 f.; a. A. *Köstler* in Theisen/Wenz, Europäische Aktiengesellschaft, S. 372; Blanke, ZIP 2006, 789, 792.

578 BGHZ 153, 158; eingehend *Pentz* in MünchKomm AktG, § 23 Rn. 87 ff.

579 Vgl. unter E. II.

580 Neben anderen *Casper/Schäfer*, ZIP 2007, 653, 654 f; *Forst*, NZG 2009, 887, 887 ff.

581 Eingehend *Casper/Schäfer*, ZIP 2007, 653, 654 f.; daneben *Schäfer* in MünchKomm AktG, Art. 16 SE-VO Rn. 12.

582 *Oechsler* in MünchKomm AktG, Art. 2 SE-VO Rn. 3.

583 *Casper* in Spindler/Stilz, AktG, Art. 2 SE-VO Rn. 1; *Schröder* in Manz/Mayer/Schröder, Europäischen Aktiengesellschaft, Art. 2 SE-VO Rn. 44; *Oechsler* in MünchKomm

rein formale Wahrung. Auch die Zweijahresfrist für Tochtergesellschaften stellt im gesellschaftsrechtlichen Kontext keinen Hinderungsgrund dar. Die zeitliche Verzögerung kombinierter Strukturmaßnahmen bezweckt die transitorische Verhinderung der identitätswahrenden Sitzverlegung und die damit einhergehende Gefahr der Flucht aus der Mitbestimmung[584]. Wird dieses Risiko bei der wirtschaftlichen Aktivierung der Vorrats-SE kompensiert, sprechen gesellschaftsrechtliche Gründe nicht gegen die Zulässigkeit.

Die Gründung einer Tochtergesellschaft (Art. 3 II SE-VO) bietet sich zur Schaffung einer offenen Vorrats-SE an. Neben dieser Gründungsvariante stehen nach dem Vorstehenden aber auch alle anderen Gründungsmöglichkeiten zur Errichtung einer Vorrats-SE zur Verfügung[585].

2. Mitbestimmungsrechtliche Bedenken

Schwierigkeiten bereitet die Beteiligung der Arbeitnehmer bei der Vorratsgründung einer SE. Dabei ist vor allem problematisch, wie die SE-rechtlichen Bestimmungen zur Sicherung der Beteiligungsrechte der Arbeitnehmer in einer zunächst arbeitnehmerlosen Gesellschaft, die auf eine wirtschaftliche Neugründung gerichtet ist, verwirklicht werden können.

Nach Art. 12 Abs. 2 SE-VO kann die SE erst eingetragen werden, wenn eine Beteiligungsvereinbarung nach § 21 SEBG, alternativ ein Beschluss des besonderen Verhandlungsgremium über die Nichtaufnahme von Verhandlungen nach § 16 SEBG, vorliegt oder die Verhandlungsfrist über den Abschluss der Vereinbarung in § 20 SEBG erfolglos abgelaufen ist. Bei der Schaffung einer Vorrats-SE kann im Einzelfall die Durchführung eines Beteiligungsverfahrens zur Verwirklichung der Eintragungsvoraussetzung nicht möglich sein, expressis verbis, wenn die Gründungsgesellschaften nicht über mehr als 10 Arbeitnehmer verfügen, vgl. § 5 Abs. 1 SEBG. Dies könnte der Eintragung der Vorrats-SE entgegenstehen. Aus der Rechtsprechungspraxis haben sich zwei Fallkonstellationen herausgebildet[586].

AktG, Art. 2 SE-VO Rn. 6; *Veil* in KölnKomm AktG, Art. 2 SE-VO Rn. 5; *Hommelhoff*, AG 2001, 279, 281; *Hirte*, NZG 2002, 1, 4.

584 *Casper/Schäfer*, ZIP 2007, 653, 655; *Oechsler* in MünchKomm AktG, Art. 2 SE-VO Rn. 7.

585 Vgl. auch *Henssler* in Habersack/Henssler, MitbestR, Einl. SEBG Rn. 75; *Schäfer* in MünchKomm AktG, Art. 16 SE-VO Rn. 9.

586 Vgl. OLG Düsseldorf, Beschl. v. 30. 3. 2009 – 1–3 Wx 248/08, DNotZ 2009, 699; AG München, Beschluss vom 29. 3.2006 – HRB 159649, ZIP 2006, 1300 und LG Hamburg, Beschl. v. 30. 9. 2005 – 417 T 15/05, ZIP 2005, 2017, 2019; in der zuletzt

a) Gründungsgesellschaften mit mehr als 10 Arbeitnehmern

Im ersten Fall sind in den, an der Gründung beteiligten, Gesellschaften bzw. betroffenen Tochtergesellschaften, mindestens 10 Arbeitnehmer beschäftigt. Mithin ist eine ausreichende Anzahl zur Bildung eines besonderen Verhandlungsgremiums vorhanden (§ 5 Abs. 1 SEBG). Die Arbeitnehmerlosigkeit der künftigen SE schließt die Durchführung des Vereinbarungsverfahren nach §§ 4 ff. SEBG nicht aus[587]. Über den Verzicht auf Mitbestimmung kann nur das besondere Verhandlungsgremium entscheiden[588]. Die Verhandlung ist, nach dem Regelungssystem der SE-Verordnung und SE-Richtlinie, auch bei einer zunächst arbeitnehmerlos geplanten SE zwingend[589], da die Regeln über das mitbestimmungsrechtliche Verfahren ebenfalls zu Gunsten der Arbeitnehmer der Gründungsgesellschaften bestehen[590]. Im Übrigen ist die Arbeitnehmerlosigkeit nur temporär bis zur wirtschaftlichen Nutzung[591]. Die Eintragungsvoraussetzung des Art. 12 Abs. 2 SE-VO greift in diesem Fall durch. Die Verhandlungsparteien sollten, im Rahmen der Verhandlungen nach § 12 Abs. 2 SE-VO, Regelungen über die Einführung eines Mitbestimmungsstatuts für den Fall der wirtschaftlichen Aktivierung treffen[592].

b) Arbeitnehmerlose Gründer

Im anderen Streitfall hatten die Gerichte über die Eintragung einer arbeitnehmerlos gegründeten Vorrats-SE zu entscheiden[593]. In dieser zweiten Fallkonstellation

genannten Entscheidung ist die HR-Eintragung einer arbeitnehmerlosen SE ohne Durchführung eines Verhandlungsverfahrens für den Fall abgelehnt worden, in dem die Gründungsgesellschaften über Arbeitnehmer verfügten.

587 LG Hamburg, Beschl. v. 30. 9. 2005 – 417 T 15/05, ZIP 2005, 2017, 2018; Vgl. *Seibt*, ZIP 2005, 2248, 2249, *Bayer* in Lutter/Hommelhoff, SE-Komm, Art. 2 SE-VO Rn. 33; Feuerborn in KölnerKomm AktG, § 1 SEBG Rn. 9; *Forst*, Die Mitbestimmungsvereinbarung nach § 21 SEBG, S. 112 ff.; *Henssler* in Ulmer/Habersack/Hensler Einl. SEBG Rn. 78; *Jacobs* in MünchKomm AktG, § 3 SEBG Rn. 2 b; *Joost* in FS Richardi, 2007, S. 572, 576; Kiem in KölnerKomm AktG, Art. 12 SE-VO Rn. 42; *Wißmann* in MünchKomm ArnR, § 287 Rn. 11; *Blanke*, ZIP 2006, 789, 790 ff.; Frodermann/Jannott, ZIP 2005, 2251; *Seibt*, ZIP 2005, 2248, 2250; a. A. *Reinhard*, RIW 2006, 68, 69.

588 *Henssler* in Ulmer/Habersack/Hensler Einl. SEBG Rn. 78.

589 Vgl. *Henssler* in Habersack/Henssler Einl. SEBG Rn 78.

590 AG Hamburg, Beschluss vom 28. 6. 2005 – 66 AR 76/05, ZIP 2005, 2017, 2018.

591 *Schubert*, ZESAR 2006, 340, 345.

592 *Henssler* in Habersack/Henssler, MitbestR, Einl. SEBG Rn 78.

593 Vgl. OLG Düsseldorf, Beschl. v. 30. 3. 2009 – 1-3 Wx 248/08, DNotZ 2009, 699; AG München, Beschl. v. 29. 3.2006 – HRB 52618, ZIP 2006, 287.

beschäftigen die an der Gründung beteiligten Gesellschaften und betroffenen Tochtergesellschaften, wie die Vorrats-SE selbst, keine Arbeitnehmer. Mithin ist die Errichtung des besonderen Verhandlungsgremiums schon aus praktischen Gründen unmöglich, weil die betroffenen Gesellschaften nicht über die erforderliche Anzahl von Arbeitnehmern verfügen (vgl. § 5 Abs. 1 SEBG). Die fehlende Möglichkeit der Bildung des besonderen Verhandlungsgremiums könnte der Entstehung der Vorrats-SE entgegenstehen, weil nach Art. 12 Abs. 2 SE-VO die SE erst eingetragen werden kann, wenn ein Verhandlungsverfahren mit dem besonderen Verhandlungsgremium durchgeführt wurde.

Nur wenige Stimmen in der Literatur sprechen sich aus den genannten Gründen gegen die Möglichkeit der Gründung einer Vorrats-SE in dieser Konstellation aus. Es fehle insoweit an einer unumgänglichen Eintragungsvoraussetzung[594]. Art. 12 Abs. 2 SE-VO wird als abschließende Regelung verstanden[595].

Die überwiegend vertretene[596] und von der Rechtsprechung[597] bestätigte Meinung nimmt richtigerweise an, dass die arbeitnehmerlos gegründete Vorrats-SE vom Registergericht eingetragen werden kann. Die Vorschrift des Art. 12 Abs. 2 SE-VO, die der Eintragung der Vorrats-SE eigentlich entgegensteht, ist insoweit teleologisch zu reduzieren[598]. Es bedarf im vorliegenden Fall keines Beteiligungsverfahrens, da weder die Gründungsgesellschaften noch die geplante SE Arbeitnehmer haben, die es zu schützen gilt. Die Nichteintragung der Vorrats-SE würde auf der anderen Seite aber der Zielsetzung der SE-Verordnung widersprechen, den Mitgliedern der Gemeinschaft ein wirkungsvolles

---

594 Die Vorgaben für die Arbeitnehmerbeteiligung als „conditio sine qua non" der SE, *Blanke,* ZIP 2006, 789, 792; daneben *Köstler* in Theisen/Wenz, Europäische Aktiengesellschaft, S. 372.

595 *Blanke,* ZIP 2006, 789, 790 f.

596 *Bayer* in Lutter/Hommelhoff, SE-Komm, Art. 2 SE-VO Rn. 31 f.; *Casper* in Spindler/Stilz, AktG, Art. 2 SE-VO Rn. 27; *Henssler* in Habersack/Henssler, MitbestR, Einl. SEBG Rn. 76; *Kiem* in KölnKomm AktG, Art. 12 SE-VO Rn. 24, *Kienast* in Janott/Frodermann, HdB der europäischen Aktiengesellschaft, 13 Rn. 210; *Schäfer* in MünchKomm AktG, Art. 16 SE-VO Rn. 9 ff.; *Casper/Schäfer,* ZIP 2007, 653, 653 ff.; *Ege/Grzimek/Schwarzfischer,* DB 2011, 1205; 1209; *Forst,* RdA 2010, 55, 56; *ders.*, NZG 2009, 687, 688; Frodermann/Jannott, ZIP 2005, 2251; Seibt, ZIP 2005, 2248, 2249 f.; *Schubert,* ZESAR 2006, 340, 344 f.

597 OLG Düsseldorf, Beschl. v. 30.3. 2009 – 1–3 Wx 248/08, DNotZ 2009, 699; AG München, Beschluss vom 29.3.2006 – HRB 159649, ZIP 2006, 1300; AG Düsseldorf, Beschl. v. 16.1.2006 – HRB 52618, ZIP 2006, 287

598 Die teleologische Reduktion der SE-VO ist möglich, vgl. *Casper* in FS Ulmer, S. 51, 58; *Schwarz,* SE-VO, Einl. SE-VO Rn. 87.

Instrument zu Verwirklichung eines gemeinsamen Binnenmarktes an die Hand zu geben[599]. *Ege/Grzimek/Schwarzfischer* sehen sogar in der SE-Richtlinie eine Bestätigung für diese Ansicht[600]. In Teil 3 des Anhangs zur SE-Richtlinie Buchstabe b) heißt es: „[…] Bestanden in keiner der beteiligten Gesellschaften vor der Eintragung der SE Vorschriften über die Mitbestimmung, so ist die SE nicht verpflichtet, eine Vereinbarung über die Mitbestimmung der Arbeitnehmer einzuführen."

Die Vorrats-SE kann mithin ohne ein Mitbestimmungsmodell errichtet werden. Mithin ist sie automatisch, ohne Verhandlungen, anfänglich mitbestimmungsfrei.

III. Implementierung der Arbeitnehmerbeteiligung in die *werbende* SE

Der nach den Regelungen in der SE-Verordnung und der SE-Richtlinie hinsichtlich der Beteiligung der Arbeitnehmer im Vordergrund stehende Zweck der Sicherung der Beteiligung der Arbeitnehmer, darf nicht durch die Gründung und zeitlich versetzten Aktivierung der Vorrats-SE umgangen werden. Dies gebietet schon das Missbrauchsverbot in § 43 Satz 1 SEBG. Wie die Arbeitnehmerrechte in der werdenden SE gesichert werden, ist davon abhängig, ob bei der Errichtung der Vorrats-SE Verhandlungen über die Mitbestimmung stattgefunden haben oder die Vorrats-SE im Wege der teleologischen Reduktion des Art. 12 Abs. 2 SE-VO eingetragen wurde[601].

1. Mitbestimmungsverhandlungen haben stattgefunden

War die Durchführung des Beteiligungsverfahrens mit dem besonderen Verhandlungsgremiums im Rahmen der Gründung der Vorrats-SE möglich[602], richtet sich die Mitbestimmung vorrangig nach dem gefundenen Verhandlungsergebnis. Die Mitbestimmungsrechte können nach der wirtschaftlichen Neugründung der Vorratsgesellschaft von den eingestellten Arbeitnehmern ausgeübt werden. Dies gilt zumindest dann, wenn die an der Gründung beteiligten Gesellschaften die Vorrats-SE selbst nutzen oder der Mitbestimmungsstandart im Erwerberunternehmen ausnahmsweise gleich ist[603]. Beim Erwerb der

599 Vgl. 1. und 8. Erwägungsgründe der SE-VO.

600 *Ege/Grzimek/Schwarzfischer*, DB 2011, 1205, 1209.

601 Vgl. vorstehend unter II. 2. a) und b).

602 Das ist der Fall, wenn die beteiligten Gesellschaften mindestens 10 Arbeitnehmer beschäftigen, vgl. § 5 Abs. 1 SEBG.

603 *Schubert*, ZESAR 2006, 340, 347.

Vorrats-SE durch einen Dritten sind grundsätzlich erneut Verhandlungen über die Mitbestimmung im Unternehmen durchzuführen. Solche sind nur dann entbehrlich, wenn die getroffene Vereinbarung Strukturanpassungsklauseln für die Mitbestimmung vorsieht[604]. Im Übrigen ist hier auf die Aktivierung der Vorrats-SE § 18 Abs. 3 SEBG direkt anzuwenden. Beim Erwerb einer Vorrats-SE durch einen Dritten handelt es sich um eine „strukturelle Änderungen“ im Sinne der vorstehenden Norm[605]. Ist ein Beschluss nach § 16 SEBG im Rahmen der Gründung gefasst worden, kommen Neuverhandlungen nach § 18 Abs. 1 SEBG in Betracht.

2. Mitbestimmungsverhandlungen haben vor der Eintragung der Vorrats-SE nicht stattgefunden

Im Fall der arbeitnehmerlos gegründeten Vorrats-SE konnte das Verhandlungsverfahren nicht durchgeführt werden, da bereits die Bildung des besonderen Verhandlungsgremiums unmöglich war[606]. Die Vorschrift § 12 Abs. 2 SE-VO war bei der Vorratsgründung teleologisch zu reduzieren. Dies wirft die Frage auf, ob die wirtschaftliche Nutzung der Vorrats-SE durch die Gründungsgesellschaften bzw. einen Erwerber dazu führt, dass das Verhandlungsverfahren nachgeholt werden muss, wenn nachträglich eine ausreichende Anzahl an Arbeitnehmern eingestellt wird[607].

a) Beteiligungsverfahren i.R.d. wirtschaftlichen Neugründung

Joost konstatiert, dass es dem europäischen Gesetzgeber nur um die Sicherung bestehender Mitbestimmungsrechte geht, nicht aber um die erstmalige Einführung von Mitbestimmung[608]. Er begründet dies mit dem Vorher-Nachher-Prinzip aus dem 18. Erwägungsgrund der SE-Richtlinie[609]. Mithin bestehe auch in der, im Anschluss an die wirtschaftliche Aktivierung mit Arbeitnehmern ausgestatteten, SE keine Mitbestimmung[610]. Rechtsmissbräuchlichem Verhalten sei mit § 43 SEBG zu begegnen[611].

---

604 *Henssler* in Habersack/Henssler, MitbestR, Einl. SEBG Rn. 78; *Schubert,* ZESAR 2006, 340, 347.
605 Dazu noch nachstehend unter 2. a).
606 Vgl. vorstehend unter II. 2. b).
607 Vgl. *Henssler* in Habersack/Henssler, MitbestR, § 18 SEBG Rn. 31; *Schäfer* in MünchKomm AktG, Art. 16 SE-VO Rn. 13; *Forst,* NZG 2009, 687, 689.
608 *Joost* in FS Richardi, S. 572, 576 f.
609 *Joost* in FS Richardi, S. 572, 577.
610 *Joost* in FS Richardi, S. 572, 577.
611 *Joost* in FS Richardi, S. 572, 574 f.

Die herrschende Meinung plädiert vorzugswürdig für die sinngemäße Anwendung des Gründungsrechts und die Nachholung des Verhandlungsverfahrens im Rahmen der wirtschaftlichen Neugründung[612]. Denn die Pflicht zur Nachholung der Verhandlungen stellt die Kehrseite der Eintragung ohne vorherige Verhandlungen mit dem besonderen Verhandlungsgremiums im Wege einer teleologischen Reduktion des Art. 12 Abs. 2 SE-VO dar. Die Vorschrift des Art. 12 Abs. 2 SE-VO verzahnt die Gründung mit der Beteiligung der Arbeitnehmer nach der SE-Richtlinie. Möchte man dieses System nicht umgehen, müssen die Tatbestände zur Verhandlung über die Beteiligung der Arbeitnehmer an dieser Stelle erweitert werden[613]. Anderenfalls droht eine Umgehung der Mitbestimmungsvorschriften durch die Verwendung einer Vorrats-SE, die konsequenterweise immer unter § 43 SEBG fällt[614].

b) Rechtsgrundlage

Fraglich ist, auf welche rechtliche Grundlage das erforderliche Beteiligungsverfahren bei einer wirtschaftlichen Aktivierung zu stützen ist. Eine ausdrücklich normierte Regelung, die die erstmalige Durchführung von Verhandlungen über die Beteiligung der Arbeitnehmer im Falle der wirtschaftlichen Neugründung vorschreibt, gibt es nicht. In Betracht kommt die analoge Anwendung der Regelungen der §§ 4 ff. SEBG über die Durchführung der Beteiligungsverhandlungen im Rahmen der Gründung oder die (analoge) Anwendung der Vorschrift § 18 Abs. 3 SEBG über die Wiederaufnahme von Verhandlungen bei strukturellen Änderungen.

Speziell *Schubert* stimmt für die analoge Anwendung der §§ 4 ff. und §§ 22 ff. SEBG[615]. Wird die arbeitnehmerlos gegründete SE von den beteiligten

---

612 OLG Düsseldorf, Beschl. v. 30.3. 2009 – 1–3 Wx 248/08, ZIP 2009, 920; *Bayer* in Lutter/Hommelhoff, SE-Komm, Art. 2 SE-VO Rn. 31 f.; *Casper* in Spindler/Stilz, AktG, Art. 2 SE-VO Rn. 27; *Henssler* in Habersack/Henssler, MitbestR, § 18 SEBG Rn. 31; *Kiem* in KölnKomm AktG, Art. 12 SE-VO Rn. 24, *Kienast* in Janott/Frodermann, HdB der europäischen Aktiengesellschaft, 13 Rn. 210; *Schäfer* in MünchKomm AktG, Art. 16 SE-VO Rn. 13; *Casper/Schäfer*, ZIP 2007, 653, 658 f.; *Ege/Grzimek/Schwarzfischer*, DB 2011, 1205; 1209; *Forst*, RdA 2010, 55, 56 ff.; *ders.*, NZG 2009, 687, 689 f.; Frodermann/Jannott, ZIP 2005, 2251; Seibt, ZIP 2005, 2248, 2250; *Schubert*, ZESAR 2006, 340, 345 f.

613 *Forst*, RdA 2010, 55, 57.

614 Vgl. *Casper/Schäfer*, ZIP 2007, 653, 658.

615 *Schubert*, ZESAR 2006, 340, 342 f., 345 f.; für die analoge Anwendung der §§ 4 ff. SEBG auch *Diekmann* in GS Gruson, S. 75, 89.

Gesellschaften mit mehr als 10 Arbeitnehmern ausgestattet, fänden die gesetzlichen Auffangregelungen §§ 22 ff. und §§ 34 ff. SEBG analog Anwendung[616]. Die Auffangregelungen greifen in dem Fall ohne vorherige Verhandlungen[617]. Eine Umgehung des Schutzes bestehender Arbeitnehmerrechte, drohe nur beim Erwerb der Vorrats-SE durch einen Dritten[618]. Dieser Umgehung sei durch analoge Anwendung der Regeln über die Durchführung der Beteiligungsvereinbarung i. R. d. Gründung (§§ 4 ff. SEBG) zu begegnen[619].

Die Gegenauffassung spricht sich für die analoge Anwendung des § 18 Abs. 3 SEBG im Falle der wirtschaftlichen Aktivierung der Vorrats-SE mit Beschäftigung von Arbeitnehmern aus[620].

Der zuletzt genannten Meinung ist zuzustimmen. Gegen das automatische Eingreifen der gesetzlichen Auffangregelungen (analog) §§ 22 ff. und §§ 34 ff. SEBG spricht zum einen, dass sie Gesellschaften voraussetzen, in denen eine Beteiligung der Arbeitnehmer besteht[621]. Die Auffangregelungen sollen grundsätzlich die bestehenden Beteiligungsrechte schützen. Sind die an der Gründung beteiligten Gesellschaften arbeitnehmerlos, gibt es, jedenfalls zum Zeitpunkt der Gründung, keine bestehenden Rechte, die man schützen könnte. Für eine Analogie fehlt es daher an einer vergleichbaren Interessenlage. Gegen das Eingreifen der gesetzlichen Auffangregelung, ohne dass vorher jemals Verhandlungen stattgefunden haben, spricht darüber hinaus auch der Grundsatz vom Vorrang der Verhandlungslösung, vgl. § 1 Abs. 2 SEBG[622]. Weitere Gründe sprechen gegen die analoge Anwendung des Verhandlungsverfahrens nach §§ 4 ff. SEBG, wenn die Vorrats-SE durch einen Erwerber aktiviert wird. Nach den genannten Normen müssen die Leitungen der Gründungsgesellschaften das Verfahren einleiten und mit den Arbeitnehmern der beteiligten Gesellschaften führen. Die Gründungsgesellschaften der Tochter-SE sind aber in dem vorliegenden Fall regelmäßig auch arbeitnehmerlos, so dass es an einem Verhandlungspartner fehlt[623].

---

616 *Schubert,* ZESAR 2006, 340, 342 f.

617 *Schubert,* ZESAR 2006, 340, 344.

618 *Schubert,* ZESAR 2006, 340, 346.

619 *Schubert,* ZESAR 2006, 340, 345 ff.

620 *Casper* in Spindler/Stilz, AktG, Art. 2, 3 SE-VO Rn. 31; *Jacobs* in MünchKomm AktG, § 3 SEBG Rn. 6; *Schäfer* in MünchKomm AktG, Art. 16 SE-VO Rn. 13; *Casper/Schäfer,* ZIP 2007, 653, 658; *Forst,* NZG 2009, 687, 690; *ders.*, RdA 2010, 55, 57 f.; *Reinhard,* RIW 2006, 68, 70; im Wege eines Erst-recht-Schluss *Henssler* in Habersack/Henssler, MitbestR, § 18 SEBG Rn. 32.

621 *Casper/Schäfer,* ZIP 2007, 653, 658.

622 *Casper/Schäfer,* ZIP 2007, 653, 658.

623 *Casper/Schäfer,* ZIP 2007, 653, 658 Fn. 48.

Die analoge Anwendung der Regelungen über die Durchführung der Beteiligungsverhandlungen i. R. d. Gründung (§§ 4 ff. SEBG), kann über das Problem der Arbeitnehmerlosigkeit der Gründungsgesellschaften nicht hinweghelfen. Wird die Vorrats-SE durch Verschmelzung oder Umwandlung gegründet, sind die an der Gründung beteiligten Gesellschaften zum Zeitpunkt der Aktivierung gar nicht mehr existent, daher können sie das Vereinbarungsverfahren schon nicht einleiten[624]. Im Übrigen ist es wenig sinnvoll, das Verfahren von den Leitungen der an der Gründung beteiligten Gesellschaften führen zu lassen, wenn die Vorrats-SE an einen Dritten veräußert wurde. Tauscht man die an der Gründung Beteiligten durch die an der wirtschaftlichen Aktivierung beteiligten Parteien – also Leitung und Arbeitnehmer des Erwerbers – aus[625], so wird die Grenze zwischen zulässiger Analogie und gesetzwidriger Auslegung überschritten[626].

Um die bestehende Regelungslücke zu schließen, bietet sich eine analoge Anwendung des § 18 Abs. 3 SE-VO an[627]. Der Begriff der *strukturellen* Änderung in § 18 Abs. 3 SEBG ist zwar grundsätzlich restriktiv zu behandeln, da eine Analogie zu § 18 Abs. 3 SEBG gleichzeitig eine Erweiterung der Strafnorm des § 45 Abs. 1 Satz 2 SEBG zur Folge haben könnte, was gegen das strafrechtliche Analogieverbot (Art. 7 EMRK, Art. 103 II GG) verstoßen würde[628]. Zu einer unzulässigen Erweiterung über eine analoge Anwendung auf diesen Fall kommt es indes nur, wenn die wirtschaftliche Aktivierung „weniger" ist als ein gründungsähnlicher Vorgang mit Satzungsrelevanz.

Bei der Aktivierung der Gesellschaft wird die offene Vorratsgesellschaft erstmals mit einem Unternehmensgegenstand ausgestattet, der nicht nur auf das Halten des eigenen Vermögens gerichtet ist. Insoweit handelt es sich regelmäßig um eine wirtschaftliche Neugründung in Form einer Sacheinlage bzw. Sachübernahme, bei der ein bereits bestehendes Unternehmen auf die Vorgesellschaft übertragen wird. Dieser Vorgang ist als gründungsähnlich zu charakterisieren[629]. Wird die Vorratsgesellschaft im Wege eines *share deals,* bei dem die Anteile des bestehenden Unternehmens auf die Vorrats-SE übertragen werden, oder durch einen *asset deal,* bei dem Betriebe oder Teile eines solchen an die Vorrats-SE

---

624 *Casper/Schäfer,* ZIP 2007, 653, 659.

625 So *Schubert,* ZESAR 2006, 340, 347.

626 Vgl. *Forst,* RdA 2010, 55, 58; *ders.,* NZG 2009, 687, 690.

627 Vgl. *Casper/Schäfer,* ZIP 2007, 653, 659; *Forst,* NZG 2009, 687, 690.

628 In diese Richtung *Seibt,* ZIP 2005, 2248, 2250; a. A. *Casper/Schäfer,* ZIP 2007, 653, 659; *Forst,* NZG 2009, 687, 690; *ders.,* RdA 2010, 55, 58.

629 *Henssler* in Habersack/Henssler, MitbestR, § 19 SEBG Rn. 32; *Casper/Schäfer,* ZIP 2007, 653, 659; a. A. *Schubert,* ZESAR 2006, 340, 346.

veräußert werden, aktiviert, ist unklar, ob es sich insoweit allein schon um eine strukturelle Änderung handelt. Die Anteilsübertragung oder der Betriebskauf stellen allerdings nur eine Dimension der wirtschaftlichen Aktivierung der Vorrats-SE dar. Die Gesellschaft erhält eine völlig neue Gestalt indem sie erstmals mit einer Unternehmung ausgestattet wird[630]. Der Vorgang der wirtschaftlichen Aktivierung erfordert grundsätzlich auch eine Änderung von Firma und Unternehmensgegenstand, was eine satzungsrelevante Maßnahme darstellt (vgl. Art. 9 Abs. 1 lit. c) ii) SE-VO i.V.m. § 23 Abs. 3 Nr. 1 und 2 AktG)[631]. Mithin stellt sich die Aktivierung einer Vorrats-SE regelmäßig als eine strukturelle Änderung im engeren Sinne dar[632]. Dementsprechend wird der Begriff der *strukturellen Änderung* durch die analoge Anwendung des § 18 Abs. 3 SEBG auf den Vorgang der Aktivierung auch nicht in unzulässiger Weise erweitert und es besteht kein Analogieverbot.

Ferner wird gegen die Lösung über eine Analogie zu § 18 Abs. 3 SEBG vorgetragen, dass die Norm Verhandlungen zwischen der SE-Leitung und dem SE-Betriebsrat vorschreibt und diese Konzeption nicht für den Fall der Veräußerung der Vorrats-SE an einen Dritten passe, weil die erneuten Verhandlungen vielmehr mit dem Erwerber und den Arbeitnehmern des Erwerbers geführt werden müssten[633]. Zwar besteht in der Vorrats-SE kein Betriebsrat, allerdings können die Verhandlungen gleichermaßen mit einem, neu zu bildenden, besonderen Verhandlungsgremium geführt werden (vgl. § 18 Abs. 3 Satz 2, Abs. 4 SEBG). Bei der Bildung des besonderen Verhandlungsgremiums werden auch nach § 18 Abs. 3 Satz 2 SEBG die Arbeitnehmer des Erwerbers berücksichtigt, weil sie die „von der geplanten strukturellen Änderung betroffenen Arbeitnehmer" sind. Die neuen Verhandlungen sind mit der SE-Leitung zu führen. Namentlich *Schubert* wendet ein, dass die Verhandlungen mit dem Erwerber selbst erfolgen müssten und nicht nur mit der Leitung der SE[634]. Dies steht der hier vorgeschlagenen Lösung aber auch nicht entgegen. Zugegebenermaßen ist die erste Leitung

---

630 *Casper/Schäfer,* ZIP 2007, 653, 659.

631 *Henssler* in Habersack/Henssler, MitbestR, § 19 SEBG Rn. 32.

632 *Feuerborn* in KölnKomm AktG, § 18 SEBG Rn. 53; *Henssler* in Habersack/Henssler, MitbestR, § 19 SEBG Rn. 32; *Köstler* in Theisen/Wenz, Europäische Aktiengesellschaft, S. 331, 374; *Casper,* AG 2007, 97, 100; *Ders./Schäfer,* ZIP 2007, 653, 659; *Reinhard,* RIW 2006, 68, 70; a. A *Kiem* in KölnKomm AktG, Art. 12 SE-VO Rn. 52; *Schubert,* ZESAR 2006, 340, 346; einschränkend auch *Forst,* NZG 2009, 687, 691; *ders.,* RdA 2010, 55, 58.

633 *Schubert,* ZESAR 2006, 340, 346 f.

634 *Schubert,* ZESAR 2006, 340, 347.

der Vorrats-SE von den Gründervertretern im Aufsichtsrat bestellt worden, so dass an der Geeignetheit, die Verhandlungen ordentlich zu führen, gezweifelt werden kann. Zu beachten ist allerdings, dass die Eigner des Erwerberunternehmens im Rahmen der Aktivierung der Vorrats-SE regelmäßig ihre eigene Leitung installieren[635]. Die SE-Leitung hat dementsprechend als Partei der Verhandlungen mit dem besonderen Verhandlungsgremium, ein Interesse an der Zusammensetzung des Aufsichtsorgans.

Das Recht zur Veranlassung der Verhandlungen des SE-Betriebsrat aus § 18 Abs. 3 Satz 1 SEBG ist zu vernachlässigen, da die Leitung der SE verpflichtet ist, die Verhandlungen aufzunehmen[636]. *Henssler* schlägt vor, den nach der Strukturänderung gemäß dem BetrVG zu errichtenden Arbeitnehmervertretungen oder dem Europäischen Betriebsrat das Initiativrecht einzuräumen[637]. Dafür spricht auch die Vorschrift § 8 SEBG, welche die genannten Arbeitnehmervertretungen als legitimiert ansieht, die Interessen der Belegschaft wahrzunehmen.

Mithin richtet sich das Beteiligungsverfahren im Rahmen der wirtschaftlichen Neugründung nach § 18 Abs. 3 SEBG.

c) Neuverhandlungen nach § 18 Abs. 3 SEBG

Wie vorstehend unter b) bereits festgestellt, handelt es sich bei der wirtschaftlichen Neugründung einer Vorrats-SE um strukturelle Änderungen im Sinne des § 18 Abs. 3 SEBG.

Das zweite Tatbestandsmerkmal des § 18 Abs. 3 SEBG, die Eignung zur Minderung von Beteiligungsrechten, ist grundsätzlich erfüllt, wenn die Vorrats-SE von einem mitbestimmten Unternehmen verwendet wird. Eine Ausnahme liegt nur bei einem *share deal* vor. Wird die Vorrats-SE beispielsweise zur Bildung einer Holding-SE im Konzern genutzt, liegt keine Minderung von Beteiligungsrechten vor, da in der erworbenen Gesellschaft die nationalen Mitbestimmungsrechte bestehen bleiben (vgl. § 47 Abs. 1 SEBG) und auf Beteiligung innerhalb der Holding-SE kein Anspruch besteht[638]. Folgerichtig bedarf es beim Anteilserwerb

---

635 *Forst,* NZG 2009, 687, 691; *ders.,* RdA 2010, 55, 58.

636 Versäumt die Leitung, die Verhandlungen über die Beteiligung der Arbeitnehmer zu veranlassen, verstößt sie gegen ihre Pflicht, für eine gesetzmäßige Organisation der Gesellschaft zu sorgen. Dies kann zu einem Schadensersatzanspruch der Gesellschaft gemäß Art. 9 Abs. 1 lit. c) ii) SE-VO i.V.m. § 93 Abs. 2 AktG führen.

637 Vgl. *Henssler* in Habersack/Henssler, MitbestR, § 18 SEBG Rn. 33.

638 *Jacobs* in MünchKomm AktG, § 18 SEBG Rn. 17; *Feldhaus/Vanscheidt,* BB 2008, 2246, 2249; *Wollburg/Banerjea,* ZIP 2005, 277, 281.

der Vorrats-SE (*share deal*) nicht der Durchführung des Verhandlungsverfahrens analog § 18 Abs. 3 SEBG[639].

Zu beachten ist noch, dass die Errichtung des besonderen Verhandlungsgremiums nur möglich ist, wenn die SE zu Geschäftsbeginn mehr als 10 Arbeitnehmer beschäftigt, vgl. § 5 Abs. 1 SEBG[640].

d) Zeitpunkt

Fraglich ist weitergehend, zu welchem Zeitpunkt die Verhandlungen über die Beteiligung der Arbeitnehmer analog § 18 Abs. 3 SEBG stattzufinden haben. In Betracht kommt die Durchführung des Verhandlungsverfahrens im Voraus der Anmeldung des neuen Unternehmensgegenstandes oder im direkten Anschluss daran.

Möchte man die Eintragung der wirtschaftlichen Neugründung vom Vorliegen eines Nachweises über die Beteiligungsrechte – wie es für das Verfahren nach §§ 4 ff. SEBG durch Art. 12 Abs. 2 SE-VO für die Gründung vorgesehen ist – abhängig machen, so sind die Verhandlungen nach § 18 Abs. 3 SEBG analog vor der wirtschaftlichen Neugründung abzuhalten[641].

Dagegen sprechen allerdings vor allem folgende drei gewichtige Erwägungen:

(i) Zum einen würde die Dauer des Verfahrens – welches bis zu einem Jahr dauern kann[642]– den Zweck der Vorratsgründung fast vollständig konterkarieren. Mit der Verwendung einer Vorratsgesellschaft soll ein bestimmter Rechtsträger möglichst schnell zur Verfügung stehen. Das langwierige Gründungsverfahren soll gerade vermieden werden[643]. Der beabsichtige Nutzen durch die Zeitersparnis gegenüber einer Neugründung der SE, würde bis hin zur Nutzlosigkeit schwinden, wenn das Beteiligungsverfahren vor der

---

639 *Henssler* in Habersack/Henssler, MitbestR, § 18 SEBG Rn. 32; a. A. *Forst,* NZG 2009, 687, 691; *ders.,* RdA 2010, 55, 58; wohl auch *Casper/Schäfer,* ZIP 2007, 653, 659.

640 Vgl. *Casper/Schäfer,* ZIP 2007, 653, 660; daneben *Casper* in Spindler/Stilz, AktG, Art. 2, 3 SE-VO Rn. 31; *Henssler* in Habersack/Henssler, MitbestR, § 18 SEBG Rn. 32; *Jacobs* in MünchKomm AktG, § 3 SEBG Rn. 6; a. A. *Forst,* NZG 2009, 687, 692; vermittelnd *ders.,* RdA 2010, 55, 58 f. der ein Verhandlungsverfahren analog § 18 Abs. 3 SEBG für erforderlich hält, wenn die Schwelle von 10 AN überschritten wird; ähnlich *Feuerborn* in KölnKomm AktG, § 18 SEBG Rn. 54.

641 Vgl. *Schäfer* in MünchKomm AktG, Art. 16 SE-VO Rn. 14; *Schreiner,* Vorrats-SE, S. 163 ff.; *Casper/Schäfer,* ZIP 2007, 653, 660; *Forst,* NZG 2009, 687, 691;

642 Vgl. *Henssler* in Habersack/Henssler, MitbestR, Einl. SEBG Rn. 154.

643 Vgl. *Pentz* in MünchKomm AktG, § 23 Rn. 98.

Eintragung des neuen Unternehmensgegenstandes durchgeführt werden müsste[644]. Die mit der teleologischen Reduktion des Art. 12 Abs. 2 SE-VO angestrebte Vervollständigung des europäischen Binnenmarktes durch die Zulässigkeit der Vorrats-SE, würde quasi zunichte gemacht. Bei einem anderen Verständnis wäre konsequenterweise schon die Zulässigkeit der Eintragung der Vorrats-SE abzulehnen gewesen[645].

(ii) Des Weiteren sprechen praktische und haftungsrechtliche Probleme gegen das Beteiligungsverfahren zu einem solch frühen Zeitpunkt. Erfolgt die Einstellung der Arbeitnehmer erst, nach der Eintragung, zu Beginn der wirtschaftlichen Betätigung, ist die Durchführung im Vorhinein sogar unmöglich, weil der Leitung ein geeigneter Verhandlungspartner fehlt[646].

(iii) Schließlich bestehen erhebliche Haftungsrisiken für die Gründer und die Handelnden während des Vorgangs der wirtschaftlichen Neugründung[647]. Insbesondere haften die Handelnden für die Zeit zwischen der Aufnahme der unternehmerischen Tätigkeit und der Eintragung der mit der wirtschaftlichen Neugründung verbundenen Satzungsänderung[648] analog Art. 16 Abs. 2 SE-VO[649]. Daneben wird man wohl bei der wirtschaftlichen Neugründung eine Vorbelastungs- oder Unterbilanzhaftung der Gründer bejahen müssen[650]. Die Gründer haften für die Verbindlichkeiten der Vorrats-SE, mangels eigener Regeln in der SE-Verordnung, nach dem nationalen Aktienrecht (vgl. § 15 Abs. 1 SE-VO)[651]. Die Verlängerung des Zeitraums der wirtschaftlichen Neugründung durch das Beteiligungsverfahren würde

---

644 Vgl. *Casper/Schäfer,* ZIP 2007, 653, 661.

645 So konsequnt *Blanke,* ZIP 2006, 789, 790 f.; a. A. *Forst,* NZG 2009, 697, 691; *ders.,* RdA 2010, 55, 58.

646 *Casper/Schäfer,* ZIP 2007, 653, 660.

647 Wobei die Haftungsfrage bei der Verwendung einer Vorratsgesellschaft nicht einheitlich beantwortet wird, vgl. eingehend *Pentz* in MünchKomm AktG, § 23 Rn. 105, § 41 Rn. 55 ff.; *Hüffer/Koch,* AktG, § 23 Rn. 27.

648 BGHZ 155, 318, 322; *Hüffer/Koch,* AktG, § 23 Rn. 27a; *Pentz* in MünchKomm, § 23 Rn. 105, a. A. *Röhricht* in GroßKomm AktG, § 23 Rn. 140.

649 *Schäfer* in MünchKomm AktG, Art. 16 SE-VO Rn. 10 f.; *Lange,* EuZW 2003, 301, 302; *Casper/Schäfer,* ZIP 2007, 653, 657 f.;

650 Im Einzelnen umstritten, vgl. zur Problematik *Pentz* in MünchKomm AktG, § 41 Rn. 55 ff.

651 *Casper/Schäfer,* ZIP 2007, 653, 658.

die Handelnden- und Gründerhaftung in unverhältnismäßiger Weise ausufern lassen[652].

Die Verhandlungen zwischen der Leitung der SE und dem besonderen Verhandlungsgremium sind daher erst nach der Eintragung der, die Vorrats-SE aktivierenden, Satzungsänderung durchzuführen, da keine gravierenden Nachteile durch Verhandlungen erst nach Eintragung der Neugründung zu befürchten sind.

IV. Rechtsschutz und Überleitungsverfahren

Es schließt sich die Frage an, wie sichergestellt werden kann, dass das obligatorische Beteiligungsverfahren bei einer wirtschaftlichen Neugründung durchgeführt wird und das Aufsichtsorgan ordnungsgemäß nach den anzuwendenden Vorschriften zusammengesetzt wird[653].

1. Registerkontrolle nach Art. 12 Abs. 2 SE-VO

Unter der Annahme, dass die Parteien das Verhandlungsverfahren *vor der Eintragung* der, mit der wirtschaftlichen Neugründung verbundenen, Beschlüsse durchführen müssen, wird vertreten, dass das Registergericht analog Art. 12 Abs. 2 SE-VO mit der Kontrolle zu betrauen sei[654]. Mithin wäre die Eintragung der Satzungsänderung analog Art. 12 Abs. 2 SE-VO, vom Nachweis der Durchführung des Beteiligungsverfahrens abhängig zu machen[655].

Neben den unter III. 2. b) vorgetragenen praktischen, haftungsrechtlichen und teleologischen Gründen gegen die Durchführung der Verhandlungen über die Mitbestimmung in der SE (Beteiligungsverfahren), spricht vor allem die Systematik des SE-Rechts gegen die analoge Anwendung der Kontrolle des Registergerichts nach Art. 12 Abs. 2 SE-VO. Die Vorschrift Art. 12 Abs. 2 SE-VO

---

652 Vgl. *Schäfer* in MünchKomm AktG, Art. 16 SE-VO Rn. 14; *Casper/Schäfer*, ZIP 2007, 653, 660 f.

653 Vgl. *Henssler* in Habersack/Henssler, MitbestR, § 18 SEBG Rn. 33; *Forst*, RdA 2010, 55, 58; *Casper/Schäfer*, ZIP 2007, 653, 660.

654 *Forst*, NZG 2009, 687, 691; *ders.*, RdA 2010, 55, 58; so auch *Schäfer* in MünchKomm AktG, 2. Auflage, Art. 16 SE-VO Rn. 13; daneben auch *Schubert*, ZESAR 2006, 340, 448 in insoweit konsistenter Anwendung der §§ 4 ff. SEBG analog auf den Fall der Aktivierung der Vorrats-SE.

655 *Schäfer* in MünchKomm AktG, 2. Auflage, Art. 16 SE-VO Rn. 13; *Forst*, NZG 2009, 687, 691; *ders.*, RdA 2010, 55, 58; *Schubert*, ZESAR 2006, 340, 448.

koppelt die Arbeitnehmerbeteiligung mit der Gründung der SE[656]. Die registerrechtliche Kontrolle ist also eine akzessorische Ergänzung des Beteiligungsverfahrens nach §§ 4 ff. SEBG[657]. Wird, wie hier vertreten, § 18 Abs. 3 SEBG in entsprechender Anwendung als Rechtsgrundlage für das Beteiligungsverfahren im Rahmen der Aktivierung der Vorrats-SE herangezogen[658], würde die gleichzeitige (analoge) Anwendung des Art. 12 Abs. 2 SE-VO einen Bruch mit der Systematik des SE-Rechts bedeuten. Anders als bei der Gründung, bei der Art. 12 Abs. 2 SE-VO das Beteiligungsverfahren präventiv sicherstellt, bewirkt § 18 SEBG nur einen repressiven Schutz der Beteiligungsrechte der Arbeitnehmer[659]. Die Durchsetzung bzw. Kontrolle der Arbeitnehmerbeteiligung in diesem Stadium obliegt nicht dem Registergericht. Mithin fehlt es für die Analogie zu Art. 12 Abs. 2 SE-VO an einer vergleichbaren Interessenlage.

Die Rechtslage, wie sie sich bei der Aktivierung einer Vorrats-SE darstellt, ist vielmehr mit der der Wiederaufnahmetatbestände vergleichbar. Ein vergleichbares Druckmittel wie Art. 12 Abs. 2 SE-VO, der die Eintragung hindert, kennt das SE-Recht für die Wiederaufnahme von Verhandlungen über die Arbeitnehmerbeteiligung gemäß § 18 SEBG nicht.

2. Sicherung und Durchsetzung der Arbeitnehmerrechte durch arbeitsgerichtliches Beschlussverfahren, Statusverfahren und § 395 FamFG

a) Beschluss nach § 80 ff. ArbGG

Im arbeitsrechtlichen Beschlussverfahren können die Bildung des besonderen Verhandlungsgremiums durchgesetzt und Streitigkeiten über seine Zusammensetzung oder über das Verhandlungsverfahren geklärt werden (§§ 2a Abs. 1 Nr. 3e, 80 ff. ArbGG)[660]. Zur Feststellung bzw. Durchsetzung der Mitbestimmungsrechte in der SE, ist nach den Verhandlungen analog § 18 Abs. 3 SEBG das Statusverfahren gemäß Art. 9 Abs. 1 lit. c) ii) SE-VO i.V.m. §§ 97 ff. AktG

---

656 *Schäfer* in MünchKomm AktG, Art. 12 SE-VO Rn. 6; Art. 16 SE-VO Rn. 14; *Habersack*, Der Konzern 2008, 67, 71; kritisch *AAK*, ZIP 2009, 698, 698.

657 Vgl. *Schubert*, ZESAR 2006, 340, 348 die systemkonform bei analoger Anwendung der §§ 4 ff. SEBG bei der wirtschaftlichen Neugründung Art. 12 Abs. 2 SE-VO analog anwendet.

658 Vgl. vorstehend unter III. 2. c).

659 *Casper/Schäfer*, ZIP 2007, 653, 661.

660 *Casper/Schäfer*, ZIP 2007, 653, 661; *Wißmann* in FS Richardi, S. 841, 845 f.

durchzuführen[661]. Vor allem wenn keine Einigung über die Mitbestimmung erzielt wurde, kann vor den ordentlichen Gerichten festgestellt werden, ob die Mitbestimmung kraft Gesetzes (§§ 34 ff. SEBG) zur Anwendung kommt und wie sie ausgestaltet ist. Das Gericht kann die richtige Zusammensetzung unmittelbar anordnen.

Kritisiert wird, dass der gewährte Rechtsschutz durch das arbeitsgerichtliche Beschlussverfahren nicht für alle Beteiligten ausreichend sei[662]. Diese Kritik greift nicht durch. Zwar ist der einzelne Arbeitnehmer im Beschlussverfahren nach §§ 2a, 80 ff. ArbGG grundsätzlich nicht antragsbefugt, wenn es um die Bildung bzw. Zusammensetzung des besonderen Verhandlungsgremiums oder eines SE-Betriebsrats geht[663]. Allerdings sind diejenigen Arbeitnehmervertretungen antragsbefugt, die § 8 SEBG ausweist um die Interessen der Belegschaft wahrzunehmen[664]. Einzelne Arbeitnehmer werden nur in dem Ausnahmefall antragsberechtigt sein, in dem keine nach § 8 SEBG zuständige Arbeitnehmervertretung vorhanden ist[665]. Zu beachten ist dabei, dass nach dem SEBG 10 % der Arbeitnehmer für den Antrag auf Wiederaufnahme der Verhandlungen erforderlich sind, vgl. § 18 Abs. 1 SEBG. Um diese gesetzgeberische Entscheidung auch auf prozessualer Ebene zu würdigen[666], ist eine bestimmte Mindestzahl von Antragsstellern erforderlich, damit über den Antrag in der Sache entschieden werden kann[667]. Auch den Antrag nach § 81 ArbGG müssen deshalb mindestens 10 % der Arbeitnehmer stellen.

b) Pression zur Aufnahme von Verhandlungen durch § 395 FamFG

Durch verfahrensrechtliche Vorschriften der freiwilligen Gerichtsbarkeit wird zudem ausreichend Druck auf die Parteien zur Aufnahme der Verhandlungen über die Beteiligungsrechte ausgeübt. Es besteht nämlich die Gefahr der Löschung der Eintragung der SE, wenn eine an sich erforderliche Mitbestimmungsregelung

---

661 So auch *Casper/Schäfer*, ZIP 2007, 653, 661; *Schäfer* in MünchKomm AktG, Art. 16 SE-VO Rn. 14; a. A. Forst, NZG 2009, 687, 691; *ders.*, RdA 2010, 55, 58.

662 *Forst*, NZG 2009, 687, 691.

663 Vgl. *Scholz* in Ostrowicz/Künzel/Schäfer, HdB des arbeitsgerichtlichen Verfahrens, Rn. 699 f.; *Matthes* in Germelmann/Matthes/Müller-Glöge/Prütting, ArbGG, § 81 Rn. 62.

664 Vgl. *Wißmann* in FS Richardi, S. 841, 849.

665 Vgl. *Wißmann* in FS Richardi, S. 841, 849; ähnlich *Henssler* in Habersack/Henssler, MitbestR, § 18 SEBG Rn. 33; a.A. *Forst*, NZG 2009, 687, 691.

666 *Casper/Schäfer*, ZIP 2007, 653, 661 mit Fn. 74.

667 *Matthes* in Germelmann/Matthes/Müller-Glöge/Prütting, ArbGG, § 81 Rn. 43.

fehlt. Nach § 395 FamFG ist die SE von Amts wegen zu löschen, wenn die Eintragung ins Register mangels einer wesentlichen Voraussetzung unzulässig ist. Die Beteiligungsvoraussetzung bzw. ein Beschluss nach § 16 Abs. 1 SEBG oder die Ergebnislosigkeit nach Ablauf der Verhandlungsfrist sind grundsätzlich „wesentliche Voraussetzung" für die Eintragung der SE, vgl. Art. 12 Abs. 2 SE-VO[668]. Die Vorschrift des § 395 FamFG ist entsprechend anzuwenden, wenn die Eintragung nachträglich unzulässig geworden ist[669]. Ist eine arbeitnehmerlos gegründete Vorrats-SE zunächst wegen einer teleologischen Reduktion des Art. 12 Abs. 2 SE-VO zulässigerweise eingetragen worden, so entfällt der innere Grund für die teleologische Reduktion, wenn sie im Nachhinein mit einer ausreichenden Anzahl von Arbeitnehmern ausgestattet wird und keine Regelung über die Beteiligungsrechte vorliegt[670]. Mithin wird die Eintragung im Nachhinein unzulässig. Das Verfahren auf Löschung der Eintragung der SE nach § 395 FamFG ist von Amts wegen einzuleiten[671]. Die sofortige Einleitung des Verfahrens durch das Registergericht wäre allerdings unverhältnismäßig. Der Leitung der SE ist vom zuständigen Gericht eine angemessene Frist zur Beseitigung des Eintragungsmangels einzuräumen[672]. *Blanke* folgert aus den Verfahrensbestimmungen für die Beteiligungsverhandlungen (§§ 4 ff. SEBG), insbesondere aus § 11 Abs. 1 Satz 1 und § 20 SEBG, dass die SE-Leitung höchstens zehn Wochen zuzüglich sechs bzw. bis zu 12 Monate (bei Verlängerung der Verhandlungsfrist gemäß § 20 Abs. 2 SEBG) Zeit hat, die Löschung der Eintragung durch den Nachweis des Mitbestimmungsstatuts abzuwenden[673]. Die Leitung der SE ist daher darangehalten, das Beteiligungsverfahren nach Eintragung

668 Eine Ausnahme im Wege der teleologischen Reduktion gilt nur bei einer arbeitnehmerlos gegründeten Vorrats-SE, vgl. unter F. II. 2. B).

669 Vgl. Begr. Zu § 395 RegE, in: BT-Drucks. 16/6308, S. 288; zur SE: *Oetker* in Lutter/Hommelhoff, Die Europäische Gesellschaft, S. 277, 289; nach a. A. ist eine analoge Anwendung von § 397 FamFG (früher § 144a FFG) anstatt des Löschungsverfahrens nach § 395 FamFG einschlägig, weil sie die speziellere Vorschrift darstellt, *Kleindiek* in Lutter/Hommelhoff, Die Europäische Gesellschaft, S. 95, 105 f.; im Ergebnis wird es wohl keinen praktischen Unterschied machen, vgl. *Kleindiek* in Lutter/Hommelhoff, Die Europäische Gesellschaft, S. 95, 107; zum FamFG: *Holzer* in Prütting/Helms, FamFG, § 395 Rn. 2.

670 *Blanke*, „Vorrats-SE" ohne Arbeitnehmerbeteiligung, S. 75.

671 *Heinemann* in Keidel, FamFG, § 395 Rn. 27; *Holzer* in Prütting/Helm, FamFG, § 395 Rn. 2.

672 Vgl. *Blanke*, „Vorrats-SE" ohne Arbeitnehmerbeteiligung, S. 75.

673 *Blanke*, „Vorrats-SE" ohne Arbeitnehmerbeteiligung, S. 75 ff.

der Beschlüsse innerhalb dieser Frist abzuhalten, wenn die SE eine hinreichende Zahl an Arbeitnehmern beschäftigt.

Beanstandet wird, dass ein Amtslöschungsverfahren den Interessen der Beteiligten nicht gerecht würde und den Arbeitnehmern gegen die ablehnende Entscheidung kein Rechtsmittel zusteht[674]. Deshalb wird vereinzelt angenommen, dass in den Fällen, in denen sich die Leitung weigert, mit dem besonderen Verhandlungsgremium zu verhandeln, die Beteiligungsrechte analog §§ 98 f. AktG durchzusetzen seien[675]. Wenn keine Verhandlungen stattgefunden haben, soll danach das Landgericht nach § 98 Abs. 1 Satz 1 AktG analog die Auffangregelungen der §§ 34 ff. SEBG anordnen[676]. Der Aufsichtsrat sei unmittelbar nach den im Beschluss festgestellten Vorschriften zusammenzusetzen[677]. Bei dieser Lösung wird sehenden Auges gegen das Mitbestimmungskonzept der SE-Richtlinie und des SEBG verstoßen. In der Weise wird nämlich das Prinzip vom Vorrang der Verhandlungslösung in unzulässiger Weise umgangen, welches insbesondere im 8. Erwägungsgrund der SE-Richtlinie zum Ausdruck kommt. Durch das Gericht sollen im Statusverfahren die gesetzlichen Auffangregelungen angeordnet werden, ohne dass jemals Verhandlungen zwischen der Leitung und dem besonderen Verhandlungsgremiums stattgefunden haben. Außerdem umfasst das Statusverfahren das Verfahren zur Unterrichtung und Anhörung der Arbeitnehmer nicht[678]. Gerechtfertigt wird der Verstoß gegen das Grundprinzip der Mitbestimmung in der SE von der Gegenmeinung damit, dass es sich insoweit um wenige Ausnahmefälle handelt und deshalb eine Umgehung der Verhandlungen hinzunehmen sei[679]. Die Begründung eines Prinzipienbruchs mit dem Ausnahmecharakter ist im groben Maße unzulässig.

Im extremen Fall, in dem sich die Leitung beharrlich weigert, Verhandlungen aufzunehmen, ist die Löschung der SE gemäß § 396 FamFG analog vorzuziehen. Nur so wird der Mitbestimmungskonzeption des SEBG und insbesondere dem Prinzip vom Vorrang der Verhandlungslösung ausreichend Rechnung getragen.

---

674 Vgl. *Casper/Schäfer,* ZIP 2007, 653, 661 f.

675 *Schreiner,* Zulässigkeit einer Vorrats-SE, S. 172 ff.; wohl auch *Schäfer* in MünchKomm AktG, Art. 16 SE-VO Rn. 14.

676 *Oetker* in Lutter/Hommelhoff, Die Europäische Gesellschaft, S. 277, 290.

677 Vgl. *Hüffer/Koch,* AktG, § 98 Rn. 6.

678 Forst, NZG 2009, 687, 691; *ders.*RdA 2010, 55, 58.

679 So *Schreiner,* Die Zulässigkeit der Vorrats-SE, S. 173 f.

c) *Statusverfahren*

Das Statusverfahren nach §§ 97 ff. AktG schließt sich an die nach § 18 SEBG analog wiederaufgenommenen Verhandlungen über die Beteiligung an, wenn das Aufsichtsorgan nach anderen Vorschriften zu besetzen ist als zuvor, vgl. Art. 9 Abs. 1 lit. c) ii) SE-VO i.V.m. § 96 Abs. 4 AktG. Streitigkeiten oder Unklarheiten bei der Zusammensetzung des Aufsichtsorgans sind im gerichtlichen Statusverfahren vor dem Landgericht zu klären, vgl. Art. 9 Abs. 1 lit. c) ii) SE-VO i.V.m. § 98 Abs. 1 Satz 1 AktG. Antragsberechtig sind im Statusverfahren vor dem Landgericht der Betriebsrat, die Gewerkschaften und 10 % der Arbeitnehmer, vgl. § 98 Abs. 2 Nr. 4, 8 und 9 AktG.

Mit dem gerichtlichen Statusverfahren kann nicht ohne vorangegangene Verhandlungen die Mitbestimmung kraft Gesetzes durchgesetzt werden, dies würde dem 8. Erwägungsgrund der SE-Richtlinie widersprechen[680].

V. Zusammenfassung und Schlussfolgerung

Die Vorrats-SE ist sowohl in gesellschaftsrechtlicher als auch in mitbestimmungsrechtlicher Hinsicht als zulässig zu betrachten. Zur Sicherung der Arbeitnehmerrechte gilt grundsätzlich auch hier das Eintragungshindernis aus Art. 12 Abs. 4 SE-VO, wonach Verhandlungen über die Beteiligung der Arbeitnehmer stattgefunden haben müssen. Diese Vorschrift ist da teleologisch zu reduzieren, wo sie die Schaffung einer SE zur Komplettierung eines gemeinsamen Binnenmarktes in der EU verhindert. Konkret ist das im Fall der Vorratsgründung von Gesellschaften, welche selbst nicht mehr als 10 Arbeitnehmer beschäftigen.

Ob neue Verhandlungen über die Mitbestimmung bei der wirtschaftlichen Aktivierung der Vorrats-SE durchzuführen sind, richtet sich vornehmlich nach § 18 Abs. 3 SEBG. Die Norm sieht explizit die Wiederaufnahme der Verhandlungen bei strukturellen Änderungen vor. In analoger Anwendung sind erstmals Verhandlungen aufgrund der Aktivierung einer arbeitnehmerlos gegründeten Vorrats-SE durchzuführen. Es kommt danach nur zu Verhandlungen zwischen der Leitung der SE und dem zu bildenden besonderen Verhandlungsgremium, wenn der Aktivierungsvorgang, der grundsätzlich eine strukturelle Änderung darstellt, tatsächlich dazu geeignet ist, Beteiligungsrechte der Arbeitnehmer zu mindern. Dabei sind die Verhandlungen zwischen der Leitung der SE und dem

---

680 Vgl. dazu ausführlich nachstehend unter Buchstabe G. III. 2. b); a. A. *Oetker* in Lutter/ Hommelhoff, Die Europäische Gesellschaft, S. 277, 290.

besonderen Verhandlungsgremium aus praktischen, teleologischen und haftungsrechtlichen Gründen erst nach der Eintragung der die Vorrats-SE aktivierenden Satzungsänderung durchzuführen.

Mit dem arbeitsgerichtlichen Beschlussverfahren kann die Bildung des besonderen Verhandlungsgremiums erzwungen werden, das die Verhandlungen über die Mitbestimmung in der SE für die Arbeitnehmerseite führt.

Über die latente Gefahr der Löschung nach § 395 FamFG, wenn keine Regelung über die Beteiligungsrechte der Arbeitnehmer getroffen wird, wird ausreichend Zwang auf die Leitung der SE ausgeübt, die Verhandlungen mit dem besonderen Verhandlungsgremium aufzunehmen.

Im Verfahren der §§ 97 ff. AktG werden die für die Zusammensetzung des Aufsichtsorgans maßgeblichen Vorschriften bekanntgegeben und im Streitfall die Zusammensetzung gerichtlich angeordnet. Sind nach der Eintragung der wirtschaftlichen Neugründung Mitbestimmungsverhandlungen durchzuführen, schließt sich das Statusverfahren an diese Verhandlungen an.

G. Reichweite und Bindungswirkung der gerichtlichen Entscheidung nach § 98 und § 99 AktG bei der SE

I. Einleitung

Art. 12 Abs. 2 SE-RL verlangt für die SE ausdrücklich, dass Verwaltungs- oder gerichtliche Verfahren zur Verfügung stehen, mit denen die Erfüllung der Verpflichtungen aus dieser Richtlinie über die Beteiligung der Arbeitnehmer durchgesetzt werden können. Für Streitigkeiten aus dem SEBG, in dem die SE-Richtlinie in Deutschland umgesetzt wurde, steht in Deutschland nach § 2a Abs. 1 Nr. 3e ArbGG das arbeitsgerichtliche Verfahren zur Verfügung. Daneben kommt für Streitigkeiten über die richtige Zusammensetzung des mitbestimmten Organs das gerichtliche Statusverfahren vor den ordentlichen Gerichten in Betracht.

Hinsichtlich dieser zwei Verfahren ergeben sich Abgrenzungsschwierigkeiten zwischen dem ordentlichen und arbeitsgerichtlichen Rechtsweg bei der SE. Probleme ergeben sich wieder aufgrund der besonderen Ausgestaltung der Mitbestimmung in der SE. Ungeklärt ist nämlich, ob im Rahmen des Statusverfahren auch die Wirksamkeit der privatautonomen Beteiligungsvereinbarung nach § 21 SEBG überprüft werden kann oder ob dies den Arbeitsgerichten nach § 2a Abs. 1 Nr. 3e ArbGG obliegt und dem entsprechend diesen vorgelegt werden müsste.

Zunächst wird das gerichtliche Statusverfahren, welches vor den ordentlichen Gerichten ausgetragen wird, allgemein von der Arbeitsgerichtsbarkeit abgegrenzt. Anschließend soll das Problem der Überprüfungsreichweite der ordentlichen Gerichte beim Statusverfahren nach §§ 98 f. AktG bei der Anwendung auf die mitbestimmte SE beleuchtet werden. Von Bedeutung ist in diesem Zusammenhang auch die Bindungswirkung des gerichtlichen Beschlusses nach § 98 AktG.

II. Abgrenzung zur Arbeitsgerichtsbarkeit

Das Mitbestimmungsrecht fügt in eine gesellschaftsrechtlich organisierte Unternehmensverfassung Arbeitnehmervertreter nach arbeitsrechtlichen Organisationsregeln ein. Streitigkeiten, die die gesellschaftsrechtliche Organisation betreffen, zählen zu den bürgerlichen Streitigkeiten im Sinne des § 13 GVG und unterliegen den ordentlichen Gerichten. Die Arbeitsgerichte sind besondere

Gerichte, die für die in §§ 2, 2a ArbGG genannten Rechtsstreitigkeiten des Arbeitsrechts zuständig sind. Bei Streitigkeiten hinsichtlich der Zusammensetzung des mitbestimmten Organs, stellt sich die Frage nach der Abgrenzung der Rechtswegzuständigkeit zwischen den Arbeitsgerichten und den ordentlichen Gerichten[681].

1. Zuständigkeit der Gerichte für Arbeitssachen

Für die SE ergibt sich aus der Vorschrift des § 2a Abs. 1 Nr. 3e ArbGG Folgendes: Für Streitigkeiten in Angelegenheiten aus dem SEBG sind grundsätzlich die Arbeitsgerichte zuständig, mit Ausnahme der Straf- und Bußgeldvorschriften (§ 45 und § 46 SEBG). Entscheidungen über die Bildung, Wahl und Zusammensetzung des *besonderen Verhandlungsgremiums* und *das Verhandlungsverfahren* sollen demnach im arbeitsgerichtlichen Beschlussverfahren erfolgen, weil sich diese Angelegenheiten allein nach dem SEBG (§§ 4 bis 20) richten und nicht Gegenstand der Mitbestimmung kraft Gesetzes sind[682]. Schließlich soll das Arbeitsgericht auch für Feststellungsanträge bezüglich der inhaltlichen Wirksamkeit und Auslegung der Beteiligungsvereinbarung nach § 21 SEBG zuständig sein[683].

Für die Verhängung von Strafen oder Bußgeldern nach den Vorschriften §§ 45 f. SEBG sind hingegen die ordentlichen Gerichte zuständig (§ 13 GVG, §§ 68 ff OWiG). In Angelegenheiten, die die Mitbestimmung kraft Gesetz nach §§ 34 bis 39 SEBG betreffen, besteht die Zuständigkeit der

---

681 Vgl. Begr. RegE. bei *Kropff*, AktG, S. 129.

682 ArbG Stuttgard, Seschluss v. 29.4.2008 – 12 BV 109/07, juris Rn. 50 u. 110 ff.; *Feuerborn* in KölnKomm AktG, § 21 SEBG Rn. 83; *Freis* in Nagel/Freis/Kleinsorge, Die Beteiligung der Arbeitnehmer in der SE, § 21 Rn. 45; *Forst*, Die Beteiligungsvereinbarung nach § 21 SEBG, S. 365; *Henssler* in Habersack/Henssler, MitbestR, § 21 SEBG Rn. 76; *Hoops*, Die Mitbestimmung in der SE, S. 199; *Jakobs* in MünchKomm AktG, § 21 SEBG Rn. 59 und § 35 SEBG Rn. 26; *Kienast* in Jannott/Frodermann, HdB der Europäischen Aktiengesellschaft, 13 Rn. 399 f.; *Krasshöfer* in Düwell/Lipke, ArbGG, § 2 a ArbGG Rn. 12; *Walker* in Schwab/Weth, ArbGG, § 2 a Rn. 106; *Wißmann* in FS Richardi, S. 841, 845.

683 *Feuerborn* in KölnKomm AktG, § 21 SEBG Rn. 83; *Freis* in Nagel/Freis/Kleinsorge, Die Beteiligung der Arbeitnehmer in der SE, § 21 Rn. 45; *Forst*, Die Beteiligungsvereinbarung nach § 21 SEBG, S. 365; *Henssler* in Habersack/Henssler, MitbestR, § 21 SEBG Rn. 76; *Hoops*, Die Mitbestimmung in der SE, S. 199; *Jakobs* in MünchKomm AktG, § 21 SEBG Rn. 59 und § 35 SEBG Rn. 26; *Kienast* in Jannott/Frodermann, HdB der Europäischen Aktiengesellschaft, 13 Rn. 399 f.; *Walker* in Schwab/Weth, ArbGG, § 2 a Rn. 106; *Wißmann* in FS Richardi, S. 841, 845.

Gerichte für Arbeitssachen nur insoweit, als über die Wahl von Arbeitnehmervertretern in das Aufsichts- oder Verwaltungsorgan zu entscheiden ist. Außerdem fällt die Abberufung von Arbeitnehmermitgliedern unter diese Gerichtsbarkeit. Das gilt aber nicht für die Abberufung nach § 103 Abs. 3 AktG (vgl. § 2a Abs. 1 Nr. 3e ArbGG).

2. Statusverfahren vor dem Landgericht

Nicht unter die Arbeitsgerichtsbarkeit fällt nach § 2a Abs. 1 Nr. 3e ArbGG dagegen die Feststellung, ob die Mitbestimmung kraft Gesetzes nach den §§ 34 bis 39 SEBG anzuwenden ist, wenn die Voraussetzungen des § 20 SEBG nicht erfüllt werden. Besteht Streit oder Ungewissheit über die gesetzlichen Vorschriften, nach denen das mitbestimmte Organ zusammenzusetzen ist, so sind im Umkehrschluss zu § 2a Abs. 1 Nr. 3e ArbGG die bestehenden Streitfragen von den ordentlichen Gerichten zu klären. Das SEAG selbst keine Regelungen über ein Verfahren zur Feststellung der richtigen Zusammensetzung des Aufsichtsorgans der dualistisch strukturierten SE, über Art. 9 Abs. 1 lit. c) ii) SE-VO die aktienrechtlichen Vorschriften § 98 und § 99 AktG Anwendung finden, um der Verpflichtung der Mitgliedsstaaten aus Art. 12 Abs. 2 SE-RL gerecht zu werden. Im gerichtlichen Statusverfahren kann festgestellt werden, ob das mitbestimmte Organ der SE nach den maßgeblichen Vorschriften zusammengesetzt ist, vgl. § 98 Abs. 1 AktG. Im Wege einer europarechtskonformen Auslegung der genannten Vorschrift, entscheidet bei Streitigkeiten über die richtige Zusammensetzung des mitbestimmten Organs auf Antrag das Landgericht auch darüber, ob das Aufsichtsorgan nach den maßgeblich vertraglichen Vorschriften zusammengesetzt ist[684].

Unklar bleibt, ob mit dem Statusverfahren vor den ordentlichen Gerichten die inhaltliche Wirksamkeit der Beteiligungsvereinbarung, welche privatautonom geschlossen wird und Grundlage der Zusammensetzung des Aufsichtsorgans der SE sein kann, überprüft werden kann oder sich die gerichtliche Überprüfung darauf beschränkt, zu prüfen, ob das Organ entsprechend der maßgeblichen Vorschriften besetzt ist.

---

684 Vgl. vorstehend unter D. III. 1. c) aa).

III. Reichweite der gerichtlichen Entscheidung über die Zusammensetzung des SE-Aufsichtsorgans nach §§ 98, 99 AktG

Nach dem vorstehenden Überblick betreffend die Verteilung der Streitigkeiten über die richtige Zusammensetzung des mitbestimmten Organs auf die Rechtswege im Anwendungsbereich des SE-Rechts, ist im Folgenden die Reichweite der gerichtlichen Prüfung im Statusverfahren zu analysieren. Etwaig bestehende Kollisionen mit dem arbeitsgerichtlichen Rechtsweg gilt es rechtssicher und praxisgerecht zu lösen.

Hierbei ist aufgrund der Ausgestaltung der Mitbestimmung in der SE wieder zwischen der Entscheidung über die richtige Zusammensetzung nach den *gesetzlichen Vorschriften* und der nach den *vertraglichen Regelungen* zu unterscheiden.

1. Entscheidung über die richtige Zusammensetzung nach den gesetzlichen Vorschriften

Das gerichtliche Statusverfahren sichert im Streitfall die richtige Zusammensetzung des mitbestimmten Organs nach dem, vom Gesetz vorgegebenen, Mitbestimmungsstatuts. Die einschlägigen Vorschriften § 98 und § 99 des Aktiengesetzes passen auch bei der Anwendung auf die Gesellschaftsform der SE, in der die Mitbestimmung kraft Gesetzes gilt. Im Anwendungsbereich der §§ 34 ff. i.V.m. § 22 SEBG passen die in Rede stehenden Vorschriften über das aktienrechtliche Statusverfahren schon nach ihrem Wortlaut, z. B. § 98 Abs. 1 Satz 1 AktG: „[...] nach welchen gesetzlichen Vorschriften der Aufsichtsrat zusammenzusetzen ist, [...] entscheidet [...] das Landgericht, [...]". Eine umfangreiche Prüfungskompetenz der ordentlichen Gerichte ergibt sich hier im Rückschluss aus § 2a Abs. 1 Nr. 3e ArbGG. Danach ist die Zuständigkeit der Arbeitsgerichte ausdrücklich ausgeschlossen, weil nicht über die Wahl oder Abberufung von Arbeitnehmervertretern zu entscheiden ist[685]. Im Statusverfahren kann vom Gericht festgestellt werden, ob die Zusammensetzung des Aufsichtsorgans dem, vom Gesetz vorgesehenen, Mitbestimmungsstatuts entspricht. Gegenstand der gerichtlichen Prüfung ist die Rechtsfrage, ob überhaupt die Mitbestimmung kraft Gesetzes eingreift und gegebenenfalls, in welchem Umfang das Aufsichtsorgan mit Arbeitnehmern zu besetzen ist und ob die Zusammensetzung des Aufsichtsorgans mit den anzuwendenden Vorschriften

---

685 *Wißmann* in Richardi, S. 841, 852.

übereinstimmt[686]. Ob die Mitbestimmung kraft Gesetzes Anwendung findet prüft das Landgericht anhand der Voraussetzungen des § 22 SEBG (§ 34 SEBG). In welchem Umfang das Aufsichtsorgan gemäß der Mitbestimmung kraft Gesetzes mit Arbeitnehmern zu besetzen ist, regeln die §§ 34 bis 39 SEBG. Vor dem Landgericht kann im Statusverfahren *nicht* der Inhalt der anzuwendenden Vorschriften (§§ 34 bis 39 SEBG) für die bestehende SE geklärt werden, d. h. ob und in welchem Umfang in der beteiligten Gesellschaft bzw. den beteiligten Gesellschaften Mitbestimmung stattfindet[687]. Die Landgerichte entscheiden also über die Übereinstimmung der Zusammensetzung des Aufsichtsorgans mit den anzuwendenden (gesetzlichen) Vorschriften im Statusverfahren nach Art. 9 Abs. 1 lit. c) ii) SE-VO i.V.m. §§ 98 f. AktG durch Beschluss. Ist das Aufsichtsorgan nicht nach den maßgeblichen gesetzlichen Vorschriften eingerichtet, kann das Landgericht das richtige Mitbestimmungssystem sogar unmittelbar anordnen, vgl. § 98 Abs. 4 Satz 1 AktG.

§ 17 Abs. 1 Satz 1 und 3 SEAG trifft zwingende Regelungen zur Höchst- und Mindestzahl der Mitglieder des Aufsichtsorgans. Diese Vorschriften sind maßgeblich für die Größe des Organs und betreffen damit unmittelbar die Zusammensetzung. Der Begriff „zusammengesetzt" in § 98 Abs. 1 Satz 1 AktG lässt sich nicht ausschließlich auf das Mitbestimmungsregime beziehen. Die Vorschriften sind weit zu verstehen, sodass auch bestehende Streitigkeiten bzw. Unklarheiten bei der Zusammensetzung des Aufsichtsorgans hinsichtlich der gesetzlichen Vorschriften über die Größe, im gerichtlichen Statusverfahren durch die Landgerichte zu klären sind[688].

2. Entscheidung über die richtige Zusammensetzung nach den vertraglichen Vorschriften

Im Geltungsbereich des Aktienrechts sind vertragliche Vorschriften über die Mitbestimmung im Organ als Gegenstand des Statusverfahrens nicht vorgesehen. Die Mitbestimmung für die AG richtet sich zwingend nach dem Gesetz. Sind vertragliche Vorschriften Grundlage für die Mitbestimmung in der SE, ist also eine privatautonome Vereinbarung über die Beteiligung der Arbeitnehmer in der SE nach § 21 SEBG geschlossen worden, ergibt sich für die Landgerichte

---

686 So auch *Hensler* in Habersack/Henssler, MitbestR, Einl. SEBG Rn. 162, *Jacobs* in MünchKomm AktG, § 35 SEBG Rn. 26; *Wißmann* in FS Richardi, S. 841, 852.

687 *Forst* in Bergmann/Kiem/Müllbert/Verse/Wittig, 10 Jahre SE, S. 50, 63.

688 Vgl. LG Nürnberg-Fürth v. 8.2.2010 – 1 HK O 8471/09, ZIP 2010, 372, dass einen Streit über das Dreiteilbarkeitsgebots entscheidet.

nach §§ 98 f. AktG über die Generalverweisung des Art. 9 Abs. 1 lit. c) ii) SE-VO ein ganz neues und unbekanntes Entscheidungsfeld.

Es stellten sich in diesem Zusammenhang die Fragen, ob das mitbestimmte Organ in Übereinstimmung mit den geltenden vertraglichen Vorschriften zusammengesetzt ist und darüber hinaus, ob diese Vorschriften überhaupt wirksam sind. Letzteres bereitet im Rahmen des gerichtlichen Teils des Statusverfahrens im Hinblick auf die Prüfungskompetenz Schwierigkeiten.

a) Übereinstimmung von Aufsichtsorganzusammensetzung und den vertraglichen Vorschriften

Im gerichtlichen Statusverfahren, das eine Vereinbarung nach § 21 SEBG zum Gegenstand hat, können die ordentlichen Gerichte jedenfalls über die Frage entscheiden, ob die jeweilige Zusammensetzung des Aufsichtsorgans den Bestimmungen der getroffenen Vereinbarung entspricht[689]. Über die Übereinstimmung der Zusammensetzung des mitbestimmten Organs mit den anzuwendenden Vorschriften soll nach § 98 AktG ausschließlich das Landgericht entscheiden, um eine Zersplitterung zwischen der ordentlichen und der Arbeitsgerichtsbarkeit zu verhindern und widersprechenden Entscheidungen vorzubeugen[690]. Neu ist, dass das Landgericht im Rahmen des Statusverfahrens bei der SE die richtige Zusammensetzung auch auf Grundlage *vertraglicher* Vorschriften zu überprüfen hätte. In § 98 Abs. 1 Satz 1 AktG ist allerdings explizit von gesetzlichen Vorschriften die Rede, so heißt es dort wörtlich: *„Ist streitig oder ungewiss, nach welchen gesetzlichen Vorschriften der Aufsichtsrat zusammenzusetzen ist, […].*"

Das Landesarbeitsgericht Baden-Württemberg hat in seiner Entscheidung über die Zulässigkeit des Rechtswegs vom 19. Juni 2017[691] die Meinung vertreten, dass der Tatbestand des § 98 AktG ausschließlich dann erfüllt sei, wenn die Beteiligten über die Zusammensetzung des Aufsichtsrats aufgrund gesetzlicher Vorschriften streiten. Bei der Beteiligungsvereinbarung handle es sich allerdings um einen Kollektivvertrag sui generis[692].

---

689 *Forst,* Die Mitbestimmungsvereinbarung nach § 21 SEBG, S. 366; *Henssler* in Habersack/Henssler, MitbestR, § 21 SEBG Rn. 78; *Hoops,* Die Mitbestimmung in der Europäischen Aktiengesellschaft, S. 199; *Jacobs* in MünchKomm AktG, § 21 SEBG Rn. 59; *Wißmann* in FS Richardi, S. 841, 852; *Seibt,* ZIP 2010, 1057, 1064.

690 Vgl. Begr. RegE. bei *Kropff,* AktG, S. 133.

691 LAG Baden-Württemberg, Beschl. v. 19.6.2017 – 19 Ta 10/17, BeckRS 2017, 150626.

692 LAG Baden-Württemberg, Beschl. v. 19.6.2017 – 19 Ta 10/17, BeckRS 2017, 150626.

Das das Statusverfahren nach § 98 AktG, entgegen dem Wortlaut der §§ 97 ff. AktG, gangbar ist, zeigt sich in einen Vergleich zur SE mit monistischem Leitungssystem. Für sie hat der deutsche Gesetzgeber das Statusverfahren im SEAG neu installiert. Das Mitbestimmungskonzept der SE konnte dort mitberücksichtigt werden. So spricht der Wortlaut von § 25 Abs. 1 Satz 1 SEAG von „vertraglichen oder gesetzlichen Vorschriften", die für die Zusammensetzung des Verwaltungsrats der SE maßgeblich sein können. Nach § 26 Abs. 1 Satz 1 SEAG muss streitig oder ungewiss sein, nach *welchen Vorschriften* der Verwaltungsrat zusammenzusetzen ist, damit auf Antrag das Landgericht darüber entscheidet. Für eine Ungleichbehandlung einer monistisch oder dualistisch verfassten SE bestehen weder sachliche noch rechtliche Gründe. Die Nichtberücksichtigung der vertraglichen Vorschriften im Aktiengesetz rührt letztlich einfach daher, dass die das Statusverfahren regelnden Normen weit vor der Schaffung der Rechtsform der SE mit ihrem besonderen Mitbestimmungssystem geschaffen wurden. Vor diesem Hintergrund ist es nicht willkürlich, wenn man die Vorschriften der §§ 97 ff. AktG im Wege einer SE-spezifischen Auslegung entsprechend erweitert auslegt. Mithin ist im Statusverfahren durch das Landgericht zu prüfen, ob die jeweilige Zusammensetzung des Aufsichtsorgans den *vertraglichen* Bestimmungen entspricht.

b) Überprüfung und Auslegung der Beteiligungsvereinbarung nach § 21 SEBG im Statusverfahren

Sind gesetzliche Vorschriften Grundlage für die Zusammensetzung des mitbestimmten Organs, sind diese parlamentarisch legitimiert. Die Frage nach der inhaltlichen Wirksamkeit stellt sich – zumindest vor der ordentlichen Gerichtsbarkeit – nicht, es geht vielmehr darum, nach *welchen Vorschriften* das Organ zusammenzusetzen ist. Ganz anders, wenn privatautonom gefasste Bestimmungen die Grundlage für die Organzusammensetzung bilden. Im Fall der Vereinbarung nach § 21 SEBG kann fraglich sein, ob die Vorschriften formell und inhaltlich rechtmäßig sind. Konkret stellt sich die Frage, ob das Verhandlungsverfahren ordnungsgemäß durchgeführt worden ist und die beschlossenen Regelungen von der Mitbestimmungsautonomie gedeckt sind. Problematisch ist, ob schon im gerichtlichen Statusverfahren die (Teil-)Unwirksamkeit der vertraglich vereinbarten Regelungen über die Zusammensetzung des Aufsichtsorgans festgestellt werden kann oder die Leitung die Wirksamkeit vom Arbeitsgericht überprüfen lassen muss.

Die Streitfrage nach der Reichweite des Statusverfahrens bei Anwendung auf die SE, ist auch für das Praxisziel eines sicheren und schnellen Wegs bei der

Zusammensetzung des mitbestimmten Organs von entscheidender Bedeutung[693]. Denn die Wirkung der rechtskräftigen gerichtlichen Entscheidung im Statusverfahren stellt für die Aufsichtsratsinteressierten eine attraktive Lösung dar. Die rechtskräftige Entscheidung des Landgerichts im Statusverfahren wirkt gemäß § 99 Abs. 5 Satz 2 AktG für und gegen alle. Entspricht die Zusammensetzung des Organs nicht der Gerichtsentscheidung, so ist es wie gerichtlich festgestellt zu bilden, vgl. § 98 Abs. 4 Satz 1 AktG. Eine mit der festgestellten Beteiligungsvereinbarung im Widerspruch stehende Satzungsbestimmung tritt sechs Monate nach Rechtskraft der Entscheidung automatisch außer Kraft, vgl. § 98 Abs. 4 Satz 2 i.V.m. § 97 Abs. 2 Satz 2 AktG. Gemäß § 98 Abs. 4 Satz 2 i.V.m. § 97 Abs. 2 Satz 4 AktG kann die Satzung bereits mit einer einfachen Stimmenmehrheit angepasst werden. Hinzutritt, dass bei einer Neuzusammensetzung des Aufsichtsorgans, das Statusverfahrens stets durchzuführen ist, vgl. §§ 97 Abs. 1 Satz 1, 98 Abs. 1 AktG.

aa) Meinungsstand und Rechtsprechung

In der Literatur ist es umstritten, ob im Rahmen des Statusverfahrens auch die (Teil-)Nichtigkeit der Beteiligungsvereinbarung festgestellt und daraufhin die richtige Zusammensetzung angeordnet werden kann. Bejahend wäre Verfahrensgegenstand auch die Wirksamkeit der vertraglichen Grundlagen der Aufsichtsorganzusammensetzung.

(1) Generelle Anwendbarkeit

Seibt und *Teichmann* gehen davon aus, dass mit dem Statusverfahren nicht nur überprüft werden kann, ob die Zusammensetzung des Organs mit den Regelungen der Beteiligungsvereinbarung übereinstimmt, sondern darüber hinaus auch, ob diese Regelungen zur Zusammensetzung überhaupt wirksam sind[694]. Nur dieser weite Anwendungsbereich der §§ 97 ff. AktG würde der Zielsetzung des Verfahrens, Rechtssicherheit und Funktionsfähigkeit des Unternehmens zu gewähren, gerecht[695]. *Teichmann* führt in seiner Kommentierung zu § 25 SEAG zur parallelen Problematik bei der Zusammensetzung des Verwaltungsrats aus, dass das Statusverfahren ein Verfahren zur Feststellung des Inhalts *und* der Wirksamkeit der, für die Zusammensetzung des Verwaltungsrats maßgeblichen,

---

693 Vgl. *Kiem,* Der Konzern 2010, 275.

694 *Teichmann* in Lutter/Hommelhoff, SE-Komm, Anh. Art 43 SE-VO (§ 25 SEAG) Rn. 13 f.; *Seibt,* ZIP 2010, 1057, 1064.

695 *Seibt,* ZIP 2010, 1057, 1064.

Regeln sei. Dem stünde insbesondere nicht der für die SE geltende Vorrang der Verhandlungen entgegen. Das Zustandekommen der Vereinbarung würde zwar durch die SE-Richtlinie bzw. SEBG geregelt, nicht jedoch die Frage, auf welchem Wege ihre Wirksamkeit und ihr Inhalt rechtssicher festgestellt werden können[696].

(2) Generelle Unanwendbarkeit

Für eine derart extensive Reichweite des gerichtlichen Verfahrens nach §§ 98 f. AktG im Anwendungsbereich des SE-Rechts plädieren nicht alle Autoren in der Literatur. Die Gegenmeinung – namentlich begründet von *Forst* – ist der Auffassung, dass das Statusverfahren nicht dazu geeignet sei zu klären, ob die Rechtsgrundlage der Aufsichtsratszusammensetzung wirksam oder unwirksam ist[697]. Er verweist dafür zunächst auf den Wortlaut der §§ 97 ff. AktG und §§ 25 ff. SEAG, wonach der Vorstand bzw. das Gericht festzulegen hat, nach welchen Vorschriften der Aufsichtsrat zusammenzusetzen ist. Die Wirksamkeit der Regelungen werde demgemäß in dem Verfahren impliziert. Er sieht seine Sichtweise durch die Systematik der Regelungen über die Gerichtszuständigkeit bestätigt. Die Überprüfung der Wirksamkeit der Beteiligungsvereinbarung müsse auf Grund von § 2a Abs. 1 Nr. 3e Hs. 1 ArbGG (n. F. § 2a Abs. 1 Nr. 3e ArbGG) durch das Arbeitsgericht erfolgen und nicht durch das Landgericht mit dem Statusverfahren (§ 99 AktG). Darüber hinaus spreche die Zielsetzung, Rechtssicherheit für den Rechtsverkehr bezüglich der Zusammensetzung des mitbestimmten Organs, gegen den weit verstandenen Anwendungsbereich[698]. Die Rechtsfolge der gerichtlichen Klärung der Wirksamkeit der Beteiligungsvereinbarung sei seiner Ansicht nach nämlich offen. Insbesondere stünde nicht fest, was für den Fall gelte, in dem das Gericht zu dem Schluss käme, dass die Beteiligungsvereinbarung unwirksam ist[699]. Außerdem sieht er eine gerichtliche Entscheidung, welche die gesetzliche Auffanglösung anordnet, als unvereinbar mit dem Grundsatz vom Vorrang der Verhandlungslösung an[700].

Ebenso geht *Habersack* bei seiner Feststellung der Gegenstandslosigkeit des Statusverfahrens bei Umwandlung durch Formwechsel von einer eingeschränkten Prüfungsreichweite im Statusverfahren aus[701]. Er führt dazu wörtlich

696 *Teichmann* in Lutter/Hommelhoff, SE-Komm, Anh. Art. 43 SE-VO (§ 25 SEAG) Rn. 14.

697 *Forst,* Die Beteiligungsvereinbarung nach § 21 SEBG, S. 336, 339 f.

698 *Forst,* Die Beteiligungsvereinbarung nach § 21 SEBG, S. 336, 339.

699 *Forst,* Die Beteiligungsvereinbarung nach § 21 SEBG, S. 336, 339.

700 *Forst,* Die Beteiligungsvereinbarung nach § 21 SEBG, S. 336, 339.

701 *Habersack,* Der Konzern 2008, 67.

aus: *„[...] es könnte nichts anderes festgestellt werden, als dass Größe und Zusammensetzung des Aufsichtsorgans aus der Satzung sowie – hinsichtlich des Anteils und der Personen der Arbeitnehmervertreter – gegebenenfalls aus der Mitbestimmungsvereinbarung ergeben“*[702].

(3) Vermittelnde Ansicht

Zu einer vermittelnden Ansicht tendiert *Henssler*. Er ist der Ansicht, dass Streitigkeiten über das Zustandekommen der Vereinbarung, ihre Wirksamkeit, Auslegung und Umsetzung „prinzipiell“ im arbeitsrechtlichen Beschlussverfahren nach §§ 2a Abs. 1 Nr. 3e; 80 ff. ArbGG ausgetragen werden[703]. Da die Neuzusammensetzung des Aufsichtsorgans in jedem Fall die Durchführung eines Statusverfahrens erfordert, sei – im Sinne einer praxisgerechten Lösung – davon auszugehen, dass das Landgericht die sich im Hinblick auf eine Teilunwirksamkeit der Vereinbarung stellenden arbeitsgerichtlichen Fragen selbst beurteilen kann[704]. In dem Fall fehle dann das Rechtsschutzbedürfnis für einen Feststellungsantrag beim Arbeitsgericht[705].

(4) Rechtsprechung

Das Landgericht Nürnberg-Führt ging ohne weitere Vertiefung von seiner Zuständigkeit aus, als die Überprüfung der Vereinbarkeit der Beteiligungsvereinbarung nach § 21 SEBG mit den §§ 17 ff. SEAG nach §§ 98 f. AktG beantragt wurde[706]. Der Vorstand der *GfK SE* beantragte nach § 98 Abs. 1 AktG eine Entscheidung mit dem Ziel, Rechtssicherheit hinsichtlich des Meinungsstreits im Schrifttum über die Zulässigkeit einer vom Dreiteilbarkeitsgrundsatz abweichenden Regel in der Beteiligungsvereinbarung zu erlangen[707]. Es sollte durch das Statusverfahren geklärt werden, ob die in der Vereinbarung getroffene Regelung, welche eine nicht durch drei teilbare Mitgliederzahl vorsah, wirksam ist. Die Überprüfung sollte dementsprechend über eine einfache Kontrolle, ob der Aufsichtsrat nach den Regelungen in der Beteiligungsvereinbarung

---

702 *Habersack*, Der Konzern 2008, 67, 72.

703 *Henssler* in Habersack/Henssler, MitbestR, Einl. SEBG Rn. 162; § 21 SEBG Rn. 76.

704 *Henssler* in Habersack/Henssler, MitbestR, Einl. SEBG Rn. 162; § 21 SEBG Rn. 80; allgemein zur Vorfragenkompetenz vgl. *Rosenberg/Schwab/Gottwald*, ZivilprozessR, § 13 Rn. 9.

705 *Henssler* in Habersack/Henssler, MitbestR, Einl. SEBG Rn. 162; § 21 SEBG Rn. 80.

706 LG Nürnberg-Fürth, Beschl. v. 8.2.2010 – 1 HK O 8471/09, ZIP 2010, 372, 373.

707 Vgl. *Kiem*, Der Konzern 2010, 275, 283 Fn. 72; *Seibt*, ZIP 2010, 1057, 1058.

zusammenzusetzen ist, hinausgehen. Das Landgericht entschied in dem Streitfall im Statusverfahren durch Beschluss nach § 99 Abs. 3 Satz 1 AktG[708].

Das Landesarbeitsgericht Baden-Württemberg ging in einer jüngeren Entscheidung davon aus, dass der Anwendungsbereich von § 98 AktG sich nicht auf Beteiligungsvereinbarungen erstrecke[709]. Für einen auf § 21 Abs. 6 SEBG gestützten gewerkschaftlichen Unterlassungsanspruch seien die Arbeitsgerichte gemäß § 2a Abs. 1 Nr. 3e zuständig[710]. Eine ausschließliche Zuständigkeit der Landgerichte nach § 98 Abs. 1 AktG bestehe nicht, da nach der aktienrechtlichen Vorschrift Voraussetzung sein, dass streitig oder ungewiss sei, nach welchen gesetzlichen Vorschriften der Aufsichtsrat zusammenzusetzen ist[711].

bb) Stellungnahme

Eine differenzierende Lösung ist geboten:

Generell sind die Arbeitsgerichte für Angelegenheiten aus dem SEBG zuständig (§ 2a Abs. 1 Nr. 3e ArbGG), das bedeutet zum Beispiel für Entscheidungen von Streitigkeiten über das Verhandlungsverfahren (§§ 11 ff. SEBG) und über Abschluss und inhaltliche Auslegung der Beteiligungsvereinbarung nach § 21 SEBG. In den genannten Streitfällen ist die Nichtigkeitsfeststellung, nach der Zuständigkeitsordnung der Gerichte, ausschließlich im arbeitsgerichtlichen Beschlussverfahren nach §§ 2a Abs. 1 Nr. 3e, 80 ff. ArbGG zu treffen[712]. Ist die getroffene Vereinbarung wegen eines solchen Fehlers insgesamt nichtig, ist es völlig offen, wie das Organ zusammenzusetzen ist[713]. Mithin hilft hier das Statusverfahren nicht weiter, welches zur Zusammensetzung nach den „maßgeblichen" Vorschriften dient. Ein von *Oetker* vorgeschlagener Lösungsweg, über eine analoge Anwendung der §§ 98 f. AktG eine den §§ 34 ff. SEBG entsprechende Zusammensetzung des Aufsichtsorgans zu erzwingen[714], ist abzulehnen. Diese Lösung mittels des Statusverfahrens, widerspricht dem Prinzip vom Vorrang der

---

708 LG Nürnberg-Fürth, Beschl. v. 8.2.2010 – 1 HK O 8471/09, ZIP 2010, 372, 373.

709 LAG Baden-Württemberg, Beschl. v. 19.6.2017 – 19 Ta 10/17, BeckRS 2017, 150626.

710 LAG Baden-Württemberg, Beschl. v. 19.6.2017 – 19 Ta 10/17, BeckRS 2017, 150626; dem folgend ArbG Mannheim, Beschl. v. 7.12.2017 – 14 BV 13/16, BB 2018, 1655.

711 LAG Baden-Württemberg, Beschl. v. 19.6.2017 – 19 Ta 10/17, BeckRS 2017, 150626, Rn. 32.

712 *Hauk* in Hauck/Helml/Biebl, ArbGG, § 2a Rn. 4; *Krasshöfer* in Düwell/Lipke, ArbGG, § 2a Rn. 1, 12.

713 Vgl. *Henssler* in Habersack/Henssler, MitbestR, § 21 SEBG Rn. 79.

714 *Oetker* in Lutter/Hommelhoff, Die Europäische Gesellschaft, S. 277, 289 f.

Verhandlungslösung und ist daher abzulehnen[715]. Außerdem umfasst das Statusverfahren das Verfahren zur Unterrichtung und Anhörung der Arbeitnehmer nicht[716]. Im Falle der (vollumfänglichen) Unwirksamkeit der Beteiligungsvereinbarung bedarf es vielmehr neuer Verhandlungen zwischen den Parteien, bis die Zusammensetzung des mitbestimmten Organs geklärt werden kann[717]. Als Rechtsgrundlage für die Neuverhandlungen bietet sich § 18 Abs. 3 SEBG in analoger Anwendung an[718]. Erst wenn die Neuverhandlungen scheitern, gelangt analog § 18 Abs. 3 Satz 3 SEBG die Mitbestimmung kraft Gesetzes als Auffangregelung zur Anwendung.

Ist das Organ bereits nach der unwirksam zustande gekommenen Vereinbarung zusammengesetzt worden, so steht die aktuelle Besetzung nicht in Frage. Art. 9 Abs. 1 lit. c) ii) SE-VO i.V.m. § 96 Abs. 4 AktG schützt den Status quo, wenn das Aufsichtsorgan nicht nach den maßgeblichen Vorschriften zusammengesetzt ist[719]. Das gilt selbst dann, wenn die maßgeblichen Vorschriften unwirksam sind. Anderenfalls würde es zu einer kaum überschaubaren Unsicherheitslage hinsichtlich der Beschlüsse des Aufsichtsorgans kommen und die Funktionsfähigkeit der Gesellschaft würde erheblich gefährdet. Die Parteien sind aber darangehalten, den nur fiktiv rechtmäßigen Zustand so bald als möglich durch Neuverhandlungen zu beseitigen. Als Druckmittel kommen die Verfahrensvorschrift des § 395 FamFG in Betracht[720]. Über die Mitbestimmung ist eine wirksame Vereinbarung zu schließen. Zur Umsetzung der neuen Vorschriften über die Zusammensetzung des Organs ist, daran anschließend, das aktienrechtliche Statusverfahren nach Art. 9 Abs. 1 lit. c) ii) SE-VO i.V.m. §§ 97 ff. AktG durchzuführen[721].

---

715 *Forst,* Die Mitbestimmungsvereinbarung nach § 21 SEBG, S. 340; *Henssler* in Habersack/Henssler, MitbestR, § 21 SEBG Rn. 79.

716 Forst, NZG 2009, 687, 691; *ders.,* RdA 2010, 55, 58.

717 So auch *Forst,* Die Beteiligungsvereinbarung nach § 21 SEBG, S. 340; *Henssler* in Habersack/Henssler, MitbestR, § 21 SEBG Rn. 79; jetzt wohl auch *Oetker* in FS Konzen, S. 635, 659.

718 Vgl. *Forst,* Die Beteiligungsvereinbarung nach § 21 SEBG, S. 341 ff.

719 Vgl. dazu unter D. III. 1. c).

720 Vgl. dazu unter F. IV. 2. b).

721 Die Leitung der SE verletzt die Sorgfalt eines ordentlichen und gewissenhaften Geschäftsleiters nach Art. 9 Abs. 1 lit. c) ii) SE-VO i.V.m. § 93 Abs. 1 AktG dabei noch nicht dadurch, dass sie das Statusverfahren erst nach Abschluss der Neuverhandlungen einleitet, vgl. *Forst,* Die Beteiligungsvereinbarung nach § 21 SEBG, S. 343.

Steht die Wirksamkeit der Beteiligungsvereinbarung wegen Unklarheiten im Zusammenhang mit der Zahl der Mitglieder und Zusammensetzung des Aufsichtsorgans in Frage, führt dies beim rechtlichen Gehör zu praktischen Problemen. Es besteht nämlich eine Reibungszone zwischen dem gerichtlichen Teil des Statusverfahrens vor dem Landgericht und dem Beschlussverfahren vor dem Arbeitsgericht. In Betracht zu ziehen ist, ein laufendes Statusverfahren nach § 21 FamFG auszusetzten, um das Arbeitsgericht über die Wirksamkeit der Vereinbarung entscheiden zu lassen. Inhalt und Auslegung der Beteiligungsvereinbarung sind nach § 2a Abs. 1 Nr. 3e ArbGG durch die Arbeitsgerichte zu klären[722]. Es bestünde daher für die Leitung Anlass, das laufende Statusverfahren nach § 21 FamFG auszusetzen und einen Antrag beim Arbeitsgericht zu stellen, damit dieses über die inhaltliche Wirksamkeit bzw. Auslegung der Vereinbarung entscheiden kann. Dieser Weg erscheint allerdings aus praktischen und kostentechnischen Gründen wenig sinnvoll und wird daher richtigerweise von einem Teil der Literatur, vor allem aus praxisrelevanten Gründen, abgelehnt[723].

Sachgerechter ist es, das Landgericht bei der Zusammensetzung des Aufsichtsorgans im obligatorischen Statusverfahren auch über die sich stellenden arbeitsrechtlichen Vorfragen entscheiden zu lassen. Es wäre formalistisch, das Landgericht ausschließlich überprüfen zu lassen, ob die bekannt gemachte Zusammensetzung des mitbestimmten Organs im Einklang mit den im SEAG getroffenen Vorschriften über die Zahl und die Zusammensetzung des Aufsichtsorgans steht. Denn bei Teilnichtigkeit stehen der Anordnung der richtigen Zusammensetzung durch das Landgericht nach § 98 Abs. 4 Satz 1 AktG regelmäßig offene mitbestimmungsrechtliche Fragen entgegen. Nur bei Bejahung einer weiten Prüfungsreichweite der ordentlichen Gerichte wird der Funktion des Statusverfahrens ausreichend Rechnung getragen, welches der rechtssicheren Zusammensetzung des Aufsichtsorgans dient, was letzten Endes eine schnelle und einfache Lösung indiziert. Außerdem wird das Landgericht, in dessen Bezirk die Gesellschaft ihren Sitz hat, in der Regel das zuerst angerufene Gericht sein. Für eine abschließende Entscheidung des Landgerichts über die richtige Zusammensetzung des Aufsichtsorgans müssen – wie gezeigt – auch die arbeitsgerichtlichen Fragen, die sich im Zusammenhang mit der Beteiligungsvereinbarung stellen, geklärt sein. Erst dann kann das Gericht die Zusammensetzung endgültig anordnen.

---

722 Vgl. *Krasshöfer* in Düwell/Lipke, ArbGG, § 2a Rn. 12; *Walker* in Schwab/Weth, ArbGG, § 2a Rn. 106.

723 Vgl. *Henssler* in Habersack/Henssler, MitbestR, § 21 SEBG Rn. 80.

Eine gegebenenfalls entstehende Regelungslücke hinsichtlich der Mitbestimmung, kann genauso gut vom Landgericht durch ergänzende Auslegung in der Weise geschlossen werden, dass der Anteil von Arbeitnehmervertreten und Vertretern der Anteilseigner erhalten bleibt[724].

Es sind auch keine schweren Nachteile gegenüber dem Verfahren vor den Arbeitsgerichten zu befürchten, weil beide Verfahren dem Amtsermittlungsgrundsatz unterliegen (vgl. § 99 Abs. 1 AktG i.V.m. § 26 FamFG und § 83 Abs. 1 ArbGG). Bei einem weiteren Antrag an das Arbeitsgericht wird man in dem Fall das Rechtsschutzbedürfnis verneinen müssen[725], sodass auch kein abweichender Beschluss vom Arbeitsgericht zu erwarten ist.

IV. Bindungswirkung

Schließlich ist die Entscheidungswirkung des Statusverfahrens zu analysieren. Nach der Vorschrift des § 99 Abs. 5 Satz 2 AktG wirkt die rechtskräftige Entscheidung des Gerichts im Statusverfahren „für und gegen alle". Entsprechend dem Wortlaut ging auch der Vorstand der *GFK SE* in dem erwähnten Verfahren vom 8.2.2010 vor dem Landgericht Nürnberg-Fürth von der Bindungswirkung der Entscheidung für die Hauptversammlung der SE aus[726].

Die Bindungswirkung der gerichtlichen Entscheidung im Statusverfahren für die Hauptversammlung wurde im Rahmen des Aktiengesetzes, soweit ersichtlich, bisher nicht bezweifelt[727].

Das aktienrechtliche Statusverfahren ist, vor allem bei Annahme eines weiten Prüfungsumfanges des Landgerichts, als rechtssicherer Weg bei der Neuzusammensetzung des mitbestimmten Organs der SE geeignet, wenn die Hauptversammlung bei der Besetzung des Organs an die gerichtliche Entscheidung im Statusverfahren gebunden ist. Dies wird vereinzelt aber bestritten[728].

---

724 *Henssler* in Habersack/Henssler, MitbestR, § 21 SEBG Rn. 79.

725 *Henssler* in Umler/Habersack/Henssler, MitbestR, § 21 SEBG Rn. 80; Rosenberg/Schwab/Gottwald, ZivilprozessR, § 13 Rn. 9.

726 TOP 7 der Einladung zur Hauptversammlung der GFK SE vom 19.5.2010: „[...] *Die Hauptversammlung ist [...] an die Entscheidung des Landgerichts Nürnberg-Fürth gebunden*" – abgedr. in Fn. 72 bei *Kiem*, Der Konzern 2010, 275, 283.

727 Vgl. *Ammon* in Heidel, Aktienrecht und Kapitelmarktrecht, § 99 Rn. 16 f.; *Drygala* in Schmidt/Lutter, AktG, § 99 Rn 11; *Hüffer/Koch*, AktG, § 99 Rn. 9; *Semler* in Münch-Komm AktG, § 99 Rn. 50; *Spindler* in Spindler/Stilz, AktG, § 99 Rn. 19; a. A. auch für die AG *Kiem*, Der Konzern 2010, 275, 283.

728 *Kiem*, Der Konzern 2010, 275, 283.

Kiem ist der Meinung, dass die Hauptversammlung der SE auch bei Vorliegen einer rechtskräftigen Entscheidung im Statusverfahren in ihrem späteren Abstimmungsverhalten frei sei. An die *inter omnes*-Wirkung der im Statusverfahren ergangenen Entscheidung, seien lediglich andere Gerichte und die sonstigen antragsberechtigten Personen gebunden[729]. Im Vergleich zur AG – deren Hauptversammlung im „Rechtssinne" wiederum nicht an die Entscheidung des Gerichts im Statusverfahren gebunden sei – bedürfe es bei der Beteiligungsvereinbarung einer Umsetzung satzungsrelevanter Regelungen im Wege der Satzungsänderung durch die Hauptversammlung, weil der Vereinbarung keine Gesetzeskraft zukäme[730]. Im Anwendungsbereich des Aktiengesetzes hingegen träten die Folgen automatisch – also ohne Umsetzung durch Hauptversammlungsbeschluss – mit Außerkrafttreten der entgegenstehenden Satzungsbestimmungen ein (§ 97 Abs. 2 Satz 2 AktG), indem diese qua Gesetz durch die richtigen Mitbestimmungsregelungen ersetzt werden[731].

Unter der Voraussetzung, dass das Wirksamwerden der neuen Beteiligungsvereinbarung einen satzungsändernden Beschluss der Hauptversammlung erfordere[732], äußert er weitere Bedenken mit Blick auf die Bindung der Hauptversammlung an den Gerichtsbeschlusses insoweit geäußert, dass ein daraus resultierendes Letztentscheidungsrecht der Hauptversammlung hinsichtlich der Aufsichtsratszusammensetzung durch die Bindungswirkung an den Beschluss im Statusverfahren beschnitten würde[733].

Außerdem kritisiert er, dass die Leitung, in ihrer Funktion als Verhandlungspartei der Beteiligungsvereinbarung, Einfluss auf die Zusammensetzung ihres Überwachungsorgans nehmen könnte, was die Legitimität dieses Organs im Allgemeinen in Frage stellen würde. Die Leitung der SE, die die Neuverhandlungen über eine Vereinbarung nach § 21 SEBG (§ 18 Abs. 2 und 3 SEBG) führe, sei gleichzeitig mögliche Antragstellerin im Statusverfahren und könnte, mithilfe des gerichtlichen Statusverfahrens, die Zusammensetzung verbindlich anordnen und so ein angebliches Letztentscheidungsrecht der Anteilseigner umgehen. In

---

729 *Kiem,* Der Konzern 2010, 275, 283.

730 Vgl. *Kiem,* Der Konzern 2010, 275, 283 a. E.

731 *Kiem,* Der Konzern 2010, 275, 283.

732 Vgl. *Casper* in Spindler/Stilz, AktG, Art. 12 SE-VO Rn. 25; *Kiem* in KölnKomm AktG, Art. 12 SE-VO Rn. 25; *Seibt* in Lutter/Hommlehoff, SE-Kommentar, Art. 12 SE-VO Rn. 33; *Schröder* in Manz,/Mayer/Schröder, Europäische Aktiengesellschaft; Art. 12 SE-VO Rn. 32; *Schürnbrand* in Habersack/Drinhausen, SE-Recht, Art. 12 SE-VO Rn. 36.

733 *Kiem,* Der Konzern 2010, 275, 283.

diesem Punkt läge ein Verstoß gegen die Grundsätze ordnungsgemäßer Unternehmensführung. Im Zuge dieser Problematik zeige sich der Unterschied zwischen nationalem Mitbestimmungsrecht und verhandelter Mitbestimmung, der den Sachverhalt im Anwendungsbereich des Aktiengesetzes mit dem im SE-Recht unvergleichbar mache[734].

Die Ansicht von *Kiem* überzeugt nicht. An dieser Stelle zeigt sich einmal mehr die Schwäche der Ansicht, die die Beteiligungsvereinbarung einem schuldrechtlichen Vertrag zugunsten Dritter gleichstellt. Die als maßgeblich festgestellten vertraglichen Regelungen der Vereinbarung haben richtigerweise normative Wirkung[735]. Dies zeigt schon der Blick auf die sonst subsidiär eingreifenden gesetzlichen Auffangregelungen. Es wäre widersinnig, wenn die vorrangigen vertraglichen Vorschriften eine andere Rechtskraft besäßen. Mithin besteht auch kein Letztentscheidungsrecht auf der Anteilseignerseite, welches durch einen Beschluss im Statusverfahren nach § 99 AktG konterkariert werden könnte. Daher muss der Auffassung von *Kiem*, der die Bindung der Hauptverhandlung an die Entscheidung im gerichtlichen Statusverfahren verneint, die Gefolgschaft versagt werden.

Die Entscheidung des Landgerichts nach § 98 f. AktG „*wirkt für und gegen alle*", § 99 Abs. 5 Satz 2 AktG. Die Bindungswirkung gilt auch für die Hauptversammlung der SE, welche bei der Bestellung der Mitglieder an den Beschluss gebunden ist. Sie hat außerdem die Satzung an das Ergebnis anzupassen, was allerdings nur deklaratorische Wirkung für die Zusammensetzung des Organs hat[736].

---

734 Zum ganzen Absatz *Kiem,* Der Konzern 2010, 275, 283 f.

735 Vgl. D. III. 1. c) aa) (2); i. Ü. *Evers/Hartmann* in Manz/Mayer/Schröder, Europäische Aktiengesellschaft, § 21 SEBG Rn. 8; *Feuerborn* in KölnKomm AktG, § 21 SEBG Rn. 16; *Forst,* Die Mitbestimmungsvereinbarung nach § 21 SEBG, S. 86 ff.; *Freis* in Nagel/Freis/Kleinsorge, Die Beteiligung der Arbeitnehmer in der SE, § 21 SEBG Rn. 4; *Henssler* in Habersack/Henssler, MitbestR, § 21 SEBG Rn. 12; *Jacobs* in MünchKomm AktG, § 21 SEBG Rn. 9; *Oetker* in FS Konzen, S. 643; *Scheibe,* Mitbestimmung der Arbeitnehmer in der SE, S. 98; *Steinberg,* Mitbestimmung in der Europäischen Aktiengesellschaft, S. 192; *Schwarz,* SE-VO, Einl. SE-VO Rn. 285; *Wißmann* in MünchHdB ArbR, § 287 Rn. 7; *Herfs-Rötgen,* NZA 2002, 358, 364; *Kraushaar,* BB 2003, 1614, 1619; a. A. *Jacobs* in MünchKomm AktG, 2. Auflage, § 21 SEBG Rn. 7; *Seibt* in Lutter/Hommelhoff, SE-Komm, 1. Auflage, Art. 12 SE-VO Rn. 29.

736 Vgl. *Henssler* in Habersack/Henssler, MitbestR, § 21 SEBG Rn. 13: „[…] die Beteiligungsvereinbarung ihre organisationsrechtlichen Wirkungen unmittelbar ohne gesonderten Transformationsakt entfaltet."; ähnlich *Schwarz,* SE-VO, § 12 Rn. 36 der von einer deklaratorischen Satzungsänderung ausgeht aber aus Schutz der Kompetenz der Hauptversammlung zum Wirksamwerden der Vereinbarung die Zustimmung fordert;

V. Zusammenfassung und Schlussfolgerung

Die Frage nach der Reichweite der Prüfungskompetenz des Landgerichts im Statusverfahren, im Hinblick auf die Wirksamkeit der Beteiligungsvereinbarung nach § 21 SEBG, bedurfte einer kritischen Betrachtungsweise anhand der gesetzlichen Regelungen über die Gerichtszuständigkeit. Vom nationalen Gesetzgeber wird bei der Zuständigkeit zwischen Streitigkeiten über das Zustandekommen und die Auslegung der Vereinbarung, worüber nach § 2a Abs. 1 Nr. 3e ArbGG im arbeitsgerichtlichen Beschlussverfahren (§§ 80 ff. ArbGG) entschieden werden soll, einerseits, und über Streitigkeiten darüber, nach welchen Vorschriften des Aufsichtsorgan zusammenzusetzten ist, was Frage des Statusverfahrens gemäß Art. 9 Abs. 1 lit. c) ii) SE-VO i.V.m. § 98 Abs. 1 AktG ist, andererseits, unterschieden. Die Überprüfung der Wirksamkeit des Zustandekommens und des Inhalts, sowie die Auslegung der Beteiligungsvereinbarung, unterliegen danach allgemein den Arbeitsgerichten.

In Bezug auf die vertraglich festgelegte Mitbestimmung nach § 21 SEBG, kann es beim Rechtsschutz vor den deutschen Gerichten zu einer Kollision zwischen dem arbeitsgerichtlichen Beschlussverfahren und dem Statusverfahren vor dem zuständigen Landgericht kommen. Hat das zuerst angerufene Landgericht im Rahmen des Statusverfahrens darüber zu entscheiden, ob sich die größenmäßige Zusammensetzung des Rats entgegen einer Bestimmung in der Beteiligungsvereinbarung nach der Satzung richtet, können auch die getroffenen Mitbestimmungsregeln betroffen sein. In dem Fall kann vom Gericht im Statusverfahren die richtige Zusammensetzung angeordnet werden, indem es im Wege einer Wirksamkeitskontrolle feststellt, wie die nach der Feststellung der Unwirksamkeit der Regelungen über die Größe bestehenden Sitze mit Arbeitgeber- und Arbeitnehmervertreter im Organ zu besetzen sind. Eine Aussetzung des Verfahrens und Beteiligung der Arbeitsgerichte wäre unverhältnismäßig. Die Auslegung der Vereinbarung kann ohne die Befürchtung von Nachteilen vom Landgericht vorgenommen werden. Anderenfalls wäre der gerichtliche Teil des Statusverfahrens im Vorfeld der Neubesetzung des Aufsichtsorgans gemäß einer Vereinbarung nach § 21 SEBG quasi funktionslos, da es nichts anderes entscheiden kann, als dass die beabsichtigte Zusammensetzung des Aufsichtsorgans nach den *vertraglichen* Vorschriften erfolgt oder nicht erfolgt. Nur bei Bejahung eines weiten Anwendungsbereichs des Statusverfahrens, kann die

---

a. A. *Casper* in Spindler/Stilz, AktG, Art. 12 SE-VO Rn. 25; *Kiem* in KölnKomm AktG, Art. 12 SE-VO Rn. 25; *Schürnbrand* in Habersack/Drinhausen, SE-Recht, Art. 12 SE-VO Rn. 36; *Seibt* in Lutter/Hommlehoff, SE-Kommentar, Art. 12 SE-VO Rn. 33.

Zusammensetzung des Aufsichtsorgans hingegen unmittelbar richtig angeordnet werden und dem Regelungszweck ausreichend Rechnung getragen werden.

Durch das Landgericht wird die Zusammensetzung des Aufsichtsorgans angeordnet, indem es ausspricht, nach welchen Vorschriften das Organ künftig zu besetzen ist, vgl. § 98 abs. 4 AktG. Das gerichtliche Verfahren geht deshalb über die Wirkung der Bekanntmachung nach § 97 Abs. 1 AktG hinaus, bei der die Rechtswirkung grundsätzlich durch Fristablauf und Außerkrafttreten entgegenstehender Satzungsbestimmungen eintritt, vgl. § 97 Abs. 2 AktG.

Die rechtskräftige Entscheidung wirkt nach der Vorschrift des § 99 Abs. 5 Satz 2 AktG, für und gegen alle. Die *inter* omnes-Wirkung des im Statusverfahren getroffenen Beschlusses führt zu einem rechtssicheren Abschluss des Verfahrens. Auch die Hauptversammlung der SE ist bei der Bestellung des Aufsichtsorgans an den Beschluss nach § 99 AktG gebunden, wenngleich der satzungsändernde Hauptversammlungsbeschluss als Grundlage für die Zusammensetzung des Aufsichtsorgans nur deklaratorische Wirkung hat. Die Vorschriften der Vereinbarung nach § 21 SEBG besitzen nämlich Gesetzeskraft, wie sich aus dem Vergleich zu den gleichgestellten Vorschriften über die Mitbestimmung kraft Gesetzes ergibt.

H. Verfahrensrechtliche Ausgestaltung des Statusverfahrens bei der SE

Im Folgenden wird der verfahrensrechtliche Ablauf des Statusverfahrens bei Anwendung auf die SE aufgezeigt und weiter analysiert.

I. Bekanntmachung über die Zusammensetzung des Aufsichtsorgans

1. Modalitäten der Bekanntmachung nach § 97 Abs. 1 AktG

Ist das Leitungsorgan der Ansicht, dass das Aufsichtsorgan nicht nach den maßgeblichen Vorschriften zusammengesetzt ist, hat es dies nach Art. 9 Abs. 1 lit. c) ii) SE-VO i.V.m. § 97 Abs. 1 AktG bekannt zu machen. Die Bekanntmachung des Leitungsorgans ist selbst dann erforderlich, wenn zwischen den Beteiligten Einigkeit über die Änderung der Zusammensetzung des Aufsichtsorgans herrscht[737]. Die Leitung hat die Bekanntmachung unverzüglich, das heißt ohne schuldhaftes Zögern (§ 121 BGB), durchzuführen. Entgegen dem Wortlaut des § 97 AktG kommt es im Wege einer extensiven europarechtskonformen Auslegung auch auf vertragliche Vorschriften und nicht nur auf die gesetzlichen Vorschriften an. Die gesetzlichen Vorschriften sind die, in der SE-Verordnung sowie dem SEAG und SEBG fixierten Regelungen über die Zusammensetzung und Bestellung des Aufsichtsorgans. Die vertraglichen Regelungen sind die in der Vereinbarung nach § 21 SEBG festgesetzten Regelungen[738].

Die Bekanntmachung hat in den Geschäftsblättern und gleichzeitig durch Aushang in allen Betrieben der SE und ihrer Konzernunternehmen zu erfolgen (Art. 9 Abs. 1 lit. c) ii) SE-VO i.V.m. § 97 Abs. 1 Satz 1 AktG). Nach § 25 AktG sind Geschäftsblätter der elektronische Bundesanzeiger und, soweit die Satzung dies vorsieht, andere papiergebundenen Blätter oder elektronische Informationsmedien[739]. Über die Öffnungsklausel des Art. 9 Abs. 1 lit. c) ii) SE-VO findet die aktienrechtliche Regelung des § 25 AktG auch auf die SE Anwendung. Dies ist schon wegen des Gleichlaufs der AG mit der SE und wegen fehlender spezieller

---

737 *Habersack* in MünchKomm AktG, § 97 Rn. 15; *Hoffmann-Becking* in MünchHdB AG, § 28 Rn. 56; *Reichert/Brandes* in MünchKomm AktG, Art. 43 SE-VO Rn. 71.

738 Zum monistischen System *Schwarz*, SE-VO, Anh. Art. 43 (§ 25 SEAG) Rn. 94.

739 *Hüffer/Koch*, AktG, § 25 Rn. 4.

Regelungen in SE-Verordnung und SEAG erforderlich[740]. Es ist fraglich, ob der Aushang über die fehlerhafte Zusammensetzung auch in elektronischer Form erfolgen kann. Im Unterschied zur geltenden Fassung des § 97 AktG sieht die Parallelvorschrift für das monistische System in § 25 Abs. 1 Satz 2 SEAG vor, dass der Aushang in elektronischer Form erfolgen kann[741]. Für die elektronische Form gilt die Legaldefinition des § 126 a BGB[742]. Die Parallelität der monistischen SE zur dualistischen SE spricht dafür, dass der Aushang nach § 97 Abs. 1 Satz 1 AktG in elektronischer Form erfolgen kann (arg. ex § 25 Abs. 1 Satz 2 SEAG). Einen Grund, die dualistisch strukturierte SE und monistisch strukturierte SE an dieser Stelle unterschiedlich zu behandeln, gibt es hingegen nicht. Auch beim Aushang in elektronischer Form muss sichergestellt sein, dass die gesamte Belegschaft sowie die Antragsberechtigten nach § 98 Abs. 2 AktG und § 17 Abs. 3 Satz 1 SEAG erreicht werden[743].

Der Inhalt der Bekanntmachung richtet sich nach § 97 Abs. 1 Satz 2 und 3 AktG. Über den Wortlaut hinaus sind aber, wegen der Möglichkeit die Mitbestimmung in einer Vereinbarung nach § 21 SEBG auszuhandeln, nicht nur die gesetzlichen, sondern gegebenenfalls die vertraglichen Vorschriften zu nennen, die nach Ansicht des Leitungsorgans für die Zusammensetzung des Aufsichtsorgans maßgeblich sind. Es muss nach Art. 9 Abs. 1 lit. c) ii) SE-VO i.V.m. § 97 Abs. 1 Satz 3 AktG darauf hingewiesen werden, dass das Aufsichtsorgan nach den genannten Vorschriften zusammengesetzt wird, wenn das zuständige Gericht nicht innerhalb eines Monats nach Bekanntmachung im elektronischen Bundesanzeiger von den Antragsberechtigten angerufen wird[744]. Die Bekanntmachung des Leitungsorgans muss als solche erkennbar sein. Eine Bekanntmachung, die den gesetzlichen Vorgaben nicht entspricht, ist unwirksam[745]. Das Aufsichtsorgan wäre folglich nicht nach der Bekanntmachung zusammenzusetzen (§ 97 Abs. 2 AktG).

---

740 Zum monistischen System *Schwarz,* SE-VO, Anh. Art. 43 (§ 25 SEAG) Rn. 95.

741 *Siemens* in KölnKomm AktG, Anh. Art. 51 SE-VO (§§ 24–26 SEAG), Rn. 6.

742 *Siemens* in KölnKomm AktG, Anh. Art. 51 SE-VO (§§ 24–26 SEAG), Rn. 6; zur elektronischen Form vgl. *Noack* in Dauner-Lieb/Heidel/Lepa/Ring, Das neue Schuldrecht, S. 375 ff.

743 Zum monistischen System *Schwarz,* SE-VO, Anh. Art. 43 (§ 25 SEAG) Rn. 96.

744 *Hüffer/Koch,* AktG, § 97 Rn. 4.

745 *Habersack* in MünchKomm AktG, § 97 Rn. 26; *Mertens/Cahn* in KölnKomm AktG, § 97–99 Rn. 13; *Peddinghaus* in Großkomm AktG, § 97 Rn. 50; einschränkend bzgl. des Fehlens der Angaben über die Größe des Aufsichtsrats *Oetker,* ZHR 1985, 575, 594 f.

2. Wirkungen der Bekanntmachung

Die Wirkung der Bekanntmachung hängt davon ab, ob innerhalb der Frist das gerichtliche Verfahren eingeleitet wird oder die Bekanntmachung durch Ablauf der Frist die Zusammensetzung des Aufsichtsorgans präkludiert. Bei der folgenden Ausführung ist deshalb zwischen der Situation, in der kein Antrag auf eine gerichtliche Entscheidung gestellt wird und einer solchen, in der ein Antragsberechtigter das Gericht anruft, zu unterscheiden.

a) Kein Antrag auf gerichtliche Entscheidung

Ist das zuständige Gericht nicht innerhalb eines Monats nach der Bekanntmachung im Bundesanzeiger von den Antragsberechtigten angerufen worden, wird das Aufsichtsorgan der SE nach den in der Bekanntmachung genannten Vorschriften zusammengesetzt (§ 97 Abs. 2 Satz 1 AktG i.V.m. Art. 9 Abs. 1 lit. c) ii) SE-VO). Die Zusammensetzung des Aufsichtsorgans wird durch die Bekanntmachung rechtssicher festgestellt. Nach Ablauf der Frist ist die Bekanntmachung unangreifbar geworden. Die Hauptversammlung bzw. die aus der Vereinbarung zur Bestellung Berechtigten, sind an die in der Bekanntmachung genannten Vorschriften gebunden. Insbesondere ein gerichtliches Verfahren gegen die Bekanntmachung ist nicht mehr möglich.

b) Anrufung des Gerichts

Die Bekanntmachung entfaltet keine Rechtswirkung, wenn das Gericht in der einmonatigen Frist des § 97 Abs. 2 Satz 1 AktG angerufen wird. Es genügt zur Wahrung der Frist, wenn ein örtlich unzuständiges Gericht angerufen wurde[746]. Die Zusammensetzung des Aufsichtsorgans ergibt sich dann aus der Entscheidung des Gerichts. Bis dahin bleibt das Organ in seiner bisherigen Zusammensetzung im Amt. Eine Bekanntmachung des Vorstands kann nicht erfolgen, solange ein gerichtliches Verfahren nach Art. 9 Abs. 1 lit. c) ii) SE-VO i.V.m. § 98 AktG anhängig ist (Art. 9 Abs. 1 lit. c) ii) SE-VO i.V.m. § 97 Abs. 3 AktG). Zweck dieser Sperrregelung ist es, dem anhängigen gerichtlichen Verfahren den Vorrang vor der Bekanntmachung einzuräumen und ein Nebeneinander von gerichtlichem und außergerichtlichem Verfahren zu verhindern[747].

---

746 *Hüffner*, AktG, § 97 Rn. 6; *Peddinhaus* in Großkomm AktG, § 97 Rn. 70; *Schwarz*, SE-VO, Anh. Art. 43 Rn. 100 mit Fn. 81; *Teichmann* in Lutter/Hommelhoff; SE-Komm, Anh. Art. 43 (§ 25 SEAG) Rn. 8.

747 Begr. RegE. bei *Kropff*, S. 128; *Habersack* in MünchKomm AktG, § 97 Rn. 38; *Hüffer/Koch*, AktG, § 97 Rn. 7; *Schwarz*, SE-VO, Anh. Art. 43 Rn. 105.

3. Rechtsfolge im Falle einer Bekanntmachung (§ 97 Abs. 2 AktG)

Entfaltet die Bekanntmachung Rechtswirkung, bedarf es der Überleitung zur richtigen Zusammensetzung des Organs. Ist die Änderung der Satzung erforderlich, muss die Satzung innerhalb von sechs Monaten geändert werden. Bestimmungen in der Satzung, welche den nach der Bekanntmachung anzuwendenden Vorschriften wiedersprechen, treten entweder mit Beendigung der ersten Hauptversammlung nach Ablauf der Anrufungsfrist oder spätestens sechs Monate nach Ablauf der Anrufungsfrist des § 97 Abs. 2 Satz 1 AktG außer Kraft (Art. 9 Abs. 1 lit. c) ii) SE-VO i.V.m. § 97 Abs. 2 Satz 2 AktG)[748]. Unabhängig davon, ob die Hauptversammlung die Satzung ändert oder die bisherigen Regelungen beibehält, verlieren die der Bekanntmachung widersprechenden Regelungen ihre Gültigkeit. Das Gesetzesrecht bzw. die vertraglichen Vorschriften treten an ihre Stelle.

Was mit einer Beteiligungsvereinbarung passiert, die den in der Bekanntmachung genannten Vorschriften wiederspricht, regeln die §§ 97 ff. AktG naturgemäß nicht. Ebenso äußern sich die Parallelvorschriften der §§ 25 f. SEAG für die monistische SE nicht dahingehend[749]. Für die parallele Problematik beim monistischen System konstatiert *Teichmann*, dass das Statusverfahren seinen Zweck nur erfüllen könne, wenn sich die bekanntgemachten Vorschriften auch gegenüber der entgegenstehenden Beteiligungsvereinbarung durchsetzen[750]. Dem ist zuzustimmen. Anderenfalls käme es zu einem Circulus vitiosus. Denn durch die Vorschrift des Art. 12 Abs. 4 SE-VO ist eine Satzung zu ändern, die im Widerspruch zu einer bestehenden Vereinbarung steht. Mithin verliert auch eine alte Vereinbarung spätestens sechs Monate nach Ablauf der Anrufungsfrist des § 97 Abs. 2 Satz 1 AktG ihre Gültigkeit. Dieser Lösung steht auch nicht der, im SE-Recht verankerte, Grundsatz vom Vorrang der Verhandlungen entgegen[751]. Die Frage, auf welche Weise Wirksamkeit und Inhalt der Vereinbarung verbindlich festgestellt werden können, regelt die SE-Richtlinie nicht. Die Ausgestaltung des Rechtsweges obliegt deswegen dem nationalen Gesetzgeber (Art. 12 Abs. 2 SE-RL)[752].

---

748 Für das monistische System *Schwarz*, SE-VO, Anh. Art. 43 Rn. 101.

749 Vgl. *Teichmann* in Lutter/Hommelhoff, SE-Komm, Anh. Art. 43 (§ 25 SEAG) Rn. 13.

750 *Teichmann* in Lutter/Hommelhoff, SE-Komm, Anh. Art. 43 (§ 25 SEAG) Rn. 13.

751 Für das monistische System *Teichmann* in Lutter/Hommelhoff, SE-Komm, Anh. Art. 43 (§ 25 SEAG) Rn. 14.

752 Vgl. *Teichmann* in Lutter/Hommelhoff, SE-Komm, Anh. Art. 43 (§ 25 SEAG) Rn. 14 für das monistische System.

Wird innerhalb der sechsmonatigen Anrufungsfrist eine Hauptversammlung einberufen, kann diese die Satzungsbestimmungen entsprechend ändern. Nach § 97 Abs. 2 Satz 4 AktG genügt für diese Satzungsänderung eine einfache Stimmenmehrheit[753]. Die Vorschrift dient der erleichterteren Anpassung an die neue Rechtslage[754]. Fraglich ist, ob diese Regelung mit dem SE-Recht vereinbar ist[755]. Dies könnte mit Blick auf Art. 59 SE-VO zu verneinen sein, wonach für die Änderung der Satzung grundsätzlich eine Zweidrittelmehrheit der Stimmen erforderlich ist[756]. Absatz 1 der genannten Vorschrift ermöglicht eine Abweichung von dieser Mehrheit durch Rechtsvorschriften für Aktiengesellschaften grundsätzlich allein nach oben[757]. Ein Mitgliedsstaat kann jedoch nach Absatz 2 ausnahmsweise abweichend bestimmen, dass eine einfache Stimmenmehrheit ausreicht, sofern mindestens die Hälfte des gezeichneten Kapitals vertreten ist. Andere Ausnahmen sieht Art. 59 SE-VO nicht vor. *Siems* ist der Ansicht, dass § 25 Abs. 2 Satz 4 SEAG (Parallelvorschrift zu § 97 Abs. 2 Satz 4 AktG) nicht den Anforderungen genügt, die Art. 59 Abs. 2 SE-VO an eine abweichende Mehrheitsregelung stellt[758]. Angesichts des klaren Wortlauts des Art. 59 SE-VO, der sich als abschließende Regelung darstelle, seien andere Abweichungen des nationalen Gesetzgebers unzulässig[759]. *Teichmann* möchte die Vorschrift verordnungskonform dahingehend auslegen, dass der in § 25 Abs. 2 Satz 4 SEAG (§ 97 Abs. 2 Satz 4 AktG) vorgesehene Hauptversammlungsbeschluss mit einfacher Stimmenmehrheit nur dann ausreichend sei, wenn mindestens die Hälfte des gezeichneten Kapitals vertreten ist (Art. 59 Abs. 2 SE-VO)[760]. *Schwarz* sieht die von Art. 59 SE-VO abweichende nationale Regelung des § 25 Abs. 2 Satz 4 SEAG (§ 97 Abs. 2 Satz 4 AktG) hingegen als zulässige Ausnahme vom Zweidrittelstimmenerfordernis an[761]. Er leitet die Vereinbarkeit der nationalen

---

753 Der nationale Gesetzgeber hat für die monistisch strukturierte SE eine entsprechende Regelung in § 25 Abs. 2 Satz 4 SEAG geschaffen.

754 Begr. RegE. bei *Kropff*, AktG, S. 128.

755 Für das monistische System bejahend *Schwarz*, SE-VO, Anh. Art. 43 Rn. 103; einschränkend *Teichmann* in Lutter/Hommelhoff, SE-Komm, Anh. Art. 43 (§ 25 SEAG) Rn. 12; ablehnend *Siems* in KölnKomm AktG, Anh. Art. 51 SE-VO Rn. 7.

756 Vgl. *Schwarz*, SE-VO, Art. 59 Rn. 1.

757 *Schwarz*, SE-VO, Art. 59 Rn. 5.

758 *Siems* in KölnKomm AktG, Anh. Art. 51 SE-VO Rn. 7.

759 Hinsichtlich des Lösungsansatzes von *Schwarz*, SE-VO, Anh. Art. 43 Rn. 103 ablehnend *Siems* in KölnKomm AktG, Anh. Art. 51 SE-VO Rn. 7.

760 *Teichmann* in Lutter/Hommellhoff, SE-Komm, Anh. Art. 43 (§ 25 SEAG) Rn. 12.

761 *Schwarz*, SE-VO, Anh. Art. 43 Rn. 103.

Regelung mit der Verordnung aus dem Rechtsgedanken des Art. 12 Abs. 4 Unterabs. 2 SE-VO ab. Demzufolge können die Mitgliedsstaaten vorsehen, dass Satzungsänderungen, welche nur darauf abzielen, die Satzung an eine Vereinbarung anzupassen, vom Leitungs- bzw. Verwaltungsorgan selbst vorgenommen werden können[762]. Ebenso sei im Fall des § 25 Abs. 2 Satz 4 SEAG (§ 97 Abs. 2 Satz 4 AktG) die Satzung nur an die neue Gesetzeslage anzupassen[763]. *Schwarz* erkennt vor dem Hintergrund des Statusverfahrens zutreffend, dass den Anteilseignern für die Änderung der Satzung kein Gestaltungsspielraum mehr zukommt. Daher sind die, von der Verordnung vorgesehenen, strengen Vorgaben über Satzungsänderungen nicht einzuhalten[764]. Mithin ist § 97 Abs. 2 Satz 4 AktG, demzufolge für die Satzungsänderung im Rahmen des Statusverfahrens eine einfache Stimmenmehrheit genügt, mit der Verordnung vereinbar und findet über Art. 9 Abs. 1 lit. c) ii) SE-VO uneingeschränkte Anwendung.

Die Mitglieder des Aufsichtsorgans bleiben bis zur Beendigung der Hauptversammlung bzw. dem Ablauf der sechsmonatigen Frist im Amt (Art. 9 Abs. 1 lit. c) ii) SE-VO i.V.m. § 97 Abs. 2 Satz 3 AktG), da die SE sonst ohne Aufsichtsorgan wäre[765]. Bis zu diesem Zeitpunkt bleibt das Aufsichtsorgan in seiner bisherigen Zusammensetzung das rechtmäßig bestellte Organ, selbst wenn diese nicht den gesetzlichen oder vertraglichen Vorschriften entspricht (Kontinuitätsprinzip). Wird kein neues Aufsichtsorgan bestellt, endet das Amt der Aufsichtsorganmitglieder sechs Monaten nach Fristablauf. In dem Fall hätte die SE, bis ein neues bestellt würde, kein Aufsichtsorgan. Das Aufsichtsorgan muss in Bezug auf diesen Fall nach § 104 AktG gerichtlich bestellt werden[766]. Die Regelung des § 97 Abs. 2 Satz 3 AktG, wonach die Mitgliedschaft im Organ automatisch nach sechs Monaten erlischt, ist mit dem SE-Recht vereinbar. Insbesondere verstößt die Vorschrift nicht gegen Art. 40 und Art. 46 SE-VO, denn in Bezug auf die gesetzliche Beendigung der Organmitgliedschaft ist die Verordnung regelungsoffen[767].

---

762 *Schwarz,* SE-VO, Anh. Art. 43 Rn. 103.

763 *Schwarz,* SE-VO, Anh. Art. 43 Rn. 103.

764 Vgl. *Schwarz,* SE-VO, Anh. Art. 43 Rn. 103; a.A. *Siems* in KölnKomm AktG, Anh. Art. 51 SE-VO Rn. 7; *Teichmann* in Lutter/Hommellhoff, SE-Komm, Anh. Art. 43 (§ 25 SEAG) Rn. 12.

765 Vgl. zur AG *Habersack* in MünchKomm AktG, § 97 Rn. 32; *Peddinghaus* in Großkomm AktG, § 97 Rn. 60; *Umlmer/Habersack* in Ulmer/Habersack/Hensseler, MitbestR, § 6 MitbestG Rn. 80; die angestellten Erwägungen treffen auch auf die SE zu.

766 Vgl. *Schwarz,* SE-VO, Anh. Art. 43 Rn. 104 zum monistischen System.

767 *Schwarz,* SE-VO, Anh. Art. 43 Rn. 104.

II. Gerichtliche Entscheidung über die Zusammensetzung des Aufsichtsorgans

Wird innerhalb der Sechsmonatsfrist des § 97 Abs. 2 Satz 1 AktG das Landgericht angerufen, wird die richtige Zusammensetzung des Aufsichtsorgans durch einen gerichtlichen Beschluss festgestellt. Mangels eigenständiger Regelungen über die gerichtliche Entscheidung über die Zusammensetzung des Aufsichtsorgan in der SE-Verordnung und SEAG, finden die aktienrechtlichen Vorschriften der § 98 und § 99 AktG auf die SE mit dualistischem Leitungssystem Anwendung (vgl. Art. 9 Abs. 1 lit. c) ii) SE-VO). Die Vorschrift des § 98 AktG regelt die Zuständigkeit, Antragsberechtigung und Rechtswirkung für das gerichtliche Verfahren. § 99 AktG regelt das gerichtliche Verfahren, in dem über die Zusammensetzung des Aufsichtsrats entschieden wird, und gestaltet dieses als ein Streitverfahren der freiwilligen Gerichtsbarkeit zwischen dem Antragssteller und der Gesellschaft aus.

1. Zuständigkeit

Gemäß § 98 Abs. 1 Satz 1 AktG ist für das gerichtliche Statusverfahren das Landgericht ausschließlich zuständig. Für die gerichtliche Entscheidung ist das Landgericht, in dem die SE ihren satzungsmäßigen Sitz hat, örtlich und sachlich zuständig. Funktional ist die Kammer für Handelssachen zuständig, soweit eine solche beim zuständigen Landgericht gebildet wurde (§ 71 II Nr. 4 b i.V.m. § 95 II Nr. 2 GVG)[768].

2. Antragsberechtigung

Die Antragsberechtigten sind in § 98 Abs. 2 AktG genannt. Für den Antrag wird nicht vorausgesetzt, dass ein Bekanntmachungsverfahren nach § 97 AktG stattgefunden hat[769]. Dadurch können die Antragsberechtigten auch ohne Tätigwerden des Vorstandes eine gerichtliche Entscheidung über die vorschriftswidrige Zusammensetzung des Aufsichtsorgans herbeiführen[770]. Antragsberechtigt ist,

---

768 Auf Grundlage von § 71 IV GVG ist die Einrichtung einer Verfahrenskonzentration möglich, *Hüffer/Koch*, AktG, § 98 Rn. 2; in welchen Ländern davon gebrauch gemacht wurde, vgl. *Habersack* in MünchKomm AktG, § 98 Rn. 8.

769 Vgl. *Habersack* in MünchKomm AktG, § 98 Rn. 13; *Hellwig/Behme* in FS Hommelhoff, S. 343, 367 f.; *Mertens/Cahn* in KölnKomm AktG, § 97–99 Rn. 4.

770 Vgl. *Hopt/Roth/Peddinghaus* in Großkomm AktG, § 98 Rn. 3; *Hüffer/Koch*, AktG, § 98 Rn. 3; *Teichmann* in Lutter/Hommelhoff, SE-Komm, §Anh. Art. 43 (§ 26 SEAG) Rn. 4; *Verse* in Habersack/Drinhausen, SE-Recht, § 26 SEAG Rn. 2.

neben den in § 98 Abs. 2 AktG genannten, nach § 17 Abs. 3 Satz 1 SEAG auch der SE-Betriebsrat. Dieser kann nach Art. 47 Abs. 4 SE-VO i.V.m. § 36 Abs. 2 und 3 SEBG die Arbeitnehmervertreter der Hauptversammlung verbindlich vorschlagen und hat damit ein rechtliches Interesse an der vorschriftsmäßigen Zusammensetzung des Aufsichtsorgans[771]. Die Antragsberechtigung des Vorstands, der Aufsichtsratsmitglieder, der Aktionäre und des Gesamtbetriebsrats bzw. Betriebsrats sowie des SE-Betriebsrats, ist an keine weitere Voraussetzung gebunden[772]. In der zweiten Gruppe der Antragsberechtigten (§ 98 Abs. 2 Nr. 5 bis 10 AktG) hängt das Antragsrecht der Einrichtungen oder Organisationen davon ab, ob sie Belange von Wahl- oder Vorschlagsberechtigten wahrnehmen oder nach den in Frage stehenden Vorschriften selbst ein Vorschlagsrecht hätten[773].

3. Verfahren

Für das gerichtliche Verfahren gilt § 99 Abs. 1 AktG entsprechend (Art. 9 Abs. 1 lit. c) ii) SE-VO). Anzuwenden sind primär die Vorschriften des § 99 Abs. 2 bis 4 AktG und subsidiär die Bestimmungen des FamFG. So gilt für das Verfahren der Dispositionsgrundsatz, der anderen Verfahren der freiwilligen Gerichtsbarkeit fremd ist[774]. Die Regeln des Verfahrens der freiwilligen Gerichtsbarkeit sollen grundsätzlich aber der Eigenart des Streits über die Zusammensetzung des mitbestimmten Organs besser entsprechen[775]. Deshalb gilt im gerichtlichen Verfahren der Amtsermittlungsgrundsatz (§ 26 FamFG).

Die Zivilkammer bzw. die Kammer für Handelssachen, wenn eine solche besteht, hat den Antrag gemäß § 99 Abs. 2 Satz 1 AktG in den Geschäftsblättern bekanntzumachen. Nach § 25 AktG ist der Antrag also in jedem Falle im elektronischen Bundesanzeiger zu veröffentlichen. Unabhängig davon, wer den Antrag gestellt hat, müssen das Leitungsorgan und jedes Aufsichtsorganmitglied

---

771 Für das monistische System *Schwarz*, SE-VO, Anh. Art. 43 Rn. 110.

772 Vgl. *Hüffer/Koch*, AktG, § 98 Rn. 4; für das monistische System *Teichmann* in Lutter/Hommelhoff, SE-Komm, Anh. Art. 43 (§ 26 SEBG) Rn. 4.

773 Vgl. *Drygalla* in Schmidt/Lutter, AktG, § 98 Rn. 10 ff; *Hüffer/Koch*, AktG, § 98 Rn. 4; für das monistische System *Teichmann* in Lutter/Hommelhoff, SE-Komm, Anh. Art. 43 (§ 26 SEBG) Rn. 4.

774 *Drygalla* in *Schmidt/Lutter*, AktG, § 99 Rn. 3; *Habersack* in MünchKomm AktG, § 99 Rn. 7; *Hüffer/Koch*, AktG, § 99 Rn. 4; *Hopt/Roth/Peddinghaus* in Großkomm AktG § 99 Rn. 12; *Prütting* in Prütting/Helms, FamFG, § 26 Rn. 1, § 32 Rn. 1; *Spindler* in Spindler/Stilz, AktG, § 99 Rn. 6.

775 Begr. RegE. bei *Kropff*, AktG, S. 133.

sowie die nach § 98 Abs. 2 Satz 1 AktG und § 17 Abs. 3 Satz 1 SEAG antragsberechtigten Betriebsräte, Einrichtungen und Organisationen gehört werden[776]. Für das Anhörungserfordernis muss Gelegenheit zur Stellungnahme gegeben werden[777]. Das Gericht entscheidet über den Antrag durch Beschluss, der mit Gründen zu versehen ist (§ 99 Abs. 3 Satz 1 AktG). Der begründete Beschluss ist generell dem Antragssteller und der Gesellschaft zuzustellen und unverzüglich in den Geschäftsblättern mit Rubrum und Tenor bekanntzumachen (§ 99 Abs. 4 AktG). Gegen die Entscheidung des Landgerichts, die als Beschluss ergeht, kann nach § 99 Abs. 3 Satz 2 und 5 AktG die sofortige Beschwerde beim Oberlandesgericht eingereicht werden[778]. Nach § 99 Abs. 3 Satz 3 AktG handelt es sich um eine Rechtsbeschwerde, daher kann die Beschwerde nur auf die Verletzung des Rechts gestützt werden[779].

4. Die gerichtliche Entscheidung

Das zuständige Gericht kann den Antrag abweisen oder aussprechen, dass das Aufsichtsorgan nach anderen, im Beschluss näher bezeichneten, Vorschriften zusammenzusetzen ist[780]. Die gerichtliche Entscheidung über die auf die Zusammensetzung des Aufsichtsorgans anzuwendenden Vorschriften, wird erst mit Eintritt der Rechtskraft wirksam (Art. 9 Abs. 1 lit. c) ii) SE-VO i.V.m. § 99 Abs. 5 Satz 1 AktG). Bis zu diesem Zeitpunkt gilt das Aufsichtsorgan nach Art. 9 Abs. 1 lit. c) ii) SE-VO i.V.m. § 96 Abs. 4 AktG als richtig zusammengesetzt und die Rechtsstellung der amtierenden Mitglieder wird nicht berührt[781]. Kommt das Gericht zu dem Schluss, dass das Aufsichtsorgan rechtmäßig zusammengesetzt ist und weist deshalb den Antrag ab, bleiben die Mitglieder im Amt. Wird dem Antrag entsprochen und stellt das Gericht die Unrechtmäßigkeit der Zusammensetzung des Organs fest, ist das Aufsichtsorgan nach den im Beschluss genannten Vorschriften zusammenzusetzten[782]. Dafür gilt § 97 Abs. 2 AktG sinngemäß mit der Vorgabe, dass die dort genannte Frist von sechs Monaten mit dem Eintritt der Rechtskraft der Entscheidung beginnt. Die Entscheidung wirkt nach § 99 Abs. 5 Satz 2 AktG für und gegen alle. Aufgrund

---

776 Vgl. *Habersack* in MünchKomm AktG, § 99 Rn. 14.
777 *Habersack* in MünchKomm AktG, § 99 Rn. 15.
778 Vgl. dazu *Habersack* in MünchKomm AktG, § 99 Rn. 18 ff.
779 *Habersack* in MünchKomm AktG, § 99 Rn. 12.
780 Für die AG so *Hüffer/Koch*, AktG, § 98 Rn. 4.
781 *Habersack* in MünchKomm AktG, § 99 Rn. 24.
782 Vgl. zur Reichweite der gerichtlichen Entscheidung auch unter F.III.

der *inter-omnes*-Wirkung sind nicht nur die Parteien des Verfahrens an die Entscheidung gebunden, sondern jedermann. Aufgrund der Wirkung „für und gegen jedermann" ist Publizität geboten[783]. Daher hat das Leitungsorgan die rechtskräftige Entscheidung unverzüglich, also ohne schuldhaftes Zögern (§ 121 Abs. 1 Satz 1 BGB), zum Register einzureichen (Art. 9 Abs. 1 lit. c) ii) SE-VO i.V.m. § 99 Abs. 5 Satz 3 AktG).

783 AusschußB bei *Kropff*, S. 134; *Hüffer/Koch*, AktG, § 99 Rn. 11.

I. Fazit

Untersucht wurde die Anwendung des Statusverfahren auf die dualistische SE mit Sitz in Deutschland. Im Fokus standen dabei die Anwendbarkeit und Anwendung der § 96 Abs. 4 und §§ 97 ff. AktG auf die bestehende SE. Darüber hinaus wurde auch die Anwendung des Statusverfahrens im Kontext der SE-Gründung, sowie die Anwendung des Verfahrens bei der Aktivierung der Vorrats-SE analysiert. Außerdem wurden die Reichweite und die Bindungswirkung des gerichtlichen Verfahrens nach § 98 und § 99 AktG bei Streit über die Zusammensetzung des Aufsichtsorgans der SE beleuchtet. Die Ergebnisse der vorstehenden Untersuchung werden im Folgenden zusammenfassend dargestellt:

I. Anwendbarkeit und Anwendung der § 96 Abs. 4 und §§ 97 ff. AktG auf die bestehenden SE

Die Arbeit zeigt, dass die Vorschriften der §§ 97 ff. AktG über die Generalverweisung des Art. 9 Abs. 1 c) ii) SE-VO auf die dualistisch strukturierte SE mit Sitz in Deutschland grundsätzlich anzuwenden sind. Das Kontinuitätsprinzip gilt auch für das Aufsichtsorgan, das sich normativ aus § 96 Abs. 4 AktG i.V.m. Art. 9 Abs. 1 c) ii) SE-VO herleiten lässt. Gegenstand des Statusverfahrens sind originär die *gesetzlichen* Vorschriften über die Zusammensetzung des Aufsichtsrats der AG, nämlich § 96 Abs. 1 AktG i.V.m. den deutschen Mitbestimmungsgesetzen (insbesondere DrittelbG und MitbestG). Die Mitbestimmung in der SE richtet sich allerdings nach dem SEBG, das sich wesentlich von den deutschen Mitbestimmungsregelungen unterscheidet. Rechtsgrundlage für die Zusammensetzung des Aufsichtsorgan kann eine Beteiligungsvereinbarung nach § 21 SEBG bzw. die gesetzlichen Vorschriften der §§ 34 ff. SEBG sein. Mithin können Zusammensetzungsgrundlage für das Aufsichtsorgan vertragliche oder gesetzliche Vorschriften sein. Die §§ 97 ff. AktG sind auf die SE über den Wortlaut auch dann anwendbar, wenn sich die Zusammensetzung nach einer Beteiligungsvereinbarung richtet.

Auch bei der SE kann es mitbestimmungsbedingt zu Veränderungen in der Zusammensetzungsgrundlage des Aufsichtsorgans kommen und Rechtsunsicherheiten bezüglich der materiell maßgeblichen Vorschriften herrschen. Mit Blick auf den Regelungszweck, nämlich Rechtssicherheit bzgl. der konkreten Zusammensetzung des Aufsichtsorgans herzustellen, ist das Kontinuitätsprinzip (§ 96 Abs. 4 AktG) auch bei der SE einschlägig. Die nähere Betrachtung der

der SE-Mitbestimmung hat gezeigt, dass die Konstellationen, in denen sich eine Veränderung der für die Zusammensetzung des Aufsichtsorgans maßgeblichen Vorschriften ergeben, anders gelagert sind und mutmaßlich nicht so häufig eintreten. Dies ist den strukturellen Unterschieden zwischen der deutschen Mitbestimmung, die für die AG gilt, und der europäischen Mitbestimmungslösung, die für die SE gilt, geschuldet. Die Mitbestimmung in der SE, auf die sich die Parteien geeinigt haben, ist grundsätzlich ist auf Dauer angelegt und ist durch das Vorher-Nachher-Prinzip bestimmt durch die Mitbestimmung in den Gründungsgesellschaften. Grundsätzlich kommt es nur nach neuen Verhandlungen zwischen der Leitung und dem besonderen Verhandlungsgremium bzw. dem Betriebsrat zu einem Wechsel im Mitbestimmungsmodell der SE. Einen allgemeinen Neuverhandlungsanspruch gibt es allerdings nicht. Im SEBG sind bestimmte Tatbestände festgelegt, bei denen (ausnahmsweise) neue Verhandlungen über die Mitbestimmung stattfinden können bzw. müssen. Das SE-Recht kennt originär die, insbesondere durch über- bzw. unterschreiten gesetzlich fixierter Arbeitnehmerzahlen bedingten, Mitbestimmungswechsel des nationalen Rechts nicht. Diese fehlende Dynamik in der Mitbestimmung führt dazu, dass potentiell weniger Anwendungsfälle der §§ 97 ff. AktG bei der Anwendung auf die SE gegeben sind. Dies macht die Anwendung des Statusverfahrens auf die SE aber nicht obsolet. Bei Veränderungen der Zusammensetzungsgrundlage, die auch bei der SE keines Falls ausgeschlossen sind, ist das Statusverfahren durchzuführen. Aufgrund des Ausnahmecharakters von Veränderungen in der Zusammensetzung des mitbestimmten Organs der SE wird der Anwendungsbereich quantitativ zwar geringer sein, in qualitativer Hinsicht mit Blick auf den Sinn und Zweck allerding denselben Stellenwert wie im Anwendungsbereich des Aktiengesetztes haben. Zugegebenermaßen tritt die Feststellungsfunktion in Anbetracht dessen, dass die Vereinbarung eine konkret-individuelle Mitbestimmungslösung beinhaltet, in den Hintergrund. Wenn sich die Zusammensetzung nach vertraglichen Vorschriften richtet, besteht die Funktion des Verfahrens vornehmlich darin, auf die neue Organzusammensetzung überzuleiten und die maßgeblichen Vorschriften förmlich festzustellen um die, von § 96 Abs. 4 AktG i.V.m. Art. 9 Abs. 1 c) ii) SE-VO zu Gunsten der Rechtssicherheit angeordnete, Kontinuität der bisherigen Besetzung zu durchbrechen. Insbesondere wenn sich die Mitbestimmung in der SE nach den gesetzlichen Vorschriften der §§ 34 ff. SEBG richtet kann auch unklar sein, wie sich das Aufsichtsorgan zusammenzusetzen hat. Dann dient das Verfahren analog zum nationalen Anwendungsbereich, zur verbindlichen Feststellung der inhaltlich richtigen

Zusammensetzung des Aufsichtsorgans. Im Streitfall kann die richtige Zusammensetzung vor dem Landgericht geklärt werden[784].

II. Das Statusverfahren im Kontext der Gründung

Bei der Gründung der SE bereitet die Anwendung des Statusverfahrens nach §§ 96 Abs. 4, 97 AktG beim Formwechsel der AG in die Rechtsform der SE Schwierigkeiten. Hier besteht mit dem Aufsichtsrat der formwechselnden AG ein Vorgängerorgan, für den sich die maßgeblichen Vorschriften über die Zusammensetzung ändern. Das Prinzip der Aufsichtsratskontinuität nach § 96 Abs. 4 AktG gilt wegen der Identität des Rechtsträgers prinzipiell über den Rechtsformwechsel hinweg. Allerdings ist eine Bekanntmachung der Vorschriften nach § 97 AktG über die künftige Zusammensetzung aufgrund der mitbestimmungsrechtlichen Verhandlungslösung regelmäßig für die Leitung der SE unmöglich, weil das Mitbestimmungsstatut bzw. die maßgeblichen vertraglichen Vorschriften zum Durchführungszeitpunkt oft noch nicht feststehen. Das Spannungsverhältnis zwischen europäischem Mitbestimmungsrecht und aktienrechtlichem Statusverfahren ist durch eine teleologische Reduktion der §§ 96 Abs. 4, 97 ff. AktG zu lösen. Mithin ist das aktienrechtliche Statusverfahren in der Regel vor dem Rechtsformwechsel in eine SE nicht durchzuführen. Bei den anderen Möglichkeiten der SE-Gründung spielt das Statusverfahren keine Rolle.

Im Zuge der Gründung der SE wird das Statusverfahren nur relevant, wenn in einer mitbestimmten SE von den Möglichkeiten der § 30 und § 31 AktG Gebrauch gemacht wurde und der erste Aufsichtsrat mitbestimmungsfrei gebildet wurde. Die Untersuchung des Gründungsstadiums der SE hat gezeigt, dass die aktienrechtlichen Gründungsvorschriften §§ 30 und 31 über Art. 15 Abs. 1 SE-VO auf die SE anzuwenden sind, da die Vorgaben der SE-Verordnung denen der aktienrechtlichen Sonderregeln für die Zusammensetzung des ersten Aufsichtsrats nicht widersprechen. Das erste Aufsichtsorgan der SE kann nach den Regeln der §§ 30 f. AktG mitbestimmungsfrei gebildet werden, selbst wenn die Gesellschaft der Mitbestimmung unterliegt. Dies führt zu einer Erleichterung und Beschleunigung der, schon durch das Verhandlungsverfahren über die Mitbestimmung extensiven, Gründungsphase, weil die Wahl und die Bestellung der Arbeitnehmervertreter erst nach Eintragung erfolgen können. Zur Sicherung der Mitbestimmungsrechte, hat die Leitung unverzüglich nach Ablauf der verkürzten Amtszeit (§ 30 AktG) bzw. Einbringung des Unternehmens (§ 31 AktG),

784 Vgl. dazu auch nachstehend unter IV.

die richtige Zusammensetzung im Statusverfahren nach § 97 ff. AktG gemäß Art. 15 Abs. 1 i.V.m. § 30 Abs. 3 bzw. § 31 Abs. 3 AktG festzustellen. Das Statusverfahren dient hier zur Überleitung zum zweiten (mitbestimmten) Aufsichtsrat bzw. zur Vervollständigung des Rumpfaufsichtsrats.

Besondere Bedeutung kann dem Statusverfahren mit Blick auf das Vorher-Nachher-Prinzip aber *im Vorfeld der SE-Gründung* bei Anwendung der Mitbestimmung kraft Gesetzes (vgl. § 35 Abs. 2 S. 2 SEBG) und im Fall der Gründung durch Umwandlung (vgl. § 21 Abs. 6 SEBG) zur Klärung der richtigen Zusammensetzung des Aufsichtsrat der (deutschen) Gründungsgesellschaften zukommen. Denn nachträglich ist die Durchführung des Statusverfahrens mit dem Ziel feststellen zu lassen, dass der Aufsichtsrat der AG falsch besetz war und deshalb nachträglich das Aufsichtsorgan der SE anders zu besetzen ist nicht mehr möglich. Dies würde gegen das Prinzip des Vorrangs der Verhandlungslösung verstoßen.

III. Das Statusverfahren bei der Aktivierung einer Vorrats-SE

Unter Anerkennung der Vorrats-SE stellte sich die Rechtsfrage, wie die Beteiligungsrechte der Arbeitnehmer in einer zunächst arbeitnehmerlosen Gesellschaft, die auf eine wirtschaftliche Neugründung gerichtet ist, verwirklicht werden können und welche Rolle das Statusverfahren dabei spielt. Die Untersuchung hat gezeigt, dass grundsätzlich auch vor der Gründung einer Vorrats-SE Mitbestimmungsverhandlungen stattzufinden haben (Art. 12 Abs. 2 SE-VO). Wo eine Verzahnung der Gründung mit der Mitbestimmung aufgrund arbeitnehmerloser Gründungsgesellschaften aus praktischem Gründen unmöglich ist, tritt das Eintragungshindernis im Wege der teleologischen Reduktion zurück. Ihre Rechtfertigung findet die Verkürzung des Anwendungsbereichs darin, den Interessierten in der Gemeinschaft ein Werkzeug zur Realisierung eines umfänglichen gemeinsamen Binnenmarktes zu geben. Als Ausgleich für die Beschränkung des Art. 12 Abs. 2 SE-VO sind nach der Eintragung der wirtschaftlichen Neugründung nach § 18 Abs. 3 SEBG analog, erstmalig Verhandlungen über die Beteiligung der Arbeitnehmer durchzuführen, wenn die SE ausreichend Arbeitnehmer beschäftigt. Im Wege des arbeitsgerichtlichen Beschlussverfahrens genießen die Arbeitnehmer als Gesamtheit Rechtsschutz. Das drohende Löschungsverfahren nach dem FamFG bei Nichtverhandlung sichert die Durchführung der Verhandlungen, im Interessengleichlauf zu Art. 12 Abs. 2 SE-VO, auch nach der Eintragung. Nicht möglich ist die Durchsetzung der Mitbestimmung kraft Gesetzes im gerichtlichen Statusverfahren nach § 98 Abs. 4 AktG.

Dieses Vorgehen stellt einen Verstoß gegen den 8. Erwägungsgrund der SE-Richtlinie, dem Vorrang der Verhandlungslösung, dar.

Das Statusverfahren ist nach den Verhandlungen über die Mitbestimmung (analog § 18 Abs. 3 SEBG) durchzuführen um die richtige Zusammensetzung festzustellen. Bei Streit über die richtige Zusammensetzung im Anschluss an die Neuverhandlungen steht der gerichtliche Teil des Statusverfahrens (§§ 98, 99 AktG) zur Verfügung.

IV. Reichweite und Bindungswirkung der gerichtlichen Entscheidung nach § 98 und § 99 AktG bei der SE

Mit dem gerichtlichen Teil des Statusverfahrens kann auch die Zusammensetzung des Aufsichtsorgans der SE entsprechend den vertraglichen und gesetzlichen Vorschriften durchgesetzt werden. Die Vorschriften § 98 und § 99 AktG finden über Art. 9 Abs. 1 c) ii) SE-VO Anwendung. Vor dem Landgericht kann im Statusverfahren überprüft werden lassen, ob die Zusammensetzung des Aufsichtsorgans mit den anzuwenden Vorschriften übereinstimmt. Insbesondere wenn sich die Mitbestimmung in der SE nach den gesetzlichen Auffangregelungen (§§ 34 ff. SEBG) richtet, kann sich die die Frage stellen, wie das Organ richtig zu besetzen ist. Es können sich nämlich Unklarheiten über den Inhalt der Vorschriften ergeben. Bei Streit über die Wirksamkeit der Regeln zur Aufsichtsorganzusammensetzung in der Beteiligungsvereinbarung nach § 21 SEBG kommt es zur Kollision zwischen dem gerichtlichen Statusverfahren vor den ordentlichen Gerichten und dem arbeitsgerichtlichen Beschlussverfahren. Im Allgemeinen entscheidet das Arbeitsgericht über Angelegenheiten aus dem SEBG, wozu auch die Bestimmungen der Beteiligungsvereinbarung gehören. Deshalb lässt sich die inhaltliche Wirksamkeit der Beteiligungsvereinbarung grundsätzlich nicht im Statusverfahren vor den ordentlichen Gerichten klären. Zur Beschleunigung und Verhinderung der Rechtswegzersplitterung kann ausnahmsweise auch im Statusverfahren nach § 98 f. AktG die Vereinbarung über die Beteiligung der Arbeitnehmer gemäß § 21 SEBG überprüft und ausgelegt werden, wenn ohnehin das Statusverfahren durchzuführen ist.

Die Entscheidung des Landgerichts über die richtige Zusammensetzung des Aufsichtsorgans hat *inter omnes*-Wirkung.

J. Thesen

I. Die Regelungen über die Mitbestimmung in der SE, über die im Rahmen der Gründung eine Vereinbarung getroffen wird, ist auf Dauer angelegt. Veränderungen in der Mitbestimmung sind aber auch bei der SE nicht ausgeschlossen.

II. Die Sachverhalte, die bei der SE zu einer Veränderung der, für die Zusammensetzung des Aufsichtsorgan, maßgeblichen Vorschriften führen, sind grundsätzlich nicht identisch mit denen aus dem Aktiengesetz i.V.m. den nationalen Mitbestimmungsgesetzen. Es sind in der Regel nicht tatsächliche Umstände, wie das Über- bzw. Unterschreiten von Schwellenwerten bzgl. Arbeitnehmerzahlen, welche die Zusammensetzung des Aufsichtsorgans in Frage stellen, sondern das Ergebnis neuer Verhandlungen zwischen der Leitung der SE und dem besonderen Verhandlungsgremium bzw. dem Betriebsrat. Neuverhandlungen sind nur in den gesetzlich bestimmten Fällen zulässig.

III. Ist das Aufsichtsorgan der SE infolge von Neuverhandlungen über die Mitbestimmung nach anderen Vorschriften zusammenzusetzen, herrscht im Übergangszeitraum bis zur tatsächlichen Umsetzung, Unklarheit über die richtige Zusammensetzung. Um Rechtssicherheit im Hinblick auf die Diskrepanz zwischen tatsächlicher und vorschriftsmäßiger Zusammensetzung des Aufsichtsorgans herzustellen, insbesondere im Hinblick auf die Wirksamkeit der, in der Übergangszeit gefassten, Aufsichtsratsbeschlüsse, gilt für die Organzusammensetzung der Status-quo (Kontinuitätsprinzip); normativ abgeleitet aus §§ 96 Abs. 4 AktG i.V.m. Art. 9 Abs. 1 c) ii) SE-VO.

IV. Nach Neuverhandlungen über die Mitbestimmung, die einen Wechsel des Mitbestimmungsmodells vorsehen, ist das Statusverfahren zur Feststellung der richtigen Zusammensetzung des Aufsichtsorgans der SE durchzuführen. Die aktienrechtlichen Vorschiften §§ 97 ff. AktG gelten für die dualistisch strukturierte SE mit Sitz in Deutschland über die Generalverweisung des Art. 9 Abs. 1 c) ii) SE-VO. Die genannten aktienrechtlichen Normen sind im Hinblick auf die Möglichkeit bei der SE die Mitbestimmung in einer privatautonom geschlossenen Vereinbarung zu regeln, entsprechend den vom nationalen Gesetzgeber für die monistische SE geschaffenen besonderen Vorschriften über das Überleitungsverfahren nach §§ 25 f. SEBG, extensiv auszulegen.

V. Auf Grund der Dauerhaftigkeit der Mitbestimmung in der SE sind die Anwendungsfälle des Statusverfahrens bei der SE seltener als bei der AG. Von Bedeutung ist das Statusverfahren auch bei der SE, vor allem, wenn nach den Verhandlungen die Mitbestimmung kraft Gesetzes (§§ 34 ff. SEBG) für die SE zur Anwendung kommt.

VI. Das erste Aufsichtsorgan der SE kann nach den Regeln der §§ 30 f. AktG mitbestimmungsfrei gebildet werden, selbst wenn die Gesellschaft der Mitbestimmung unterliegt. Die aktienrechtlichen Vorschriften finden über Art. 15 Abs. 1 SE-VO bei Gründung der SE in Deutschland Anwendung. Zur Überleitung auf die reguläre Zusammensetzung nach den maßgeblichen vertraglichen oder gesetzlichen Vorschriften, ist vor der Zusammensetzung des zweiten Aufsichtsrats bzw. der Vervollständigung des Rumpfaufsichtsrats, das Statusverfahren nach §§ 97 ff. AktG sinngemäß durchzuführen.

VII. Bei dem Formwechsel der AG in die Rechtsform der SE kommt es zu einer Kollision zwischen dem Verhandlungsverfahren über die künftige Mitbestimmung in der SE und dem aktienrechtlich angeordneten Statusverfahren betreffend die Zusammensetzung des Aufsichtsorgans. Die aktienrechtlichen Regelungen §§ 96 Abs. 4, 97 ff. AktG sind deshalb bei einem solchen Formwechsel teleologisch zu reduzieren.

VIII. Die Gründung einer Vorratsgesellschaft in der Rechtsform der SE ist zulässig. Die Gründung ist auch ohne vorherige Verhandlungen über die Mitbestimmung möglich, wenn die Gründungsgesellschaften nicht mehr als 10 Arbeitnehmer beschäftigen. Art. 12 Abs. 2 SE-VO ist insoweit teleologisch zu reduzieren. Die Verhandlungen über die Mitbestimmung sind im Rahmen der wirtschaftlichen Neugründung analog § 18 Abs. 3 SEBG durchzuführen, wenn die SE mehr als 10 Arbeitnehmer beschäftigt. Mit dem arbeitsgerichtlichen Beschlussverfahren können die Verhandlungen durchgesetzt werden. Finden keine Verhandlungen über die Mitbestimmung statt, droht die Löschung der Eintragung der SE nach dem FamFG. Das aktienrechtliche Statusverfahren dient zur Feststellung der richtigen Zusammensetzung des Aufsichtsorgans nach den Verhandlungen analog § 18 Abs. 3 SEBG. Mit dem gerichtlichen Teil des Statusverfahrens (§§ 98, 99 AktG) kann nicht die Mitbestimmung kraft Gesetzes nach dem SEBG durchgesetzt werden, ohne dass Neuverhandlungen über die Mitbestimmung in der SE stattgefunden haben.

IX. Die Streitfrage, nach der richtigen Zusammensetzung des Aufsichtsorgans der SE ist mit dem gerichtlichen Teil des Statusverfahrens gemäß §§ 98 f. AktG i.V.m. Art. 9 Abs. 1 c) ii) SE-VO justiziabel. Die Wirksamkeit und

Auslegung einer Vereinbarung über die Mitbestimmung nach § 21 SEBG ist generell im arbeitsgerichtlichen Beschlussverfahren (§§ 80 ff. ArbGG) zu klären. Ausnahmsweise kann die Wirksamkeit der Vereinbarung auch Gegenstand im gerichtlichen Teil des Statusverfahrens nach § 98 f. AktG sein, wenn ohnehin das Statusverfahren im Anschluss an Neuverhandlungen durchzuführen ist.

X. Der Beschluss des Gerichts im Statusverfahren nach § 99 AktG hat auch für die Hauptversammlung der SE bei der Bestellung der Aufsichtsorganmitglieder Bindungswirkung.

Literaturverzeichnis

Anweiler, Jochen: Die Auslegungsmethoden des Gerichtshofs der Europäischen Gemeinschaften, in: Gilbert Görnig (Hrsg.): Schriften zum internationalen und öffentlichen Recht, Frankfurt am Main 1997

Arbeitskreis Aktien- und Kapitalmarktrecht (AAK): Die 8 wichtigsten Änderungsvorschläge zur SE-VO, ZIP 2009, S. 689–698

Hoffmann-Becking, Michael: Münchener Handbuch des Gesellschaftsrechts, Band 4, 4. Auflage, München 2015

Baumbach, Adolf/Hück, Alfred/Hück, Götz: Aktiengesetz, Kommentar, 13. Auflage, München 1968

Bayer, Wilhelm F.: Die Anpassung der Gesellschaftssatzung an das Betriebsverfassungsgesetz, JZ 1953. S. 261–264

Beuthien, Volker: Mitbestimmungsvereinbarungen nach geltendem und künftigem Recht, ZHR 148 (1984), S. 95–117

Binder, Ulrike/Jünemann, Michael/Merz, Friedrich/Sinewe, Patrick: Die Europäische Aktiengesellschaft (SE): Recht, Steuern, Beratung, Wiesbaden 2007

Blanke, Thomas: Europäische Aktiengesellschaft ohne Arbeitnehmerbeteiligung?, ZIP 2006, S. 789–792

Ders.: Vorrats-SE ohne Arbeitnehmerbeteiligung, Düsseldorf 2005

Blanquet, Françoise: Das Statut der Europäischen Aktiengesellschaft (Societas Europaea „SE") – Ein Gemeinschaftsinstrument für die grenzübergreifende Zusammenarbeit im Dienste der Unternehmen -, ZGR 2002, S. 20–65

Behme, Caspar: Die Berücksichtigung ausländischer Arbeitnehmer für die Berechnung der Schwellenwerte im Recht der Unternehmensmitbestimmung, AG 2018, S. 1–21

Bergmann, Alfred; Kiem, Roger; Mülbert, Peter; Wittig, Arne; Verse, Dirk: 10 Jahre SE, ZHR-Beihefte, Frankfurt am Main 2015

Brandes, Helmut: Die Rechtsprechung des Bundesgerichtshofs zur Aktiengesellschaft, WM 2000, S. 53–57

Brandes, Stephan: Cross Border Merger mittels der SE, AG 2005, S. 177–188

Ders.: Mitbestimmungsvermeidung mittels grenzüberschreitender Verschmelzungen, ZIP 2008, S. 2193–2199

Brandt, Ulrich: Die Hauptversammlung der Europäischen Aktiengesellschaft (SE) – Eine Untersuchung der methodischen Grundlagen und der Unterschiede zu den nationalen Aktiengesellschaften, insbesondere zur deutschen Aktiengesellschaft, Diss. Frankfurt am Main 2004

Brandt, Ulrich/Scheifele, Matthias: Die Europäische Aktiengesellschaft und das anwendbare Recht, DStR 2002, S. 547–556

Brungs, Asher Davis: Das Statusverfahren der §§ 97 ff. AktG, Diss. Köln 2015

Caemmerer, Ernst von: Entwurf einer europäischen Gesellschaftsform, in: Ders. (Hrsg.): Europäische Handelsgesellschaft und Angleichung des nationalen Gesellschaftsrechts – Berichte und Diskussionen zu den Berichten auf dem wissenschaftlichen Kolloquium der Wissenschaftlichen Gesellschaft für Europa recht in Bad Ems am 5./ 6. Mai 1967, Frankfurt am Main/Berlin 1968, S. 54–80

Casper, Matthias: Der Lückenschluss im Statut der Europäischen Aktiengesellschaft, in: Mathias Habersack (Hrsg.): Festschrift für Peter Ulmer zum 70. Geburtstag am 2. Januar 2003, Berlin 2003, S. 51–72

Ders.: Numerus Clausus und Mehrstaatlichkeit bei der SE-Gründung, AG 2007, S. 97–105

Casper, Matthias/Schäfer, Carsten: Die Vorrats-SE – Zulässigkeit und wirtschaftliche Neugründung, ZIP 2007, S. 653–662

Colneric; Ninon: Auslegung des Gemeinschaftsrechts und gemeinschaftsrechtskonforme Auslegung, ZEuP 2005, S. 225–233

Dauner-Lieb, Barbara: Unternehmerische Tätigkeit zwischen Kontrolle und Kreativität, in: Georg Crezelius/ Heribert Hirte/Klaus Vieweg (Hrsg.): Festschrift für Volker Röhricht, hrsg. von, Köln 2005, S. 83–103

Dauner-Lieb, Barbara/Heidel, Thomas/Lepa, Manfred/Ring, Gerhard: Das neue Schuldrecht, Heidelberg 2002

Dauner-Lieb, Barbara/Simon, Stefan (Hrsg.): Kölner Kommentar zum Umwandlungsgesetz, Köln 2009

Dersch, Hermann: Aufsichtsrats-Gesetz (Betriebsräte im Aufsichtsrat), Mannheim 1922

Diekmann, Hans: Die Mitbestimmung unter europäischen Gesichtspunkten insbesondere unter Berücksichtigung der europäischen Gesellschaft SE, in: Theodor Baums/Stephan Hutter (Hrsg.): Michael Gruson Gedächnisschrift, Berlin 2009, S. 75–92

Drinhausen, Florian/ Keinath, Astrid: Verwendung der SE zur Vermeidung von Arbeitnehmermitbestimmung – Abgrenzung zulässiger Gestaltungen vom Missbrauch gemäß § 43 SEBG, BB 2011, S. 2699–2705

Drinhausen, Florian/Van Hulle, Karel/Maul, Silja: Handbuch zur Europäischen Gesellschaft (SE), München 2007

Düwell, Franz-Josef/*Lipke, Gert-Albert* (Hrsg.): ArbGG – Arbeitsgerichtsgesetz, Kommentar zum gesamten Arbeitsverfahrensrecht, 4. Auflage, Köln 2016

Ege, Andreas/Grzimek, Philipp/Schwarzfischer, Benjamin: Der Zementierungseffekt bei der Mitbestimmung bei Gründung eines SE und grenzüberschreitender Verschmelzung, DB 2011, S. 1205–1212

Erdmann, Gerhard: Das Betriebsverfassungsgesetz vom 11. Oktober 1952, 2. Auflage, Neuwied 1954

Fabricius, Fritz: Erweiterung der Arbeitnehmer-Beteiligung im Aufsichtsrat einer Aktiengesellschaft gem. § 76 NetrVG 1952 auf rechtsgeschäftlicher Grundlage, in: Thomas Dieterich/Franz Gamillscheg/Hertbert Wiedemann (Hrsg.): Festschrift für Marie Luise Hilger und Hermann Stumpf, S. 155–176.

Falkenhausen, Kurt von: Das Verfahren der freiwilligen Gerichtsbarkeit im Aktienrecht, AG 1967, S. 308–318

Feig, Johannes/Sitzler, Friedrich: Betriebsrätegesetz – Betriebsrätegesetz und Aufsichtsratsgesetz, 13. Auflage, Berlin 1931

Feldhaus, Heiner/Vanscheidt, Carolin: Strukturelle Änderungen der Europäischen Aktiengesellschaft im Lichte von Unternehmenstransaktionen, BB 2008, S. 2246–2251

Fi*cker, Hans Claudius*: Die europäische Entwicklung zu einem Aufsichtsratssystem für Grossgesellschaften, in: Marcus Lutter/Helmut Kollhosser/Winfried Trusen (Hrsg.): Recht und Wirtschaft in Geschichte und Gegenwart, Festschrift für Johannes Bärmann zum 70. Geburtstag, München 1975, S. 305–320

Fischer, Robert/Klug, Ulrich/Schmidt, Walter/Weipert, Otto (Hrsg.): Aktiengesetz Großkommentar, Band 1, 2. Auflage, Berlin 1961

Wißmann, Helmut/Kleinsorge, Georg/Schubert, Claudia: Mitbestimmungsrecht, 5. Auflage, München 2017

Flatow, Georg/Kahn-Freund, Otto: Betriebsrätegesetz vom 4. Februar 1920 nebst Wahlordnung, Ausführungsverordnung u. Ergänzungsgesetzen, 13. Auflage, Berlin 1931

Fleischer, Holger: Zur Leitungsaufgabe des Vorstands im Aktienrecht, ZIP 2003, S. 1–11

Ders.: Der Einfluß der Societas Europaea auf die Dogmatik des deutschen Gesellschaftsrechts, AcP 2004, S. 502–543

Ders.: Zur Leitungsaufgabe des Vorstands im Aktienrecht, ZIP 2003, S. 1–11

Forst, Gerrit: Die Beteiligungsvereinbarung nach § 21 SEBG, Köln 2010

Ders.: Zur Größe des mitbestimmten Organs einer kraft Beteiligungsvereinbarung mitbestimmten SE, AG 2010, S. 350–358

Ders.: Beteiligung der Arbeitnehmer in der Vorrats-SE, RdA 2010, S. 55–59

Ders.: Die Beteiligung der Arbeitnehmer in der Vorrats-SE, NZG 2009, S. 687–692

Frodermann, Jürgen/Jannott, Dirk: Zur Amtszeit des Verwaltungs- bzw. Aufsichtsrats der SE, ZIP 2005, S. 2251

Fuchs, Harald/Köstler, Roland/Pütz, Lasse: Handbuch zur Aufsichtsratswahl, 6. Auflage, Köln 2016

Ganske, Joachim (Hrsg.): Umwandlungsrecht: Textausgabe des Umwandlungsgesetz (UmwG) vom 28. Oktober 1994 (Bundesgesetzblatt I S. 3210) und Umwandlungssteuerrecht der Europäischen Union (German Edition), Düsseldorf 2000

Germelmann Claas-Hinrich/Matthes Hans-Christoph/Prütting Hanns (Hrsg.): Arbeitsgerichtsgesetz, 9. Auflage, München 2017

Gessler, Erich: Grundfragen der europäischen Handelsgesellschaft, in: BB 1962, S- 381–387

Ders.: Nichtigkeit von Hauptversammlungsbeschlüssen und Satzungsbestimmungen – §§ 241 Nr. 3, 25 Abs. 5 AktG, § 25 MitbestG 1976 -, ZGR 1980, S. 427–454

Geßler, Ernst/Hefermehl, Wolfgang/Eckard, Ulrich/Kropff, Bruno (Hrsg.): Kommentar zum Aktiengesetz, Band 2, München 1973/74

Goette, Wulf/Habersack, Mathias (Hrsg.): Münchener Kommentar zum Aktiengesetz, Band 2, §§ 76–117, MitbestG, DrittelbG, 4. Auflage, München 2014

Dies. (Hrsg.): Münchener Kommentar zum Aktiengesetz, Band 7, Europäisches aktienrecht, SE-VO, SEBG, Europäische Niederlassungsfreiheit, 2. Auflage als solche kenntlich gemacht München 2008/4. Auflage, München 2017

Götze, Cornelius/Winzer, Thomas/Arnold, Christian: Unternehmerische Mitbestimmung – Gestaltungsoptionen und Vermeidungsstrategien, ZIP 2009, S. 245–254

Goutier, Klaus/Knopf, Otto/Anthony, Tulloch (Hrsg.): Kommentar zum Umwandlungsrecht, Heidelberg 1996

Göz, Philipp: Statusverfahren bei Änderungen in der Zusammensetzung des Aufsichtsrats, ZIP 1998, S. 1523–1528

Grobys, Marcel: Das geplante Umsetzungsgesetz zur Beteiligung von Arbeitnehmern in der Europäischen Aktiengesellschaft, NZA 2004, S. 779–781

Grambow, Tobias: Auslegung der Auffangregelungen zur Mitbestimmung bei Gründung einer Societas Europaea, BB 2012, S. 902–904.

Groeben, Hans von der/Schwarze, Jürgen/Hatje, Armin (Hrsg.): Kommentar zum Vertrag über die Europäische Union und zur Gründung der Europäischen Gemeinschaft, 7. Auflage, Baden-Baden 2015

Grundmann, Stefan: Europäisches Gesellschaftsrecht – Eine systematische Darstellung unter Einbeziehung des Europäischen Kapitalmarktrechts, 2. Auflage, Heidelberg 2011

Grundmann, Stefan/Riesenhuber, Karl: Die Auslegung des Europäischen Privat- und Schuldvertragsrecht, JuS 2001, S. 529–536

Grunewald, Barbara/Müller, Hans-Friedrich: Die Entwicklung des Gesellschaftsrechts 1997/1998, JZ 1999, S. 442–455

Güntzel, Volker: Die Richtlinie über die Arbeitnehmerbeteiligung in der Europäischen Aktiengesellschaft (SE) und ihre Umsetzung in das deutsche Recht, Diss. Frankfurt am Main 2006

Habersack, Mathias: Konturierung des ersten Aufsichts- oder Verwaltungsorgans der durch Formwechsel entstandenen SE und Amtszeit seiner Mitglieder, Der Konzern 2008, S. 67–75

Ders.: Schranken der Mitbestimmungsautonomie in der SE, AG 2006, S. 345–355

Ders.: Grundsatzfragen der Mitbestimmung in SE und SCE sowie bei grenzüberschreitender Verschmelzung, ZHR 171 (2007), S. 613–643

Ders.: Das Konzernrecht der deutschen SE, ZGR 2003, S. 724–742

Ders.: Konzernrechtliche Aspekte der Mitbestimmung in der Societas Europaea, Der Konzern 2006, S. 105–112

Habersack, Mathias/Drinhausen, Florian (Hrsg.): SE-Recht mit grenzüberschreitender Verschmelzung, München 2013

Habersack, Mathias/Henssler, Martin: Mitbestimmungsrecht, Kommentierung des MitbestG, des DrittelbG, des SEBG und des MgVG, 4. Auflage, München 2018

Hansjörg, Seiler: Einführung in das Recht, 3. Auflage, Zürich 2009

Hauk, Friedrich/Helml, Ewald/Biebl, Josef (Hrsg.): Arbeitsgerichtsgesetz Kommentar, 4. Auflage, München 2011

Heidel, Thomas (Hrsg.): Aktienrecht und Kapitalmarktrecht, 3. Auflage, Köln 2011

Heinrich, Friedländer: Gesetz über die Entsendung von Betriebsratsmitgliedern in den Aufsichtsrat vom 15. Februar 1922, Berlin 1922

Heinze, Meinhard: Die Europäische Aktiengesellschaft, ZGR 2002, S. 66–95

Heinze, Wolfgang/Seifert, Achim/Teichmann, Christoph: BB-Forum: Verhandlungssache: Arbeitnehmerbeteiligung in der SE, BB 2005, S. 2524–2530

Hellwig, Hans-Jürgen/Behme, Caspar: Die Verpflichtung von Vorstand und Aufsichtsrat zur Einlegung des Statusverfahrens (§§ 97, 98 AktG) – Zugleich ein Beitrag zur sog. Legalitätspflicht beider Organe, in: Bernd Erle/Wulf Goette/Detlef Kleindiek/Gerd Krieger/Hans-Joachim Priester/Christian Schubel/Martin Schwab/Christoph Teichmann/Carl-Heinz Witt (Hrsg.): FS Hommelhoff, S. 343–368

Henssler, Martin: Umstrukturierung von mitbestimmten Unternehmen, ZfA 2000, S. 241–266

Ders.: Erfahrungen und Reformbedarf bei der SE – Mitbestimmungsrechtliche Reformvorschläge, ZHR 173 (2009), S. 222–249

Henssler, Martin/ Willemsen, Heinz Josef/ Kalb, Heinz-Jürgen: Arbeitsrecht Kommentar, 7. Auflage, Köln 2018

Herfs-Röttgen, Ebba: Probleme der Arbeitnehmerbeteiligung in der Europäischen Aktiengesellschaft, NZA 2002, S. 358–369

Ders.: Arbeitnehmerbeteiligung in der Europäischen Aktiengesellschaft, NZA 2001, S. 424–429

Hirte, Heibert: Die Europäische Aktiengesellschaft, NZG 2002, S. 1–10

Ders.: Die Europäische Aktiengesellschaft – ein Überblick nach In-Kraft-Treten der deutschen Ausführungsgesetzgebung (Teil I), DStR 2005, S. 653–658

Hirte, Heribert: Die Europäische Aktiengesellschaft, NZG 2002, S. 1–10

Hoffmann-Becking, Michael: Organe: Strukturen und Verantwortlichkeit, insbesondere im monistischen System, ZGR 2004, S. 355–382

Hoffmann, Dietrich/Lehmann, Jürgen/Weinmann, Heinz: Mitbestimmungsgesetz, München 1978

Hommelhoff, Peter: Einige Bemerkungen zur Organisationsverfassung der Europäischen Aktiengesellschaft, AG 2001, S. 279–288

Ders.: Normenhierarchie für die Europäische Gesellschaft, in: Marcus Lutter/ Peter Hommelhoff (Hrsg.): Die Europäische Gesellschaft, Köln 2005

Ders.: Vereinbarte Mitbestimmung, ZHR 148 (1984), S. 118–148

Hoops, Antjie: Die Mitbestimmungsvereinbarung in der Europäischen Aktiengesellschaft (SE), Diss. Kenzingen 2009

Hopt, Klaus J./Wiedemann, Herbert (Hrsg.): Aktiengesetz Großkommentar, 4. Band, §§ 95–117, 4. Auflage, Berlin 2005

Horn, Norbert: Die Haftung des Vorstands der AG nach § 93 AktG und die Pflichten des Aufsichtsrats, ZIP 1997, S. 1129–1139

Hueck, Alfred/Nipperdey, Hans Carl: Lehrbuch des Arbeitsrechts, Band 2, 7. Auflage, Berlin 1970

Hüffer, Uwe/Koch, Jens: Aktiengesetz, 13. Auflage, München 2018

Ihrig, Hans-Christoph/Schlitt, Michael: Vereinbarungen über eine freiwillige Einführung oder Erweiterung der Mitbestimmung, NZG 1999, S. 333–337

Ihrig, Hans-Christoph/Wagner, Jens: Das Gesetz zur Einführung der Europäischen Gesellschaft (SEEG) auf der Zielgeraden; BB 2004, S. 1749–1759

Jacobs, Matthias: Privatautonome Unternehmensmitbestimmung in der SE, in: Georg Bitter/Marcus Lutter/Hans-Joachim Priester/Wolfgang Schön/Peter

Ulmer (Hrsg.): Festschrift für Karsten Schmidt zum 70. Geburtstag, Köln 2009, S. 795–816

Jahn, Andreas/Herfs-Röttgen, Ebba: Die Europäische Aktiengesellschaft – Societas Europaea, DB 2001, S. 631–638

Jannott, Dirk/Frodermann, Jürgen (Hrsg.): Handbuch der Europäischen Aktiengesellschaft, 1. Auflage als solche kenntlich gemacht Heidelberg 2008/2. Auflage, Heidelberg 2014

Joussen, Jakob: Die Auslegung europäischen (Arbeits-)Rechts aus deutsch-italienischer Perspektive, Diss. Baden-Baden 2000

Junker, Abbo: Europäische Aktiengesellschaft und deutsche Mitbestimmung, ZfA 2005, S. 211–224

Junker, Abbo: Unternehmensmitbestimmung in Deutschland – Anpassungsbedarf durch internationale und europäische Entwicklungen, ZfA 2005, S. 1–43

Kallmeyer, Harald: Die Beteiligung der Arbeitnehmer in einer Europäischen Gesellschaft, ZIP 2004, S. 1442–1445

Ders.: Europa-AG – Strategische Optionen für deutsche Unternehmen, AG 2003, S. 197–203

Ders.: Umwandlungsgesetz, Verschmelzung, Spaltung und Formwechsel bei Handelsgesellschaften, 6. Auflage, Köln 2017

Keidel, Theodor/Engelhardt, Helmut/Sternal, Werner (Hrsg.): FamFG-Kommentar. Familienverfahren – Freiwillige Gerichtsbarkeit, Gesetz über das Verfahren in Familiensachen und in den Angelegenheiten der freiwilligen Gerichtsbarkeit (FamFG), 19. Auflage, München 2017

Kiefner, Alexander/Friebel, Jari: Zulässigkeit eines Aufsichtsrats mit einer nicht durch drei teilbare Mitgliederzahl bei einer SE mit Sitz in Deutschland, NZG 2010, S. 537–539

Kiem, Roger: SE-Aufsichtsrat und Dreiteilbarkeitsgrundsatz, Der Konzern 2010, S. 275–285

Ders.: Vereinbarte Mitbestimmung und Verhandlungsmandat der Unternehmensleitung, ZHR 171 (2007), S. 713–730

Ders.: Erfahrungen und Reformbedarf bei der SE – Entwicklungsstand, ZHR 173 (2009), S. 156–181

Kieschke, Werner/Syrup, Friedrich/Krause, Arthur Bernhard: Betriebsrätegesetz: vom 4. Februar 1920 (RGBl. S. 147) mit Wahlordnung, Betriebsbilanzgesetz, Gesetz über die Entsendung von Betriebsratsmitgliedern in den Aufsichtsrat, Ausführungsverordnungen und sonstigen einschlägigen Gesetzen und Verordnungen, 6 Auflage, Berlin 1928

Kittner, Michael/Fuchs, Harald/Zachert, Ulrich: Arbeitnehmervertreter im Aufsichtsrat, Zusatz Erläuterungen und Gesetzestexte, 2. Auflage, Baden-Baden 1982

Kleindiek, Detlef: Die Eintragung der Europäischen Gesellschaft im Handelsregister, in: Marcus Lutter/Peter Hommelhoff (Hrsg.): Die Europäische Gesellschaft, Köln 2005

Kleinsorge, Georg: Europäische Gesellschaft und Beteiligungsrechte der Arbeitnehmer, RdA 2002, S. 343–352

Köstler, Roland: Amtsende des Aufsichtsrats nach formwechselnder Umwandlung einer GmbH in eine Aktiengesellschaft, BB 1993, S. 81–82

Köstler, Roland/Müller, Matthias/Sick, Sebastian: Aufsichtsratspraxis: Handbuch für die Arbeitnehmervertreter im Aufsichtsrat, 10. Auflage, Köln 2013

Kötter, Hans-Wilhelm: Zweifelsfragen des Mitbestimmungsrechts, JZ 1953, S. 199–204

Kowalski, Andrè: Praxisfragen bei der Umwandlung einer Aktiengesellschaft in eine Europäische Gesellschaft (SE), DB 2007, S. 2243–2248

Kowalski, Andrè/Schmidt, Matthias: Das aktienrechtliche Statusverfahren nach §§ 96 Abs. 2, 97 ff. AktG – (k)ein Fallstrick im Gesellschaftsrecht, DB 2009, S. 551–556

Krause, Rüdiger: Die Mitbestimmung der Arbeitnehmer in der Europäischen Gesellschaft (SE), BB 2005, S. 1221–1226

Kraushaar, Martin: Europäische Aktiengesellschaft (SE) und Unternehmensmitbestimmung, BB 2003, S. 1614–1620

Kropff, Bruno: Aktiengesetz, Textausgabe des Aktiengesetzes vom 6. 9. 1965 (Bundesgesetzbl. I S. 1089) und des Einführungsgesetzes zum Aktiengesetz vom 6. 9. 1965 (Bundesgesetzbl. I S. 1185) mit Begründung des Deutschen Bundestag, Düsseldorf 1965

Kübler, Friedrich: Mitbestimmungsfeindlicher Missbrauch der Societas Europaea?, in: Reinhard Damm/Peter W. Herrmann/Rüdiger Veil (Hrsg.): Festschrift für Thomas Raiser zum 70. Geburtstag am 20. Februar 2005, Berlin 2005, S. 247–248

Kuhlmann, Jens: Die Mitbestimmungsfreiheit im ersten Aufsichtsrat einer AG gemäß § 30 II AktG, NZG 2010, S. 46–51

Lächler, Christoph/Oplustil, Krzysztof: Funktion und Umfang des Regelungsbereichs der SE-Verordnung, NZG 2005, S. 381–387

Lange, Oliver: Überlegungen zur Umwandlung einer deutschen in eine Europäische Aktiengesellschaft, EuZW 2003, S. 301–306

Larenz, Karl: in: H. Albach/E. Helmstädter/H. Honsell/P. Lerche/D. Nörr (Hrsg.): Enzyklopädie der Rechts- und Staatswissenschaften, Methodenlehre der Rechtswissenschaft, 6. Auflage, Berlin 1991

Lembke, Mark; *Fesenmeyer, Julia*: BAG: Statusverfahren bei der Wahl der Aufsichtsratsmitglieder der Arbeitnehmer in einer bislang aufsichtsratslosen GmbH, BB 2008, S. 2182–2187

Lenze, Stephanie: Folgen von Unternehmens- und Konzernänderungen für die Arbeitnehmerbank im Aufsichtsrat, Diss. Baden-Baden 2005

Lind, Michael: Die Europäische Aktengesellschaft: Eine Analyse der Rechtsanwendungsvorschriften, Diss. Wien 2004

Lindacher in: Marcus Lutter (Hrsg.): Die Europäische Aktiengesellschaft, Zusatz eine Stellungnahme zur Vorlage der Kommission an den Ministerrat der Europäischen Gemeinschaften über das Statut für Europäische Aktiengesellschaften vom 30. April 1975, 2. Auflage, Köln 1978

Linnerz, Markus: Anmerkung zu LG Nürnberg-Fürth, Beschluss vom 8.2.2010 – 1 HK O 8471/09, EWiR 2010, S. 337–338

Lutter, Marcus: Die Auslegung angeglichenen Rechts, JZ 1992, S. 593–644

Ders.: Europäische Gesellschaft – Rechtsfigur mit Zukunft?, BB 2002, S. 1–7

Lutter, Marcus/Bayer, Walter/Vetter, Jochen (Hrsg.): Umwandlungsgesetz, 1. Band, §§ 1–122, 5. Auflage, Köln 2014

Dies. (Hrsg.): Umwandlungsgesetz, 2. Band, §§ 135–325, SpruchG, 3. Auflage als solche kenntlich gemacht, Köln 2004/ 2. Band, §§ 123–325, SpruchG, 5. Auflage, Köln 2013

Lutter, Marcus/Bayer, Walter/Schmidt Jessice.: Europäisches Unternehmens- und Kapitalmarktrecht – Grundlagen, Stand und Entwicklung nebst Texten und Materialien zur Rechtsangleichung, 6. Auflage, Berlin 2017

Lutter, Marcus/Hommelhoff, Peter/Teichmann, Christoph: SE Kommentar: SEVO, SEAG, SEBG, Steuerrecht, 1. Auflage als solche kenntlich gemacht Köln 2008/2. Auflage, Köln 2015

Manz, Gerhard/Mayer, Barbara/Schröder, Alber (Hrsg.): Europäische Aktiengesellschaft SE, 2. Auflage, Baden-Baden 2010

Martens, Klaus-Peter: Das aktienrechtliche Statusverfahren und der Grundsatz der Amtskontinuität, DB 1978, S. 1065 –1071

Müller-Bonanni, Thomas/Melot de Beauregard, Paul: Mitbestimmung in der Societas Europaea, GmbHR 2005, S. 195–200

Müller-Bonanni, Thomas/Müntefering, Michael: Arbeitnehmerbeteiligung bei SE-Gründung und grenzüberschreitender Verschmelzung im Vergleich, BB 2009, S. 1699–1703

Müller, Welf/Rödder, Thomas (Hrsg.): Beck'sches Handbuch der AG, Gesellschaftsrecht, Steuerrecht, Börsengang, 2. Auflage, München 2009

Nagel, Bernhard: Die Mitbestimmung bei der formwechselnden Umwandlung einer deutschen AG in eine Europäische Gesellschaft, AuR 2007, S. 329–335

Ders.: Strukturelle Änderungen in der SE und Beteiligungsvereinbarung, ZIP 2011, S. 2047–2051

Nagel, Bernhard/Freis, Gerhild/Kleinsorge, Georg (Hrsg.): Die Beteiligung der Arbeitnehmer in der Europäischen Gesellschaft – SE, 3. Auflage, München 2018

Neye, Hans-Werner: Die Europäische Aktiengesellschaft – Einführung und Materialsammlung zum Gesetz zur Einführung der Europäischen Gesellschaft (SEEG), München 2005

Neye, Hans-Werner/ Teichmann, Christoph: Der Entwurf für das Ausführungsgesetz zur Europäischen Aktiengesellschaft, AG 2003, S. 169–179

Niklas, Thomas: Beteiligung der Arbeitnehmer in der Europäischen Gesellschaft (SE) – Umsetzung in Deutschland, NZA 2004, S. 1200–1206

Nikoleyczik, Tobias/Führ, Thorsten: Mitbestimmungsgestaltung im grenzüberschreitenden Konzern, DStR 2010, S. 1743–1750

Ott, Nicolas/Goette, Maximilian: Zur Frage der Berücksichtigung von im Ausland beschäftigten Arbeitnehmern bei Ermittlung der mitbestimmungsrechtlichen Schwellenwerte, NZG 2018, S. 281–320

Oetker, Hartmut: Der Anwendungsbereich des Statusverfahrens nach den §§ 97 ff. AktG, ZHR 149 (1985), S. 575–598

Ders.: Unternehmerische Mitbestimmung kraft Vereinbarung in der Europäischen Gesellschaft (SE), in: Barbara Dauner-Lieb/Peter Hommelhoff/Matthias Jacobs/Dagmar Kaiser/Christoph Weber (Hrsg.): Festschrift für Horst Konzen zum siebzigsten Geburtstag, Tübingen 2006, S. 635–662

Ders.: Die Beteiligung der Arbeitnehmer in der Europäischen Aktiengesellschaft (SE) unter besonderer Berücksichtigung der leitenden Angestellten, BB-Special 2005, Nr. 1, S. 2–13

Ders.: Unternehmensmitbestimmung in der SE kraft Vereinbarung, Grenzen der Vereinbarungsautonomie im Hinblick auf die Größe des Aufsichtsrats, ZIP 2006, 1113–1121

Ders.: Die Mitbestimmung der Arbeitnehmer in der Europäischen Gesellschaft, in: Marcus Lutter/Peter Hommelhoff (Hrsg.): Die Europäische Gesellschaft, Köln 2005

Oppermann, Thomas/Classen, Claus Dieter/Nettesheim, Martin (Hrsg.): Europarecht, Ein Studienbuch, 8. Auflage; München 2018

Ostrowicz, Alexander/Künzl, Reinhard/Schäfer, Horst: Handbuch des arbeitsgerichtlichen Verfahrens, Eine systematische Darstellung des gesamten Verfahrensrechts mit einstweiligem Rechtsschutz und Zwangsvollstreckungsrecht, 5. Auflage, Berlin 2014

Pluskat, Sorika: Die Arbeitnehmerbeteiligung in der geplanten Europäischen AG, DStR 2001, S. 1483–1490

Priester; Hans-Joachim: Kapitalgrundlage beim Formwechsel – Zwang zur Buchwertfortführung? -, DB 1995; S. 911–917

Prütting, Hanns/Helms, Tobias (Hrsg.): FamFG Kommentar mit FamGKG, 4. Auflage, Köln 2018

Raiser, Thomas/Veil, Rüdiger: Mitbestimmungsgesetz und Drittelbeteiligungsgesetz, 6. Auflage, Berlin 2015

Dies.: Recht der Kapitalgesellschaften – Ein Handbuch für die Praxis und Wissenschaft, 6. Auflage, München 2015

Rehberg, Markus: Die missbräuchliche Verkürzung der unternehmerischen Mitbestimmung durch die Societas Europaea, ZGR 2005, S. 859–893

Reinhard; Thorsten: Zur Frage, ob die Handelsregistereintragung einer arbeitnehmerlosen Europäischen (Tochter-) Aktiengesellschaft zwingend eine Vereinbarung über die Arbeitnehmerbeteiligung voraussetzt, RIW 2006, S. 68–70

Richardi, Reinhard/Wlotzke, Otfried/Wißmann, Hellmut/Oetker, Hartmut (Hrsg.): Münchener Handbuch zum Arbeitsrecht, Band 2, Kollektivarbeitsrecht/Sonderformen, 3. Auflage, München 2009

Rieble, Volker: Schutz vor paritätische Unternehmensmitbestimmung, BB 2006, S. 2018–2023

Ders.: SE-Mitbestimmungsvereinbarung: Verfahren, Fehlerquellen und Rechtsschutz; in: Volker Rieble/Abbo Junker (Hrsg.): Vereinbarte Mitbestimmung in der SE, 5. ZAAR-Kongress, Band 12, München 2008

Ringe, Wolf-Georg: Mitbestimmungsrechtliche Folgen einer SE-Sitzverlegung, NZG 2006, S. 931–935

Rittner, Fritz: §§ 96–99 AktG 1965 und das Bundesverfassungsgericht, DB 1969, S. 2165–2169

Röder, Gerhard/Rolf, Christian: Unternehmensmitbestimmung im europäischen Wettbewerb, in: Volker Rieble (Hrsg.): Festschrift für Manfred Löwisch zum 70. Geburtstag, München 2007, S. 249–266

Rosenberg, Leo/Schwab, Karl Heinz/Gottwald, Peter: Zivilprozessrecht, 18. Auflage, München 2018

Rosendahl, Hans: Unternehmensumgliederungen und ihre Auswirkungen auf die Arbeitnehmervertreter im Aufsichtsrat, AG 1985, S. 325–328

Sagan, Adam: Missbrauch der Europäischen Aktiengesellschaft, in: Marcus Bieder/Felix Hartmann (Hrsg.): Individuelle Freiheit und kollektive Interessenwahrnehmung im deutschen und europäischen Arbeitsrecht, Assistententagung im Arbeitsrecht 2011 in Osnabrück, S. 171, 198 f.

Savigny, Friedrich Carl von: System des heutigen römischen Rechts, Band VIII, Berlin 1849

Scheibe, Andrea: Die Mitbestimmung der Arbeitnehmer in der SE unter besonderer Berücksichtigung des monistischen Systems, Diss. Frankfurt am Main 2007

Scheifele, Matthias: Die Gründung der Europäischen Aktiengesellschaft (SE), Diss. Frankfurt am Main 2004

Schindler, Clements Philipp: Handbuch zur Europäischen Aktiengesellschaft (SE), Gesellschafts- und Steuerrecht der SE mit Sitz in Österreich/Deutschland, Wien 2002

Schmidt, Jessica: „Deutsche" vs. „britische" Societas Europaea – Gründung, Verfassung, Kapitalstruktur, Diss. Jena 2006

Schmidt, Karsten /Lutter, Marcus (Hrsg.): Aktiengesetz Kommentar, 1. Band, §§ 1–149, 3. Auflage, Köln 2015

Schmidt, Karsten: Universalsukzession kraft Rechtsgeschäfts, AcP 1091, S. 495–525

Schmitt, Otto Helmut/Seydel Helmut/Koehler W.: Verkleinerung des Aufsichtsrats nach dem Betriebsverfassungsgesetz, BB 1953, S. 474–476

Schreiner, Marc: Zulässigkeit und wirtschaftliche Neugründung einer Vorrats-SE, Diss. Hamburg 2009

Schubert, Claudia: Die Arbeitnehmerbeteiligung bei der Europäischen Gesellschaft ohne Arbeitnehmer, ZESAR 2006, S. 340–348

Schulz, Andreas/Geismar, Bernhard: Die Europäische Aktiengesellschaft – Eine kritische Bestandsaufnahme, DStR 2001, S. 1078, 1086

Schwab, Norbert/Weth, Stephan (Hrsg.): Arbeitsgerichtsgesetz Kommentar, 5. Auflage, Köln 2017

Schwarz, Günter Christian: Verordnung (EG) Nr. 2157/2001 des Rates über das Statut der Europäischen Gesellschaft (SE) – (SE-VO), München 2006

Ders.: Europäisches Gesellschaftsrecht, Ein Handbuch für Wissenschaft und Praxis, Baden-Baden 2000

Schwarze, Jürgen: EU-Kommentar, 3. Auflage, Baden-Baden 2012

Schweitzer, Michael/Hummer, Waldemar/Obwexer, Walter: Europarecht, 1. Auflage, 2007

Seibert, Ulrich/Köster, Beate-Katrin: Die kleine AG, 2. Auflage, Köln 1995

Seibt, Christoph: Größe und Zusammensetzung des Aufsichtsrats in der SE, ZIP 2010, S. 1057–1065

Ders.: Privatautonome Mitbestimmungsvereinbarungen – Rechtliche Grundlagen und Praxishinweise; AG 2005, S. 413–429

Ders.: Arbeitnehmerlose Societas Europaea, ZIP 2005, S. 2248–2250

Ders.: Zur Zusammensetzung des Aufsichtsrats bei der SE-Umwandlung; EWiR 2019, S. 549–550

Semler, Johannes/Stengel, Arndt (Hrsg.): Umwandlungsgesetz mit Spruchverfahrensgesetz, 2. Auflage, München 2007 (als solche kenntlich gemacht) / 4. Auflage, München 2017

Speer, Heino: in: Heidelberger Akademie der Wissenschaft (Hrsg.): Deutsches Rechtswörterbuch - Wörterbuch der älteren deutschen Rechtssprache, 11. Band, Weimar 2003–2007

Spindler, Gerald/Stilz, Eberhard (Hrsg.): Kommentar zum Aktiengesetz: AktG, Band 1: §§ 1–149 und Band 2: §§ 150–410, SpruchG, SEVO, 3. Auflage, München 2015

Spitzbart, Britta: Die Europäische Aktiengesellschaft (Societas Europaea – SE) – Aufbau der SE und Gründung –, RNotZ 2006, S. 369–424

Steinberg, Marcus: Mitbestimmung in der Europäischen Aktiengesellschaft – die Richtlinie 2001/86/EG zur Beteiligung der Arbeitnehmer in der SE, Diss. Hamburg 2006

Streinz, Rudolf/Christoph, Ohler: EUV/EGV, Vertrag über die Europäische Union und Vertrag zur Gründung der Europäischen Gemeinschaft, München 2003

Susanne Weis/ Helge-Torsten Wöhlert: Societas Europaea - Der Siegeszug des deutschen Mitbestimmungsrechts in Europa?, NZG 2006, S. 121–126

Teichmann, Christoph: Die Einführung der Europäischen Aktiengesellschaft – Grundlagen der Ergänzung des europäischen Statuts durch den deutschen Gesetzgeber, ZGR 2002, S. 383–464

Ders.: Binnenmarktkonformes Gesellschaftsrecht, Habil. Schr. Heidelberg/ Berlin 2006

Ders.: Gestaltungsfreiheit im monistischen Leitungssystem der Europäischen Aktiengesellschaft, in: BB (Beilage) 2004, S. 53–60

Ders.: Mitbestimmung und grenzüberschreitende Verschmelzung, Der Konzern 2007, S. 89–98

Ders.: Minderheitenschutz bei Gründung und Sitzverlegung der SE, ZGR 2003, S. 367–401

Ders.: Konzernrecht und Niederlassungsfreiheit, ZGR 2002, S. 45–75

Ders.: Gestaltungsfreiheit in Mitbestimmungsvereinbarungen, AG 2008, S. 797–808

Theisen, Manuel/Wenz, Martin (Hrsg.): Die Europäische Aktiengesellschaft – Recht, Steuern und Betriebswirtschaft der Societas Europaea (SE), 2. Auflage, Stuttgart 2005

Thoma, Georg/Leuering, Dieter: Die Europäische Aktiengesellschaft – Societas Europaea, NJW 2002, S. 1449–1454

Ulmer, Peter/Habersack, Mathias/Winter, Martin (Hrsg.): GmbHG – Gesetz betreffend die Gesellschaften mit beschränkter Haftung: GmbH Großkommentar, 1. Band, Einleitung, §§ 1–28, Berlin 2005

Wagner, Jens: Die Bestimmung des auf die SE anwendbaren Rechts, NZG 2002, S. 985–991

Weber, Robert/Kiefner, Alexander/Jobst, Stefan: Die Nichtberücksichtigung ausländischer Arbeitnehmer bei der Berechnung der mitbestimmungsrechtlichen Schwellenwerte im Lichte von Art. 3 GG, AG 2018, S. 140–151

Weiss, Manfred: Arbeitnehmermitwirkung in Europa, NZA 2003, S. 177–184

Wenz, Martin: Die Societas Europaea (SE) – Analyse der geplanten Rechtsform und ihre Nutzungsmöglichkeiten für eine europäische Konzernunternehmung, Berlin 1993

Westermann, Harm Peter/Paefgen, Walter: Das Aktienrecht im Spiegel der 4. Auflage des Großkommentars, JZ 2003, S. 138–143

Windbichler, Christine: Methodenfragen in einer gestuften Rechtsordnung – Mitbestimmung und körperschaftliche Organisationsautonomie in der Europäischen Gesellschaft, in: Andreas Heldrich/Jürgen Prölss/Ingo Koller/Katja Langenbucher/Hans Christoph Grigoleit/Johannes Hager/Christopher Hey/Jörg Neuner/Jens Petersen/Reinhard Singer (Hrsg.): Festschrift für Claus-Wilhelm Canaris zum 70. Geburtstag, Band 2, München 2007, S. 1423–1434

Wisskirchen, Gerlind/Prinz, Thomas: Das Gesetz über die Beteiligung der Arbeitnehmer in einer Europäischen Gesellschaft (SE), DB 2004, S. 2638–2643

Wißmann, Helmut: Der Anwendungsbereich der Unternehmensmitbestimmung als Dauerpatient, in: Thomas Klebe/Peter Wedde/Martin Wolmerath (Hrsg.): Recht und soziale Arbeitswelt, Festschrift für Wolfgang Däubler zum 60. Geburtstag, Frankfurt am Main 1999, S. 385–399

Wißmann, Helmut: Die Arbeitnehmerbeteiligung in der „deutschen" SE vor Gericht, in: Georg Annus/Eduard Picker/Helmut Wißmann (Hrsg.): Festschrift für Reinhard Richardi zum 70. Geburtstag, München 2007, S. 841–860

Wollburg, Ralph/Banerjea, Nirmal Robert: Die Reichweite der Mitbestimmung der Europäischen Gesellschaft, ZIP 2005, S. 277–284

Ziegler, Ulrich/Gey, Annika: Arbeitnehmermitbestimmung im Aufsichtsrat der Europäischen Gesellschaft (SE) im Vergleich zum Mitbestimmungsgesetz, BB 2009, S. 1750–1757

Zöllner, Wolfgang/Noack, Ulrich (Hrsg.): Kölner Kommentar zum Aktienrecht, Band 2, Teil 2, §§ 95–117, 3. Auflage, Köln 2012

Zuleeg, Manfred: Die Auslegung des europäischen Gemeinschaftsrechts, EuR 1969, S. 97–108